北条氏当主所用 金箔押黒漆軍配団扇（東京国立博物館蔵）

狭山北条家に伝来したもので、箱書には「早雲公以来御館様伝来之軍配団扇」とある。扇面部をやや大型化しつつも、戦国期の長柄軍配の雰囲気を十分に残存させており、少なくとも桃山期を下らない時代の製作と見られる。

北条氏邦所用 総覆輪三十二間筋兜（埼玉県椋神社蔵・埼玉県立歴史と民俗の博物館提供）

埼玉県指定文化財。氏邦所用と伝わる北条氏ゆかりの武具。椋神社に奉納され今に伝わる。鉢裏に「相州住明珍義□」の銘があり、相模国の鍛冶の製作とわかる。三十二本の筋を覆輪で飾り、筋の間には「八幡大菩薩」をはじめとする「三十番神」の神号に加えて、「鬼子母神」「十羅刹女」の名が銀と真鍮で象嵌されている。東国風の錆地筋兜に、西国風の鍍金桧垣と覆輪を加えた特徴のある兜である。

〔神号銘〕※正面より左回り

天照大神（正面・祓立）
春日大明神
貴船大明神
加茂大明神
稲荷大明神
赤山大明神
健部大明神
兵主大明神
苗鹿大明神
吉備大明神
八王子権現
客人大明神
聖真子大明神
大比叡大明神
小比叡大明神
鬼子母神
十羅刹女
三上大明神
江文大明神
北野大明神
鹿嶋大明神
気多大明神
気比大明神
広田大明神
諏訪大明神
熱田大明神
大原大明神
松尾大明神
住吉大明神
祇園牛頭天王
平野大明神
八幡大菩薩

四十二間筋巻込兜鉢（福井県藤島神社蔵）

重要文化財。筋兜は、矧板（はぎいた）の縁を折り曲げて筋を立てるが、この兜は折り曲げた端部を巻き込み覆輪状に造る。八幡座、篠垂、桧垣もすべて共鉄製とする特徴をもち、このような兜が後北条氏統治下の小田原で製作されたことから「小田原鉢」と称する。正面篠垂の下に「如来秘蜜」「八幡大菩薩」以下の「三十番神」の名が刻まれ、眉庇、八幡座、篠垂、桧垣には繊細な銀象嵌が施された逸品で、後北条氏の重臣クラスが使用したものと思われる。鉢裏の銘は判読不可。

〔神号銘〕※正面より左回り

如来秘蜜
神通之力
八幡大菩薩
加茂大明神
松尾大明神
大原大明神
春日大明神
平野大明神
大比叡大明神
小比叡大明神
聖真子大明神
客人大明神
八王子大権現
稲荷大明神
住吉大明神
祇園大明神
赤山大明神
健部大明神
三上大明神
兵主大明神
苗鹿大明神

（上段より続く）

吉備大明神
当得解脱
於此怨賊
衆怨悉退散
怖畏軍陣中
皆悉惟滅
諸除怨敵
現無量神力
為悦衆生救
住於大神道
諸仏救世者
熱田大明神
諏訪大明神
広田大明神
気比大明神
気多大明神
鹿島大明神
北野大明神
江文大明神
貴船大明神
天照大神

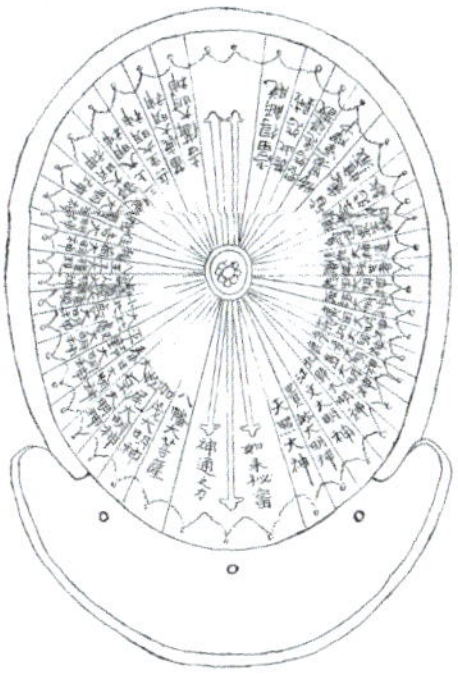

（藤島神社宝物資料による）

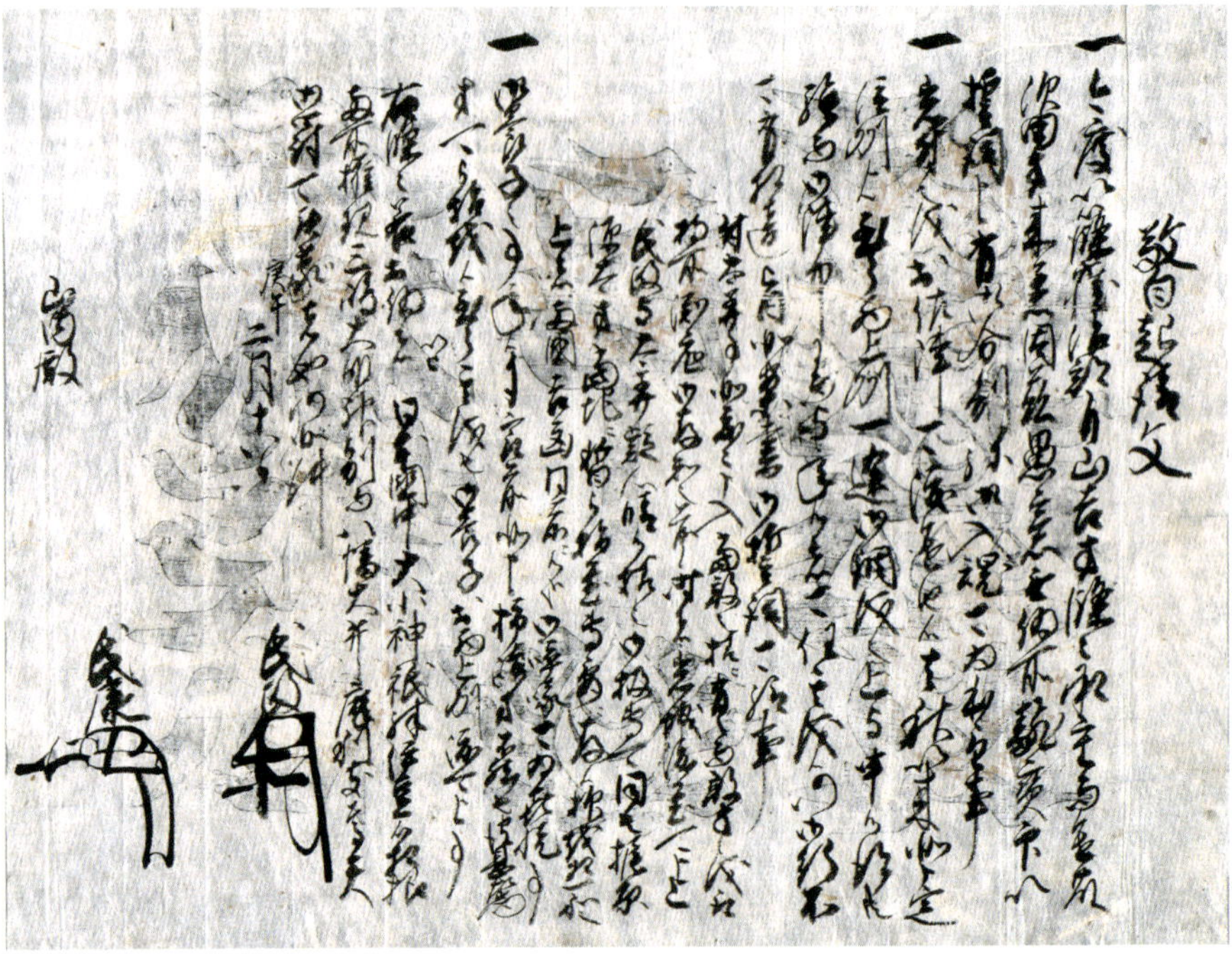

北条氏政・氏康 連署 起請願文（米沢市上杉博物館蔵）

元亀元年2月18日付。上杉輝虎（山内殿）宛。氏康・氏政父子が下野佐野に在陣中の上杉輝虎（謙信）に出したもので、「敬白起請文」で始まり、上杉氏との講和条件を三項目にわたって書いている。花押は右が氏政、左が氏康。起請文とは内容の実行を神仏に誓うことを示すために、神仏の名を刷った料紙を裏返して用いた文書のこと。この料紙は熊野那智の牛王宝印紙。

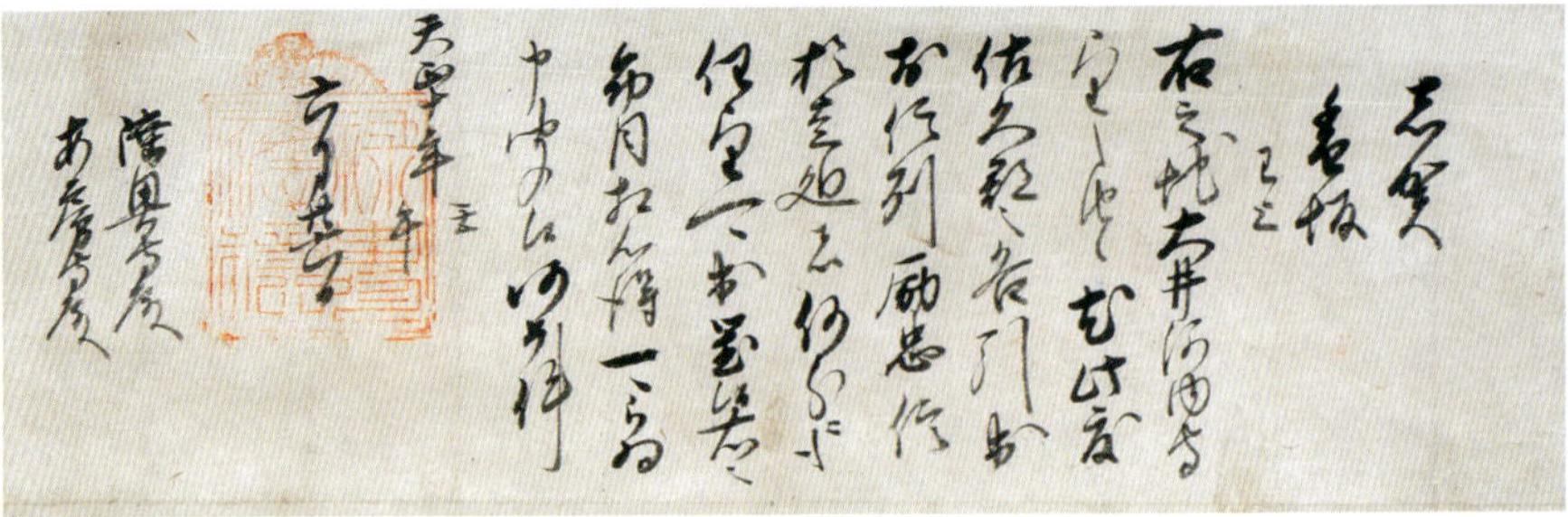

北条家虎朱印状（小田原城天守閣蔵）

天正10年6月26日付。北条氏照（陸奥守）・北条氏邦（安房守）宛。小諸付近に勢力をもつ旧武田氏の配下・大井河内守に「志賀」「香坂」の地を与えることを、北条本家から氏照・氏邦宛てに指令したもの。日付の部分に押されているのが北条本家の虎朱印。

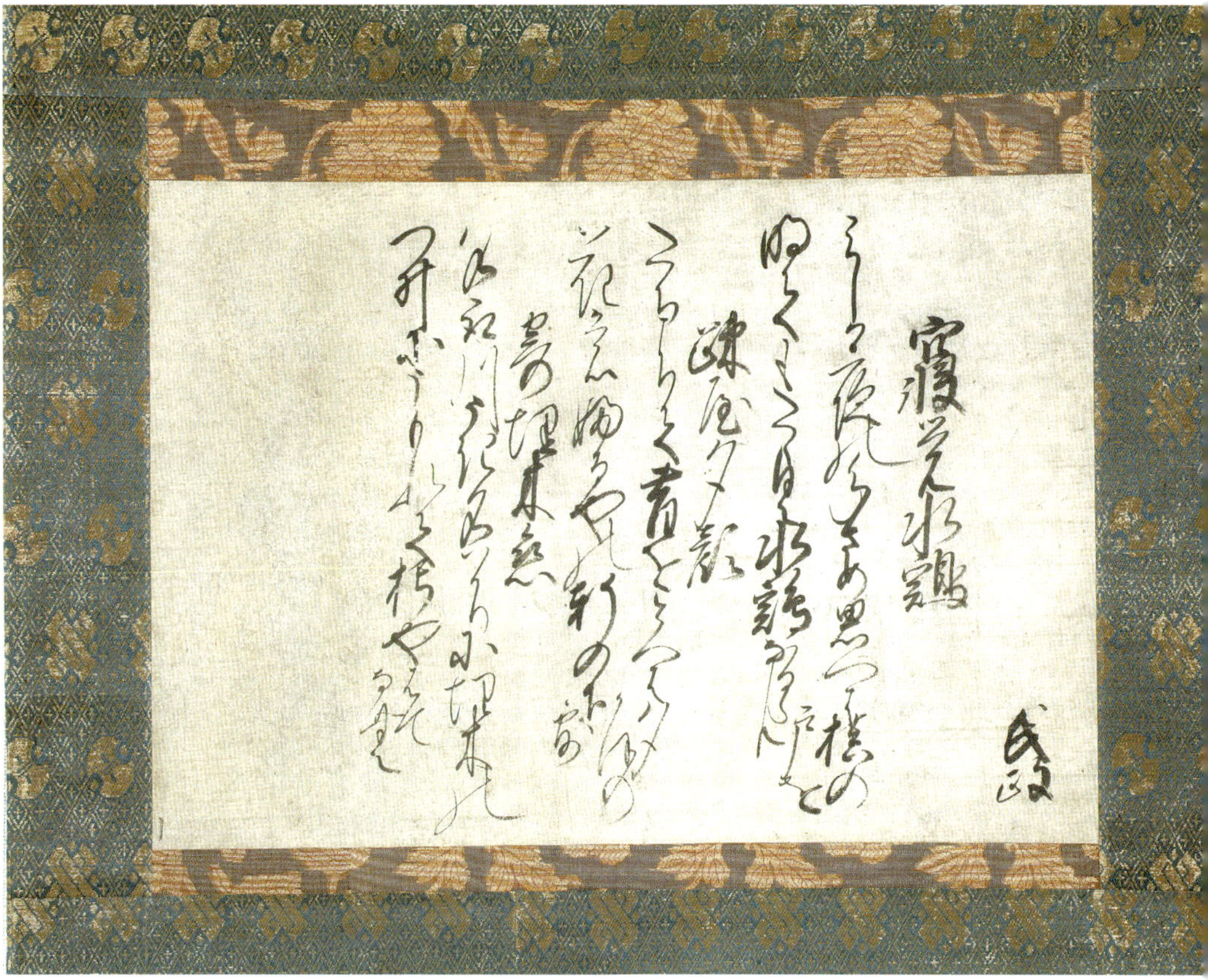

北条氏政　三首和歌懐紙（個人蔵・渡部良治撮影・馬の博物館提供）

天文23年から天正18年の間のものと推定される。氏政が、「寝覚水鶏」「疎屋夕顔」「寄埋木恋」を題に詠んだ和歌が懐紙に書かれている。早雲寺旧蔵。

氏政

寝覚水鶏

ミしか夜のねさめ思へは槇の戸を

明てもたたく水鶏なからん

疎屋夕顔

たちよりて昔をとへは夕かほの

花もふるやの軒の下露

寄埋木恋

名取川うき名ハかりに埋木の

ついにうもれて朽やはてなむ

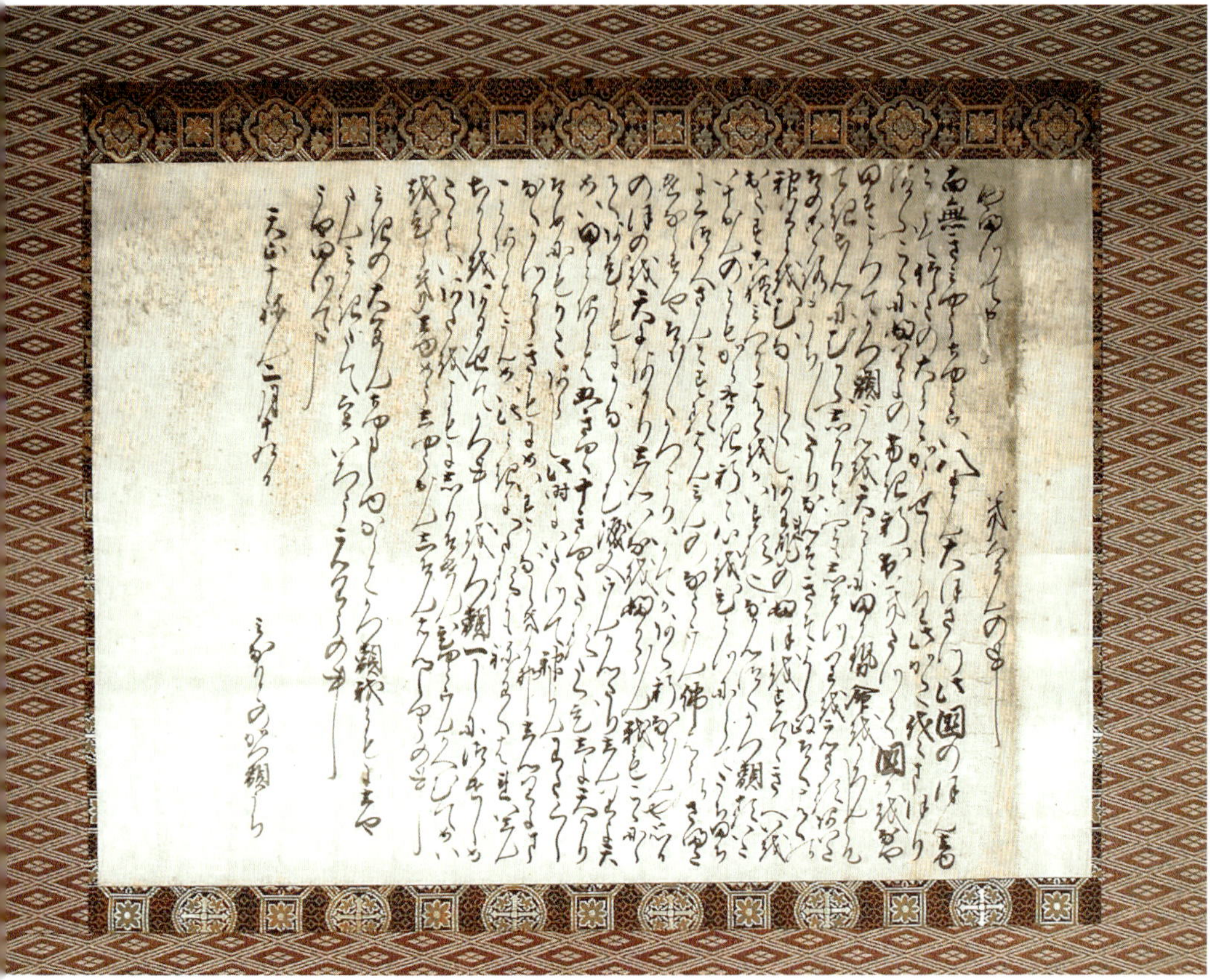

桂林院殿（氏康娘・武田勝頼夫人）**祈願文**（山梨県武田八幡宮蔵・韮崎市教育委員会提供）
天正10年2月19日付。武田氏の滅亡の迫る時期、武田勝頼の室・桂林院殿が夫の武運を祈って武田氏の祈願所である武田八幡宮に奉納した願文。この年3月11日に勝頼と桂林院殿は非業の死を遂げた。

桂林院殿像（部分・高野山持明院蔵）
絹本着色。武田勝頼の室・桂林院殿が立ち膝姿で、葉文を散らした小袖に流水文の打ち掛けを着ている。生前に描かれたもので、武田氏が滅亡した天正10年、勝頼の遺命で甲斐慈眼寺より奉納された（全体図は本文２４７頁参照）。

北条氏政・氏直所持 瀟湘八景「遠浦帰帆図」 玉礀筆（徳川美術館 蔵）ⓒ徳川美術館イメージアーカイブ/DNP artcom

南宋の画家・玉礀による「瀟湘八景図」の一景。足利将軍家所蔵の名物だったが足利義政が八幅に寸断。山上宗二の茶の湯秘伝書『山上宗二記』によれば、この一幅は連歌師宗長から駿河の今川義元を経て後北条氏が所持していた。小田原合戦後は北条氏から秀吉に召し上げられ、その後徳川家康を経て尾張徳川家に伝わった。

〔讃〕
無辺刹境入毫端
帆落秋江隠暮嵐
残照未収漁火動
老翁閑自説江南
遠浦帆帰
（朱印）

北条氏康の子供たち

黒田基樹
浅倉直美
編

宮帯出版社

目次

※口絵および写真キャプションは編集部作成

はしがき

戦国大名北条氏（小田原北条氏、後北条氏とも称される）は、初代伊勢宗瑞《いせそうずい》（いわゆる北条早雲《ほうじょうそううん》）が明応二年（一四九三）に伊豆に乱入してから、五代北条氏直《うじなお》が天正十八年（一五九〇）の小田原合戦で滅亡するまで、五代一〇〇年にわたって関東に覇を唱えた、全国的にも有数の戦国大名である。宗瑞の伊豆乱入は戦国時代の幕開けともいわれ、小田原合戦は羽柴（豊臣）秀吉の天下一統を遂げるものであったから、北条氏五代の歴史はまさに戦国時代そのものに一致していた。

北条氏は、一般的には、武田氏・上杉氏などに比べ知名度は低いが、戦国大名研究においては最も中心的な存在である。それは領国支配に関わる史料が、他のどの大名よりも豊富に残存していることによる。そのため早く明治時代から、北条氏は戦国大名研究のなかで中心に位置してきた。そうした状況は現在でも同様で、北条氏を主題とした専門書は、他の大名に比して最も多く刊行されている。

北条氏康像（早雲寺蔵）

さらに近年は、北条氏に関する一般書も着実に出されるようになっている。北条氏五代の歴史を通観したものとしても、黒田『戦国北条氏五代』（戎光祥出版）、下山治久『戦国北条氏五代の盛衰』（東京堂出版）、同『戦国大名北条氏』（有隣堂）、黒田編『北条氏年表』（高志書院）などが出されている。これらの刊行によって、北条氏の存在は、一般の人々にも次第に周知され始めているように感じられる。

北条氏一〇〇年の歴史のなかで、最も華々しい時期にあったといえるのは、三代氏康《うじやす》・四代氏政《うじまさ》の、武田信玄や上杉謙信との攻防が繰り広げられた時期から、四代氏政・五代氏直の、上杉氏との関東支配をめぐる覇権抗争に勝利し、織田信長・羽柴（豊臣）秀吉という「天下人」と政治関係をもつようになった時期のことになるであろう。その結果、北条氏の領国は、伊豆・相模・武蔵三ヶ国に加え、さらに上野《こうずけ》・下総《しもうさ》・下野《しもつけ》半国・常陸《ひたち》南部にわたる、広大なものになっていく。これらの時期を取り上げた北条氏に関する一般書も、三代氏康についてまとめた山口博『北条氏康と東国の戦国世界』（夢工房）、三代氏康・四代氏政と上杉謙信との攻防を取り上げた黒田『戦国関東の覇権戦争』（洋泉社歴史新書y）、四代氏政・五代氏直と豊臣政権との政治関係について取り上げた黒田『小田原合戦と北条氏』（吉川弘文館）などが出されている。

そしてそれらの時期において、北条氏の動向を具体的に担っていたのが、氏康の子供たち、すなわち氏政の弟妹たちであった。氏康には、総論「北条氏康の子女について」で述べるように、八男七女の子供たちがいた。氏康・氏政は、それら多くの子女・弟妹を、政治・外交・行政などのあらゆる面で駆使して、北条氏の最盛期を築き上げていったといっても過言ではないほどである。

くわしくは以下の本文で述べられていくが、氏康の息子たちのうち、長男氏親《うじちか》（新九郎）は嫡子であった時に早世してしまい、そのため次男氏政が四代当主を継ぐが、それ以下の弟たち六人は、それぞれ領国内において特定の支配拠点を構えて地域支配を担当したり、軍事・外交において主要な役割を担ったりした。その地域的な範囲は、伊豆・相模・武蔵だけでなく、上野・下野・下総にまで及んでいる。また娘たちはいずれも、関東の将軍にあたる古河公方《こがくぼう》足利氏をはじめ、領国内外の戦国大名・国衆《くにしゅう》と婚姻して、北条氏と婚家との関係維持に努めた。そのように彼ら彼女らは、氏康・氏政・氏直らの北条氏当主に体現された、北条領国の支配やその維持のうえで、重要な役割を果たしていた。

　本書は、それら氏康の子供たちにフォーカスをあてようとするものである。具体的には、第一章では、四代氏政と、その弟の氏照《うじてる》・氏邦《うじくに》・氏規《うじのり》・氏忠《うじただ》・氏光《うじみつ》・三郎（上杉景虎《うえすぎかげとら》）について、第二章では、氏康の娘たちのなかから早川殿《はやかわどの》（今川氏真《うじざね》の室）・七曲殿《ななまがりどの》（玉縄北条氏繁《うじしげ》の室）・長林院《ちょうりんいん》（太田氏資《うじすけ》の室）・浄光院殿《じょうこういんでん》（足利義氏《あしかがよしうじ》の室）・桂林院殿《けいりんいんでん》（武田勝頼《たけだかつより》の室）の五人について、それぞれその生涯と、北条氏の歴史のなかで果たした役割を取り上げた。さらに第三章では、氏康の子供たちが支配拠点とした城のうち、小田原城・韮山城《にらやまじょう》・鉢形城《はちがたじょう》・唐沢山城《からさわやまじょう》・玉縄城《たまなわじょう》について、それぞれ城郭としての性格を取り上げた。

　このように本書は、氏康の子供たちそれぞれに注目するものになっている。戦国大名に関する書籍として、このような構成のものは、これまでに類のない極めて珍しいものであろう。しかし逆に言えば、ここに北条氏の戦国大名としての特徴が見られることにもなる。このような構成の書籍は、北条氏だからこそ成立するのであり、それだけ北条氏の歴史は、多くの一族が重要な役割を担い、その総体として北条氏という権力が存在していたことを示している。本書において、氏康の子供たちそれぞれを取り上げ、北条氏がもっていた多様な側面に改めてスポットをあてることで、戦国大名北条氏の新たな魅力が引き出されるであろう。

二〇一五年七月

黒田　基樹

序章　総論

北条氏康の子女について

黒田基樹

はじめに

本稿は、本書全体の理解の助けとすべく、具体的には、以下の各論考において個々に取り上げられる北条氏康の子女について、前提的な理解を得てもらうべく、あらかじめそれらの全体的な状況について述べておこうとするものである。

北条氏康の子女については、すでに基本的な事柄は判明しているように思われるかもしれないが、子細に見ていくとそのようなことは決してない。以下の本文で触れるように、実はその兄弟姉妹の順序も、それぞれの生年についても、確定的なことはほとんどないといっても過言ではない。そもそも氏康の嫡子で北条家当主となった北条氏政《うじまさ》の生年ですら、明確に判明しているわけではないのである。

そこで本稿においては、氏康の子女にはどのような人々が存在していたのか、それらの生年はいつであったのかという、極めて基礎的な事実関係について確認するところから始めることにする。そのうえで、とくに氏政とその兄弟について、出生順および政治的序列を検討することにしたい。

というのは、これまで氏政兄弟の序列に関しては、基本的には系図史料や軍記物における記載が基本にされてきたが、実際には必ずしもそれに一致しない状況が見られるのであり、また政治的序列については、時期による変化が見受けられるのである。このことは、北条氏の権力構造とその展開を考えるうえで、またその中で果たされた氏政兄弟の役割を考えるうえで、重要な素材となると考えられる。

しかしながら本稿において、そのことについて本格的な追究を展開することは、紙数の都合から行うことはできない。むしろその検討は、以下の各論考で取り上げられる氏政兄弟の動向と照らし合わすことによって、可能となるといえるであろう。本稿ではあくまでも、それらのことを検討するための、基礎的な情報の確認に主眼をおくことにしたい。

一、氏康の子女

ここでは、氏康の子女にはどのような人々が存在していたのかを、確認するところから始めたい。それらについて明記する当時の史料は存在していない。そのため、それらの存在を知るための基本史料となるのが系図である。これまでも、氏康の子女の把握については、系図史料が元になってきた。まずは、そこから見ていくことにしたい。

戦国大名北条氏（小田原北条氏、後北条氏とも称される）に関する、比較的詳しい記載がある系図として、最も作成年代が古いと見られるものは、狭山藩北条氏《さやまはんほうじょうし》三代北条氏宗《うじむね》が、寛永十九年（一六四二）に作成した「平姓北条氏系図」（「旧狭山藩主北条家文書」大阪狭山市教育委員会寄託）である。そこには氏康の子女については、氏政を筆頭として順に、次の弟六人・妹六人があげられている。

・氏政
・「氏輝《うじてる》」（氏照）
・氏邦《うじくに》
・氏規《うじのり》
・氏忠《うじただ》
・氏光《うじみつ》
・景虎《かげとら》
・今川氏真《いまがわうじざね》室（早川殿・蔵春院殿）
・北条氏繁《ほうじょううじしげ》室（七曲殿《ななまがりどの》・新光院殿）
・千葉親胤《ちばちかたね》室
・「古河公方河内守《こがくぼうかわちのかみ》」（足利義氏《あしかがよしうじ》）室（浄光院殿）
・「岩付太田源五郎《いわつき》」（太田氏資《うじすけ》）室（長林院）
・武田勝頼《たけだかつより》室（桂林院殿）

このうち、氏照・氏邦・氏規については「氏政同母」とあって、氏政の同母弟とする注記がある。またこの時点で享年の記載があるのは、氏政・氏規の二人のみで、それぞれ天正十八年（一五九〇）死去五十三歳、慶長五年（一六〇〇）死去五十六歳とあり、逆算による生年はそれぞれ、天文七年（一五三八）と同十四年となる。同系図は『寛永諸家系図伝《かんえいしょかけいずでん》』の元になった系図であるが、記載内容に追加が見られるようになるのは

『寛政重修諸家譜《かんせいちょうしゅうしょかふ》』の段階まで下り、同書巻五〇五所収の「北条系図」には、氏照の享年について、天正十八年（一五九〇）死去五十一歳との注記が加わっている。逆算による生年は天文九年（一五四〇）となる。さらに妹として、足利義氏室が脱落していて、その代わりに「蒔田《まいた》某」（吉良氏朝《きらうじとも》）室が入れられ、武田勝頼室に続いて、某女・小笠原康広《おがさわらやすひろ》室が追加されている。そのうちの某女は、おそらく高野山高室院「北条家過去名簿」（杉山博『北条早雲』所収）に「氏政御妹」と注記がある円妙院殿《えんみょういんでん》のことを指していると見られ、『寛政重修諸家譜』とほぼ同時代に成立した『小田原編年録』首巻上所収「北条系図」（名著出版刊本 第一冊 四六頁）には、そのような理解のもとに同人が記載されている。また成立年代は不明であるが、同様に狭山藩北条氏によって作成された系図を元にしたととらえられる「狭山藩史料 一」（大阪狭山市立図書館架蔵）所収「北条家系譜」には、氏邦の享年について、天文十年（一五四一）生・慶長二年（一五九七）死去五十七歳の注記が見られ、弟の位置に新《しん》九郎《くろう》（天用院殿《てんよういんでん》）があげられている。

ただしこの新九郎は、「北条家過去名簿」の記載を元に追加したものと見られ、実際には氏政の兄にあたる存在であったことが明らかである。なおこの新九郎については、近時、新たな事実を確認することができた。すなわち、「大宅高橋家過去帳《おおやたかはしけかこちょう》」に、

天用院殿雄岳宗栄大禅定門
天文廿一辛亥年参月廿一日
小田原滅、十六也、
俗名新九郎氏親云、

という記載が見られ、これにより新九郎は天文二十一年（一五五二）、小田原で十六歳で死去したこと、逆算による生年は天文六年（一五三七）であったこと、また実名は「氏親《うじちか》」といったことが知られるのである。生年については、死去の前年末頃に元服したと推定されるので、極めて妥当といえる。「氏親」の実名については、すでに北条氏関係史料のなかに確認されていたものであった。すなわち「喜連川文書《きつれがわもんじょ》」に古河公方足利義氏の代における北条氏一族の和歌短冊集が収められているが（『喜連川町史』第五巻下　六四号）、そのなかに「氏親」の名が見えているのである。同短冊集のうち、系譜上の位置が不明の者に氏能・氏親・氏冬の三人があったが、これによって氏親は、新九郎（天用院殿）にあたることが明らかになった。またこの短冊集の存在によって、同過去帳記載の信憑性《しんぴょうせい》も確保されるものととらえられる。

その他、近世前期に成立した北条氏を主題にした軍記物を見てみると、「北条記」巻三では、弟についても同じであるが、氏忠の仮名《けみょう》（元服後に名乗る通称の一種）が「新四郎」になっており、氏光の実名が「氏尭《うじたか》」とされている。妹については、「高林院殿《こうりんいんでん》」・「まい田殿《たどの》」・北条氏繁室・今川氏真室・武田勝頼室・某女（記載なし）の六人があげられている（『北条史料集』一〇四頁）。また「北条五代記」巻七には、景虎が元亀元年（一五七〇）の時点で十七歳と記載されており（『北条五代記』一七二頁）、それによる生年は天文二十三年（一五五四）となる。この他、武田勝頼室については、景徳院（山梨県甲州市大和町田野）にある「景徳院位牌」に天正十年死去十九歳と記されており、それによる生年は永禄七年（一五六四）となる。

これらの系図史料・軍記物を元にすると、氏康の子女には、以下に示すように、男子八人、女子十人がいたことになる。

・氏親（新九郎）

・氏政
・氏照
・氏邦
・氏規
・氏忠
・氏光
・景虎
・今川氏真室（早川殿・蔵春院殿）
・北条氏繁室（七曲殿・新光院殿）
・千葉親胤室
・足利義氏室（浄光院殿）
・吉良氏朝室
・太田氏資室（長林院）
・武田勝頼室（桂林院殿）
・円妙院殿
・小笠原康広室（種徳寺殿）
・高林院殿

ただし、これらのうち当時の文書史料や「北条家過去名簿」などにおいて、氏康男・娘あるいは氏政弟・

妹などの記載が確認されるのは、男子では氏親・氏政・氏照・氏邦・氏規・氏忠・景虎の七人、女子では今川氏真室・北条氏繁室・足利義氏室・武田勝頼室・円妙院殿の五人となる。したがって、これらが現時点において氏康の子女として確実な人々となる。

その他については今後の検証が必要となるが、そのうちの何人かについては、現時点ですでに多少の限定を付けることができる。すなわち娘とされる者のうち、『寛政重修諸家譜』で足利義氏室に代わって入れられたかたちにある吉良氏朝《きらうじとも》室は、実は北条氏御一家衆の久野《くの》北条宗哲《そうてつ》（幻庵《げんあん》。氏康の叔父）の娘である。これまでは、同系図に記載があったことから北条氏康の養女と理解してきたが、足利義氏室に代わっての挿入となると、それとの誤解である可能性も想定され、その場合は養女にもなっていなかったことも考えられる。

次に小笠原康広室（種徳寺殿）については、『寛政重修諸家譜』巻一九三「小笠原系図」にその旨の記載が見られるから、それに基づいたものととらえられる。その当否については、現時点では他に傍証史料が見られないため判断できないが、他の各種北条氏系図には記載が全くなく、小笠原氏の系図のみに見られること、小笠原康広室の菩提寺が、氏康の弟為昌《ためまさ》の菩提寺本光寺を再建したものとされていることからすると、実は為昌の娘で、氏康の養女となった可能性も想定される。

また高林院殿については、「北条記」での記載箇所には、他の氏康の娘のうち、足利義氏室・千葉親胤室・太田氏資室が見えていないから、いずれかと同一人物の可能性がある。記載箇所は氏康死去時におけるものので、その時に寡婦となっていたのは千葉親胤室と太田氏資室であり、そのうち太田氏資室は『関八州古戦録《かんはっしゅうこせんろく》』巻七で法号が長林院《ちょうりんいん》と伝えられていることから（『関八州古戦録』一九四頁）、残る千葉親胤室にあたる可能性がある。ちなみに彼女について、『小田原編年録』所収「北条系図」では「尾崎殿」と注記しているが、その根拠は不明である。もっとも高林院殿については、氏康の妹芳春院殿（足利晴氏室）とする伝承があるから

（本書、長塚孝「浄光院殿」）、あるいは足利義氏室にあてられる可能性が高いと見られる。

以上のことから、さしあたって現時点で氏康の子女として認められるのは、男子は以下の八人、女子は以下の七人ということになろう。

・氏親
・氏政
・氏照
・氏邦
・氏規
・氏忠
・氏光
・景虎
・今川氏真室（早川殿・蔵春院殿）
・北条氏繁室（七曲殿・新光院殿）
・千葉親胤室
・足利義氏室（浄光院殿）
・太田氏資室（長林院）
・武田勝頼室（桂林院殿）
・円妙院殿

二、氏政兄弟の年齢

次に、氏政を含めたその兄弟の出生順について、判明する限りで取り上げたい。先の記述のなかで、死去時における享年の記載があるなどして、その生年が推定されるのは、氏親（天文六年）・氏政（同七年）・氏照（同九年）・氏邦（同十年）・氏規（同十四年）・景虎（同二十三年）・武田勝頼室（永禄七年）の六人であった。以下では、氏政とその弟についてみていくことにしたい。

現在知られる彼らの生年は、系図に見える記載順に合致しているから、その典拠となった所伝は、一見すると妥当な伝承のように思われる。ただし氏政・氏規と、それに景虎も加えてよいと思われるが、彼らについては、およそ寛永期には所伝が見られていたのに対し、氏照・氏邦については、その後に追加された所伝といえ、確実性は劣るものとなろう。なお氏親については、典拠となる「大宅高橋家過去帳」の記載年代は不明であるものの、その内容から妥当とみられることについては先に触れた。

実のところ、氏政の生年については、当時から別の所伝が存在している。一つは「顕如上人《けんにょしょうにん》貝塚《かいづか》御座所《ござしょ》日記《にっき》」（『石山本願寺日記』下巻所収。以下「貝塚日記」と略称）の表紙見返しに見える記載で、「相模国北条氏政四十六歳 天正十四年、氏直廿三歳当家督也」というものである。ここでは、氏政は天正十四年（一五八六）に四十六歳、その子で当主の氏直は二十三歳とされており、それぞれ逆算による生年は、氏政が天文十年（一五四一）、氏直は永禄七年（一五六四）となる。これは「平姓北条氏系図」が伝えるものと比べて、氏政については三歳年少、氏直については二歳年少になる。ちなみに氏直については、同系図には天正十九年（一五九一）死去三十歳と記載されており、これによる生年は永禄五年（一五六二）となっている。

それらと異なる年齢を示す史料は、他にも存在している。それは「堀尾古記《ほりおこき》」天正十八年条（『新修島根県史史料篇2』一頁)に見える記載であり、そこには氏政・氏直だけでなく、その弟たちの天正十八年時における年齢の記載が見られるので次に示す(なお、この史料写真は浜松市博物館特別展図録『浜松城主 堀尾吉晴』に収録されている)。

□八寅癸 小田原陣
氏政 歳五十九 氏政子氏直 歳廿八
陸奥守(氏照) 五十四 十郎(氏房) 廿三
美濃守(氏規) 五十一 七郎(直重) 十八
阿波守(氏邦) 四十七 新太郎(直定) 十五
左衛門佐(氏忠) 三十五 鶴千代 七ツ
山上江右衛門(久忠) 松田尾張(憲秀)歳 六十二
子新六(政晴) 三十五
左馬介(直秀) 三十二
段次郎(直憲) 十八

これによると、天正十八年時に、氏政は五十九歳、その弟の氏照(「陸奥守」)は五十四歳、氏規(「美濃守」)は五十一歳、氏邦(「阿波守」は安房守《あわのかみ》の誤記)は四十七歳、氏忠(「左衛門佐」)は三十五歳、氏直は二十八歳、その弟の氏房(「十郎」)は二十三歳、直重(「七郎」)は十八歳、直定(「新太郎」)は十五歳、鶴千代は七歳であったことになる。それぞれ逆算による生年は、以下のようになる。

・氏政　天文元年（一五三二）
・氏照　同　六年（一五三七）
・氏規　同　九年（一五四〇）
・氏邦　同十三年（一五四四）
・氏忠　弘治二年（一五五六）
・氏直　永禄六年（一五六三）
・氏房　同十一年（一五六八）
・直重　天正元年（一五七三）
・直定　同　四年（一五七六）
・鶴千代　同十二年（一五八四）

これらの内容のうち、これまで知られていた「平姓北条氏系図」などの記載と比較すると、氏政は六歳年長、氏照は三歳年長、氏規は五歳年長、氏邦は三歳年少、氏直は一歳年少、氏房は三歳年少となっている。ちなみに氏房については、「平姓北条氏系図」には文禄元年（一五九二）死去二十八歳と記載されており、これによる生年は永禄八年となっている。

しかし「堀尾古記」に見える内容は、実際の所見状況に照らした場合に、明らかに矛盾が見られるものもある。氏政は、天文十八年所見の西堂丸・松千代丸のいずれか（「内閣文庫所蔵文書」『戦国遺文』後北条氏編四七九二〜三号。以下、戦北四七九二と略記）に該当すると推定されるが（このうち松千代丸の可能性が高い［黒田二〇一二）、どちらであったとしても、「堀尾古記」に従うなら、この時、まだ幼名で記録されているにもかかわらず十八歳になってしまう。氏政の元服は、兄の氏親が同二十一年に死去した後のことと見られ、かつ同二十三年六月には元服を遂げており、氏康から室町幕府に対して相伴衆への任用の申請が行われているから（「類聚文書抄」戦北四六五）、元服はその前年の天文二十二年（一五五三）末頃の可能性が想定される。その場合には、「平姓北条氏系図」による天文七年生まれであれば十六歳、「貝塚日記」による同十年生まれであれば十三歳となり、ともに想定範囲内におさまるものとなる。

氏照についても、弘治二年（一五五六）五月までは幼名藤菊丸で所見があり（「鈴鹿明神社棟札銘」戦北五一八）、「堀尾古記」が伝える天文六年生まれでは二十歳になってしまい不自然になる。氏照の元服後の初見は永禄二年（一五五九）十一月である（「三島明神社文書」戦北六一五）。弘治二年に十五歳で元服したとすると生年は天文十一年となるから、それ以降の誕生と見るのが妥当である。そのように考えた場合には『寛政重修諸家譜』の所伝も妥当性を欠くものとなる。

さらに氏政・氏照については、享年について「氏政亥五十二、氏輝（氏照）五十計」とする所伝も存在しており（「石川忠総留書」内閣文庫所蔵）、それによる生年はそれぞれ天文八年、同十年となる。また氏照については、菩提寺宗閑寺《そうかんじ》（東京都八王子市）の寺記では、享年を四十九と伝えており（『小田原編年録』所収「北条系図」）、これによる生年は天文十一年となる。これらはいずれも、その動向と照らし合わせてみても矛盾しない。強いていえば、氏政については、兄の氏親と一歳違いでしかない天文七年生まれ説よりも、二歳違いであり、かつ元服年齢が十五歳にあたる天文八年説が、氏照については菩提寺宗閑寺の伝承である天文十一年説が、有力と考えられる。

氏規についても、初見は弘治二年（一五五六）十月のことで、外祖母寿桂尼《じゅけいに》（今川氏親《いまがわうじちか》後室）に預けられたかたちをとって駿府に在所していたが、まだ元服前であった（『言継卿記《ときつぐきょうき》』）。これも「堀尾古記」が伝える天文九年生まれでは十七歳になってしまい、やや不自然となる。元服は外伯父今川義元《いまがわよしもと》のもとで行われているから（「喜連川文書」戦北四四三三）、義元が戦死した永禄三年（一五六〇）に十五歳で元服したとすれば、その場合における生年は天文十五年となり、誕生は少なくともそれ以前のことであったと推定される。そう考えると「平姓北条氏系図」が伝える天文十四年生まれというのは、十五歳で元服した場合に、それは永禄二年（一五五九）のことになり、今川義元の動向とも整合性が保たれ、極めて妥当なものとなる。

ここまで氏政・氏照・氏規について見てきたが、いずれも従来の所伝のほうが妥当と見られる結果であった。そうであれば「堀尾古記」の記載は、信頼性が薄いと評価せざるを得ないかというと、そうとも言い切れず、その他の部分については、一定の価値が認められるのである。

次の氏邦についてはどうであろうか。氏邦の初見は、永禄四年（一五六一）と推定される九月のことであり、幼名乙千代丸で見えている（「斎藤文書」戦北三九七二）。そして同幼名では、同五年十月まで所見され（「逸見文書」戦北七九一）、元服後の初見は同七年正月のこととなるから（「江馬文書」「小田原北条氏文書補遺一三一号）、元服はその間のことであったことが知られる。「狭山藩史料 一」所収「北条家系譜」が伝える天文十年生まれの場合、二十二歳まで幼名を称しており、これは極めて不自然な事態といえる。ただし「堀尾古記」が伝える同十三年生まれの場合でも、十九歳まで幼名を称していたことになり、これも不自然である。

もっとも、永禄四年には幼名ながら花押《かおう》を据えた文書を発給していたから、元服前ではあっても、十五歳を超えていた可能性は想定される。この時、氏邦は前年の永禄三年九月からの越後上杉氏の侵攻に対する勢力回復をすすめていたから、そうした事情により元服式を行えず、そのため幼名のままで文書発給を行っていたという状況を想定することは可能であろう。仮に永禄三年に元服すべき十五歳であったとしたら、その生年は天文十五年（一五四六）となる。そうだとすると、氏邦は元服すべき状況にあったが、越後上杉氏の侵攻によって行えなかった可能性は残るであろう。

「堀尾古記」の記載で注目されることは、氏邦が氏規よりも年少として記載されていることである。氏規については、先の「平姓北条氏系図」が伝えるように、天文十四年生まれと見るのが妥当であった。この系図は子孫である狭山藩北条氏によって作成されたものであるから、その意味では正確な情報が所伝された結果と見ることができる。問題は、「堀尾古記」が伝えるように氏邦が天文十三年生まれであれば、氏規より一歳年長にあたり、かつ永禄三年時に氏邦の元服が予定されていたとしても、それは十七歳と一般的には遅いものとなることである。逆に元服時期の適切さから推定される天文十五年生まれとすると、氏邦は氏規の弟にあたることになる。この問題は、現時点では解決は難しいが、ただ「堀尾古記」が、わざわざ氏邦を氏規よりも年少者として記載していることは、重要な情報といえるであろう。これが事実の一端を伝えるものであったとすれば、極めて興味深い事柄となる。この点は、後に検討する氏政兄弟の序列にも関わることになるので、後にあらためて取り上げるものとする。

最後に氏忠についてであるが、「堀尾古記」の記載では、弘治二年生まれとされている。氏忠の年齢に関する所伝は、これが初めて知られるものとなるが、これによると「平姓北条氏系図」などで一様に弟に位置付けられている景虎よりも年少になるので、その景虎との兄弟関係が問題となる。

景虎については、「北条五代記」によれば天文二十三年生まれとされているが、その初見は元亀元年（一五七〇）二月のことであり、すでに元服して仮名三郎を称している（「上杉文書」戦北一三八〇）。景虎は、御一家衆の久野北条宗哲の婿養子になり、そのもとで元服したと見られ、しかもそれは前年十二月の宗哲の嫡子氏信《うじのぶ》の戦死をうけてのことと推定されるから、早くても元服は前年末のこと、すなわち永禄十二年十二月のことと推測される。その場合、十六歳で元服したことになるが、それは妥当の範囲内といえるであろう。それに対して氏忠についての初見は、それよりも若干早い永禄十二年十一月のことであり、すでに元服して六郎の仮名で見えている（「山吉文書」戦北一三四一）。弘治二年生まれとすると、この時十四歳となり、これも妥当の範囲内のこととなる。したがって史料に初見される状況からでは、両者の長幼関係を判断することは難しいといわざるをえない。

そこで目を転じて、氏忠の弟氏光について見てみることにしたい。氏光についての初見は、元亀元年十二月のことであり、すでに元服して仮名四郎を称している（「東京大学史料編纂所所蔵文書」戦北一四五〇）。この氏光と景虎との関係を考える場合に参考になるのが、氏光の妻の動向である。景虎は元亀元年三月に越後上杉謙信の養子となるにあたって、宗哲娘とは離縁しており、氏光はその娘を妻にしているのである。ここからすると、氏光は景虎よりも年少であった可能性は充分に想定される。その場合、氏光の生年は弘治期頃であったと見られることになろう。

しかし氏忠と景虎の関係については、景虎の生年についての所伝が軍記物であるという性格のため決定的ではなく、そもそも問題の「堀尾古記」における氏忠の生年についての所伝自体、そのままに信用することも難しいため、現時点で確定することはできない。ただ氏忠・氏光が景虎よりも年少であったかもしれないということは、それらの兄弟関係を理解するうえで極めて重要な要素となる。この点も、氏政兄弟の序列に関わることになるので、後にあらためて取り上げるものとする。

以上、氏政兄弟の年齢について検討してきたが、結論としては、彼らの年齢を確定する絶対的な史料はいまだ見出されておらず、生年の検証は近世前期成立の系図・軍記物に依存している状況にあるということである。今後、より確実な史料の出現が求められるが、現時点での史料の所見状況から見ていくと、生年として氏親の天文六年（一五三七）、氏政の同七年もしくは同八年、氏照の同十年もしくは同十一年、氏規の同十四年、景虎の同二十三年という所伝は、妥当の範囲にあることがあらためて認識された。また「堀尾古記」には、氏邦を氏規よりも年少とし、氏忠が景虎よりも年少であったことを推測させる記載があり、確定するには至らないものの、極めて貴重な所伝と認められることが確認された。今後、それを裏付けるような史料が出現することが期待される。

そうすると氏政兄弟の出生順については、おおよそのところ、氏親、氏政、氏照と続き、その次が氏邦か氏規、さらにその次が氏忠か景虎、そして氏光、という順番であったことがうかがわれる。なお「堀尾古記」には氏直とその弟についての記載もあったが、それについては本稿の範囲外にあたるので、別の機会があればその時に取り上げることにしたい。

三、氏政兄弟の序列

次に、氏政兄弟について、年齢とは別に、政治的な序列について見ていくことにしたい。通常であれば、それは年齢順に対応することがほとんどであろうが、それでも嫡出・庶出の別や、別家の継承などの要素によって、必ずしも対応しない場合が見られることもあるからである。前節の出生順の考察において検討を保留した事柄についても、この政治的序列を検討することで、さらに考察をすすめられる部分も出てくることになろう。

氏政兄弟の序列について知ることができる当時の史料が、いくつか残されている。ただし、景虎については元亀元年（一五七〇）に越後上杉氏の養子となったため、他の兄弟との序列関係を知ることはできないが、その他については、序列関係をうかがうことができるものとなっている。

最初の関係史料は、元亀二年（一五七〇）に発給された、彼らの父、氏康の室である瑞渓院殿《ずいけいいんでん》（今川氏親《うじちか》の娘）の局《つぼね》（「本しやうつほね」）の書状であり（「岩本院文書」戦北四九一一）、そのなかに「うちまささま（氏政）・うちてるさま（氏照）・うちさねさま（今川氏真）」に続けて、「五郎殿（氏規）・六郎殿（氏忠）・太郎殿（氏邦）・四郎殿（氏光）」と見えている。すなわち当主の氏政に続いて氏照があげられ、しかも氏政と同じ「さま」付けとされているので、氏照の地位が、他の兄弟とは別格であり、氏政に準じるものとされていたことがうかがわれる。その他の兄弟の序列については、氏規・氏忠・氏邦・氏光の順とされている。

ここで注目されるのは、氏規の地位が氏邦よりも上位に置かれていたことと、氏忠の地位が氏邦よりも上位に置かれていたことである。このうち氏邦と氏規については、前節で検討したように長幼の関係は確定できないが、氏邦と氏忠の関係においては、氏邦は明らかに年長者であったから、それにも関わらず氏忠の下位に置かれていたことは極めて重要な事実といえるであろう。すなわち、氏邦の政治的地位は、当初、その年齢と関係なく、氏忠よりも下位に位置していたということになる。

次に氏政兄弟の序列を知ることができるのは、それよりも十年ほど後のものとなる、天正十年（一五八二）の「相州御道者賦日記《そうしゅうごどうじゃくばりにっき》」（「神宮文庫所蔵文書」『埼玉県史料叢書』十二、六五七号）に見える記載であり、次の通りである。

（表紙）

「　天正十年馬のとし

相州御道者賦日記」

一、無上一斤　御屋形様（氏直）
一、無上一斤　御隠居様（氏政）
一、中三□　御せんさま（氏政室か）
一、中三袋　奥州さま（氏照）
一、中三袋　美濃殿さま（氏規）
一、中三袋　房州さま（氏邦）
一、中三袋　左衛門佐殿（氏忠）
一、中三袋　右衛門佐殿さま（氏光）
一、中二袋　糟屋豊後殿
一、中二袋　石井入道殿
一、中二袋　石井四郎衛門殿
一、中三袋　北条上総入道殿（綱成）
一、中三袋　北条左衛門大夫殿（氏勝）
一、中三袋　玉滝坊
　　なこや
一、中三袋　安井玄蕃殿

ここでは、氏照以下の序列は、氏照・氏規・氏邦・氏忠・氏光の順になっている。それ以前の元亀二年の段階と比べると、氏邦の順位が、氏忠を抜いて氏規に次ぐものとなっていることがわかる。このことから、その間に氏邦の地位に上昇が見られたことが知られる。

氏邦の地位上昇はさらに続いたとみられる。そのことを示すのが、天正十一年以降のものと推定される「小田原一手役之書立写」（「佐野家蔵文書」戦北四二九五）であり、氏政兄弟の部分については次のようにある。

　　小田原一手役之書立
　御旗本
　　　八王子
　陸奥守殿（氏照）
　　　はちかた
　安房守殿（氏邦）
　　　みうら
　美濃守殿（氏規）
　　　小田原
　左衛門佐殿（氏忠）
　　　こつくへ
　右衛門佐殿（氏光）
（下略）

ここでは氏照・氏邦・氏規・氏忠・氏光という順になっている。これによって氏邦の地位が、同十一年以降になって、さらに氏規をも抜いて、氏照に次ぐ位置を占めるものとなったことがうかがわれる。そしてこの序列は、小田原合戦時に敵方の羽柴方によって作成された「北条家人数覚書」（「毛利文書」『小田原市史』資料編　原始古代中世Ⅰ　八二一号）でも、「北条陸奥守」「同安房守」「同美濃守」「同左衛門佐」「同右衛門佐」の順になっていることから、滅亡時まで維持されたととらえられるとともに、外部勢力からもそのように認識されていたことがわかる。

これらによって少なくとも、氏政兄弟の序列は、越後上杉氏の養子になった景虎は除かれるものの、氏康生前期の元亀二年では、氏照・氏規・氏忠・氏邦・氏光であったものが、氏政の子氏直が家督を継いだ後における天正十年では、氏照・氏規・氏邦・氏忠・氏光の順に変化し、さらに天正十一年以降においては、氏照・氏邦・氏規・氏忠・氏光の順に変化していたことがわかる。そしてその変化は、いずれも氏邦の地位上昇によってもたらされたものであった。すなわち氏邦は、氏康の死去から氏直の家督相続後までのうちに氏忠を抜き、さらにその後に氏規をも抜いて、氏政の兄弟の序列のなかでは、筆頭の氏照に次ぐ地位にいたっている。

こうした事態が、どのような理由によって生じたのか、現時点において明確な回答を用意することは難しい。しかし少なくとも、氏邦の立場が、当初の位置付けとは異なって、時期を経るにしたがって重要視されていったことは、間違いのない事実といえる。以下、この点に関する若干の見解を示しておきたい。

まず当初の地位の低さに関しては、氏邦は庶出であった可能性が想定される。「平姓北条氏系図」などでは、氏邦は氏政・氏照・氏規の同母弟と記されているが、そのこと自体、検討を要する。氏照が氏政の同母弟であったことを示す明確な史料はないが、弘治元年の古河公方足利梅千代王丸（義氏）の元服式において、氏康の子息のなかでは唯一参加していることから(「義氏様御元服之次第」『北区史』資料編 古代中世二、一六五頁)、元服前から兄氏政に次ぐ地位にあったとみられること、先の元亀二年の史料で、兄弟のうち唯一、氏政とともに「様」付けされていること、大名身分の今川氏真よりも前に記載されているという、その別格的な地位から見て、ほぼ間違いないことと思われる。また氏規については、幼少期に外祖母寿桂尼に預けられていた際に、その孫と明記されていることによって、氏政と同じく瑞渓院殿の子であることが確認される。

これらに対し、氏邦については、氏政の同母弟であることをうかがわせる状況は見られない。むしろ年長であるにもかかわらず、当初は氏忠よりも下位に位置付けられていたことをみると、氏邦は庶出であったのではないか、と想定される。氏忠は、年少ではあったが、おそらく氏康の弟氏堯《うじたか》の家系を継承する存在であり、氏邦が氏忠よりも下位に位置していたのは、家格が氏堯家よりも下位に置かれていたことによると考えられ、その理由としては庶出であったとみるのが最も妥当性が高い。むしろそう見ることによって、元服時期の遅さについても納得がいくことになる。また氏規との関係を見た場合に、氏邦は氏規出生の一年前、もしくは一年後の出生となるので、ここからも同母とするのは難しいであろう。そうすると系図の記載は、後に氏邦が瑞渓院殿と養子契約を結んで嫡出扱いとなり、それを反映したものではなかったか、という想定ができる。

そうした氏邦の地位上昇は、北条氏の領国支配における政治的役割の比重の拡大によることが想定される。氏忠を超えたのは、それが氏康死後のことであることから

寿桂尼像(正林寺蔵)
今川氏親の後室。瑞渓院殿の母で、氏親・氏政・氏照・氏規・早川殿の外祖母にあたる。

すると、上野国衆に対する「指南」としての役割、それに基づいた軍事・外交上の役割の増大によるものであろうし、具体的な契機は、天正三年末頃における安房守受領ではないかと思われる。これは氏照の陸奥守受領と同時のことであったからである。さらに氏規を超えたのは、天正十年以降における上野領国化の動向がその背景にあったと考えられるが、おそらくその際に、瑞渓院殿との間に養子契約が結ばれ、嫡出扱いにされたのではなかろうか。

ちなみにこれらは北条氏内部の秩序ということができるが、興味深いのは、他家からは異なる評価もあったらしいことである。すなわち永禄十二年（一五六九）十月、甲斐の武田信玄は、相模侵攻に関して述べるなかで、「氏政舎弟源三（氏照）・新太郎（氏邦）・助五郎（氏規）」とあげているのである（平成十一年『古裂会目録』『戦国遺文』武田氏編一四六四号）。これを見ると、外部勢力からは、氏照以下の序列は、氏照・氏邦・氏規の順で認識されていたことが知られる。おそらくこれは、当

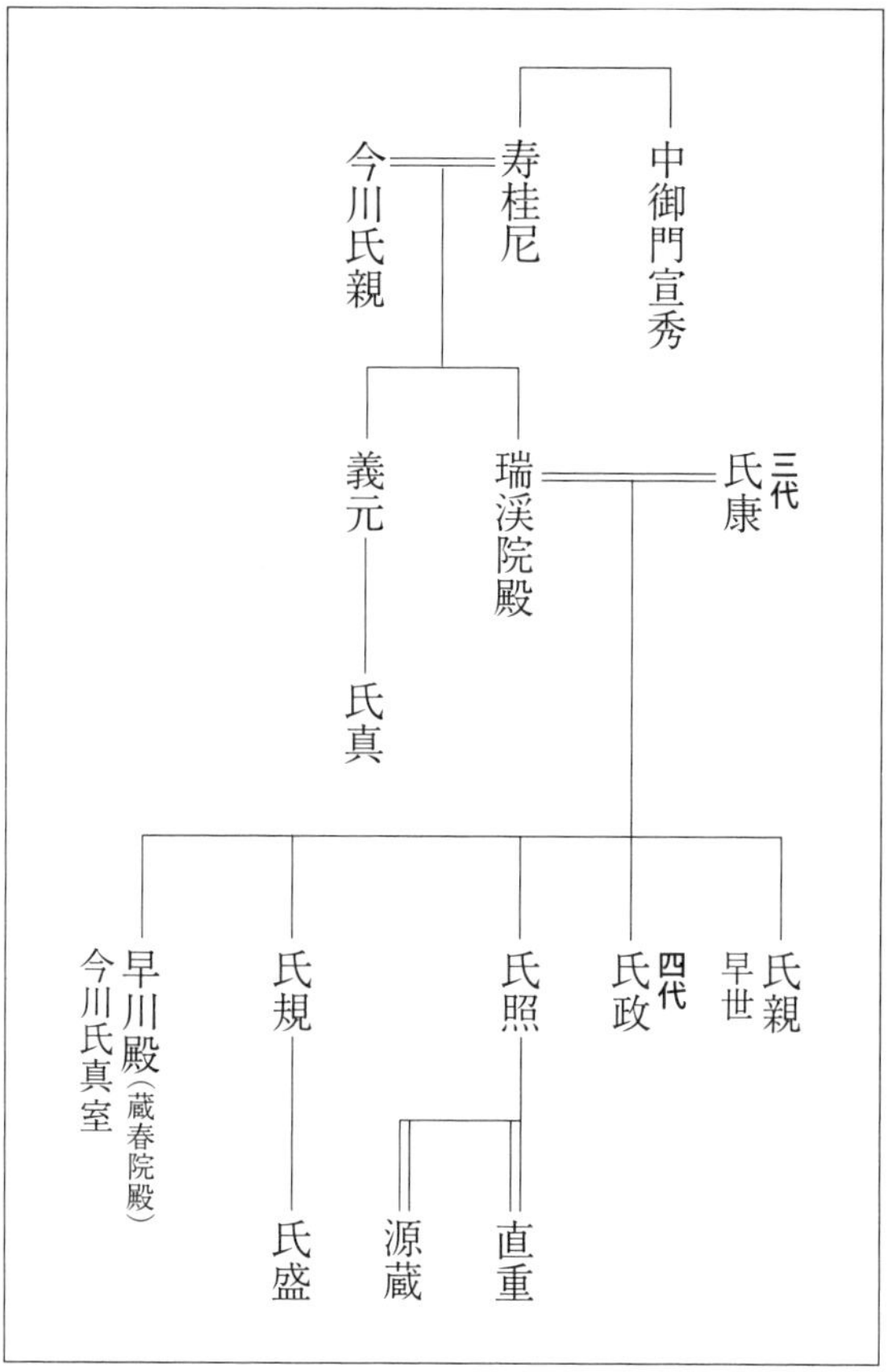

瑞渓院殿関係系図

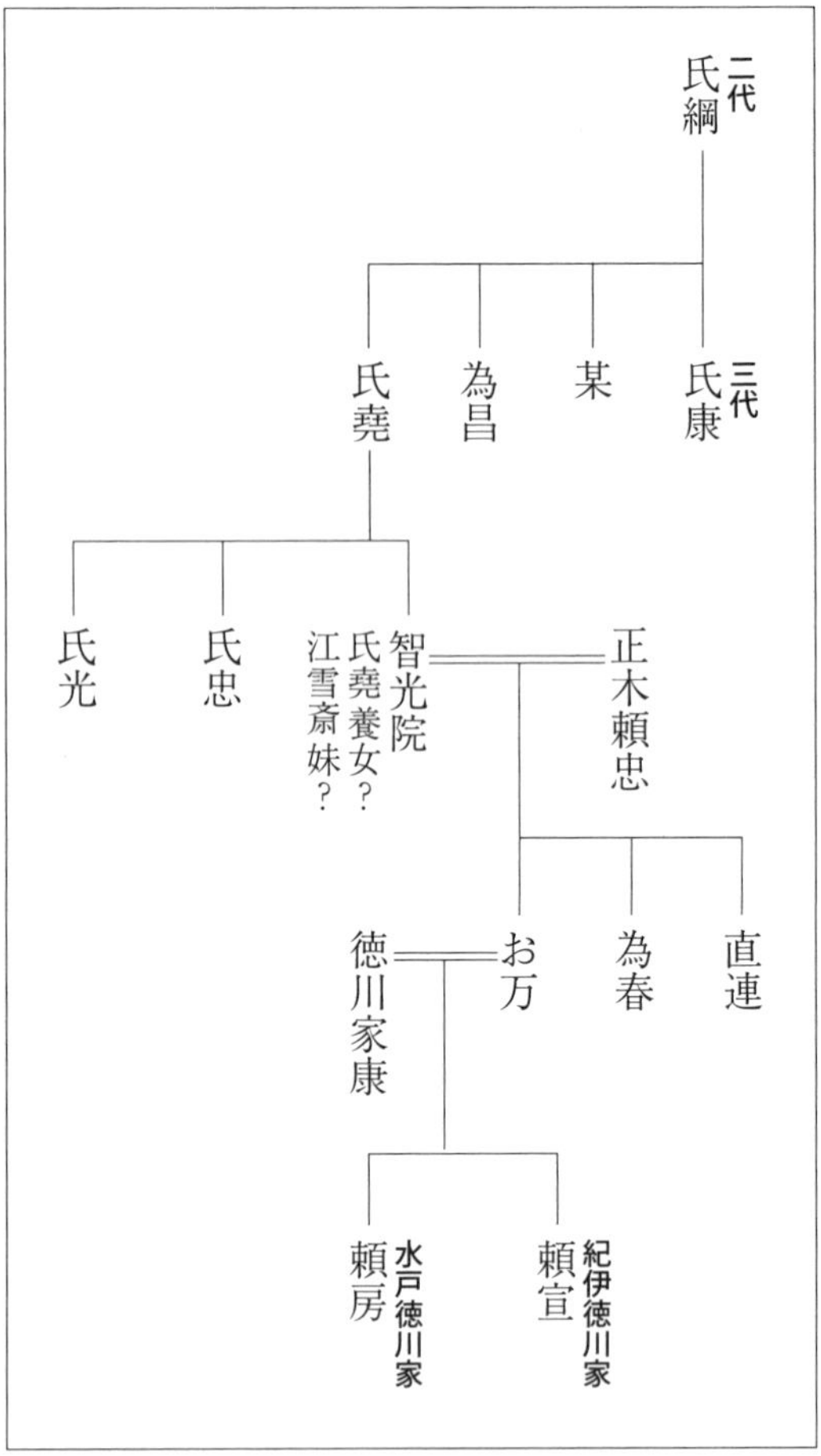

氏忠・氏光関係系図

時における政治的役割の大きさを反映したものであろうが、外部からの評価の違いとして、注目しておきたい点である。

ここで前節では保留しておいた、氏邦と氏規の長幼関係について考えてみたい。氏邦が最終的に嫡出の氏規よりも上位に位置したのは、氏邦が嫡出扱いになったことに加えて、もともと氏邦のほうが年長者であったから、とみるのが自然と思われる。仮に氏邦が氏規と同母兄弟で、氏規より年少者であった場合、氏忠より下位に位置する理由が見いだせないし、役割が増大したといっても年長の氏規を超える理由も見い出せない。こうしたことから考えると、氏邦のほうが年長であったと推測しておくのが、現段階においては妥当のように思われる。

続いて氏忠・氏光の地位について取り上げておきたい。この両者については、かつて若干の検討を加えた際に、両者の政治的立場やその動向、すなわち氏康の弟氏堯との密接な関係の存在から、氏康の実子ではなく、氏堯の遺子で、その死後に氏康の養子になった可能性を指摘したことがある（黒田一九九五）。このことは現在においても、とくに氏堯の遺女（上総正木《まさき》頼忠《よりただ》の室）と、氏堯家の家督継承者ではなかった氏光が深い関係にあったことをみても、一定程度の妥当性を維持していると考えている。もちろん、氏忠・氏光が有する氏堯との密接な関係に関して、両者が氏康の実子で、氏堯の死後、その後室に養子入りしたという可能性もあるわけだが、養子に入るのは一人ですむはずであり、二人ともが養子に入ることは考えがたいであろう。したがって両者が氏堯の遺子であり、死後に氏康の養子になった可能性は、なお高いとみている。

そしてこの想定を元にすると、氏忠と景虎の長幼関係についても、一定の解答が可能になる。所伝による生年は、前節で取り上げたように、氏忠が弘治二年（一五五六）、景虎が天文二十三年（一五五四）であったが、元服は氏忠のほうが早かったことがうかがわれた。仮にそれぞれの生年が所伝の通りであったとしても、氏忠は氏堯家の継承者ということから、当初は氏康庶子の氏邦よりも家格が高く位置付けられていたように、同じく氏康庶子であった景虎よりも家格が高く、そのため元服も早かったと理解することが可能となる。

逆に、氏忠が氏康の実子であった場合、ともに庶子であるにもかかわらず、生年の遅い氏忠のほうが早くに元服して、氏堯家の家督を継ぐ理由が見当たらない。その場合には、氏忠のほうが年長でなければ整合性は保たれないであろう。もちろん、それぞれの生年所伝に誤りがあり、実際には氏忠のほうが年長であったということもありえないわけではない。しかしその場合でも、越後上杉氏への養子に、氏忠が選ばれても問題ないように思われる。わざわざ久野北条氏の家督を継いでいた景虎を、上杉氏への養子に選択したのは、景虎が氏康の実子であったからと考えるのが、妥当と思われる。最終的にはこの問題についても、今後における明確な史料の出現を見なければ確定されない性格のものであるが、氏忠・氏光については、そのように理解しておくのが、現段階では妥当と考えている。

〈参考文献〉

黒田基樹『戦国大名北条氏の領国支配』(岩田書院 一九九五)
黒田基樹『戦国大名領国の支配構造』(岩田書院 一九九七)
黒田基樹『北条早雲とその一族』(新人物往来社 二〇〇七)
黒田基樹『戦国北条氏五代』(戎光祥出版 二〇一二)
長塚 孝「『小田原一手役之書立』考」(『戦国史研究』一七号 一九八九)
『戦国遺文』後北条氏編(東京堂出版 一九八九~二〇〇〇)
『北条史料集』(第二期戦国史料叢書一 人物往来社 一九六六)
『北条五代記』(『古典研究』第五巻第一四号別冊附録)
『関八州古戦録』(第二期戦国史料叢書一五 人物往来社 一九六七)

第一章　北条氏康の息子たち

北条氏政

黒田基樹

はじめに

北条氏政《うじまさ》は、小田原北条氏の四代目当主で、隠居後も小田原合戦時まで北条氏の最高権力者として存在した。しかしこの氏政については、なぜか世間では「暗愚」であったと評価されがちである。そのための逸話もいくつかあり、代表的なのは「汁かけ飯」の話である。陣中で食事の際に、氏政が汁かけ飯に汁をかけ足したのを父の氏康が見て、毎日の食事に汁をかける塩梅《あんばい》がわからないようでは人の心を推しはかるのも無理だと嘆く話だが、これは出所を突き止めることすらむずかしい、いい加減な代物である。氏政を「暗愚」とする評価は、十八世紀半ばの『関八州古戦録《かんはっしゅうこせんろく》』（巻十七）（人物往来社刊）あたりが古く、父氏康までと違って、氏政とその子氏直《うじなお》は「器量が無く、ただただ父祖の余栄を誇るだけで、

北条氏政像（早雲寺蔵）

戦略を練ることができなかった」ため、国を失ったのだとされる。しかしこれは小田原合戦の結果に基づいた、完全な予定調和である。

この手の話で最も古いものになるのが、十七世紀前半の『甲陽軍鑑《こうようぐんかん》』（巻十一）（『甲陽軍鑑大成』汲古書院刊）にみえる「麦飯」の話であろうか。氏政は大身《たいしん》である（育ちがよい）ため、麦飯の出来るまでの過程を知らないのだとして、それよりも少身の武田信玄が氏政を蔑《さげす》む、というのが話の筋である。あくまでも氏政と信玄を対比する話なのである。その他の部分で、氏政には武功がないという評価もされているが、これも武田氏からの目線による評価に過ぎなかった。ただしこの『甲陽軍鑑』が後に広まったことで、氏政を低く評価する素地が生まれた可能性はある。

そもそも同時期における、北条氏を主題とした軍記物では、氏政に関して特定の評価はみられない。それらでは、小田原合戦時の北条氏の主人公は、当主であった氏直になっており、滅亡の責任は、あくまでも当主の氏直に負わされている。こうしてみると、氏政を「暗愚」とすることには、全く根拠がないことがわかる。むしろ実際は、北条氏の最盛期を築いた人物といってもよいほどである。父氏康が後半生を費やした上杉謙信との関東支配をめぐる抗争に決着をつけたのは、氏政であった。あわせて房総の里見氏とも、北条氏優位の同盟を形成し、従属する国衆《くにしゅう》（中小規模の領域権力）は下野《しもつけ》（現・栃木県）半国、常陸《ひたち》（現・茨城県）南部にまで及ぶようになっており、北条氏の最大版図が形成されたのは、氏政・氏直の代のことであった。

しかも氏政は、いち早く中央政権に従属する途《みち》を選択するという、柔軟な姿勢も見せている。天正八年（一五八〇）三月、氏政は織田信長に従属しているのである。これは隣接する武田氏との抗争にともなうものだが、上杉・毛利・長宗我部《ちょうそかべ》・大友・島津など他の大大名に先駆けた行動であったから、決して大領国を形成していることに驕《おご》っていたのではなかった。そうすると氏政は、必ずしも中央政権への従属を問答無用で拒否したのでも、情勢判断ができなくて羽柴（豊臣）秀吉との対戦へと至ったのでもなかった、と考えられる。

このように氏政については、はるか後世に創り出された人物像から脱却し、当時の状況のなかからその人物像をとらえていくことが必要な時期にきているといえるであろう。以下では、北条氏政の生涯について、軍事・外交の側面を中心にしながら、その概略を辿ることにしたい。

一、元服から北条氏当主としての自立へ

北条氏康には、家督を継いだ氏政よりも以前に、嫡子として新九郎氏親《うじちか》（天用院殿）がいた。氏親は氏康の長男で、正室の瑞渓院殿《ずいけいいんでん》（今川氏親娘）の所生とみられる。天文六年（一五三七）生まれで（「大宅高橋家過去帳」）、幼名は西堂丸と推定され（「内閣文庫所蔵文書」『戦国遺文』後北条氏編 四七九二号。以下、戦北四七九二と略記）、十五歳の時の同二十年末頃に元服したとみられ、始祖伊勢宗瑞《いせそうずい》以来の歴代当主の仮名《けみょう》（元服後に名乗る通称の一種）である新九郎を称した。このことからも、この新九郎氏親が、氏康の嫡子とされていたことがわかる。ところが氏親は、翌二十一年三月二十一日に十六歳で死去してしまった。法名を天用院殿雄岳宗栄大禅定門とおくられ、北条氏の菩提寺早雲寺（現・神奈川県足柄下郡箱根町）内に、菩提所（菩提のための塔頭《たっちゅう》）として天用院が建立された。

そのため氏康には、新たに嫡子を立てる必要が生じた。そしてそれが氏政であった。氏政は天文七年、もしくは同八年生まれの次男、母は新九郎氏親と同じ瑞渓院殿であったとみられる。氏政の幼名は松千代丸といったとみられ（「内閣文庫所蔵文書」戦北四七九三）、天文十八年に、西堂丸と松千代丸は揃って、公家の

飛鳥井雅綱《あすかいまさつな》から蹴鞠《けまり》の伝授書を与えられている。このことから氏政は、当初から新九郎氏親に次ぐ立場にあったことがうかがわれる。したがって氏政が新たな嫡子に定められたのは、極めて順当なことであったといえる。

氏政は、兄の新九郎氏親が死去してから二年後の天文二十三年（一五五四）六月までに元服し、北条氏当主の歴代の仮名である新九郎と実名氏政を称するようになった（「大館記」戦北四四三一・「類従文書抄」戦北四六五）。元服の時期は明らかでない。十五歳の時であったとすれば同二十一年か同二十二年になるが、前者では兄新九郎氏親の死去直後にあたるから、同二十二年末の十六歳もしくは十五歳の時のことであったろうか。これによって氏政は、正式に氏康の嫡子の地位に就いた。氏政という名の初見となる同二十三年六月には、氏康は室町幕府に対し、氏政を嫡子に定めたことを報告、あわせて氏政を将軍家相伴衆《しょうばんしゅう》とする申請を行っている。相伴衆とは国持大名《くにもちだいみょう》（一国を領国とした大名）の家格に対応する身分にあたっている。このことから父の氏康もすでにその地位にあったことが知られる。そして氏政は、同年十二月に甲斐の武田信玄（晴信）の娘（黄梅院殿《おうばいいんでん》）と婚姻している（「勝山記」『山梨県史』資料編六上）。

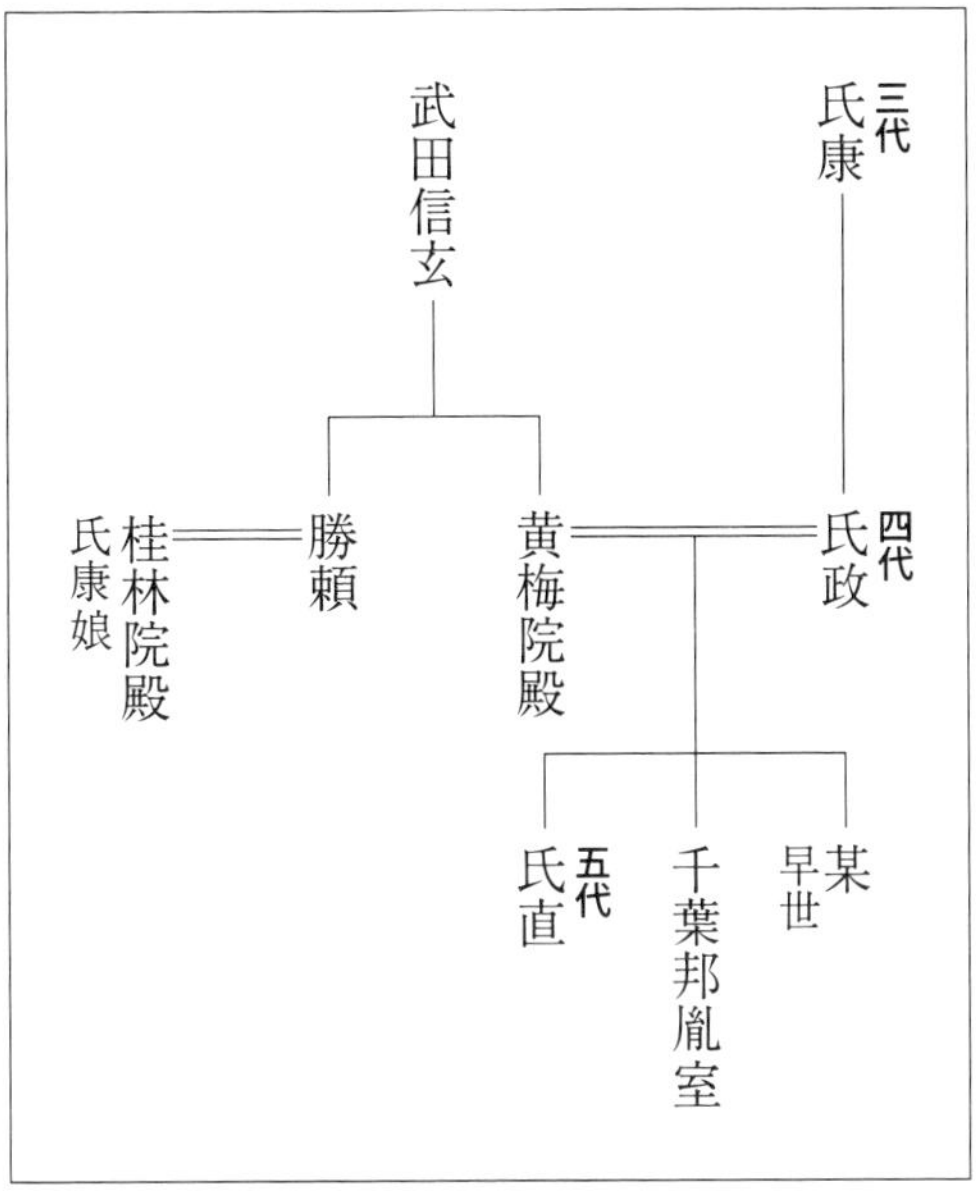

黄梅院殿関係系図

氏政の発給文書の初見とみられるのは、武蔵世田谷の吉良氏家臣大平氏に宛てた書状である（「大平文書」戦北五二一）。花押形の変遷からみると、弘治元年（一五五五）五月のものである可能性が高い。これは大平氏から在陣について使者を送られてきたことに返礼したものであるから、この時、氏政は出陣していたとみられる。あるいはこれが氏政の初陣であったかもしれない。具体的な出陣先は不明であるが、この年は春から秋にかけて房総に侵攻しているから、そのなかでのことであった可能性が高い。時に十八歳もしくは十七歳である。

そして同年閏《うるう》十月には陸奥白川晴綱に宛てた外交文書を出しており（「広瀬典採訪書写文書」戦北四九四）、氏政が対外的にも北条氏の嫡子として活動し始めている。その後も、弘治三年初めまでそのような状況が続き、下野那須氏・紀伊高野山高室院宛の書状が見られている（「那須文書」戦北五三九・五七一、「集古文書」戦北五四四）。そして永禄元年（一五五八）十月から、領国支配のための発給文書も見られるようになっている。その十月に相模中郡大応寺に禁制を出し（「相州文書」戦北五九六）、十一月には武蔵河越在城衆に対して加勢を派遣している（「水月古簡」戦北四六五四）。このことからすると氏康は出陣中で、氏政はその留守を担っていたものと思われる。こうして氏政は、この頃になると氏康の留守中の仕置《しおき》（領国統治）を任されるようになっていたことがうかがわれる。

そして翌永禄二年十二月二十三日、氏政は氏康から家督を譲られ、北条氏当主の地位に就いた（「年代記配合抄」『北区史』資料編古代中世二）。時に二十二歳もしくは二十一歳であった。ただしこれは、領国を覆った飢饉への対応として、氏康が当主を退き、新たな当主のもとでその復興にあたっていくためのものとみられるから、当初からの予定的なものではなかったと考えられる。そのため、以後しばらくは氏康が領国支配を主導し、両者は「御両殿」「二屋形」などと並び称されるようになる。軍事行動においても両者ともに出陣するという状況が続いていったが、対外的に代表していたのは氏康であった。

氏政の最初の施策は、翌永禄三年（一五六〇）二月・三月に、領国内の村々に徳政令を出したことだった（「三須文書」「網代文書」戦北六二三〜四)。しかしこれは、実際には氏康の命によるものだった。そもそも氏康の隠居は、領国が飢饉状態に陥ったことへの責任をとったものだったから、新当主の氏政には、何よりも領国復興の担い手としての役割が求められていた。いわば新しい王による世直しの実現である。こうした代替わりの事情から、その後も実権は氏康が握っていた。特に軍事・外交では、引き続き氏康が前面に立っていたし、内政面でも、徳政令の発令を実際には氏康が行ったように、内実は氏康があたっていた。氏政が実質的にも当主らしくなるのは、氏康が出馬を停止した永禄八年末頃からになる。

氏政が当主になった頃、領国は飢饉状態にあったが、さらにそれに追い打ちをかけるように、永禄三年九月から、越後の上杉謙信(当時は長尾景虎《ながおかげとら》)の侵攻に見舞われた。かつて氏康に関東から追放されていた関東管領上杉憲政《かんとうかんれいうえすぎのりまさ》を擁し、その政治的復権を名目にしていた。謙信が関東に侵攻してくると、それまで北条氏に従属していた上野《こうずけ》(現・群馬県)や北武蔵などの国衆は、相次いで服属、あるいは滅亡させられ、北条氏の勢力圏は一気に武蔵中部まで後退した。そして翌四年三月に本拠の小田原城まで攻められた。本拠まで進軍を許したのは、北条氏にとって初めてのことだった。それだけに、氏康は大きな衝撃を受け、危機感を募らせている。謙信はすぐに退陣するが、その帰途に、鎌倉の鶴岡八幡宮の社前で上杉憲政から名跡を継承し、関東管領山内上杉《やまのうちうえすぎ》氏の当主になった。これにより謙信は、同じく関東管領であった北条氏と、関東支配において同等の立場になった。

六月に謙信がいったん越後に帰国すると、北条氏は反撃に出て、寝返った国衆らの服属をすすめた。また、同盟者の武田信玄に支援を要請した。信玄はすでに北信濃の領有をめぐって謙信と激しく対抗しており、著名な第四次川中島合戦は、この年九月のことであった。そしてその直後の十一月から、信玄は西上野に侵攻して、関東での謙信の勢力圏の切り崩しをすすめていった。信玄も、謙信との攻防の場を関東に移していった。こうして関東支配をめぐって、北条氏・武田氏と上杉氏との攻防が繰り広げられることになった。

その一方、領国の飢饉状態は容易に解消されなかった。そもそも飢饉状態で徳政令による復興にあたっていた矢先、最初の収穫期に謙信の侵攻があった。謙信の侵攻自体、本国の越後も飢饉であったから、自国の飢饉対策として関東に侵攻してきたものだった。この謙信の侵攻により、復興もままならず、北条氏は永禄四年に在村給人《きゅうにん》（軍役のみを負担する在地居住の家臣）に徳政令を出し（「妙本寺文書」戦北七〇二）、翌五年には職人衆にも徳政令を出すというように（「浦島文書」戦北七五一）、引き続き復興対策を強いられている。謙信との攻防は、そうした飢饉状態のなかで行われたのであり、それによって大規模な軍事行動を強いられたため、なかなか復興がすすまなかったのである。それでも謙信との攻防は、次第に北条氏の優勢に展開していった。

決定的となったのは、永禄九年（一五六六）三月・四月における謙信の下総小金城《しもうさこがねじょう》（千葉県松戸市）・臼井城（同佐倉市）攻略の失敗だった。その後、雪崩をうったように関東の国衆は北条氏に従属してきた。謙信の重臣で上野厩橋城《まやばしじょう》（群馬県前橋市）に在城し、関東経略の先兵の役割を担っていた北条高広《きたじょう》までが従属してきた。また西上野では、武田氏の領国化が遂げられた。これらにより、関東における謙信の勢力は、上野・下野《しもつけ》の一部に縮小した。さらに十年末には下野からも撤退し、十一年には関東への出陣そのものが見られなくなる。こうして謙信の関東支配は大きく頓挫した。その永禄九年から翌十年夏にかけて、関東は再び深刻な飢饉に陥っていた。国衆の相次ぐ従属も、そうした状況に規定されたものだろう。そしてこれに同調するように、十年秋から関東の飢饉状態は回復に向かっていった。

このなかで氏政は、次第に北条氏当主としての実権を振るうようになっている。謙信から小田原への侵攻を受けた永禄四年三月から、氏政は譜代家臣への感状《かんじょう》（戦功を賞する文書）の発給（「諸氏家蔵文書」戦北六七九）、知行充行《ちぎょうあてがい》（所領などを給与すること）を行うようになる（「小田原城天守閣所蔵文書」戦北七〇七）。氏康は国衆やその家臣に対する指令について担当しており、役割に分担が見られるようになった。氏政は北条氏当主にふさわしく、家臣との主従関係を統括する存在となっていったことが知られる。さらに同六年には国衆に対しても、氏康と連署で知行充行を行うようになっている（「管窺武鑑」戦北八〇六・「安保文書」戦北八一三）。

そうして同八年末頃から、氏康は出陣しなくなり、その後は氏政が北条軍の総大将を務めるようになっている（「大川文書」戦北九四九）。これにともなって氏政は左京大夫《さきょうのだいぶ》に任官、氏康は相模守《さがみのかみ》に遷っている。氏康の相模守としての初見は同九年五月（「服部玄三氏所蔵文書」戦北四四四三）、氏政の左京大夫としての初見は同年八月となっている（「上杉文書」戦一〇三三）。ここに氏政は、「北条左京大夫」という歴代の北条氏当主が称してきた呼称を引き継いだのであり、名実ともに北条氏当主となったといってよい。同十年からは国衆との交渉も氏政が全面的に担うようになり（「簗田文書」戦北一〇一六）、氏康が国衆と連絡をとるのも同年までのことであった（「小田原編年録」戦北一三六八）。以後において氏康は、どちらかというと氏政の留守中にあって、北条氏本国における支配機構の改革に精力を注いでいくようになる。

ところが永禄十一年（一五六六）十二月、武田信玄が甲相駿《こうそうすん》三国同盟を破棄したことにより、情勢は急展開する。駿河《するが》に侵攻する信玄に対し、北条氏はすぐさま今川氏に援軍を派遣し、同十二日には氏政も小田原城から出陣した（「上杉文書」『上越市史』別編一・六三五号）。これ以降、北条氏は武田氏との全面抗争を展開していくことになる。その一方、北条氏は外交政策を大転換させて謙信との同盟を図り、同十七日以前に氏康・氏政父子の指示を受けて氏邦が、上杉方に書状を送ったとみられる（「早稲田大学図書館所蔵文書」戦北一三五六）。上杉氏からは年内に、同盟成立のための条件が提示されてきたようで、翌十二年正月二日に、小田原在城の氏康が、条件を受諾する旨の書状を上杉方の沼田在城衆に宛てて送っている（「歴代古案」戦北一一三四）。これ以後、両氏の同盟交渉が展開していく。同盟の条件は、おおよそ、

①関東管領職の譲渡
②上杉方への領土割譲
③養子縁組

というものであった。そして六月にはほぼ合意を得て、起請文の交換が行われ、同盟が成立した。この同盟は、越後《えちご》（上杉氏）・相模（北条氏）から一字をとって越相《えっそう》同盟と称している。

この上杉氏との同盟交渉にともなって、駿河出陣中の氏政に代わって、再び氏康が外交の表舞台に登場するようになる。しかしそれは、氏康が氏政を差し置いて行うというのでは決してなく、すべてについて氏政の了解を得ながらすすめられていった。むしろ氏政は出陣することが多かったため、その留守にあって氏康が段取りをつけていったというものであった。上杉謙信との起請文交換も、氏政の帰陣を待って行われている。上杉氏との同盟において、どちらかというと氏康は妥協的、氏政は実利維持派であった。たびたび氏政は既得権の確保を主張し、それを氏康が謙信に取りなしたり宥めたりする場面も見られた。これを両者の路線の違いとみるか、巧妙な連携プレーとみるかは見解の分かれるところであろうが、私は後者でとらえていくことに魅力を感じる。氏政は最大限の権利確保を標榜し、それを氏康が謙信に働きかけて、妥協を引き出していくという戦略ととらえることも可能であろう。

二、単独政権の展開から氏直への家督譲与

武田氏との抗争は、全体的には劣勢の展開だった。そうしたなか、元亀二年（一五七一）十月三日に氏康が死去した。これによって氏政の単独政権が誕生することになった。氏政は、氏康の死去を契機に外交政策を大転換させ、越相同盟を破棄し、甲相《こうそう》同盟を復活させた。もっともこれについては、この年の四月にすでに風聞されており、上杉謙信から詰問をうけて、氏康がこれを否定しているから（「上杉文書」戦北一四七五）、氏康生前からの懸案であった。また『異本小田原記』などでは、氏康は死去に際して、越相同盟の破棄と甲相同盟の復活を氏政に遺言したとされているから、この外交政策の転換は、北条氏にとっては一定の既定路線であった。同盟締結後、度重なる援軍要請に一向に応じようとしない謙信に対して、北条氏は越相同盟の非実用性を認識していたため、氏康の死を契機に実現されたということになろう。

武田氏との同盟交渉はかなり極秘にすすめられたようで、北条氏の御一家衆・家老らにも、十二月二十七日になって初めて公表されたという（「由良文書」戦北一五七二）。氏政は、ただちに弟氏邦に命じて、従属する上野国衆に対して、上杉方への戦略を指令した。武田氏との同盟締結にあたっては、互いの分国の承認と不可侵を協定する「国分《くにわけ》」が行われた。関東については北条氏の領有権が認められ、武田氏はこれに干渉しないこと、ただし武田氏が支配している西上野に関しては武田氏の領有を認め、北条氏からは干渉しないことが協定された。

甲相同盟の締結により、再び北条氏・武田氏と上杉氏との抗争が展開されることになった。そして天正二年（一五七四）閏十一月十九日に、下総関宿城《せきやどじょう》（千葉県野田市）の攻略によって、北条氏と上杉氏との攻防には一応の決着がつけられ、武蔵・下総ともに北条氏の勢力下に帰した。とりわけ、かつて氏康が「一国を取りなされ候にも替わるべからず候」（「喜連川文書」戦北五八一）と、一国を取ることに匹敵すると評価していた関宿城を攻略したことの意義は大きかった。関宿は、利根川水系と常陸川《ひたちがわ》水系とを連絡する交通・流通上の要地にあった。同地を直接に掌握することにより、北条氏は関東全域の流通体系に大きな影響力を有することになる。

天正三年から氏政の経略の矛先は、下野《しもつけ》小山《おやま》氏、安房《あわ》里見《さとみ》氏らに向けられた。これに対し、八月に佐竹氏・宇都宮氏が再び謙信と盟約したのをはじめ、謙信と里見氏との盟約、佐竹氏と里見氏との盟約が相次いで成立し、謙信と佐竹氏・里見氏との政治的連携関係が成立した。謙信は里見氏からの要請を受けて、九月下旬頃に「越山」(関東出兵)したが、もはや謙信の「越山」も大きな効果をもたらし得なかった。そして氏政は、十二月末に小山氏の本拠小山城《おやまじょう》(栃木県小山市)の攻略を遂げて、下野への本格的な進出を果たした(「東州雑記」『喜連川町史』第二巻)。同四年五月にも謙信は「越山」し、北条方の上野《こうずけ》由良《ゆら》氏領と館林長尾《たてばやしながお》氏領を攻撃した。これに対し氏政は、迎撃のため出陣を準備するとともに、由良氏へは鉄炮衆を合力させた。この時の「越山」が、謙信の最後の「越山」となる。氏政は、同五年九月に房総に大規模に出陣し、同月下旬に里見方の長南《ちょうなん》武田《たけだ》氏を従属させた。さらに里見氏の本拠佐貫城(千葉県富津市)を攻撃した末、十一月初めには里見氏と和睦を結び、同盟関係を成立させた。これ以後、里見氏との抗争は見られなくなり、房総半島の情勢は一応の安定をみることになる。

こうした氏政による下野進出、房総平定により、佐竹氏らの北関東諸将は危機感を強めた。彼らは互いに婚姻関係を結び、同年末には佐竹氏を中心に諸氏が「一統」する状況が生まれ、反北条連合を形成した。天正六年(一五七八)に入ると、氏政は佐竹氏攻略をすすめ、北下総に出陣し、五月に結城氏の結城(茨城県結城市)・山川(同市)両城を攻撃した。これに対して佐竹氏ら北関東諸将は、結城氏救援のために南下してきた。そして氏政は結城陣に、佐竹氏らは常陸小川台(茨城県筑西市)にそれぞれ陣して、絹川(現・鬼怒川)を挟んで対陣した。両軍の対陣は、双方ともに決定的な動きをとることができないまま七月初めまで続き、ようやく停戦となってそれぞれ退陣した。氏政は、北関東諸将の連合の前に、いわば立ち往生を強いられた。

その年の三月十三日、越後の上杉謙信が死去し、上杉氏では家督をめぐる景虎と景勝による家中を二分しての抗争が展開された（御館《おたて》の乱）。景虎は、かつて越相同盟の際に謙信の養子とされて越後に赴いていた氏政の弟であり、そのため景虎は兄氏政に援軍の派遣を求めた。しかし氏政は、当時は下総・常陸国境の絹川に在陣中であったため、ただちには本格的な支援は行えなかった。そこで氏政は同盟者の武田勝頼に援軍の派遣を要請するとともに、弟氏邦や新田の由良国繁など上野の他国衆を通じて、上野在国の上杉方諸将を調略し、彼らに景虎支援のための先鋒の役割を担わせた。

景虎方諸将は、七月十七日に沼田城（群馬県沼田市）を攻略、そのまま越後上田荘（新潟県南魚沼市）に進攻した。八月になると北条軍も上野に進軍し、九月初めには氏邦らが上田荘まで進軍した。一方、氏政から景虎支援の要請を受けた武田勝頼は、五月末には越後国境まで先鋒を進軍させていたが、六月上旬になって景勝と和議を結んだ。勝頼は、景虎と景勝との和睦の斡旋《あっせん》を図る一方で、八月半ばには景勝と同盟（甲越同盟）を締結し、同月末には甲斐に帰国してしまった。勝頼と景勝との同盟成立は、景勝方に極めて有利に作用し、景虎方の劣勢を決定付けた。翌七年になると景勝方の攻勢は強まり、二月中に上野の景虎方諸将は上野に後退した。そして三月二十四日に景虎も自害し、御館の乱は景勝の勝利に帰した。

こうした経緯から、氏政と勝頼との関係は次第に悪化していった。甲越同盟の締結にあたって、勝頼の妹が景勝に嫁ぐという婚姻関係が成立し、あわせて景勝は東上野支配権を勝頼に譲渡したとされる。北条氏はすでに天正七年二月の時点で武田氏に対する警戒を強めており、五月頃から小田原城などの普請を行っている。これは武田氏との対決を想定してのものとみられ、もはや両者の衝突は避け得ない状況となっていた。そして八月下旬、勝頼は駿河に出陣し、伊豆国境に沼津城（静岡県沼津市）を構築して、氏政に対して公然と

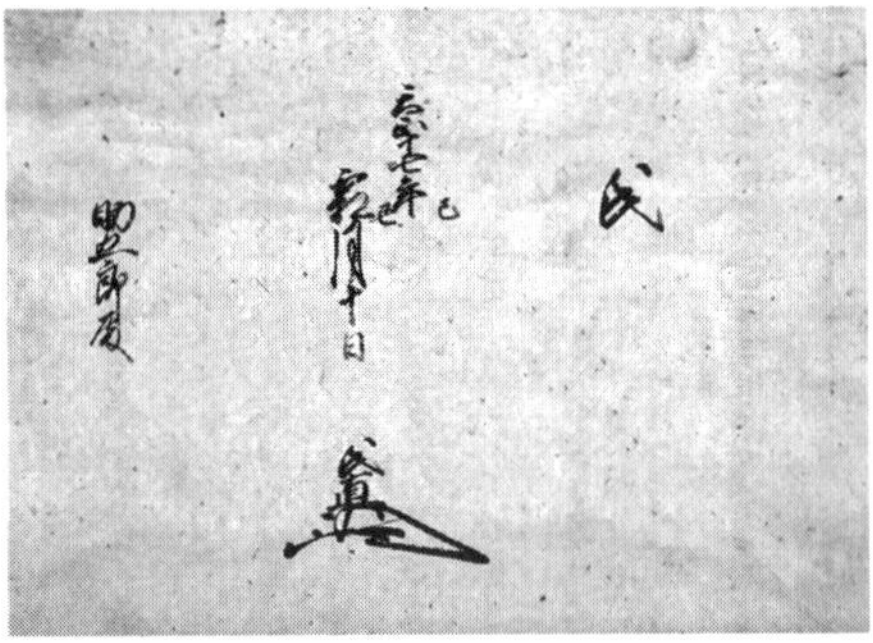

北条氏直一字書出
(神奈川県立歴史博物館蔵)
天正17年霜月10日付。氏直が従弟の助五郎に「氏」の一字を与えた際の文書で、北条氏の一字書出としては現存唯一のものとされる。

北条氏直像(早雲寺蔵)

敵対行動をとった。さらに勝頼は、佐竹氏ら反北条方諸将との連携を図り、七月には両者間に同盟が成立している。

こうした勝頼の敵対行動に対して、氏政は遠江《とおとうみ》(静岡県西部)の徳川家康と同盟し、連携して軍事行動を起こし、勝頼の挟撃を図った。また佐竹氏らに対しては嫡子氏直《うじなお》を出陣させ、自身は九月中旬に伊豆に出陣した。そして両軍は、伊豆・駿河国境の黄瀬川《きせがわ》を挟んで対陣した。こうして北条氏と武田氏は、本格的な抗争を展開することになった。北条氏は徳川氏と、武田氏は佐竹氏らとそれぞれ同盟し、互いに遠交近攻策をとって対抗した。また氏政は、家康と同盟したうえで、さらにその同盟者である織田信長への接近をも図った。

黄瀬川での対陣では、双方に決定的な動きはなく、十一月下旬に氏政は退陣し、勝頼も十二月に帰国している。しかしその間に、勝頼は厩橋北条《きたじょう》高広《たかひろ》ら、北条氏に属す旧上杉方の国衆の調略に成功し、彼らに氏邦の家臣が在城していた沼田城を攻撃させている。これにより上野において北条氏に従属する国衆は、御館の乱以前からの由良氏・館林長尾氏らのみとなった。また佐竹氏らの進攻は、下野から下総までの広範囲にわたって、断続的に行われている。さらに上野・武蔵国境地域においても北条・武田両軍の抗争が繰り広げられ、北武蔵における最大の拠点である氏邦の居城鉢形城《はちがたじょう》（埼玉県寄居市）が武田勢の攻撃にさらされた。

武田氏との抗争は、氏政にとっては劣勢の展開であったといえ、そのため翌天正八年（一五八〇）三月に、氏政は織田信長に再び使者を派遣した。この時の使者派遣の趣旨は、「御縁辺相調え、関東八州御分国に参る」（『信長公記』）というものであった。これは織田氏側の認識ではあるが、氏政は、北条氏と織田氏との婚姻関係の成立を要請し、これをもって北条氏がその領国を信長の領国として差し出すことを申し出た。いうまでもなく、これは北条氏の信長への従属の表明を意味した。氏政は、勝頼の攻勢の前に、ついに中央政権織田氏の旗下に属す途を選択したのである。ちなみに両氏の婚姻関係については、嫡子氏直に信長の娘を娶《めと》らせるという約束がなされた。またここで、北条氏の領国は「関東八州」と称されているが、これは北条氏の関東全域の領有を信長が承認したことを意味した。

氏政は再び家康と連携して軍事行動をとり、三月末に伊豆に出陣して、六月初めまで勝頼と対陣した。さらに七月末にも、武田勢の伊豆方面への進攻をうけて、再び家康と連携したうえで、氏直が伊豆に出陣している。氏直は、九月末まで伊豆に在陣している。その一方、八月末頃に上野における北条氏の唯一の拠点であった沼田城が攻略された。九月には、勝頼が東上野に侵攻した。佐竹氏らも盛んに活動し、北条方の下野《しもつけ》壬生《みぶ》氏・佐野氏をも味方に付けた。さらに九月から十月までの勝頼の上野侵攻に合わせて、小山・足利・館林を攻撃している。もはや下野の国衆で北条方の者は存在しなくなり、佐竹氏らの進軍は上野まで及ぶようになった。氏政は、勝頼の迎撃のために出陣したものの、勝頼が利根川を越えてくると、決戦を避け、すぐに退陣した。勝頼も十月に甲斐に帰国している。

この間において何よりも注目されるのは、八月十九日に、氏政が氏直に軍配団扇《ぐんばいうちわ》を譲渡していることである（「北条文書」戦北二一八七）。軍配団扇というのは、軍勢を指揮するための団扇であり、いわば軍事指揮権を象徴する。軍配団扇が氏政から氏直へ譲渡されたということは、軍事指揮権の譲渡を意味し、すなわち家督の委譲を示している。この八月十九日の時点で、氏直は伊豆に向けて出陣する直前であった可能性が高い。この軍配団扇の譲渡は、その出陣に際して行われたのだろう。何故、この時期に家督が委譲されたのか。理由を示す史料はみられないが、おそらく、信長に派遣していた使者が帰国し、氏政の申し出に対する信長の返答が伝えられ、これをうけて、信長の娘婿となるべき氏直を一刻も早く家督に据える必要が生じたのだろう。そのため氏直の出陣にともない、実質的な家督の交代がなされたと考えられる。

このように氏政は、織田政権への従属の途を選択し、その実現のために、家督が交代されたとみられる。この後、氏政は「御隠居様」と称され、「截流斎《せつりゅうさい》」の斎号を称した。一方の氏直は「御屋形様」、その陣中は「大手」と称される。もっとも隠居とはいっても、その立場は当主と同等であり、権力から離れるわけではなかった。事実、父氏康がそうであったように、氏政はこの後も実質的な北条氏権力の最高指導者として君臨し続けた。ただしその関与のあり方は、父氏康からうけたものとは様相が異なっている。天正十年（一五八二）三月の武田氏滅亡、同年六月の本能寺の変にともなう天正壬午《てんしょうじんご》の乱（旧武田領国をめぐる抗争）の展開により、北条氏をめぐる政治情勢は激変していく。そして天正壬午の乱の結果としての徳川家康との同盟、他方における羽柴秀吉・上杉景勝と結んだ佐竹氏勢力との抗争のなかで、北条氏は羽柴（豊臣）政権との対峙《たいじ》へと向かっていくことになる。

そうした状況のなかで、氏政は、天正十一年初め頃までは氏直とともに軍事行動を展開しているものの、天正壬午の乱以降は、その中心を氏直が担っている。同時に氏直は、家臣や国衆への感状、知行充行・安堵状の発給も盛んに行うようになっており、基本的な領国支配は氏直によって担われていった。その意味で氏政は、氏直にあくまでも北条氏当主として領国支配を主導させ、自身はその輔佐に徹していたともとれる。その後に氏政が氏直とともに出陣したのは、同十二年四月から七月にかけての、佐竹方との下野沼尻・藤岡合戦がほぼ唯一となっている。

三、隠居後の諸地域支配と小田原合戦へ

隠居後の氏政の動向のなかで特筆されるのは、氏政自らが諸地域支配にあたっていることである。具体的には、武蔵江戸・同岩付《いわつき》・下総関宿《せきやど》・同佐倉《さくら》各領であった。しかもこれらは個々別々のものではなく、利根川・常陸川水系によって互いに密接に結びついていたのであり、氏政はこれら諸地域に対して、一体的ともいうべき支配を展開した。これらの諸地域に対し、氏政は隠居後から使用しはじめた、印文《いんぶん》「有效」を刻んだ独自の朱印判をもって、支配にあたっていった。

ことの起こりは、天正十一年（一五八三）六月二日に、江戸城代《じょうだい》として江戸地域支配にあたっていた北条氏秀《うじひで》（玉縄《たまなわ》の北条綱成の次男、氏政の従弟）が死去したことにある。その嫡子乙松丸が家督を継承したが、幼少だったため、氏政が後見を務めた。同年九月、氏秀の同心だった小熊孫七郎に対し、軍役を規定する着到定書を出している（「武州文書」戦北二五七一）。これは氏政が、氏秀の旧臣に対する軍事指揮権を掌握したことを示している。幼少の乙松丸では、実際に軍事指揮をとることができないため、代わりに氏政が担ったのだろう。翌十二年に乙松丸は支配文書を出し始めたが、同年を最後に史料から見られなくなる。死去したと推測され、江戸北条氏は断絶した。そのため、以後の江戸地域支配は、そのまま氏政が担っていった。

氏秀の死去直後に見られた変化のもう一つが、氏政の三男、氏房《うじふさ》の岩付（埼玉県さいたま市岩槻区）領への入部である。岩付領支配は、それまで国衆岩付太田氏の名跡を継承していた次男源五郎があたっていたが、その源五郎は、天正十年七月に死去していた。その後は、北条氏が直接に支配にあたっていた。その岩付領支配に、同十一年七月から氏房があたるようになっている。しかも氏房の支配は、氏政から後見をうけたもので、ここでも軍事指揮権などは氏政が担っていた。また領内裁判も氏政が担ったから、氏房の支配はかなり限定されたものであった。江戸城代氏秀の死去後から、氏政は江戸地域と岩付領の支配に関わり、ともに軍事指揮権や領内裁判権などの重要な部分を司った。この後、同十三年七月の氏房の婚姻を契機にして、氏政の岩付領支配への関与はみられなくなり、氏房による全権支配が展開されていく。

関宿（千葉県野田市関宿）領支配についても、氏秀の死去が関わっていた。氏秀は、江戸城代であった一方で、関宿城《せきやどじょう》に在城してもいたからである。しかも関宿領支配には、岩付衆が派遣されてあたっていた。江戸・岩付・関宿は相互に密接な関係にあったのである。氏秀は、天正十年七月に、病気療養のために江戸城に帰城したが、その家臣はそのまま関宿城に在城を続けたらしい。さらにその年の閏十二月には、古河城《こがじょう》（茨城県古河市）に在城していた古河公方《こがくぼう》足利義氏が死去し、男子がなかったため、同家は当主不在状態になった。そのため古河公方家の所領支配や家臣団統制などには、北条氏があたるようになった。関宿領は、こうした古河公方家領を広く含んでいたから、その支配には北条氏の最高権力者であった氏政があたるようになったのであろう。氏政による関宿領支配は、翌十一年から確認することができ、あたかも江戸・岩付支配への関与と同時のことになる。以後、氏政は氏秀旧臣の在城衆を指揮して、関宿領支配を管轄していった。

佐倉（千葉県佐倉市）領支配は、天正十三年五月に同領を支配する従属大名の千葉邦胤《ちばくにたね》が死去したことがきっかけであった。邦胤には男子があったが幼少であり、さらに死去直後から家臣団の間で北条氏への対応をめぐって内紛が生じたのである。北条派は、八月に北条氏直に佐倉領への進軍を求めてきた。それをうけて、十月末に氏直の進軍が行われ、鹿島城（千葉県佐倉市）を築城して、佐倉領を制圧した。同時に、反北条派の頭領である宿老の原親幹《はらちかもと》に対して、氏政は服属をすすめる交渉を行っている。鹿島城築城をうけて、原氏は氏政に忠節を誓う起請文を提出し、北条氏に屈服した。千葉氏の家督は、氏政の四男直重《なおしげ》が養子に入って継承することになったが、具体的な継承は、これより後の天正十七年になる。その間の十五年末、羽柴（豊臣）政権との対戦を控え、惣国をあげての防衛体制構築のため、氏政は佐倉領に直接入部して、支配の再編にあたった。小田原に帰還した後も、同領支配は氏政によって行われた。直重は千葉氏家督を継承したが、すぐに小田原合戦を迎える。

氏政の管轄地域は、いずれも利根川・常陸川流域に展開していた。同流域は関東における大動脈だったから、氏政は実質的にこれを管轄することにもなった。その基点に位置したのが江戸であった。氏政の諸地域支配は江戸を中心とした地域再編をすすめるものであった。北条氏滅亡後に旧北条領国に入部した徳川家康が、その江戸を本拠にしたのは、こうした氏政による地域再編を前提にしたものだったといってよい。

最後に羽柴（豊臣）政権への対応について見ておくことにしたい。天正十五年（一五八七）十二月、北条氏はいよいよ秀吉の進軍があるという情勢をうけて、具体的な防戦態勢をとることになり、本拠小田原城への軍勢召集を行った。しかしその一方で和睦の途も模索していた。翌十六年二月には、当主氏直の岳父にあたる徳川家康らを通じて、秀吉への和睦を働きかけている。こうして秀吉との政治交渉が開始され、秀吉の出陣は回避された。そして北条氏は、秀吉への従属と、氏政の上洛・出仕を申し出た。しかし秀吉から提示された従属のための条件は、具体的な内容まではわかっていないが、北条氏にとっては受け容れ難いものであったらしく、五月初めには交渉決裂も想定されている。さらに五月二十一日、家康から無条件の従属を勧告された。受け容れない場合には、氏直の妻となっている家康の娘督姫《とくひめ》を離縁させ、同盟関係を解消するという申し出であった（「鰐淵寺文書」戦北四五三四）。

そのため北条氏は、無条件での従属を承諾することになる。これによって秀吉から、北条氏の「赦免」が認められ、その御礼言上のため、八月に御一家衆の氏規《うじのり》（氏政の弟）が上洛した。こうして秀吉への従属が確定し、これをうけて領国の境界が画定されることになった。ただしこの判断に氏政は同意していなかったらしく、そのため氏規の上洛後、氏政は本当に隠居するとして、同年末まで政務に関与しなくなっている（「武州文書」戦北三五四八）。しかし翌十七年初めには、懸案となっていた、家康の与力《よりき》になっている真田《さなだ》氏との間の、上野沼田（群馬県沼田市）領の領有をめぐる問題の解決のために、政務に復帰するようになっている。この沼田領問題は秀吉によって裁定され、基本的には北条氏の領有を認められたものの、本来は北条氏が実力で解決すべき問題であったことが踏まえられて、三分の二が北条領、三分の一が真田領とされた。北条氏はこれを受け容れ、十二月上旬に氏政が上洛のため出立することを伝えた。七月十四日には、沼田領の三分の二の引き渡しをうけて、氏政は家臣らに、上洛の準備に入るよう指示している（「内田文書」戦北三四七二）。そして、その上洛費用の徴収が家臣らから行われていくが、供出の期限は十月末日になっている（「山崎文書」戦北三五一七）。

ところがこの上洛日程については、秀吉との間に齟齬《そご》が生まれている。秀吉は十一月上旬の時点で、今月中の上洛がなければ十一月二十日に陣触れ（出陣の命令）を出すと表明しているのである。これは不思議という他はなく、秀吉は一ヶ月勘違いしていたとしか考えられない。さらに秀吉は、北条氏からこの間に連絡がないことを問題にしている。しかし沼田領引き渡しに対する御礼の使者は、すでに京都に向かっていたとみられるので、ちょっとした行き違いであった。しかし悪いことに、同時期に、弟氏邦《うじくに》の宿老《しゅくろう》である猪俣邦憲《いのまたくにのり》が、家康与力の真田方の名胡桃城《なぐるみ》（群馬県みなかみ町）を奪取するという事件が生じてしまった。その背景は全く不明だが、北条氏が意図的に名胡桃城を奪取することの利点は全く見当たらない。そもそも真田方からは引き渡されていない場所もあり、境界は入り組んでいたらしいので、村落の帰属問題や境界争いなどを発端に、武力衝突に発展したものではなかったかと考えられる。

そして秀吉からは、氏政の上洛遅延と裁定違反を理由にして十一月二十日に陣触れが発せられた。そのうえで二十四日、氏政の即時上洛と、事件張本人の処罰が要求された。これが北条氏に届いたのが十二月七日であった。氏政はちょうど上洛すべき時期にあたっていたが、この秀吉の反応をうけて、すぐには上洛できなくなった。上洛したら秀吉方に拘束されるのではないか、さらに領国を国替されたりするのではないか、という不安が生じたためである。氏直は、家康や他の取次《とりつぎ》（連絡の担当者）を通じて弁明を図った。「上洛遅延」については、このような状況なのですぐに上洛できないが、年明けの上洛でよいと、取次から了承を獲得した。しかしこれは秀吉の認めるものでなかったため、後にその取次は処刑されることになる。「名胡桃城事件」については、もともと真田氏から引き渡されたものであるとして、奪取したものではなく、これは引き渡しの際に上使も確認していることだ、と述べている。

双方の認識はあまりにかけ離れているため、真実がどこにあるのかすら不明である。北条氏としては、すでに討伐命令が出された以上、明確な進退保証が得られなければ、上洛など考えられない。もしそのまま上洛して、拘束され、国替でもされたら、それこそ「思慮がない」と評価されてしまうからである。かつて家康が秀吉に出仕する際もかなり難航したことを踏まえれば、秀吉からの妥協なくして穏便な解決は得られなかった。頼みは家康ら取次であったが、名胡桃城事件は、実は家康方との紛争でもあったから、家康の側も北条氏の弁護最優先というわけにはいかなかったに違いない。そして取次が充分に機能しなければ、交渉が決裂するのは必然であったろう。

　こうして北条氏は、天正十七年十二月中旬には羽柴（豊臣）政権との全面対決に突入し、翌十八年三月から羽柴軍による領国への侵攻を受け、四月から本拠小田原城での籠城戦を展開した末に、七月五日に当主氏直は開城、降伏し、それによって戦国大名としての北条氏は滅亡した。氏政は合戦においては、氏直が在城する本城とは別に、羽柴軍への最前線に位置する地に新城を構えて対峙している。開城後もなお新城にあって退城を拒否していたが、十日に徳川家康の説得に応じてようやく出城している。そして翌十一日、合戦の責任を負わされて弟氏照《うじてる》とともに切腹させられた。享年は五十三もしくは五十二、法名は慈雲寺殿勝厳宗傑大居士とおくられている。

小田原北条家墓所（高野山高室院・山田 孝 撮影）

北条氏政・氏直の墓
（高野山高室院・山田 孝 撮影）
左が氏直の塔。右の塔は上部が崩落しているが、下部に「氏政」の字がある。

〈参考文献〉

黒田基樹『戦国大名北条氏の領国支配』(岩田書院　一九九五)
黒田基樹『戦国大名の危機管理』(吉川弘文館　二〇〇五)
黒田基樹『戦国関東の覇権戦争』(洋泉社　二〇一一)
黒田基樹『戦国北条氏五代』(戎光祥出版　二〇一二)
黒田基樹『小田原合戦と北条氏』(吉川弘文館　二〇一三)
黒田基樹編『北条氏年表』(高志書院　二〇一三)
山口　博『戦国大名北条氏文書の研究』(岩田書院　二〇〇七)

北条氏照

則竹雄一

はじめに——氏照登場

北条氏照《うじてる》は北条氏康の三男で、母は氏康正室の瑞渓院殿《ずいけいいんでん》（今川氏親《うじざね》娘）である。生年については没年の天正十八年（一五九〇）から逆算した、天文九年説（『寛政重修諸家譜』享年五十一歳）、天文十年説（『小田原編年録』享年五十歳）、天文十一年説（「宗関寺記録」『新編武蔵風土記稿』享年四十九歳）と三つの説がある。黒田基樹氏は最も内容が充実していると評価される「狭山藩史料一」所収の北条家系図に基づいて、天文九年説を支持している（黒田二〇〇五）。生年を天文九年（一五四〇）とすると、父の氏康が二十五歳の時に生まれたことになり、天文七年生まれの兄氏政と二歳差、天文十年生まれと推定されるすぐ下の弟氏邦《うじくに》とは一歳差となる。

氏照の幼名は藤菊丸で、史料上の初見は、弘治元年（一五五五）十一月二十三日の下総葛西城《しもうさかさいじょう》（東京都葛飾区）で行われた古河公方《こがくぼう》足利義氏の元服式である（『新八王子市史』資料編2第一章編年史料四五五号文書。以下市史四五五と略記）。父氏康とともに北条一族衆のなかで唯一参加して「一献に御荷用之次第（中略）跡に北条藤菊丸　氏康二男、御腰物御手移ニ被下候」と見える（氏康長男の新九郎は早世したため、氏照が二男とされている）。のちに氏照は足利義氏の後見役となることから、この時点からその役割が予定されていたとの理解もある。

次いで史料上で登場するのは弘治二年五月二日の相模国東郡座間郷の鈴鹿明神社（神奈川県座間市）の棟札銘である（市史四五七）。再造営の大旦那として「北条藤菊丸」と見える。そして藤菊丸は、武蔵国由井城《ゆいじょう》（東京都八王子市）を本拠とする大石源左衛門綱周《つなちか》の婿養子となり、大石氏の家督を継承する。

一、由井城から滝山城まで

（一）由井大石氏の継承

大石氏にはいくつかの流れがあるが、惣領家と見られるのが源左衛門尉・遠江守《とおとうみのかみ》を通称とする遠江家であるとされる。その六代目が大石道俊（実名は顕重か）である。顕重が関東管領山内上杉氏から離反して北条氏に従属するのは、大永四年（一五二四）までの間と見られる。翌五年十二月十三日の多摩郡浄福寺棟札（八王子市）には「大石源左衛門入道道俊并子息憲重」（市史四〇五）とあり、また同年の石見国南八幡宮（島根県大田市）経筒銘に「大石源三源朝臣憲重」（市史四〇二）とあり、顕重は出家して法名道俊を名乗り、家督を子の憲重に譲って、この時点で北条氏に従ったと考えられる。その後、道俊は、発給文書（市史四四三）がある天文二十一年（一五五二）八月までは領域支配を行ったものの、まもなく死去したと見られる。一方、子の憲重は、従属した北条氏綱《うじつな》の偏諱《へんき》を受けて天文十四年から綱周と名乗り（市史四二九）、父道俊の所見の亡くなる直後の天文二十二年十二月には「大石氏源左衛門尉綱周」と大石氏歴代の官途名《かんとめい》（通称）を称し（市史四四八）、弘治元年（一五五五）四月まで活動が確認される（市史四五一）。

その直後、藤菊丸の名が前述の鈴鹿明神社棟札銘に所見される。このことから、この時点ですでに北条藤菊丸は、大石綱周の養子となっていたとされるのである。また、藤菊丸が所見される座間郷がのちの永禄二年（一五五九）作成の『北条氏所領役帳』（『平塚市史』）の「由井領」（＝他国衆綱周の所領）として見られることも、これ以前における藤菊丸の大石養子化が有力視される根拠となっている。ただ、鈴鹿明神社棟札には「北条藤菊丸」とあり、「大石」を名乗っているわけではないことに注意すべきである。つまり養子となったのは弘治二年（一五五六）二月以降、永禄二年までの間とすべきであろう。弘治元年に綱周は、小田原に出仕して結城政勝《ゆうきまさかつ》と歌を詠んでいる（市史四五一）。ここで藤菊丸を養子とする件が北条氏との間で話題となったことは想像に難くないが、すぐに養子化が実現したのではなく、弘治二年以降のことなのである。そして『役帳』の由井領については、国衆大石綱周の知行地として北条氏から安堵されているが、もともと氏照領であり、氏照の養子化にともない「由井領」＝大石領となったものと考えるべきであろう。

（二）由井城と由井領

氏照の由井領支配の初見文書は、永禄二年（一五五九）十一月十日付の小宮三島明神社の禰宜《ねぎ》宮本六郎太郎宛の印判状である（市史四七一）。氏照使用の印章には、印文「如意成就」印①と印文未詳の印②の二種類がある。①の印は永禄二年の初見文書から、永禄十二年（一五六九）七月五日付の下善六郎・南神六郎宛文書（市史六〇八）まで使用されている。永禄十二年十一月七日付の番匠《ばんしょう》落合四郎左衛門尉宛文書（市史六二〇）が②の朱印の初見文書となっている。永禄四年三月三日付の加藤駿河守宛書状（市史四九三）では、「大石源三氏照」と署名していることから、この間に元服、家督継承したことは確実である。仮名《けみょう》の源三は養父綱周の名を踏襲したものである。その後、永禄十一年十二月十九日の書状から「平氏照」とあり（市史五七八）、源姓の大石氏から平姓の北条氏に復姓したことが知られている。この復姓の背景には、本拠の由井城（八王子市下恩方町）から滝山城（八王子市丹木町）への移転があったことが指摘されている（齋藤二〇一〇）。

氏照が最初の本拠とした由井城（別名として浄福寺城・安下城・松竹城・恩方城・千手山城）は、陣場街道《じんばかいどう》（旧称は案下通《あんげみち》）が山地から平野部にかかる地点の標高三五六メートルの尾根を占地する山城で、武蔵国と甲斐国間の交通の要衝に位置している。この由井城こそ大石氏の本拠であり、氏照が大石氏を継承した時に入城した城と見られる。これにより滝山城主大石氏を継承したとされる従来の説は否定されることになる。「由井」が見られる史料には次のようなものがある（太字は筆者による）。

①（永禄四年）七月十日付　武田信玄書状写（市史五〇七）
「敵三田之内築新地之由候、然者氏康**由井**在陣、敵味方之間、隔三十里之様」

②永禄六年癸亥卯月八日付　北条家印判状写（市史五二〇）
「三田郡之内万事、雖**由井**下知可走廻者也」

③（永禄九年）寅六月二十一日付　北条氏照印判状（市史五五二）
「無立物甲、雖軍法ニ候、**由井衆**不立者も有之、見合ニ打而可被捨」

永禄四年の上杉謙信の越山に際して、その制札等の関連文書（市史四八七など）の残存から、上杉軍が滝山城付近を通過したことは明らかであるものの、滝山城の存在が確認されていない。また、史料①は上杉謙信の侵攻で上杉方となった杣保《そまのほ》領主の三田氏を、北条氏が討伐する際の文書である。これは、三田氏が新城を築いたため、北条氏康が「由井」に出陣して三〇里を隔てて対陣したことを示している。これらの点から齋藤慎一氏は、この時点での滝山城の存在を否定して、軍事拠点としての「由井」の位置に注目すべきとしている（齋藤二〇一〇）。

史料②は、三田旧臣の金子大蔵少輔に対して北条氏が諸役の免除を行った文書であるが、三田領のことについては「由井下知」に従って実施することを命じている。この「由井」は氏照を指しており、氏照の本拠が「由井」にあることから表現されたと言える。

史料③は、氏照が家臣の来住野大炊助《きしのおおいのすけ》への軍役を定めた文書であるが、来住野氏を含めた軍団が「由井衆」と表現されている。由井城を中心とする所領の単位としての「由井領」、軍事編成の単位としての「由井衆」がセットで確認されることになる。

以前においては氏照が「由井源三」と称されることから、「由井」は名字との理解があったが、明らかに誤りであり、地名としての「由井」を示していることがわかる。氏照は「由井」を本拠とする大石氏を継承して、由井領と由井衆を基盤として戦国武将としての歩みを開始したのである。

（三）三田氏滅亡と勝沼領接収

戦国期に勝沼城（青梅市）を拠点に、武蔵国西部の杣保（勝沼領）を支配していた国衆は三田氏であった。三田氏は北条氏が武蔵に侵攻してくると、一旦は北条氏に従属したが、永禄三年（一五六〇）の長尾景虎（上杉謙信）の関東侵攻が始まると、武蔵の多くの国衆とともに三田綱定も景虎に従属したのである。景虎方に参陣した武将を書き上げた「関東幕注文」には、勝沼衆として三田弾正綱定以下の人名が書き上げられている（市史四八九）。勝沼領に接した由井領の氏照にとって、三田氏の攻略が大きな課題となった。永禄四年には三田氏攻略の軍事行動が開始され、氏照は六月五日付で福生郷《ふっさ》（福生市）に対して、軍勢の乱暴狼藉を禁止する制札《せいさつ》を掲げている（市史五〇三）。一方、勝沼城では北条軍を防ぎきれないと考えた三田綱定は、七月までに「新地」(青梅市辛垣城《からかいじょう》・唐貝山城)を築いて立て籠もった(市史五〇五・五〇七)。氏照は三田氏家臣の調略を進めるとともに、同盟相手の武田信玄に支援を求め、甲斐国上野原領主加藤駿河守虎景の援軍を得て三田氏と対峙した。七月三日に氏照方に属した三田旧臣の宮寺与七郎に対して、同じく三田旧臣で離反には至らなかった金子掃部助《かもんのすけ》の旧領を安堵している(市史五〇六)。氏照の調略が功を奏して、三田家臣団は分裂状態になっていたことがうかがわれる。七月十日には北条氏康が由井城に着陣し、武田援軍の加藤氏もすでに由井に在陣していた(市史五〇七)。氏照は北条本隊、武田援軍と合流して三田氏攻略を進め、九月十一日以前には唐貝山城を攻略したと見られ、三田惣領家は滅亡に至った(『戦国遺文』後北条氏編七一六号文書)。勝沼領を管轄下に置いた氏照は、従来の由井領に加え、武蔵国西部杣保から中部高麗《こま》郡・入西《にっさい》郡・入東《にっとう》郡を合わせた広大な支城領を形成することになった。そして、勝沼領では翌五年から、代替わりにともなう具体的な領域支配政策が始まった。

永禄五年(一五六二)四月十四日、いつ原(奥多摩町)の原島右京亮・百姓中に対して、三田氏の時と同じように鶴《はいたか》の巣降ろしを命じた(市史五一一)。鶴は鷹狩り用の猛禽類であり、雛を飼育して鷹狩りに用いたが、巣降ろしを行い、鷹狩り用の鳥の確保を命じたのである。五月十九日には三田氏攻略に際して氏照に従属した三田旧臣の宮寺与七郎に、原・松井田・葛見(埼玉県飯能市)など八貫五〇〇文の知行を宛行《あてが》っている(市史五一二)。六月二十日には、従来は三田氏の保護下にあった金剛寺・塩船寺・梅岩寺(東京都青梅市)へ、寺領の安堵、不入特権の保障を行った(市史八一三)。以上のように百姓中・在地武士・寺院への諸政策を実施して、氏照は勝沼領の再編・統合を行った。

氏照家臣団に編成された大石・三田旧臣は、氏照の役割の拡大とともに支城領を越えて活躍することになる。永禄七年(一五六四)正月八日の北条氏と里見義尭《よしたか》・義弘との第二次国府台《こうのだい》合戦(千葉県市川市)での活躍がめざましかった小田野周定・小針小次郎・神田与兵衛・菅沼六兵衛丞らは、二月二十八日付で氏照から感状を与えられている（市史五二七～五三〇）。

（四）滝山城主としての氏照

氏照の本拠である滝山城（東京都八王子市）の初見史料は、武蔵国入間郡宮寺郷志村分（埼玉県入間市）の代官宛の永禄十年（一五六七）九月十七日付の検地書出である（市史五六七）。検地で確定された本年貢と増分の合計二三貫八八四文を「**滝山**御蔵江可納申辻」（太字は著者による。以下同様）と記載してあり、年貢納入場所として滝山城内の御蔵が指定され、明らかに領域支配拠点としての滝山城の存在が確認される。また、由井郷大幡宝生寺（八王子市）の移転に関する永禄十年霜月十二日付けの北条氏照判物が残されている（市史五七〇）。「大幡宝生寺新造之伽藍、**滝山**へ被相移候、門葉之各住寺令同意造畢」と永禄十年には宝生寺の伽藍移動が行われ、滝山城下の整備が進められていたことがわかる。これらの史料は、氏照の本拠としての滝山築城は、永禄十年をさほど遡らない時点であったことを示している。

ちなみに氏照の本拠を滝山城に譲ることになった由井城は、廃城になったのではなく、滝山支城として対武田氏の攻撃が想定される西口の警固するための役割を果たしていた。永禄十二年七月朔日付の北条氏政書状写には、「駿州へ信玄出張ニ付而、乗向候、然間為**由井之留守居**、栗橋衆召寄度候」とある（市史六〇六）。この年武田信玄は駿河に侵攻して、いわゆる「駿州錯乱」が起こるが、駿河の今川氏真《いまがわうじざね》を支援する氏政は、甲斐との国境に近い由井の守りを強化するために、栗橋衆に由井城留守居を命じたのである。

二、六城を有し陸奥守を称するまで

（一）越相同盟の交渉

永禄十一年（一五六八）十二月に突然、武田信玄が同盟を破棄して駿河に侵攻した。駿甲相三国同盟が破綻し、今川氏支援を行うことになった北条氏は、武田氏と対峙するために、長年にわたり抗争を繰り広げてきた上杉氏と同盟を締結するための交渉を開始した。当時、交渉ルートは「手筋」と呼ばれ、越相同盟交渉では「由良手筋」「北条《きたじょう》手筋」の二つが存在した。由良手筋は上野国金山（群馬県太田市）城主由良成繁を仲介とするルートで、氏康四男で武蔵国鉢形《はちがた》城主の氏邦が交渉に当たった。一方、北条手筋は上野国厩橋（群馬県前橋市）城主で上杉氏の旧臣であった北条《きたじょう》高広を仲介とするルートで、このルートで交渉を担当したのが氏照であった。当時の北条家当主は氏政であったが、同盟交渉の主導権は隠居の氏康が掌握していたものと見られ、まずは氏康の指示のもと、由良手筋による氏邦の交渉が開始された。

その直後に氏照の交渉も開始される。永禄十一年十二月十九日付で最初の氏照書状が出され（市史五七八）、北条高広を通じて上野国沼田（群馬県沼田市）の在番衆から上杉謙信の側近直江《なおえ》大和守景綱《かげつな》に届けられた。これには「無二当方御一味所仰候、氏康父子心中雖不存知候」と、氏照の交渉が氏康父子とは別の、独自の行動であったことを示している。遠路でしかも深雪の時期のため、最初の書状が謙信に届かないことを心配した氏照は、翌十二年正月七日に二回目の書状を出した（市史五八三）。同日に出された上杉方の取次《とりつぎ》直江景綱宛の書状では、「此度先立而申入族有之与云共」とある（市史五八四）。氏照より前の申し入れの者とは、氏照の弟氏邦の交渉のことを指し、氏照は、このようなことがあったとしても自分に交渉を任せることを上杉方に求めている。隠居氏康・氏邦とは別個の氏照の交渉については、交渉が拒絶された時の氏康・氏政父子の面目を保つためという理解もあるが、その後の展開から見ても北条氏内部の分裂を示すものであったと考えるべきであろう。

二月には氏康父子の起請文が提出され交渉が本格化するが（市史五九〇）、問題は二つの交渉ルートの存在であった。三月三日には氏康は、沼田在番衆にルートの統合を提案し、由良手筋一つにして氏邦・氏照の両副状を発給する措置を行い、分裂状況の統合を図っている（市史五八八）。氏康は統合に際して、「源三事も（中略）指置難間」と氏照への配慮を見せ、氏照の取次としての地位は確保されたものの、これは氏照の不満を抑えるためのものでしかなく、実質的な交渉からは排除された状況となっていく。

その後、越相の交渉は継続するが、交渉を主導してきた氏康が元亀元年（一五七〇）に病に倒れ、翌年十月に死去すると様相は一変する。新当主の氏政は、父氏康が氏政の態度が消極的であると謙信に謝罪したように越相同盟には反対であったようで、氏康死後の十二月には越相同盟を破棄して、再度甲相同盟を締結した。これは北条内部の勢力関係を大きく変化させることになり、上杉との交渉の取次であった氏邦は外交上の発言力を低下させる一方で、外交から遠ざけられていた氏照が復活することになった。大きな一族内抗争もなく一枚岩と見えた北条氏であったが、越相同盟から甲相同盟への外交の転換は、氏康・氏邦と氏政・氏照との一族内の軋轢《あつれき》を顕在化させることになった。のち小田原合戦において、氏照が本拠八王子城ではなく小田原本城に籠城し、一方の氏邦は自らの本拠鉢形城に籠城し行動を異にすることになった遠因がここにあったのであろう。

（二）滝山・三増合戦の敗北

永禄十二年（一五六九）四月には駿河を制圧した武田信玄は、今川氏を支援する北条氏の背後を突くために、関東に侵攻した。九月中旬に甲府を出発した武田軍は、上野・信濃国境の碓氷峠《うすいとうげ》を越え、鉢形城を経て、九月末には氏照の滝山城へ迫った。一方、本隊とは別に甲斐国郡内から小山田信茂の軍勢を小仏峠《こぼとけとうげ》から侵入させた。氏照は廿里砦《とどり》（八王子市）に軍勢を配置して迎え撃った。武田本隊は、滝山城と多摩川を挟んだ拝島《はいじま》（東京都昭島市）の大日堂に本陣を据えて三日間にわたり滝山城に籠城する氏照を攻撃した。滝山城は落城寸前まで追い込まれたが、武田軍は小田原城を目指して陣を解いたため落城しなかった。武田軍は南下し、杉山峠（八王子市。御殿峠とも）を越えて相模に侵入し、十月一日には小田原城に至り蓮池門まで迫り、周辺の民屋に放火して四日目には撤退を開始した（市史六二〇）。氏照は滝山敗戦の汚名を返上するために津久井方面に抜ける三増峠《みませとうげ》（神奈川県愛甲郡愛川町）に布陣して迎撃することになった。十月六日朝に両軍は衝突して激戦となった。小田原からの北条軍の遅れもあり、武田軍は三増峠を突破して甲斐に帰国した（市史六一三〜六二七）。十月二十四日付の上杉家臣河田伯耆守重親・山吉孫次郎豊守宛の氏照書状では「今般信玄不討留事、無念千万ニ候」と、信玄を討ち果たせなかったことを悔しがっている様子がうかがえる（市史六二〇）。三増合戦《みませかっせん》について『異本小田原記』（市史六二八）に次のような逸話が残されている。

　氏照先年三増合戦ニ打負テ遁レカタカリシ時、山上飯縄神へ祈念シ、十ヶ年ノ間女人禁制ノヨシ立願アリシカ、其時ノ祈念ヲ果サンヨシテ終ニ御前ノ方へ入ラレサルコト数年ナリシカハ、彼女性ハ夢ニモソノ事ハシラスシテ、陸奥守ウトミハテテカクアルナラント恨ミツツ思ヒニ沈ミテ終ニ早世有シトカヤ、死後ニ書置シ文ヲ見テ氏照後悔有リシカト詮ナシ、サレト氏照コレヲ本意ナクヤ思ハレケン、ソレヨリ女人ヲ禁制アリテ一生タダ出家ノ行儀ニ同シこれによれば、氏照は三増合戦での敗戦から、武田氏討伐のため飯縄社に十年間の女人禁制を誓い、これを知らない氏照の室は、氏照に疎まれたと誤解して、恨みつつ自殺したということである。

氏照の室は大石綱周の娘で、『宗関寺記録』では「阿豊」、『伊藤本大石系図』では「比佐」とある。「宗関寺記録」では、天文十六年（一五四七）生まれで、享年四十八歳で文禄三年八月二十三日に死去したとされる（黒田二〇〇五）。法名は月霄峯暉窓祐晃尼庵主である。氏照の室が自殺したとの記述は誤りと思われるが、氏照には北条氏重臣である山中大炊助頼元に嫁いだ娘一人しか確認されず、嫡男はなく兄氏政の男子二人を養子としていることがわかっている。一人は氏政四男の直重で、彼が天正十三年（一五八五）に千葉邦胤《くにたね》の婿養子となったのちは氏政六男の鶴が養子となり、源蔵（のち采女《うねめ》）を称している。氏照と室との間に男子ができなかった事実が、このような逸話を生み出したと考えられ、また、氏照にとって三増合戦の敗北がいかに大きなものであったかを示しているのではないだろうか。

（三）栗橋入城と下野進出

永禄十年代以降の氏照の役割は、関東平野中央部にあって利根川水系の要である栗橋城（茨城県猿島郡五霞《ごか》町《まち》）・関宿城（千葉県野田市）・古河城（茨城県古河市）を支配下に置き、さらに下野・常陸方面への勢力を拡大することであった。

氏照は、永禄九年（一五六六）七月二十七日付の氏政書状を送るにあたっては、古河公方《こがくぼう》宿老関宿《せきやど》城主簗田《やなだ》中務大輔晴助・八郎持助父子への取次を務めた（『八王子城主・北条氏照―氏照文書からみた関東の戦国』所収参考二二）。また、永禄十年四月十七日に簗田晴助・持助父子に、五月八日には栗橋城主野田右馬助に起請文を送付した。このように、これまで上杉謙信に従って北条方の足利義氏に敵対してきた古河公方家宿老たちが義氏に帰属するに際して、氏照が取次を務めることになった。しかし、翌十一年八月五日以前に簗田父子は再度北条氏から離反して、和睦は長くは続かなかったため、北条氏による関宿城攻略戦が行われることになった。北条氏政は、八月二十三日には関宿城攻撃のために下総下幸島まで進軍している。九月二十三日には攻撃の拠点とするために、古河公方重臣の野田景範に下総栗橋城を明け渡させ、氏照が入城して普請《ふしん》を進めた（市史五七五）。氏照は、栗橋城を下野方面への前線基地とした。北条氏は十月には関宿城の川を挟んだ向かいに山王山砦・不動山砦（茨城県猿島郡五霞町）を築いて、関宿城の軍勢と対峙した。北条氏の攻勢に関宿城は落城寸前まで追い込まれたが、永禄十二年の越相同盟の締結で、閏五月四日に両砦は破却された。そして栗橋城には野田氏が復帰したと見られる。古河公方義氏も六月に鎌倉から古河に帰座し、氏照は後見となった。

越相同盟が崩壊すると、再び関宿城をめぐる攻防戦が起こった。北条氏は元亀三年十二月三日には栗橋城を攻撃して、七日には開城させた（市史六六二）。氏照は簗田家臣の切り崩し工作を進め、天正元年（一五七三）七月二十七日には下総・武蔵の軍勢を率いて関宿城に攻撃を仕掛けたが失敗している（市史六六七）。一方、簗田氏は上杉謙信や佐竹義重に援助を要請したが、期待できる支援は得られず、ついに天正二年閏十一月十九日、氏照は関宿城を開城させることに成功して、簗田父子を水海城《みずうみじょう》（茨城県古河市）に退去させた。関宿城は「無双之名地」で「彼地入御手候事、一国を被為取候ニも不可替候」（『戦国遺文古河公方編』一四〇六号文書）と氏康に言わせた名城であったが、氏照は古河・栗橋城とともに北関東進出の拠点とした。開城直後の十二月二日に公方家御料所書立が作成され、膝下《しっか》御料所の百姓を村々に還住させるための虎印判状の発給が要請されるが、取次が氏照家臣狩野一庵・間宮綱信となっているように、公方御料所も氏照の管轄下に置かれるようになったのである。公方領の飛び地であった武蔵国品川や相模国江の島に氏照印判状が発給されたのは、このような氏照の役割によるのである（市史六七八、七八四）。

氏照は、さらに翌年六月二十二日には下野国榎本城（栃木県栃木市）を攻略し、十二月下旬には小山秀綱《おやまひでつな》の本拠祇園城（栃木県小山市）を開城させた。小山・榎本領は氏照の管轄となり、祇園城には大石信濃守照基、榎本城には近藤出羽守綱秀を在城させて支配を開始した。天正十年に織田政権の滝川一益のもとで常陸に逃れていた小山秀綱が祇園城に復帰するが、小山・榎本領は北条氏滅亡まで氏照の支配地として継続した。小田原合戦に際して、豊臣方が北条方の持城と兵力を書き上げた「関八州諸城覚書」「北条家人数覚書」が作成されるが、氏照は「竹山の城」（滝山城）・「氷見城」（水海城）・「小山城」（祇園城）・「関宿ノ城」・「栗橋城」・「江ノ本城」（榎本城）の六城を有し、四五〇〇騎を抱えていたと記されている（市史一〇五六・五七）。このような類例のない複合的な支城領は、天正三年までに形成されたことになる。また、氏照は天正二年十二月から天正四年九月までの間に源三の名乗りを止めて、受領名「陸奥守《むつのかみ》」を称するようになる。これは、鎌倉期の執権北条氏一門が陸奥守を使用したことから、小田原本家の受領名である相模守に次ぐ地位を示すものであり、北関東への進出責任者である氏照の地位を示すものとしてふさわしいものと考えられていたからであろう。

（四）氏照の病気

永禄十年（一五六七）正月十日に北条氏政は、「源三散々煩由申越候、一段致恐怖候、（中略）御苦労候共、一夜帰ニ早々御越御覧被届、一薬憑入外無他候」と、医術をもって古河公方に仕えていた豊前山城守に氏照の大病の治療を依頼して、当時江戸にいた豊前《ぶぜん》氏の滝山への出張を求めている（市史五六一）。時に氏照二十八歳。元亀元年（一五七〇）三月二十六日には「就中御煩故、今日無参府候哉、如露先書、三郎送衆之可為物主間、無日数候条、此方御越御無用候」と、氏照は病気のために氏政から小田原参府を免除され、越相同盟に

北条氏政書状
（豊前氏古文書・神奈川県立公文書館 蔵）
（永禄11年カ）正月10日付。氏政が弟・氏照の病気を気遣い、医者である豊前山城守に診察を依頼している。

際して上杉家に養子として送られることになった北条三郎（景虎）の送衆の指揮を優先して行うことを命じられている（市史六二三六）。時に氏照三十一歳。さらに天正十一年四月の足利家奉行人連署書状によれば、「近日御煩御平臥之御様候歟、一段無御心元存候、有御養生、御参府御右《（左）》奉待候」と、小田原参府の日取りについて、氏照の病気を気遣いながら、平癒後の指示を待っている様子がわかる（市史八八九）。その時、氏照は四十四歳。

このように氏照は、二十歳代後半からたびたび病気を患っていることがわかる。どのような病気であったのかは不明であり、一時的な病気であった可能性もあるが、慢性的な病であるとすれば、病気を考慮する必要があろうか。これに関連しては、氏照が常陸芹沢城（茨城県行方市）の城主で、医術に特技を持っていたとされる芹沢定幹《せりざわさだもと》（掉雪斎）との交流があったこともあげられる。氏照重臣の布施刑部少輔景尊は、善光寺参詣の時に定幹の弟讃岐守に偶然出会い、これをきっかけに天正五年五月頃から交流が始まったという（市史七一一）。五月十七日に氏照は、「特丸薬両様三包到来祝着之至候、白血薬并万病円何々之煩ニハ呑汁以何用候」と丸薬二種三包を贈られたことへの礼を述べ、改めて服用法の教示を求めている（市史七一二）。また、年未詳の氏照重臣間宮綱信の書状にも「氏照へ御名薬一箱御音信候、喜悦之由被申候」と、芹沢氏から名薬一箱を贈られたことに対するお礼を述べている（市史一一七七）。交流の開始からたびたび薬を処方されていたことがわかり、氏照が慢性的な病気に冒されていたことが推定されようか。

三、氏照の最期

（一）八王子築城

八王子築城の年代については、大きく三つの説がある。①元亀から天正初め、②天正六年（一五七八）、③天正十年代で、③説もさらに天正十年説と、天正十六年など落城の天正十八年にごく近い年代とする説とがある。

①の説は、永禄十二年に滝山城が落城寸前に追い込まれ、氏照が滝山城の欠陥を認識したとの理解から想定された説であるが、明確な根拠はない。

一方、②の説の根拠として『五日市大悲願寺過去帳』があり、天正六年部分に「神護地城筑始　当国於油《由》井領神護地山ニ三月比ヨリ新城筑始ム、横山領ノ古城ヲ移サントスル沙汰ナリ」との記載がある（市史七五一）。

八王子城跡 虎口階段
（八王子市教育委員会提供）

また、天正六年の「八王子御根小屋」の存在がある。天正六年二月十日付の高尾山薬王院（東京都八王子市）に出された氏照制札には、「八王子御根小屋」との表現があり、霊場としての高尾山域の竹木伐採を規制するなかで、八王子根小屋の在番衆であったとしても高尾山域で竹木・下草を伐採してはならないと禁止している（市史七四七）。高尾山と八王子城のある城山は、小仏峠を挟んで南北に位置しており、聖域への家臣の侵入行為がたびたびあったことからの規制であった。この時点で、八王子には、小仏峠を押さえるための要害が存在し、在番衆の居住地である「根小屋」が築かれていたのである。また、氏照は天正九年二月九日付で並木氏に三十日の小山在番を命じるが、「八王子番」のために遅延していることから、五日のうちの出発を命じた（市史八二八）。このように、明らかに在番衆を配置した八王子城が存在していたのである。

この八王子城は、永禄十二年（一五六七）の武田信玄の関東侵攻に際して、武田軍勢の一部が小仏峠越えで侵入したことを踏まえて置かれて（築城されて）おり、小仏峠道を警固することを役割とする要害といえる。従来の甲斐・武蔵間の通行路は、和田峠（東京都八王子市）を越える陣馬街道であり、これを押さえるのが由井城であったが、氏照は小仏道の利用度が高まる変化を受けて八王子城を築いたのである。しかし、この要害はあくまでも甲斐路を押さえる在番衆の小規模な城であり、のちの支城としての本拠八王子城とは言えないのである。

『大幡宝生寺過去帳』には「城山ハ初ノ営興ヨリ九年ニ至リ造功未ダ了セズシテ落城」とあり、これによると落城の天正十八年より九年前の天正十年の築城となるが、その他の文書から見ても、氏照による本格的な築城は、天正十年からとの説が有力であろう。天正十年二月二十三日付の北条氏照判物（市史八四七）では、「普請之儀」として、家臣大石筑前守・横地与三郎・間宮若狭守綱信に対し、奉行として「普請庭」の管理を行うことを命じている。この「普請庭」を八王子城の普請と見なす説がそれである（峰岸一九九四）。

氏照は、天正八年閏三月四日に三沢（東京都日野市）の土方《ひじかた》弥八郎に出陣命令を発し、滝山宿に陣取り、そこから触れに従って出陣することを指令している（市史八〇七）。また、天正八年と推定される小手指《こてさし》町人中に対する高札によれば、芝原開発について曲事《くせごと》があれば滝山へ訴えてくるように命じている（市史八一六）。これらの史料から、滝山城が天正八年まで氏照支配の拠点として機能していたことがわかる。一方、八王子城が支配拠点として機能していたと見られる確実な文書は、天正十五年と見られる三月十三日付の狩野宗円書状であり（市史九九四）、小田原城普請のために氏照が小田原在城をするのに際して、宗円自身は八王子の留守居を行うことを岡見中務大輔宗治に伝えている。このように、天正十年頃から八王子城は本格的な支城としての築城が開始され、天正十五年までには、氏照の拠点は滝山城から八王子城へ移転したのである。

氏照が北条氏の外交面で重要な役割を果たしたことは周知のことであるが、織田政権との接触も行っている。天正八年三月に織田信長のもとに、当主氏政重臣の笠原越前守康明とともに氏照重臣の間宮若狭守綱信が派遣された（『信長公記』）。両使者は九日に京都本能寺で鷹と馬を進上し、その後二十一日には、安土城で氏政・氏照への引出物を贈られている。安土城は、この年の一月から築城が開始されていたが、未完成ながらその豪華さに驚かされた間宮の見聞が、のちの八王子築城に影響を与えたと考えられる。八王子城の御主殿虎口《こぐち》の石段の様相が安土城の大手道石段を彷彿させると感じるのは、筆者だけであろうか。

（二）惣国防衛体制の構築

天正十四年（一五八六）十月、徳川家康は上洛して豊臣秀吉に臣従し、秀吉から「関東奥両国迄惣無事之儀」を命じられた。これにより、秀吉政権との緊張が高まり従属か対決かを迫られた北条氏は、惣国防衛体制の構築を展開した。そして、①諸城の大普請、②物資調達、③参陣の命令が、矢継ぎ早に下された。氏照も小田原本城の防衛準備に関わるとともに、自らの八王子城の防衛体制の構築を精力的に進めた。

早くは天正十五年正月五日、氏照は「大途御弓矢立」に備え、小河内《おごうち》衆（東京都奥多摩町）から証人（人質）を召し上げるよう指示し、杉田清兵衛には十二歳の子を出すように命じている（市史九九〇）。次いで、同年十二月から翌十六年正月にかけて、氏照配下の侍に対する小田原参陣を命じ始める。十五年十二月二十四日には、七ヶ条の陣触を発令した。家臣の来住野《きしの》大炊助らに、正月十四日に八王子に参集して十五日には小田原に着府することを命じる（市史一〇一五）。ここでは軍役のために一人の不足なく参集することは当然ながら、普請のための鍬《くわ》・鶴嘴《つるはし》の持参と長陣を予測しての小荷駄《こにだ》の支度も命じている。翌十六年正月三日には、家臣の久下兵庫助に小山衆とともに十六日に小田原に向けて出発するよう命じた（市史一〇一七）。正月五日には、成木愛染院（東京都青梅市）・長淵玉泉寺（同上）・茂呂大明神（埼玉県毛呂山町）など領内の寺社に対して、梵鐘を徴発して戦後には改めて鋳立てて寄進することを約束している（市史一〇一八～一〇二〇）。鉄砲の弾などの材料となったのであろう。さらに、正月八日には山伏吉浄坊・毎楽寺・逸満寺に対し、年行事観音堂・杉本坊（埼玉県狭山市）の配下となって小田原本城主の命令で働くことを命じる（市史一〇二一）。このように氏照は、領内の侍だけでなく、寺社・山伏に対しても本城小田原への奔走に動員する一方で、八王子領内での防衛体制の構築を並行して進めた。

天正十六年正月八日に、氏照は、大久野《おおぐの》（東京都西多摩郡日の出町）の番匠落合四郎左衛門に対して、八王子領内の番匠を集めて大工綾野氏のもとで八王子城の曲輪《くるわ》を請け取り、籠城することを命じる（市史一〇二二）。正月十一日には、三沢郷（東京都日野市）の侍・百姓の男子全員に八王子根小屋の普請を命じる（市史一〇二四）。当時、未完成であったと見られる八王子城の普請を中心に動員体制の強化が図られたのである。そして、正月九日には西戸蔵郷（東京都あきる野市）に対して、男子全員の出陣を命じ、檜原《ひのはら》城主（東京都檜原村）平山右衛門大夫直重の下知に従い、檜原城の普請を命じる（市史一〇二三）など、領内の支城の普請も行わせたことがわかる。

（三）小田原籠城と切腹

八王子領の防衛体制を固めた氏照は、天正十六年（一五八八）八月には、北条氏に敵対した下野国足利城主長尾顕長《ながおあきなが》の討伐のために物主《ものぬし》（軍隊の指揮官）として出陣した。二十三日には城の外張《とばり》際まで攻め込んだが落

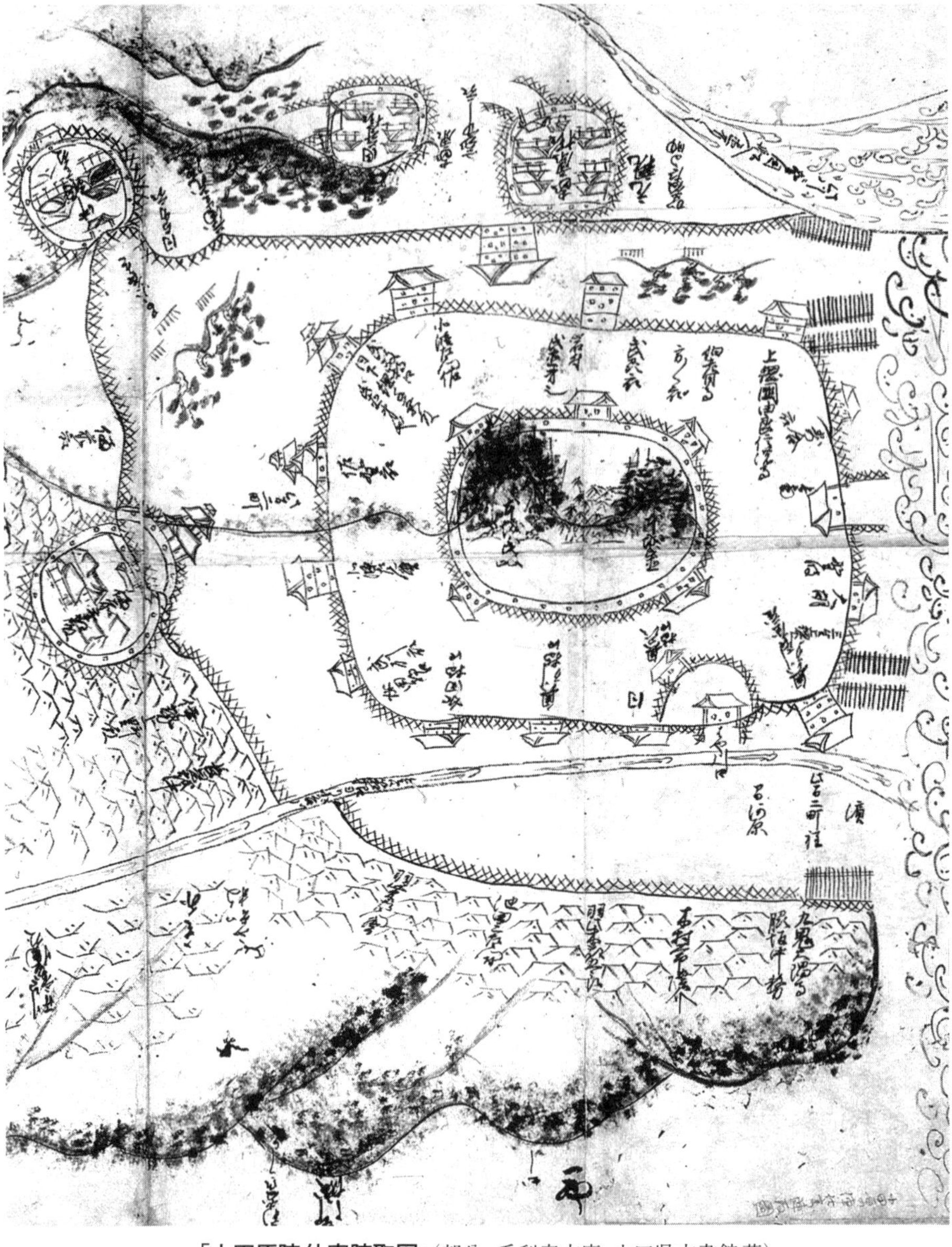

「小田原陣仕寄陣取図」（部分・毛利家文庫・山口県文書館蔵）

本図は小田原合戦に参加した毛利家に伝来したもので、小田原城を海・陸から取り囲む秀吉軍の布陣や小田原城の守備の様子が描かれている。城内の守備を抜き出し活字に起こしたものは77頁参照。

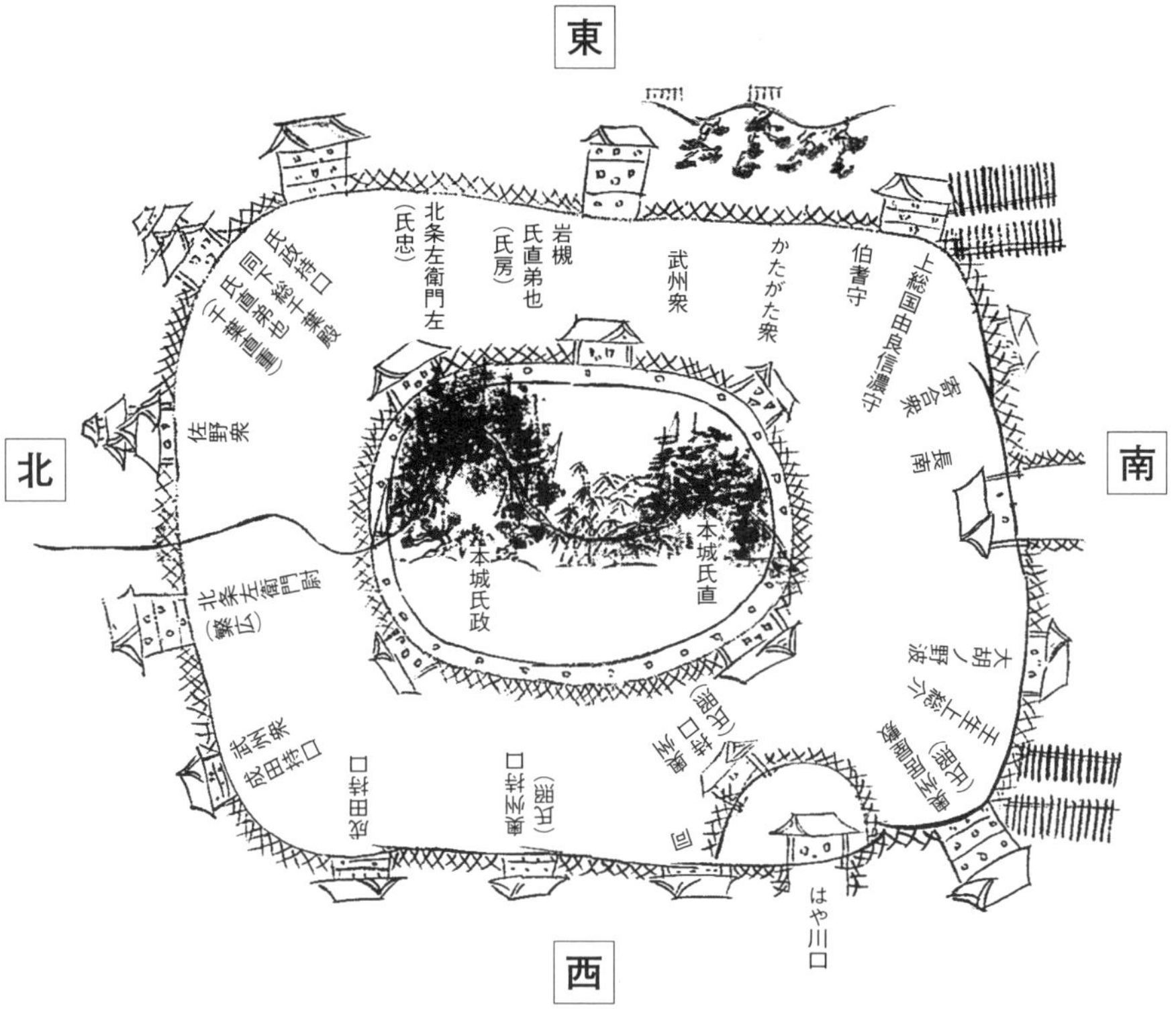

「小田原陣仕寄陣取図」より（カッコ内の人名は筆者による）

とすことができず（市史一〇三二）、敵城を攻撃するための付け城を築いて対陣し、翌年三月三日に顕長を説得して開城させている（市史一〇四一）。その後、秀吉に呼応した佐竹方の動きに備えるため、佐野・館林・小山・榎本城の守備を堅固にするよう命じ、小田原に帰陣して籠城したと見られる（市史一〇四九）。

城主氏照の小田原籠城により、八王子城は家臣の横地監物《けんもつ》吉信・狩野一庵宗円・中山勘解由《かげゆ》左衛門家範を中心に防備を固めた。しかし、前田利家・上杉景勝軍を主力とする秀吉方に攻められ、八王子城は天正十八年六月二十三日に落城した。『相即寺過去帳』には約一二〇人、『大善寺過去帳』には約一三〇人の八王子城で戦死した人々の名前が記されている（旧『八王子市史』)。なかには妻・母・下女など女性の名が見え、陣触《じんぶれ》(出陣の命令)で「妻子之儀、大途之時者、八王子へ可入置事」とする命令に従って籠城した人々が現実にいたことを物語っている。『太閤記』には、八王子城で生け捕りにされた父母妻子が船に乗せられて小田原沖合に出されたこと、また戦死した中山家範・狩野一庵の首が河原に置かれて、小田原籠城中の八王子衆の戦意喪失に利用されたことが記載されている(市史一一一〇)。

　小田原に籠城した氏照は、小田原城の南西の早川口を守備した。『毛利家文書』にある「小田原陣仕寄陣取図」「小田原陣図」によれば、氏照は法心寺に本陣を置き、早川口から海岸部にかけて「陸奥守持口」「奥州持口」と記載されている。これにより、氏照衆の守備場所がわかる。

　籠城は約百日に及んだが、天正十八年七月五日、北条氏直は城を出て滝川雄利の陣所に下り、自分の命と引き替えに城中の者の助命を訴えた。秀吉は氏直の命を助け、一方で氏政・氏照・大道寺政繁・松田憲秀四人の切腹を命じた。十日に氏照は兄氏政とともに徳川家康の陣所に移り、十一日に兄氏政とともに自害させられた(市史一一一四～一一九)。二人の首は京都に送られ、七月十六日には聚楽第《じゅらくてい》の橋にさらされた(市史一一三七)。自害の場所は侍医田村安清の屋敷(小田原市十字町三丁目)である。小田原駅近くの栄町二丁目の墓所となっている場所は埋葬地で、菩提寺伝心庵のあった場所である。氏照の墓所は八王子市元八王子宗関寺近くにあるが、これは元禄二年(一六八九)、百年追善供養の際に造られたものである。最後の様子については『石川忠総留書』(旧『八王子市史』)の「小田原落居之覚」に「七月十一日ニ氏直ヨリ氏政ニ御生御霊被遣候、御酒半ニ御切腹候へ之由申来、氏政氏輝(照)安誓屋敷ニ而同七

北条氏政(右)**・氏照**(左)**の墓所**
(小田原市栄町)

月十一日ニ御切腹、氏政ヲハ美濃守殿介錯、氏輝ヲハ伊勢大和守殿介錯、太閤ヨリ御検使ハ片桐主膳殿、権現様ヨリハ井伊兵部殿被仰付候、氏政亥年五十二、氏輝五十計」とある。氏照の辞世の句は「あめつちの清き中より生まれきてもとのすみかに帰るべらなり」（『甫庵太閤記』市史一一二六）、「吹きとふく風な恨みそ花の春紅葉の残る秋あらばこそ」（『関八州古戦録』市史二二九）とされる。

おわりに――氏照の人物像

天正十五年（一五八七）に、氏直が江戸衆の軍事動員に際して「奥州如作事可走廻」と氏照の指示を受けることを命じ（市史一〇〇七）、天正五年七月十三日に氏政が岩付衆諸奉行の陣定《じんさだめ》を行っているが、「陣庭之取様肝要候、大方陸奥守陣取之模様ニ可取」とあるように（市史七二六）、陣取方式について氏照の仕方に従うように命じる。これらの事例から、氏照は戦巧者であったと評価されている（伊禮一九八五）。小田原合戦においては、秀吉との交戦をあくまでも主張した主戦論者としてのイメージがある。『徳川実紀』は、徳川家康が北条氏の滅亡を予言して、「陸奥守氏照も、氏政がいなければ氏直を軽視して、その国政を我がものにするだろう」と言ったという逸話を載せている。開城後に北条一族のなかで兄氏政とともに自害したこともあり、これらのことが氏照の人物像を形成してきた。これは本当に正しいものなのであろうか。

北条領国の支城主のなかで、その本拠を由井→滝山→八王子と変化させた事例は他に見出せない。氏照は情勢を客観的に判断する性格の持ち主であったのではないだろうか。有名ないわゆる「小田原評定《おだわらひょうじょう》」において、籠城戦を主張したのは重臣松田憲秀で、箱根を越えての野戦を主張したのは北条氏邦であり、氏照は評定に名前すら出てきていない。伝えられるような評定の有無については確定できないが、氏照が惣国防衛体制の構築に腐心していた天正十六年以降の動向については、それ以前と比べて氏照の関係史料は著しく減少し、具体性に欠けた状態となっている。このことは、この時点での氏照の立場を象徴しているのではないだろうか。伊禮正雄氏は、氏照沈黙の原因として、①氏照の病気、②足利義氏の死去による政治秩序の崩壊、③松田籠城論への賛成、④小田原城内での軟禁などの推論を提起している（伊禮一九八五）。あくまでも証明の難しい推論であるが、自害させられたことからの遡及によってつくられてきた氏照像は、再考を必要としていることは確かであろう。

〈参考文献〉

伊禮正雄「北条氏照とは誰か」（『多摩のあゆみ』四〇　一九八五）
黒田基樹『戦国北条一族』（新人物往来社　二〇〇五）
黒田基樹編『論集戦国大名と国衆一　武蔵大石氏』（岩田書院　二〇一〇）
黒田基樹編『論集戦国大名と国衆四　武蔵三田氏』（岩田書院　二〇一〇）
齋藤慎一『中世東国の道と城館』（東京大学出版会　二〇一〇）
下山治久著　後北条氏研究会編『武州滝山・八王子城主北条氏照文書集』（近藤出版社　一九七〇）
下山治久『八王子城主・北条氏照―氏照文書からみた関東の戦国』（多摩歴史叢書三　たましん地域文化財団　一九九四）
丸島和洋『戦国大名の「外交」』講談社　二〇一三）
峰岸純夫「北条氏照と八王子城」（『八王子城主・北条氏照』　一九九四）
『八王子市史』下巻（八王子市　一九六七）
『新八王子市史』資料編二中世（八王子市　二〇一四）
『小山市史』通史編Ⅰ（小山市　一九八四）
『八王子城』（八王子市教育委員会　一九八三）

『北条氏照と八王子城』（特別展図録　八王子市郷土資料館　一九九〇）
『八王子城』（平成二十四年度特別展図録　八王子市郷土資料館　二〇一二）
『小田原編年録』（名著出版　一九七五）
『寛政重修諸家譜』（続群書類従完成会）
『信長公記』（角川文庫　一九八四）
『新編武蔵風土記稿』（「雄山閣　一九九六）
※氏照についての他の文献は、『北条氏照と八王子城』や『八王子城主・北条氏照―氏照文書からみた関東の戦国』の巻末に詳しい。

北条氏邦

浅倉直美

一、氏邦の生母と三山氏

北条氏邦《うじくに》は氏政の弟で、北条氏康の四男として生まれた。幼名は乙千代丸《おとちよまる》、仮名《けみょう》は新太郎を称し、受領名は安房守である。永禄元年(一五五八)に武蔵国衆藤田氏の婿養子となり、藤田家の家督を継承した。同三年頃から幼名乙千代の署名で判物《はんもつ》を発給し、同七年以降朱印状を発給して領支配を行い、天正七年(一五七九)からの上野領国化に大きく貢献し、同十年以降の西上野支配を担った。

氏邦は、氏政・氏照・氏規と同じく、氏康正室の今川氏親娘瑞渓院殿《ずいけいいんでん》の所生といわれてきた。しかし、永禄〜天正年間前半の北条家兄弟における氏邦の政治的地位の低さから、氏邦は氏康の庶子であり、母は瑞渓院殿ではないと考えられる(本書、黒田基樹「北条氏康の子女について」)。氏邦の母については、その筆頭家臣となる三山《さんやま》五郎兵衛綱定の姉か妹であったと考えることができる。

三山五郎兵衛は、秩父郡三山を本拠として、北条氏の武蔵進出にともなって従属し、氏康の父である氏綱《うじつな》の偏諱《へんき》を与えられて実名綱定を名乗り、氏康の重臣の一人に加わった。武蔵北西部の有力国衆藤田家との間に養子縁組を進めるにあたって、氏康が取次《とりつぎ》に指名したのは、秩父出身の三山綱定であった。

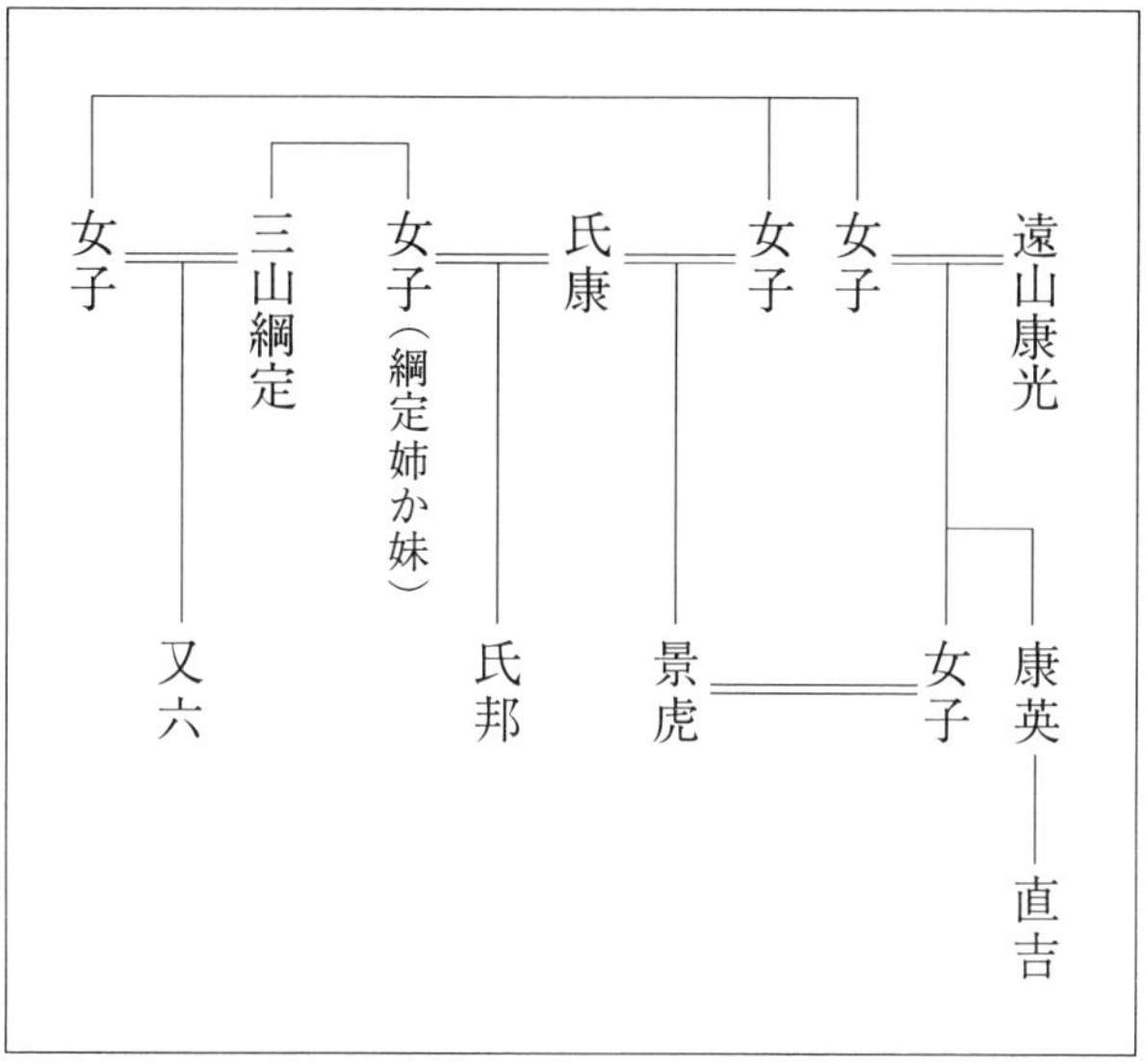

綱定は、藤田家前当主泰邦の母をはじめとする藤田家中に対して、地縁を生かして、あるいは血縁関係があったかもしれないが、北条氏に従属することを説得した。綱定の尽力で、永禄元年に乙千代と藤田氏嫡女（大福御前）との婚姻がまとまり、この年九月八日に綱定が奏者を務める北条家朱印状によって、泰邦の母（「天神山御らう母」）に、小浜（埼玉県児玉郡神川町の神流川南岸）の内で屋敷地五貫五百文が化粧領として与えられた（「市谷八幡神社文書」『戦国遺文』後北条氏編五九三号。以下、戦北五九三と略記）。

乙千代が藤田家に入婿するとき、父氏康は、三山綱定に小田原本城の意向を全面的に託し、乙千代の後見役として随行させた。綱定は、氏康の意を受け、乙千代の元服と家督相続に向けて奔走し、乙千代の藤田家当主就任後は、その政治体制を確立させた。氏邦が領支配のため、永禄七年から元亀二年（一五七一）末までに発給した朱印状二八点のうち、二十一点、八割近くの奏者を綱定が務めていることから、綱定の存在なくして氏邦の家督継承と武蔵鉢形領支配の確立は成しえなかったといえる。北条領国において、朱印状の大半を一人の奏者が務めている例は他では見られず、北条氏にとって綱定は特別な家臣であり、氏邦にとって綱定は単なる重臣にとどまらない存在であったと位置付けられよう。

三山綱定は氏邦の重臣となったのちも、本城の氏康・氏政からも信頼されている（「松田仙三氏所蔵文書」戦北一三三八、「平沼文書」『埼玉県史料叢書』三五四など）。綱定が氏邦と本城当主から全面的に信頼を得ていた理由としては、綱定が氏康側室の一族であり、氏邦の血縁者であったからと考えたい。越相同盟の締結にともなって上杉氏の養子となった景虎《かげとら》の重臣遠山康光が、後見役として越後に随行し、景虎印判状の奏者を務め、娘が景虎側室となっていることから類推して、綱定の姉妹あるいは娘が氏邦の母であるという可能性が想定される。綱定が史料上に確認されるのが永禄元年～元亀二年で、氏康と同世代であることから、綱定の姉か妹が氏康側室であったと考えるのが妥当であろう。

北条氏は、武蔵河越城（埼玉県川越市）の攻略に成功した天文七年（一五三八）以降、武蔵北西部から上野方面に進出し、永禄二年頃に玉縄北条氏の綱成次男の康元が、上野沼田氏の名跡を継いでいる（黒田一九九七）。西上野の沼田地域まで支配領域にするために、武蔵北西部の完全掌握は不可欠で、この時期の北条氏にとって、秩父出身の三山氏は、領国拡大を左右するほどの存在であったということができる。

また、北条氏一族と家臣の名が散見される「高野山高室院月牌帳」に、三山綱定の親族が小田原にいたことの傍証になる記載が見える（『寒川町史』10 別編 寺院三三〇頁）。

相州小田原　三山五郎兵衛母儀立之
大姉預修　　　　西光院取次
永禄十二年十二月十一日

この史料は、三山綱定が母の菩提供養のために、小田原の西光院を取次として、高野山高室院に月牌《がっぱい》料を納めていることを示し、亡くなるまで小田原にいた綱定の母が小田原で没したと理解される。綱定は永禄十二年（一五六九）に鉢形城（埼玉県大里郡寄居町）で氏邦に近侍していたことは間違いない。そうすると、小田原にも綱定の屋敷があった可能性も否定できなくもないが、綱定の母が小田原で近親者とともに、もしくは近親者の近くに居していたと考えると、それは、氏康側室となり氏邦を生んだ娘の可能性が高くなるであろう。

さらに、氏邦は西光院に宛てた八月朔日《ついたち》付の書状で、費用千疋を用意し高野山の金灯籠の取り替えを依頼している（「高室院文書」戦北三九八九）。この氏邦書状の年次は、花押型から永禄十二年から天正四年までと比定され、「高野山高室院月牌帳」の記事と合わせて考えると、永禄十二年十二月十一日に亡くなった綱定母、すなわち氏邦祖母の新盆を前に、氏邦が高野山に金灯籠を寄進したと考えられ、その年次は元亀元年（一五七〇）と推定される。

なお、北条氏関係文書に三山又六という人物が散見され、又六が綱定の一族かどうか考えてみたい。三山又六は、越後の遠山康光宛由良成繁書状にその名が見える（「歴代古案一」戦北四四七九）。成繁は、上杉家に養子入りした三郎景虎に随伴して越後にいる康光の苦労をねぎらい、景虎への家督継承を承り、めでたく御本望なこととお察ししますと祝意を表した後、三人の人物について述べている。一人は「新四郎殿」で康光の息子の康英、もう一人は「愛満殿」で孫の直吉、さらにもう一人は「三山又六殿」である。「三山又六殿、堅固候哉、御床敷之由、御伝語頼入候」とあり、由良氏は、又六が健在であるかを尋ね、なつかしいと伝言してほしいと言うのである。

このことから、三山又六は遠山康光とともに越後の景虎に従っていたこと、康光にとって息子康英や孫直吉と同じくらい身近な存在で、孫・甥・婿あるいは養子に出した息子などであることが考えられる。いずれにしても、北条家重臣の遠山家との親戚関係が想定されることから、又六の三山家も遠山氏と同格の家柄であるべきで、又六が三山綱定の親族である可能性は高いといえよう。又六が康光とともに景虎の随臣に加わっていることは、又六と景虎との関係の近さを意味しているとも考えられる。姉の遠山康光の妻（景虎側室の母）と妹の三郎景虎の母（氏康側室）の姉妹にもう一人、三山又六の母が姉か妹として存在して、それが綱定の妻であり、又六は綱定の息子で、景虎・氏邦の従兄弟と考えることはできないであろうか。

さらに氏邦が永禄十二年十二月二十二日に遠山康光に宛てた書状にも、「又六・安富不罷帰以前（中略）夜日次而此方へ参候」と見える。この又六は三山氏で、康光と氏邦の近くで越相同盟の成立のために尽力していたと考えられる（「上松文書」戦北一三六一）。又六はこの後、上杉景虎の敗死の後に北条家に再び仕え、天正十二年四月五日付北条氏直感状で、足利表における高名を賞されている（「松雲公採集遺編類」戦北二六六三）。

二、氏邦の生年

従来、氏邦の生年は、天文十年（一五四一）といわれてきた。しかしながら、「堀尾古記」に見える北条氏一族の年齢に関する記述では、天文十三年生まれとなり（『新修島根県史』史料篇2 近世上）、また、元服時期の適切さからは天文十五年生まれと推定されるという（本書、黒田基樹「北条氏康の子女について」）。氏邦の生年について、現時点で確証は得られていない状況ではあるが、天文十三年説を補強する資料として、法養寺薬師堂十二神将像をあげたい。

秩父郡薄《すすき》（埼玉県秩父郡小鹿野町両神薄）の法養寺薬師堂にある木造十二神将立像は、脚ほぞ部の墨書銘（表1）から、天正十三年（一五八五）六月から翌年二月までに、氏邦とその家臣らが旦那となって十二体の塑像を製作し寄進したもので、八五・五～九一・五センチの大きさである。同じ薬師堂に安置されている日光菩薩・月光菩薩（像高八六センチと八八センチ）は、作風から十二神将像と同時期の作と推定されている。両菩薩と十二神将は薬師如来の脇侍と眷属《けんぞく》で、現存していないが、江戸期には薬師如来坐像も安置されていて、「別当成範願主　大檀那氏邦　小旦那秩父孫次郎　七条大仏師宮内卿法院康清□正月吉」と銘が見られた（『新編武蔵風土記稿』）。

表1　十二神将像寄進者

年月日	十二神将	願主	旦那
天正十三年六月七日	酉神	聖乗坊成範	宝積坊□（幸）鏤僧都
天正十三年八月四日	子神	成範	吉田
天正十三年八月五日	申神	聖乗坊成範	安房守氏邦本命
天正十三年十月二十四日	午神	成範	日尾城主諏訪部遠江守
天正十三年十月日	丑神		田代氏
天正十三年十月日	戌神		「　」（本郷越前守）氏
天正十三年十月日	亥神		「　」（井上遠江守）氏
天正十三年「　」	辰神	聖乗坊	□（藤）田六□
天正十三年	巳神		□□（猪股）氏
天正十四年二月八日	寅神		猪豊後守久繁・内之女大
天正「　」	卯神		
（不明）	未神		□□（猪股）氏

（法養寺所蔵「薬師堂十二神将像胎内銘」戦北二八四一、欠損部分は『新編武蔵風土記稿』法養寺薬師堂の記事により補う）

法養寺の薬師如来と日光菩薩・月光菩薩および十二神将は、諏訪部遠江守や本郷越前守・猪俣氏・秩父孫次郎のほか、主要な氏邦家臣が多く携わり、京七条の仏師に依頼して製作・寄進したもので、この寄進は氏邦と鉢形衆にとって一大事業であった。これだけの大掛かりな寄進がなされるには、当然大きな発願が込められているはずで、それは何であったのか。また、法養寺が寄進先として選定されたのにも、それなりの理由があったと考えられる。

薬師如来と脇侍・眷属には、病気平癒あるいは無病息災の願いが込められている。氏邦は、天正十一年春、上州箕輪在城中に発病し、医師粕尾法眼寿信の介抱を受け、同養信斎に薬を処方されて回復した（「武州文書所収児玉郡医者衛次所蔵文書」戦北二五三六）。それから二年後に、家臣一同揃って大規模な寄進をしている理由として、この年が氏邦四十二歳の厄年にあたるからと想定されようか。大病を克服した氏邦が、厄払いの願いを込めて家臣一同とともに薬師如来坐像と日光・月光両菩薩像および十二神将立像を寄進したと理解され、天正十三年に氏邦四十二歳とすると、その生年は天文十三年となる。

また、法養寺のある両神薄は、氏邦生母の実家と考えられる三山氏の本拠、武蔵国三山に近く、氏邦にとって縁深い地であると考えられる。広い鉢形領のうちでも、この両神薄の薬師堂に寄進することに決めた理由は、氏邦本人の出生に大きく関わっているのではないであろうか。この法養寺薬師堂には、氏邦が大旦那、聖乗坊成範が願主として、天正十五年十一月十五日に鰐口《わにぐち》も奉納されている。

三、乙千代花押と氏邦花押

永禄二年（一五五九）、前年に氏康から家督を継承したばかりの氏政は、越後長尾景虎（上杉謙信）の関東侵攻という危機に直面した。上野から武蔵にかけての国衆の多くが長尾氏に従属し、本城小田原も攻撃されるなど、はじめ北条側は不利で、乙千代も一時鉢形領域から脱出していたと考えられる。この間、同三年から幼名乙千代の署名で判物を発給している。

乙千代の判物には三種の花押型が確認され、とくに1型と2型では型の変化の大きさが注目される。これまでも、1型は氏政の花押に近いと分析されている通り、兄氏政の初期の花押、あるいは父氏康の初期の花押に類似しているととらえられる形状である。

長尾景虎の関東侵攻後、徐々に北条軍は退勢を挽回し、永禄四年九月に秩父地方が帰属した（「士林證文二」

乙千代 花押１型
（斎藤文書・〈永禄三年〉九月八日・埼玉県立文書館蔵）

氏政 花押
（大平文書・年未詳正月十五日・『小田原市史』資料編中世２より）

氏邦 花押１型
（永禄九年六月十三日・埼玉県立歴史と民俗の博物館蔵）

乙千代 花押２型
（逸見文書・〈永禄五年〉四月二日・埼玉県立文書館寄託）

氏康 花押
（鶴岡八幡宮文書・天文六年七月二十三日・『小田原市史』資料編中世2より）

氏邦 花押２型
（上杉家文書・〈永禄十二年〉九月十日・米沢市上杉博物館蔵）

乙千代 花押３型
（逸見文書・永禄五年十月十日・埼玉県立文書館寄託）

乙千代 花押3型
（逸見文書・永禄五年十月十日・埼玉県立文書館寄託）

氏邦 花押1型
（永禄九年六月十三日・埼玉県立歴史と民俗の博物館 蔵）

乙千代3型と氏邦1型の比較

戦北七一六）。その頃乙千代は、戦後処理の文書発給のため花押型を2型に変え、藤田家継承者としての政治的意図を込めたと推定される。乙千代2型・3型には若干の変化が見られるものの、基本形は変わらず、「乙千代」三文字を意匠化したものと考えられる。また氏邦は、永禄五年十月十日（乙千代終見、「逸見文書」戦北七九一）から、同七年正月（「大阪狭山市教育委員会所蔵江馬文書」「小田原北条氏文書補遺（一二）」一三一号、『小田原市郷土博物館研究報告』五〇）までの間に、元服して氏邦を名乗り、このとき花押型を乙千代3型から氏邦1型に変えたと推定される。氏邦1型は、それまでの花押型を踏襲した形状で、元服を契機に花押型が大きく変えられることはなかった。

四、改印と本城小田原

この後、越後長尾軍が撤退すると、領国支配再編成を進める本城小田原の意向に沿いながら、氏邦は鉢形領の支配確立を推し進めた。なお、氏邦の居城は、藤田氏入婿当初から鉢形城であったのではなく、まず藤田氏の居城であった荒川北岸の花園城（埼玉県大里郡寄居町）に入り、永禄十二年（一五六九）に武田氏の攻撃に備えて、荒川南岸の鉢形城に本拠を移したと考えられる。このため永禄十二年までは花園領とすべきであるが、ここでは便宜上、鉢形領で統一する。

領支配にあたって氏邦は、北条家の政策に倣い、兄氏照同様に朱印状を発給していく。北条家の虎印判は七・五センチ四方の正方形の上部に虎がうずくまる意匠の朱印で縦九・三センチ、永正十五年（一五一八）から天正十八年（一五九〇）まで代々の当主印として用いられた。これに対して、氏邦は朱印を二回改め、三種使用している。Ⅰ・Ⅱ型は北条家の虎朱印と同様、上部に動物をおき、Ⅱ型で左側は象、右側は獅子と判明できる。大きさは、Ⅰ型が縦八・七センチ×横六・七センチ、Ⅱ型が縦六・八センチ×横五・六センチ、Ⅲ型が縦五・五センチ×横五・七センチで、北条家の虎朱印よりも一回り小さい。使用が確認される時期は、Ⅰ型が永禄七年六月～同十一年十二月、Ⅱ型が永禄十二年九月～天正八年閏三月、Ⅲ型が天正八年十二月～同十八年五月である。

氏邦は、鉢形領支配の開始にともなってⅠ型印を使用し、Ⅱ型印への交換は永禄十二年である。この前年末、甲斐武田氏の駿河侵攻に対して、今川氏を支援する北条氏は、外交政策を一転させて越後上杉氏との同

氏邦 印章Ⅰ型
（逸見文書・永禄九年九月二十六日・埼玉県立文書館寄託）

氏邦 印章Ⅱ型
（長谷部文書・元亀元年極月十一日・埼玉県立文書館寄託）

氏邦 印章Ⅲ型
（申〈天正十二年〉十一月十五日・国立国会図書館蔵）

氏邦の印章

盟交渉に踏み切った。当主氏政と隠居氏康は、上野の由良氏を通じて交渉を進めることを決め、北条氏側の窓口は由良氏指南役（取次）の氏邦が担当した。氏邦にとって北条家を代表しての外交の初舞台であり、こうした大役任命を契機に、花押型を2型に改め、同時期に印章も作り直したと考えることができる。

越相同盟締結に向け、氏邦は、小田原本城の氏康・氏政父子の意向を踏まえて上杉氏との交渉にあたり、何度も小田原へ出向き、また、上杉氏の使者の饗応には相応の費用と手間をかけて奔走した。この間、武田軍の侵攻に対して駿河および三増峠《みませ》に出陣し、武田氏方への最前線として、鉢形領への武田軍の侵攻を阻止するなど、軍事面でも大きな負担を引き受けた。駿河在陣中に重臣の本郷越前守が戦死し、三増峠における大敗では鉢形衆の多くを失うなど、氏邦と鉢形衆にとっても存亡のかかる正念場であった。

こうした氏邦の奔走の甲斐あって締結された越相同盟であったが、元亀二年（一五七一）十月三日の氏康死去ののち、氏政が武田信玄との同盟に動き、上杉氏との同盟は解消された。小田原本城の外交方針の変更にともない、氏邦と鉢形領は、一転して越後上杉氏に対する前線地域となった。

この後、天正六年（一五七八）三月に上杉謙信が死去したのち、越後御館の乱における景虎支援軍の派遣、また、甲越同盟締結で敵対することになった武田軍への防備により、鉢形領周辺では、再び軍事的緊張が高まった。北条氏と氏邦にとって、一族景虎の劣勢は何よりも危惧されたであろうが、沼田城（群馬県沼田市）を中心とする上野における景勝優位の情勢、それにともなう武田氏の影響力増大は、何としても避けたいところであったはずである。

しかしながら、翌七年三月、景虎は景勝に攻められて自害し、しばらく北関東および駿河・伊豆国境地域において、北条氏と武田氏との交戦が繰り返された。北関東では、佐竹氏が武田氏と連携した動きを見せ、徐々に北条氏に不利な情勢となった。特に上野の諸氏は武田氏に従う者が多くなるなか、翌八年六月には、氏邦重臣の用土《ようど》新左衛門（藤田信吉）も武田氏に従属し、鉢形領内の秩父郡小鹿野近辺と日尾《ひお》城まで武田軍の侵攻を許した（「黒沢家文書」「会津酒造歴史館所蔵文書」『戦国遺文』武田氏編三三五五・三三五八・三三八一）。こうした危機的状況において、この年八月十九日、氏政から氏直へ家督相続が行われた（「神奈川県立歴史博物館所蔵北条文書」戦北二一八七）。劣勢打開のため、織田信長の娘を氏直の妻に迎える前提として、氏直への家督交代が急がれたという。

兄氏政の突然の隠居は、氏邦の立場にも大きく影響した。氏政が隠居し、新当主氏直のもと、新たに北条一門・家臣の結束を図ろうというなか、上野国境に接する鉢形領にいる氏邦としては、北条領国の危急に臨んで、自身が上野方面の状況挽回の先鋒になるべきところだが、戦況は好転しないうえに、重臣用土氏までが離反する最悪の事態であった。こうした事態に、氏邦は印章の改訂で北条宗家への忠誠を示そうとしたのではないだろうか。氏邦印判のⅡ型からⅢ型への交換は、まさに氏政の隠居の時期にあたる天正八年（一五八〇）閏三月から十二月の間に行われ、印の上部に据えていた象が除かれ、印文のみに改められた。当主の虎印と同様に上部に動物を据えた印章は、限られた一門に認められていたと理解され、この改印で、氏邦朱印と虎朱印の差をより大きくすることに、新当主への従属の意を込めたととらえられよう。

また、これ以前の天正四年頃、氏照が陸奥守、氏邦が安房守を受領した。陸奥守は鎌倉幕府執権北条氏における一族有力者の受領名で、北条氏の古河公方《こがくぼう》御料所への介入を契機に氏照が称し、安房守は山内上杉氏の受領名で、襲用することで上野進出の正当性を示すために氏邦が称した（長塚一九八八）。両名の受領の時期は、氏照が天正二年（一五七四）十二月十六日（「簗田系図」戦北一七五四）以降、天正四年三月晦日《みそか》（「下総旧事三」戦北一八三八）以前の間、氏邦が元亀三（一五七二）年正月十五日（「由良文書」戦北一五七二）以降、天正四年二月十一日（「黒沢文書」戦北一八三三）以前の間で、これに、弟氏規が官途名《かんとめい》左馬助（二代氏綱弟、氏時の官途名を継承）を称した時期の天正三年卯月四日（「角屋文書」戦北一七八五）以降、天正四年九月二十九日（「堀内久勇氏所蔵文書」戦北一八七五）以前を考えあわせると、氏政の弟が揃って官途・受領を改めたと推測され、その時期は天正四年の氏直の元服に先立ってのことと考えられる。氏政は、弟氏照・氏邦・氏規に、一門宿老《しゅくろう》として重きをなした二代氏綱弟の宗哲、一門として処遇された氏綱女婿の綱成のように、若い当主氏直を全面的に支える有力一門衆となるべきことを求めたと考えられる。

五、御隠居氏政と鉢形北条家

天正十年（一五八二）三月十一日、織田軍の圧倒的な戦力の前に、武田勝頼と正室桂林院殿《けいりんいんでん》が自害し、武田氏は滅亡した。上野一国は織田領国となり、箕輪《みのわ》（群馬県高崎市）に入城した滝川一益が支配するところとなった。一益が厩橋城《まやばし》（群馬県前橋市）に移り、上野国衆に対する支配に乗り出した矢先、六月二日に本能寺の変で信長が死去し、十八・十九日に武蔵・上野国境域において北条氏と滝川氏が衝突する神流川《かんな》合戦が起こった。

十八日の初戦は、先陣を務める鉢形軍と、滝川一益に従属していた上野衆軍が対戦し、双方に多くの犠牲を出した。鉢形衆の討ち死には二百〜三百といわれ、江戸初期成立の「北条五代記」によれば、氏邦の鉢形軍は、氏直率いる本隊が到着する前に戦いを仕掛けて敗戦したという。実際のところは不明ながら、先鋒隊を任された鉢形衆が、多くの戦死者を出して勝利できなかったことは、最前線地域を預かる氏邦にとって深刻な事態であった。

翌十九日の決戦は氏直を総大将とする北条軍が勝利し、滝川一益は松井田から碓氷峠越えで、信濃小諸を経て伊勢に戻り（「滝川一益事書」『上里町史』資料編第二編中世一八四号）、東国における織田分国は崩壊した。合戦後、氏邦は氏照とともに、撤退する滝川軍を追って、上野から碓氷峠を越えて信州へ進軍した。十月までに徳川氏と対峙するところとなるが、下旬には和議が成立し、上野は北条領国、信濃・甲斐は徳川領国という国分《くにわけ》となった。こうして、北条領国は当面の危機を脱したとはいえ、氏邦としては、初戦で勝利できずに多くの犠牲を払う結果に終わり、そうした劣悪な状況の挽回には、かなりの努力を要したであろう。

その後も、真田氏・佐竹氏をはじめとする反北条勢力との交戦は繰り返され、氏邦は上野支配の中心となり、箕輪城を拠点として、北条領国化を進展させていく。この間、天正十一年に氏邦嫡子の東国丸が死去し、氏政五男直定を氏邦の養子に迎えた。直定は、新発見の「松野文書」より、兄氏房とともに氏政側室の所生であることが明らかである（黒田二〇一四）。氏房の生年は永禄八年（一五八五）といわれ、直定はその数年後の生まれで、天正十一年には十七〜十八歳になっていたと考えられる。氏政は、実子直定に氏直の偏諱を与え、氏邦の養子とした。それより前、氏政四男直重が氏照の養子となり、天正十三年に直重が下総千葉氏の婿養子となると、氏政六男の源蔵が氏照養子となった。北条一門は当主との血縁の近さによって、北条家中での地位の高さが決められていたといえる。氏政は弟氏照・氏邦との養子縁組によって、氏直政権を確固たるものにすることを目指し、それは氏邦―直定の鉢形北条家が宗家氏直を全面的に支えていくことを目的としたものであった。なお、推測の域を出ないながら、氏邦嫡子東国丸が亡くならなかったら、鉢形北条家を相続するにあたっては、先代同様、一族結束の証として、氏政娘が東国丸の正室として迎えられたことであろう。

当主氏直の指示は、氏直の書状や北条家朱印状によってもたらされ、それを補足するように御隠居様氏政から、事細かな書状が頻繁に届き、氏邦も随時氏政に書状を送った。北条氏一門・有力家臣が支配する支城は、北条宗家・小田原本城あっての支城であり、国衆が従属して成立した領と異なり、一貫して北条宗家・小田原本城の意向に沿うものであった。このため、氏邦重臣の沼田城主猪俣邦憲が北条氏の滅亡の発端となった名胡桃城《なぐるみ》（群馬県利根郡みなかみ町）を攻略した件においても、現地の判断によるものではない。氏直が秀吉の使者である冨田知信と津田信勝に送った条目に「名来見（名胡桃）之事、一切不存候」とあり、北条氏側の言い分は、事情を知らない田舎者のしたことで、北条宗家は関知しないということになっている。しかし、猪俣邦憲宛ての氏政書状に、「書状具披見《つぶさに》候、なくるミへの矢たけ（丈）之権現山取立儀、難成子細候、度々模様不審ニ候、（中略）委細ニ成絵図重而早々可申越候、一段無心元候」と見える（「猪俣文書」戦北三四四六）。「矢たけ」は、矢を放てば届くほどの至近距離の意である（赤見一九九四）。ここで氏政は、名胡桃城の至近距離に権現山城を築くにあたって、詳細がわからないので度々の報告に不審を抱いていることを伝え、細かい絵図を再度作って早急に送るように命じている。氏政の細かい数々の指示に基づいて、名胡桃工作が練られていたことがわかる。猪俣邦憲は、北条氏滅亡の張本人とはいえず、小田原合戦の後、弟の富永勘解由《かげゆ》左衛門助信とともに、氏邦に従って加賀に移り、子孫は加賀前田家に仕えた（「富永家系図」　金沢市立図書館所蔵加越能文庫所蔵「富永家文書」）。

六、氏政との書状の往復

北条領国においては、小田原本城と領国諸地域支配を任された一門・家臣との間で綿密に連絡がとられていたことが、書状等で確認できる。残念ながら、現存する往復書簡は限られているが、なかでも氏政の兄弟では、氏邦宛の氏政書状が二十四点と、他の兄弟宛のものより比較的多く確認される。これらには、興味深い事柄が多く記載されているので、主なものについて、順を追ってあげてみたい。

元亀元年（一五七〇）三月十日、氏邦が氏政に書状を送り、氏政が十六日に返書を出している（「正龍寺文書」戦北一三九二）。前年の越後上杉氏との同盟締結に伴い、弟三郎（上杉景虎）が上杉氏の養子として越後に赴くまでの間、同盟交渉担当者であった氏邦が人質となった。氏邦からの詳細な状況報告の注進をうけて、氏政と三郎重臣の遠山康光が、三郎の越後出立に関して念入りに打ち合わせした様子が知られる。また、天正五年（一五七七）閏七月二十五日、氏政は、わざわざ氏邦のもとに、目の前で調理させた鮑《あわび》を届けさせた（「岡本貞休氏所蔵文書」戦北一九二八）。海から遠い鉢形では海産物は喜ばれるであろうという、氏政の思いが窺える。

天正七年、越後御館《おたて》の乱における上杉景虎の敗死後、北条領国に逃れてきた者に対する氏邦の対処に不信感を表した氏政書状がある。越後の人は小田原本城が扶助している人なので本城の下知《げち》に従うべきであるが、氏邦が自分の配下のように扱い、本城からの文書も渡さず好き勝手に指図しているのではないかと、叱責交じりに申し送っている（「松代古文書写」戦北二〇六四）。ここでいう越後の人とは河田長親のことであろうか。この氏政の書状を受け取った氏邦は、急ぎ弁解の返書を送ったと想定され、その後の氏政の応答によっては、しかるべき家臣を小田原まで遣わすなり、自身で小田原まで出向いて釈明に努めるなりしたことであろう。

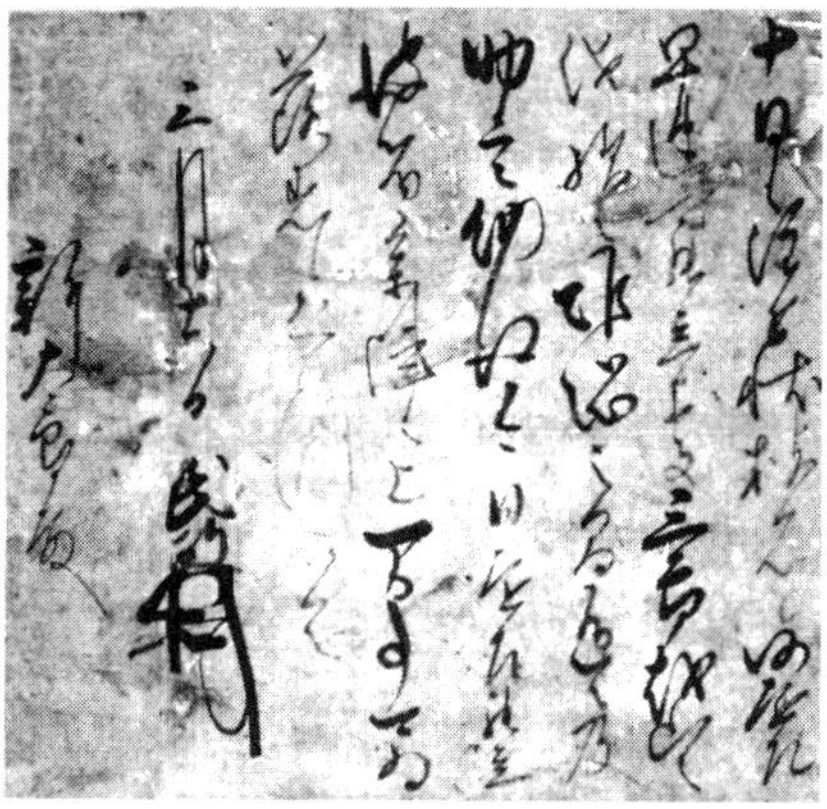

北条氏政書状
（正龍寺文書・鉢形城歴史館 提供）
（元亀元年）3月16日付。氏政から新太郎（氏邦）に宛てた書状。

北条氏邦・大福御前墓（正龍寺・鉢形城歴史館提供）
埼玉県指定史跡。向かって右側が氏邦、左側が氏邦の室・大福御前の塔と伝えられる。氏邦の塔には「慶長二丁酉（一五九七年）八月八日」と享年を刻んだ銘文がある。

翌八年と推定される二月二十三日には、氏政は、武田勝頼が西上野を征服しても、国衆らが氏政自身に服従したようには上手くいくまいと述べている（「木村孫平氏所蔵文書」戦北二一四二）。前年の上杉景虎の敗死後、上野における北条氏方の劣勢は明らかで、こうした状況に対する負け惜しみの気持ちの表れといえよう。

また、天正十年二月に氏政から氏邦に宛てた書状は、まとまって十点残されている。この頃は、織田信長が甲斐武田勝頼への攻略を進めている最中で、氏政は領国周辺の状況報告を各地の領主に求め、氏邦と氏政の間でも、頻繁に書状が交わされた。天正八年八月に嫡子氏直に家督を譲って以来、氏政は御隠居様として執政に大きく関わり、氏邦は、越後御館の乱以後の上野における劣勢挽回の先鋒であった。

天正十年二月に入ると氏邦は、織田軍の状況についての長尾顕長書状と上方よりの書状の写しを氏政のもとに送り、三日に氏政は両書状を返却する時、秩父谷の状況報告を心許なく思っていると申し送った（「三上文書」戦北二三〇二）。なお、同じ三日に氏邦が送った書状は五日に氏政のもとに届いていることから（「三上文書」戦北二三〇三）、鉢形から小田原へ書状が届くのには、二日程度の日数を要したことがわかる。

秩父谷の状況を心配する氏政の書状は二〜三日で鉢形に届き、受け取った氏邦は、おそらく詳細な状況報告を記して返信したと推測され、それが八日に氏政が受け取った「六日注進状」であろう。氏邦からの状況報告を確認した氏政は、翌九日に、報告を承知したと伝えたうえで、「信州方面の状況はいかがでしょうか。不安です。正しい情報を何としても入手して知らせてください。西国からも近日は人が下ってきませんので様子を聞くことができません」と、更なる情報の入手と報告を求めている（「三上文書」戦北二三〇四）。

この月の中旬には、織田軍による武田氏攻略と信州方面の戦況について正確な情報を知らせるため、氏邦は連日書状を送り、入手できた信濃・上野方面の状況を逐一、氏政に報告し、別に当主氏直にも書状を送った（「三上文書」戦北二三〇八）。十六日に氏邦が、勝頼の敗戦を伝える書状を氏直に送ると、確認と追加報告を求められている（「里見忠三郎氏所蔵文書」戦北二三一〇）。また、十六日の氏政書状には、「西上州の半手の郷（敵味方に両属する郷村）に、密かに時々褒美を与えて経過を聞き届けることに専念し、十分考えて情報を入手して注進してください」と、武田氏と織田氏の抗争の合間に、何としても上野における挽回を図りたい意向がにじみ出ている（「武州文書所収秩父郡三上亀吉所蔵文書」戦北二三〇六）。

一方、同年十月、信州佐久地域をめぐり真田氏との攻防が大詰めを迎えると、氏政は氏邦に、「衆議をもって、よくよく糾明し、当陣の吉事にさえなるのであれば、未来の得失をなげうっても取りなすことが第一です。書面に書いた通り、譜代相伝の地であっても、どうして当家滅亡に代えることができましょう。事情を勘案して処理することは言うまでもありません」と力説し、さらに、「何分にも名声と利益をなげうって、国家のために領国の内外で奔走するのは尤《もっと》もなことです。国家が確実であれば、諸氏はそれに随《したが》い、名声と利益が手に入ることは勿論です。どんなに私たちの意向が結構でも、国が滅亡しては、諸氏は随いません」と国家存亡の危機との認識を強調している（「金室通保氏所蔵文書」戦北二四三〇）。

このように、氏邦宛の氏政書状には、小田原本城からの諸々の指示と要請、兄弟間の親密な応対、および氏政の心情などが表れており、弟氏邦に対する氏政の信頼のほどが窺える。それはまた、氏邦が、兄氏政の信頼を得るために絶えず奔走し、宗家を盛り立てる努力を惜しまなかったことの表れということができよう。

〈参考文献〉

赤見初夫「榛名峠城と権現山城及び雨乞山の要害について―城の変遷とその位置をめぐって―」（『群馬文化』二三九　一九九四）
浅倉直美『後北条領国の地域的展開』（岩田書院　一九九七）
浅倉直美編『北条氏邦と猪俣邦憲』（岩田書院　二〇一〇）
浅倉直美「北条氏邦の花押について―変遷と年次比定を中心に―」（『戦国武将と城　小和田哲男先生古稀記念論集』サンライズ出版　二〇一四）
小和田哲男「北条氏邦とその文書」（後北条氏研究会編『武州鉢形城主北条氏邦文書集』近藤出版社　一九七一、同氏著書『後北条氏研究』〈吉川弘文館　一九八三〉に収録）
黒田基樹「北条氏の上野進出と沼田氏」（同『戦国大名と外様国衆』文献出版　一九九七）
黒田基樹『戦国北条一族』（新人物往来社　二〇〇五）
黒田基樹『北条早雲とその一族』（新人物往来社　二〇〇七）
黒田基樹・浅倉直美編『北条氏邦と武蔵藤田氏』（岩田書院　二〇一〇）
黒田基樹編『北条氏年表　宗瑞　氏綱　氏康　氏政　氏直』（高志書院　二〇一三）
黒田基樹「岩槻衆「松野文書」の検討」（『埼玉地方史』七〇　二〇一四）
武井　尚「北条氏邦の文書―乙千代発給文書を中心に―」（『鉢形城開城―北条氏邦とその時代―』鉢形城歴史館　二〇〇四）
千代田恵汎「鉢形北条氏の権力構造」（『埼玉地方史』八・九　一九八〇）
長塚　孝「戦国武将の官途・受領名―古河公方足利氏と後北条氏を事例にして―」（『駒沢史学三九・四〇　一九八八）
山口　博「北条氏康花押の変遷について」（『神奈川地域史研究』一七　一九九九、同氏著書『戦国大名北条氏文書の研究』〈岩田書院　二〇〇七〉に収録）
『上里町史』通史編上巻（上里町　一九九五）

『後北条氏と東国文化』（神奈川県立博物館　一九八九）
『関東三国志―越相同盟と北条氏邦―』（鉢形城歴史館　二〇一四）

北条氏規

石渡洋平

はじめに

北条氏規《うじのり》は天文十四年（一五四五）に生まれ、慶長五年（一六〇〇）二月八日に没した。法名は一睡院殿勝誉宗円大居士といった。氏規は仮名助五郎《けみょう》、次いで官途名《かんとめい》左馬助、受領名美濃守を名乗ったことが知られる。仮名の助五郎は、氏規が外祖母寿桂尼《じゅけいに》（今川氏親《うじちか》室）に預けられるかたちで人質として駿府に置かれ、元服も今川義元のもとで行ったので、今川家歴代の仮名五郎に因《ちな》んだものと考えられている。氏規が今川氏へ人質に出されたのは、天文二十一年（一五五二）の可能性が高く（本書、長谷川幸一「早川殿」参照）、駿府における人質生活は永禄五年（一五六二）まで確認される。その後同八年（一五六五）には北条氏の領国における氏規の活動が見られるので、この時までには駿府から帰還したといわれている。

氏規は氏照《うじてる》・氏邦《うじくに》らと同様に北条氏の領国支配において重要な役割を果たしていたことが明らかになっており、先行研究でも種々言及されてきた。とりわけ、黒田基樹氏の一連の研究によって、氏規の経歴や三崎城主としての三浦郡支配、伊豆韮山《にらやま》城将・上野館林《こうずけたてばやし》城代としての性格、外交での活躍など、基本的な事項が明らかにされたといえる。それに加えて、氏規の関係史料が『新横須賀市史』資料編古代・中世Ⅱ（横須賀市二〇〇七、以下本書からの引用は『横』文書番号と略記）に集成されたことにより、研究環境が整ってきたといえる。

そこで本稿では、改めて氏規が北条領国において果たした役割を整理するとともに、先学で言及があまりない点を付け加えていくことで、氏規がどのような存在だったのかを考えていくことにしたい。

一、領国支配における氏規の役割

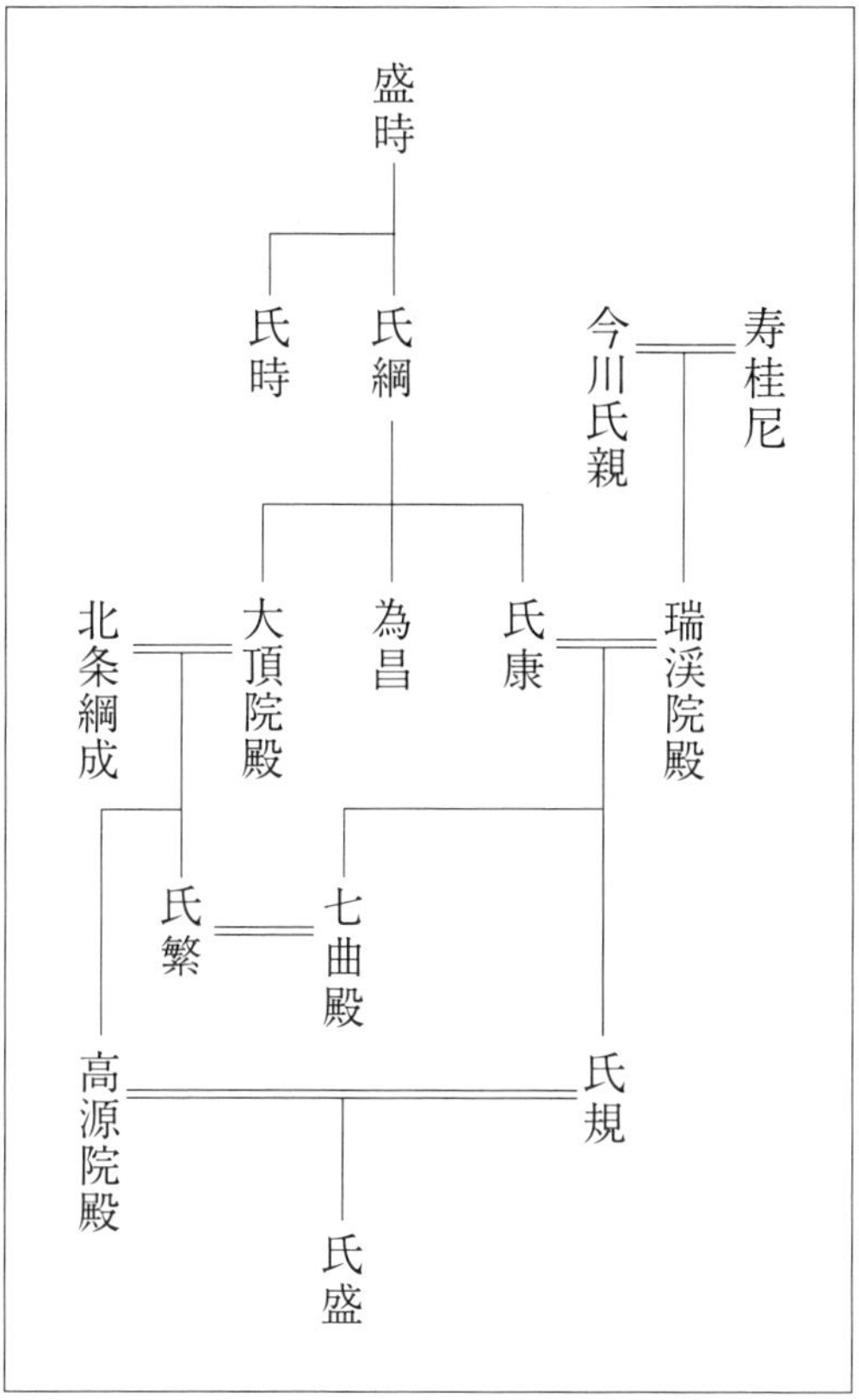

本節では、氏規が北条氏の領国支配においてどのような役割を担っていたかを整理する。具体的には①相模国三浦郡支配、②伊豆韮山城将、③上野館林城代の三点を取り上げる。

一点目は、相模国三浦郡支配であり、氏規のもっとも基本的な役割といえる。氏規の三浦郡支配は、相模国三崎城（神奈川県三浦市）を拠点に、「三崎領」とも呼ぶべき「領」を単位にした支配が展開されたことがすでに明らかになっている。氏規の三浦郡支配成立については、次の二点が重要である。

まずは、玉縄《たまなわ》城主であった北条為昌《ためまさ》との関係である。北条為昌は北条氏二代当主氏綱《うじつな》の三男、三代当主氏康の弟で、玉縄城の第二代城主として、相模国東郡・三浦郡・武蔵国久良岐《くらき》郡を支配していた。この為昌の跡を継いだのは為昌の妹（大頂院殿）の婿・北条綱成《つなしげ》であり、綱成の娘が氏規に嫁いだため、綱成の女婿が氏規となる。このようなことを受け、黒田基樹氏は「為昌の後継者としての立場を岳父綱成から」継承したと位置づけている（黒田一九九五）。氏規と綱成では、氏規のほうが北条氏当主弟という立場上血縁が近く、一族内での地位は高い。加えて、為昌は天文十一年（一五四二）にわずか二十三歳で急死しており、綱成の支配権は臨時に与えられていたと考えられる。氏規の三浦郡支配の権限は、綱成から当主の弟である氏規へ戻されたと考えるのが妥当であろう。その際、氏規の官途も注目できる。氏規は、官途名左馬助を天正四年（一五七六）九月二十七日（「堀内文書」『横』二五三八）から天正五年（一五七七）八月二十日（「遠藤文書」『横』二五四二）まで名乗っていた。この左馬助は、初代玉縄城主である氏時《うじとき》が名乗っており、氏規の左馬助は氏時からの継承といえる。すなわち、氏規が氏時・為昌の後継者であることを示している。氏規は玉縄北条氏三代当主たる綱成の娘を妻に迎えているが、氏康実子のなかで唯一、北条一族を妻にしており、玉縄北条氏との関係強化が見てとれる。このように、氏規の三浦郡支配については、それ以前に三浦郡を支配していた玉縄北条氏との関係が重要である。

次に、実父氏康の三浦郡支配を取り上げる。三浦郡を支配していた為昌の没年は天文十一年（一五四二）五月三日であり、氏規の三浦郡支配を示す初見の文書は永禄十年（一五六七）とされる二月十一日付北条氏規朱印状（「永嶋文書」『横』二四五四）である。為昌の死没から、氏規が三浦郡支配を開始したことがわかる発給文書までには、間が空いている。この間、三浦郡は氏規の実父氏康が支配していたことが明らかになっており、それは永禄二年（一五五九）十二月に行われた氏康から氏政への家督譲与（氏康の隠居）が契機になったことも指摘されている（黒田一九九五）。これらのことについては、黒田氏が検討しており、永禄二年の成立とされる『小田原衆所領役帳』成立後、「三浦郡と三浦衆に対する事実上の支配権」は、「御本城様」氏康が掌握し、「氏規は実際上の支配権を実父氏康から」継承したと位置づけている（黒田一九九五）。

このように、氏規の三浦郡支配の成立においては、玉縄北条氏と実父氏康が関係していた。氏規の三浦郡支配の初見は先述したように、永禄十年の文書であり、以後天正十八年の小田原北条氏滅亡まで城主であった（「毛利家文書」『横』二七〇八など）。

二点目は、伊豆韮山城将である。その関係文書は、管見の限り次の十七点である。

表1　北条氏規伊豆韮山城将関係文書目録

No.	年月日	文書名	署判	宛所	出典	刊本
1	（永禄十二年）十一月二十四日	北条氏康書状	氏康（花押）	山吉孫二郎（豊守）殿	山吉文書	『横』二四八六
2	（元亀元年）八月十二日	山角康定書状	山四康定（花押）	毛丹（北条高広）御報	前田家所蔵文書古蹟文徴六	『横』二四八八
3	己卯（天正七年）十月二日	北条家朱印状写	（虎朱印）	星屋殿	判物証文写北条	『横』二五六二
4	（天正八年）二月五日	北条氏規禁制	（「真実」朱印）	永明院	香山寺文書	『横』二五六八
5	（天正九年）十二月八日	武田勝頼感状	勝頼（花押）	小野沢五郎兵衛殿	加古貞吉氏所蔵文書	『横』二五九〇
6	（天正十年ヵ）三月十三日	北条氏規書状写	氏規（花押）	酒井小五郎（家次）殿御報	酒井家旧記五	『横』二五九四
7	（天正十二年）四月六日	北条氏規書状	美（美濃守）氏規（花押）	朝弥太（朝比奈泰勝）参	不破文書	『横』二六一七

No.	年月日	文書名	署判	宛所	出典	刊本
8	（天正十二年）七月二十六日	北条氏規書状	北美（北条美濃守）氏規（花押）	酒左（酒井左衛門尉忠次）御陣所	田島文書	『横』二六一九
9	丁亥（天正十五年）十月二十七日	北条家朱印状	（虎朱印）	山本信濃守殿	越前史料所収山本文書	『横』二六五二
10	（天正十七年）十二月十九日	北条家朱印状	（虎朱印）	大藤与七殿	大藤文書	『横』二六八七
11	（天正十七年）十二月十九日	北条氏政書状	氏政（花押）	美濃守（北条氏規）殿	大竹文書	『横』二六八八
12	（天正十八年）一月十八日	北条氏政書状	氏政（花押）	大藤与七殿	大藤文書	『横』二六九四
13	（天正十八年）一月二十一日	北条氏政書状	氏政（花押）	美濃守（北条氏規）殿	堀江伴英氏所蔵文書	『横』二六九六
14	庚寅（天正十八年）二月三日	北条家朱印状写	（虎朱印）・奉垪和伯耆守	清水能登守（吉広カ）殿	正木文書	『横』二六九七
15	（天正十八年）	北条家人数覚書			毛利家文書	『横』二七〇八
16	（天正十八年）	関八州諸城覚書			毛利家文書	『横』二七〇九
17	（天正十八年）六月七日	徳川家康書状	家康（花押）	北条美濃守（氏規）殿	北条文書	『横』二七一八

氏規の韮山城将としての性格については、黒田氏によれば、一貫して在城していたのではなく、それは西方の隣接大名との間に緊張が生じた時期に限られており、その権限は在城衆や「豆州之城々」に対する軍事指揮権、城下に対する検断《けんだん》権（警察、治安、裁判に関わる権利）に限定されていたということである（黒田一九九七）。真鍋淳哉氏は、氏規が韮山城（静岡県伊豆の国市韮山）在番を命じられた理由として、次の二点をあげる。すなわち、一点は氏規が伊豆国平井郷・同国仁科郷などを為昌・綱成から継承し、伊豆国に一定の地盤を有していたことである。もう一点は、天正年間には北条氏は徳川氏と連携して武田氏との抗争にあたる必要性があったことから、とくにこの時期の在番には家康と親密な氏規が採用されたという理由である（真

鍋二〇一二）。

氏規の韮山城在番が武田氏との争いに関係していたことは、表にあげた文書からも明らかである。なお、表1№1以前、永禄十二年（一五六九）と推定される七月二日付武田信玄書状写（「諸州古文書十三信州」『横』二四八〇）で、信玄は自分の軍勢と北条氏規・氏忠《うじただ》兄弟が北条という地で一戦を遂げたと述べている。真鍋氏は北条が韮山城にほど近い地であることから、このときに韮山城に氏規がいたとする（真鍋二〇一二）。小和田哲男氏も氏規の韮山在城の初見とする（小和田二〇〇二）。氏規の韮山在番が明確に見えるのは表1№1であるものの（氏規が韮山へ「越山」したという文言がある）、武田氏との抗争の絡みで考えれば、表1№1以前にも在城していたと考えるのが妥当といえる。

あわせて、武田氏が滅亡した後も氏規の韮山在番が確認できること、および豊臣秀吉の小田原城攻めの際、韮山城が氏規の持城として認識されていたこと（表1№15・16）からすると、西方の大名との間に緊張が生じた際、氏規は韮山城に在番し、最前線で戦う役割を担っていたといえよう。

三点目は、上野館林城代である。北条氏は天正十年（一五八二）六月の神流川《かんながわ》合戦に勝利し、上野の領国化を進めていく。結果、箕輪《みのわ》・厩橋《まやばし》・新田・館林・沼田の五領を中心に分国に編成した。

そのうち、館林領は当初北条氏当主の直臣衆を中心に、北条氏当主の直接的な領域支配がなされた。しかし、天正十四年（一五八六）正月の下野佐野宗綱戦死以降、佐野領との軍事的緊張が高まるなかで館林在城衆の強化が図られ、北条氏規の館林城在城がなされ、以後は氏規による館林領支配が展開された。氏規の館林城在城は、このような政治的背景を元になされたものであり、氏規と館林領との関わりを明確に示す文書は天正十五年（一五八七）に確認される。その文書は天正十五年六月十五日付で土豪稲垣善三へ宛てた北条氏規朱印状である（「織田文書」『横』一一六四六）。氏規が以前稲垣善三へ上野国谷越郷（群馬県館林市）のうち給田十貫文を与えたところ、不足であると稲垣が訴えてきたので、上野国青柳郷（群馬県館林市）で十貫文を増給として与えた。氏規には館林領における知行充行権が付与されていた。あわせて、氏規は知行充行という行為を通じ、在地の土豪を被官にしたと考えられる。黒田氏は氏規を、館林城領支配権（ただし、部分的なもの）と館林在城衆に対する軍事指揮権を掌握した館林城代と位置づけている（黒田二〇〇一）。天正十七年と比定される氏政書状（「相州文書鎌倉江嶋下之坊文書」『横』二六七六）において、氏政が氏規に対し、館林からの報告を氏直に伝えたか問い合わせていることから、氏規はこの館林城代という役割を、北条氏が滅亡する小田原合戦まで担っていたとされる。

以上、北条氏の領国支配における氏規の主要な役割を確認した。氏規は主に、①相模国三浦郡支配＝三崎城主、②伊豆韮山城将、③上野館林城代という三つの役割を担っていた。三崎城主は氏規のもっとも基本的な性格であり、詳細は外交の面で取り上げるが、向地（対岸の地）＝房総との関係の上で重要であった。それは、東（房総）からの軍事的な防衛という側面でもいえることであろう。伊豆韮山城将は恒常的でないとはいえ、小田原合戦の際にも在城していたように、西からの軍事的緊張が高まった際に重きをなした役割といえよう。加えて、館林城代は天正十四年の下野佐野領接収という、やはり軍事的緊張のなかで担うことになった役割といえる。このように、氏規は北条氏当主がいた小田原城を中心に見た場合、東・西・北にわたり、軍事的に重要な位置に配置された人物だったといえる。

二、外交における氏規の役割

（一）室町将軍家

氏規は北条氏一族のなかでも外交に活躍した人物として知られている。以下、時系列順に検討していくことにする。

まずは、著名な事例といえる足利義昭とのやり取りを取り上げる。

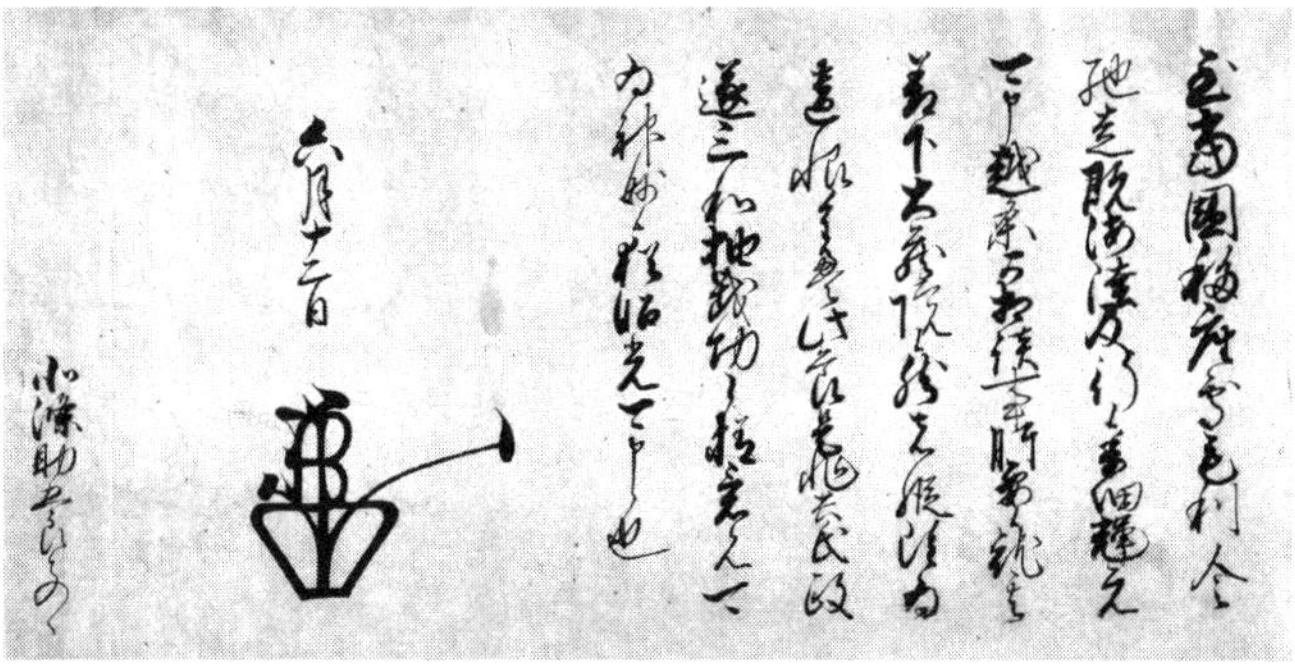

足利義昭 御内書（神奈川県立歴史博物館蔵）
（天正4年）6月12日付。北条助五郎（氏規）宛。

（切紙）
至当国（備後国）移座処、毛利令馳走、既海陸及行候、委細輝元（毛利）可申越条、可相談事肝要候、就其差下大蔵院（日珠）候、然者、縦雖遺恨重畳、此節是非共氏政（北条）遂三和、抽戦功候様、意見可為神妙候、猶昭光（真木嶋）可申候也、

（天正四年）六月十二日　（花押）（足利義昭）

北条助五郎（氏規）とのへ

［史料1］「北条文書」足利義昭御内書（『横』一二五三三）

本文書は、当時備後国鞆《とも》の浦《うら》に移座していた足利義昭が上洛のため、北条・上杉・武田の和睦の周旋を氏規に求めているものである。氏規が義昭御内書の宛所とされ、和睦の周旋まで要請された背景については、次のような指摘がされている（黒田一九九五）。

氏規は「永禄六年諸役人附」（光源院殿御代当参衆幷足軽以下衆覚）（『横』二四五三）に氏康・氏政とともにその名が記されており、これは氏規が将軍足利義輝の直臣であったことを示している。そういった立場にあっ

たからこそ、足利義昭も氏規へ御内書を発給した。足利義昭にとって、氏規は足利氏の直臣であり、北条氏への窓口として認識されていた。

それに関連して、氏規は中央から見て北条氏康次男と認識されていた。氏規は実際のところ、氏康の五男であるが、『言継卿記《ときつぐきょうき》』（『横』二三七八）や「永禄六年諸役人附」には北条氏康次男という記載が見られる。氏規が対外的に氏康次男と認識された理由としては、足利氏の直臣かつ「永禄六年諸役人附」で氏政に次いでその名が記載されていることが関係している。加えて、氏規が中央で氏康次男と認識されたのには、中央に関係があった今川氏のもとで、氏規が人質生活を送っていたことも影響している。このときの足利義昭による北条・上杉・武田の和睦は実現しなかったものの、その周旋を期待された氏規の中央における立場は特筆に値する。

（二）出羽伊達氏

氏規は、出羽国伊達氏との外交も担当した。その関係文書は（天正五年）八月二十日付遠藤内匠介宛北条氏規書状（「遠藤文書」『横』二五四二）と（天正六年）正月二十五日付遠藤内匠介宛北条氏政書状（「遠藤文書」『横』二五五二）である。

天正五年六月初旬、北条氏に味方していた下総結城氏が北条氏政と手切れをして、常陸佐竹氏と和談、連携を図るようになった（「吉川金蔵氏所蔵文書」『上越市史』別編1　一三三九号など）。これに対し、氏政は同年七月から結城氏へ攻撃を仕掛け、閏七月五日には結城城（茨城県結城市）外張を攻撃するに至った（「富岡家古文書」『小田原市史』史料編中世Ⅲ小田原北条Ⅱ一二五六号）。翌年、四月十五日に至り、北条氏照は陸奥芦名氏に対し、三春田村氏と相談し、佐竹口へ出陣するよう求めている（「高瀬慎悟氏所蔵文書」『戦国遺文』後北条氏編一九八二号)。これは北条氏と芦名・田村氏が連携し、佐竹氏を挟撃しようと意図したものといえよう。その後、北条氏は佐竹氏ら反北条氏同盟を結んだ北関東の勢力と抗争していくことになる。

前掲の天正五年に氏規が出羽伊達氏家臣遠藤基信に出した書状の内容は、氏規が伊達氏と北条氏の連携を求めるというものである。天正六年氏政が遠藤基信に出した書状では、やはり伊達氏と北条氏の親交を求めている。ここで、氏規は取次《とりつぎ》を務めている。

北条氏が伊達氏と友好関係を結ぶ意図は、佐竹氏ら北関東の地域権力との抗争に備えるためである。先述したとおり、北条氏は芦名氏や田村氏に佐竹氏挟撃のため出陣を要請していた。ここに伊達氏との連携も加えようとし、氏規はその交渉を担っていた。

ただし、北条氏の対伊達氏外交においては、氏規だけが取次を務めたわけではない。例えば、これ以前に同じ北条一族の氏堯《うじたか》や氏照が取次として見え、氏規以降では氏照が対伊達氏外交の担当となったことなどがすでに指摘されている(黒田一九九七・立花一九九三)。氏規が担当でなくなった理由としては、対徳川氏の担当に転じたためであろうといわれている。

このように、氏規は天正五年・六年、北条氏による対伊達氏外交の取次を担当していた。二年間の担当という限定的な役割であったものの、北条氏と反北条氏同盟との抗争のなかで、佐竹氏の背後を押さえるという交渉を担っていただけに、その意義は決して小さいとはいえない。

(三)房総諸氏

氏規は江戸湾に面した三崎城の城主で、房総との関係が深かった。それは、軍事面において里見氏との抗争を繰り返したことに象徴されよう。とくに、浜名敏夫氏や真鍋淳哉氏らが検討しているように、氏規の家臣で水軍の船大将であった山本氏の活躍は目立っていた（浜名一九九六・真鍋二〇一二）。加えて、内房の村々の半手《はんて》形成においても氏規と山本氏は大きな役割を果たしていた（「越前史料所収山本文書」『横』二五二八）。

氏規は安房里見氏との抗争において、その最前線に位置した。そうした立場ゆえ、氏規は房総の国衆《くにしゅう》の「指南」を務めた。「指南」は北条氏と国衆の取次を務めた者で、北条氏では家格や実力を備えた人物が担っていたことが指摘されている（黒田一九九七）。「指南」を務められる人物は限られており、そこに氏規が入っていることは、氏規が高い家格（北条一族）と実力を有していたことを物語っていよう。

氏規が「指南」を務めた国衆は、上総長南武田氏と上総逸見氏である。

天正五年九月、北条氏による房総侵攻が行われ、この過程で長南武田氏は北条氏に従属した。この年、北条氏と里見氏の間には和議＝「房相一和」も結ばれた。長南武田氏の従属の際、氏規は取り成しを務めた（「越前史料所収山本文書」『横』二五四三）。以後、長南武田氏の「指南」を氏規が務めることになった。具体的な事例としては、天正六年十一月四日付武田兵部太（大）輔宛北条家朱印状（「田中文書」『横』二五五四号）があげられる。本文書で北条氏は武田豊信が上総国姉崎に置いている船について、海上における妨害がないよう保証している。この文書の奉者を氏規が務めている。「指南」の役割である北条氏と国衆の取次を行っていることが分かる。なお、氏規が奉者を務めている唯一の事例でもある。その他、年代は未詳ながら、十二月二十四日付武兵（武田兵部大輔豊信）宛北条氏規書状写（「新編会津風土記巻之七提要之四府下河原町半兵衛所蔵文書」『横』二七三八）では、徳川家康が馬を所望しているので、一匹頂戴したいと氏規が武田豊信に伝えている。これも氏規と長南武田氏の関係を示す文書である。

逸見氏はもと小弓公方《おゆみくぼう》家臣であり、これから見る文書で宛所となっている逸見右馬助は足利頼淳に仕えていたといわれている（滝川一九九二）。上総逸見氏と氏規の関係を示す文書は二点ある。一点目は（天正七年ヵ）

八月十四日付逸見宛北条氏政書状（「逸見文書」『横』二五六〇）である。本文書では、氏政が合戦のため（天正七年とすれば武田氏との抗争）、八月十九日までに当地に着陣するよう逸見氏に求めており、「猶美濃守可申候」とあるように、氏規は取次を務めている。二点目は、（天正七年）霜月三日付逸見右馬助宛北条氏直書状（「逸見文書」『横』二五六三）である。本文書では、氏直が逸見右馬助の在陣の労《ねぎら》っており、一点目と同様「猶美濃守可申達候」とみえ、氏規が取次を務めている。このように、氏規が北条氏と逸見氏の間に立っていることから、氏規は逸見氏の「指南」であったと推測できよう。

では、上総国の国衆から氏規はどのような存在として認識されていたのであろうか。次の史料は、国衆側から見た氏規の立場を考える上で興味深い。

其以来者節久不申承候、音絶覚外之至候、抑当国上州之儀者、無残所小田原（北条氏）へ属御幕下候、名地候厩橋（上野国）之儀も今度御出陣、翌日奥州様（北条氏照）奉憑御侘言仕候而、去月十八日出仕申候、北条者（高広）城外へ罷出節、城之儀御請取、自廿一日至于今日大御普請大形出来、漸明御隙候、上州之儀者沼田をハ従家康（徳川）可有御渡候御約束治定ニ候、一ケ所毛無残所候、佐野之儀（宗綱）ハ三千余貫之御礼銭毎年進上可申与御侘言申候得共、城ヲ罷下儀被仰付、于今未落着候、然共御侘言可被成様ニ申候、両皆川（義雄）・壬生・下妻（多賀谷重経）・下館（水谷政村）各御侘言申、両皆川者過半落居由候、然ニ卒爾之儀ニ候へ共、只今貴国之御模様様々申廻候、此時ニ候之条、御忠信ニ極候、依御忠信、真里谷一跡ニ而も、大膳亮（正木憲時）一跡仁而毛、可為御望次第候、ケ様之儀、拙者自分計仁而不及申入候、御一類衆請御内儀申入候、奥州様成共美濃守殿様（北条氏規）へ成共、御存分次第引付申、御望次第可有之候、千言万句於其国一ケ所被乗取御忠信ニ極候、小田喜（上総国）歟、久留里（上総国）歟、佐貫（上総国）歟、三之間御塩味可有之候、此書札御披見之上、火中可有之候、両野州幷常州衆ニ、御赦免之御侘言不被申衆者一人も無之候、悉当表者明

御隙候、可然時分之間、申達候、恐々謹言、

追啓、美濃守殿様へ被為寄、御申可然候、

(天正十一年)
十月十一日　　　　　　　　左(酒井)
　　　　　　　　　　　　　　政辰判

(正木頼忠)
左大　参御宿所

〔史料2〕「紀伊国古文書藩中古文書所収　正木源兵衛蔵文書」酒井政辰書状写（『横』二六一三）

本文書は、上総国東金《とうがね》城主酒井政辰《まさとき》から同国勝浦城主正木頼忠に出された書状である。前半部分では、北条氏が上野国へ侵攻し、上野国衆や下野国衆が北条氏に従属しつつある状況を報じている。この段階において北条氏に従属していた酒井政辰は、自分の妻の兄にあたる正木頼忠へ小田喜・久留里・佐貫いずれかの城を攻略し、北条氏に忠信を示すことを求めた。あわせて政辰は、北条氏へ忠信を示せば真里谷武田氏か正木憲時の跡地が頼忠へ与えられることを伝えている。つまりは、北条氏に従属していた酒井政辰が姻戚関係にある正木頼忠へ味方になるよう働きかけを行っている。そこで注目されるの、傍点を付した部分である。政辰はこのようなことは自分だけで申し入れているわけではなく、北条氏の「御一類衆」の内儀を受けて伝えているのだと述べ、頼忠に対し、北条氏照もしくは北条氏規に取り成しを求めたらどうかと勧めている。長南武田氏の事例で見たように、従属にあたり取り成しを務めた者がその後「指南」となっていた。酒井政辰は、北条氏への従属の際、北条氏照か同氏規が適任だと認識し、頼忠に紹介したのであろう。

それでは、なぜ氏照と氏規が選ばれたのであろうか。氏照の場合は、頼忠前代の時期における北条氏と勝浦正木氏の関係が影響していると推測される。永禄七年（一五六四）の北条氏と里見氏の争いである国府台

合戦において、敗れた里見氏に従っていた勝浦正木氏は情勢を鑑みて里見氏から離反、北条氏に帰属したのであるが、その際取次を務めたのが氏照だった（「正木武膳家譜」『戦国遺文』房総編一一七〇号・「楓軒文書纂六十六」『戦国遺文』房総編一二一四号など）。氏照は、勝浦正木氏の「指南」だったわけであり、このような関係を踏まえれば、酒井政辰の書状で氏照の名前が出ることは不思議ではない。では、氏規についてはどうであろうか。この点は、氏規と上総国の関係が影響していると想定できよう。ここまで確認してきたとおり、氏規は上総国の長南武田氏と逸見氏の「指南」であり、内房の村々の半手形成も行っていた。こうした氏規と上総国の関係が上総国衆の従属にも関わっていたといえる。追而書《おってがき》で、最終的には氏規に取り成しをしてもらうのがよいだろうと勧めていることが、その事実を表している。

氏規は三崎城主として敵対する里見氏との抗争のなかで、江戸湾を舞台にその最前線に立ち、山本氏をはじめとした水軍の指揮をしていた。天正五年の「房相一和」以降、上総国の国衆の北条氏への従属という事態を受け、氏規は「指南」として活躍した。このような氏規の立場は、上総国衆から北条氏への窓口として認識されていたのであった。氏規は江戸湾を介し、合戦の最前線を指揮する者としての、そして北条氏への窓口としての役割を果たしていたのであった。

（四）徳川氏

氏規の外交において、大きな比重を占めていたのが徳川氏との関係であろう。次に掲げた二十一点の文書が、管見の限り、氏規と徳川氏との関係を知り得る史料である。

初見の文書は、（永禄十二年）五月二十四日付の表2№1である。黒田氏によれば、内容は今川氏真による掛川開城の際のもので、その後に成立する北条・徳川同盟に関するものという（黒田一九九七）。氏規は「猶弟候助五郎申候」とあるように、取次を務めていた。氏規が選ばれた理由は、氏規が家康と旧知の間柄であり、加えて韮山城将として西方に対する前線拠点にいたことも関係していたとされる。

表２No.１以降、北条氏と徳川氏は天正七年に武田氏挟撃という目的のもと同盟を結び、天正十年（一五八二）の本能寺の変による織田信長の死後、甲斐・信濃・上野をめぐる領土争奪戦（いわゆる天正壬午の乱）で敵対するに至る。天正壬午の乱は、天正十年十月下旬、北条氏と徳川氏の和睦によって終結する。その和睦交渉の役目を担ったのも氏規であった。そのなかで、家康が北条氏との同盟にともない、氏規の進退について見放さないという起請文を書いていることは、家康と氏規の関係を物語る上で重要といえよう（表２No.３）。

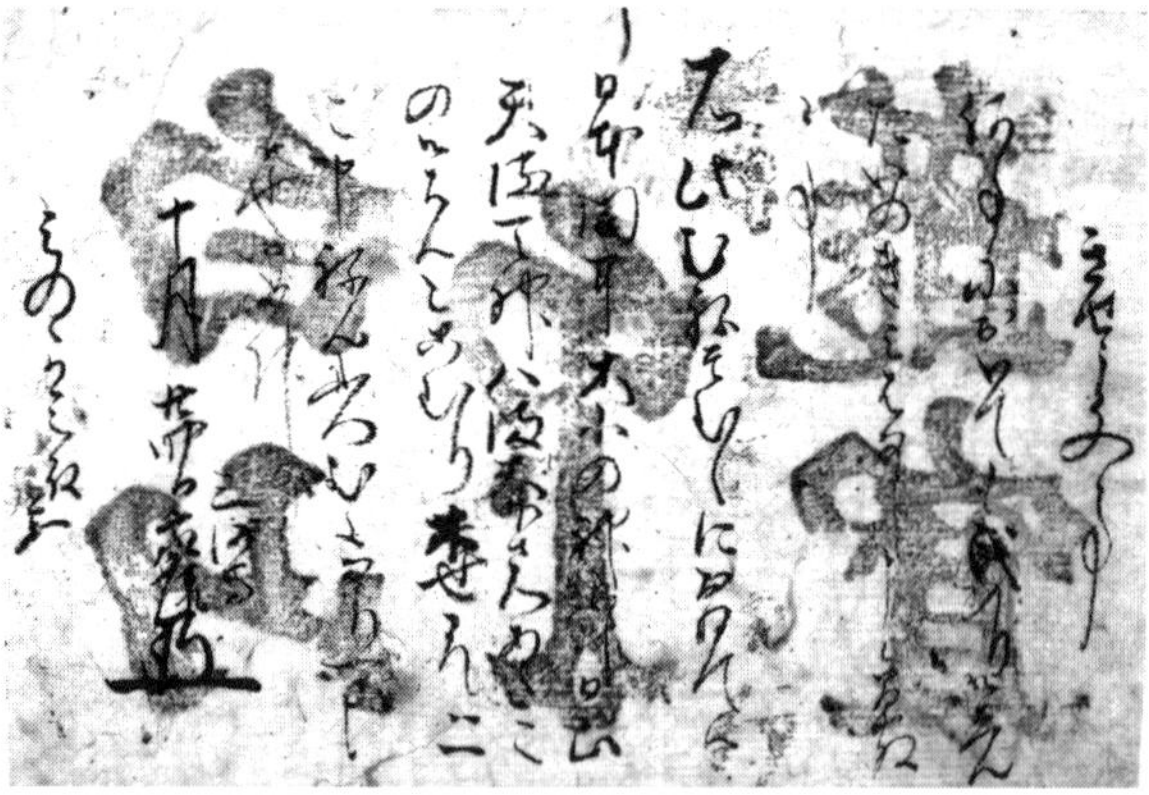

徳川家康起請文（神奈川県立歴史博物館蔵）
（天正10年）10月24日付。ミのゝかミ（氏規）宛。

その後、家康は氏規に上方の情勢を伝えて加勢を求めるなど（表２No.10）、軍事的な面でも取次を担っている。その他、北条氏と徳川氏が互いに贈り物をやり取りする際にも氏規が間に立っている様子が見える（表２No.11・13〜16など）。このように、氏規は北条氏と徳川氏の間に立ち、両者を結び付ける上で重きをなしていたといえよう。

なお、表２No.21は、小田原合戦において韮山城を守備する氏規に対して家康が開城勧告をしているものであり、北条氏が滅亡に至るまで両者の関係は続いていたといえる。この徳川氏との外交は、羽柴氏との関係にも延長していく。

表2　北条氏規と徳川家の外交関係文書目録

No.	年月日	文書名	署判	宛所	出典	刊本
1	（永禄十二年）五月二十四日	北条氏政書状	氏政（花押）	酒井左衛門尉（忠次）殿	酒井文書	『横』二四七七
2	（天正十年カ）三月十三日	北条氏規書状写	氏規（花押）	酒井小五郎（家次）殿御報	酒井家旧記五	『横』二五九四
3	（天正十年）十月二十四日	徳川家康起請文	三河守家康（花押）	ミの、かミ（北条氏規）殿参	北条文書	『横』二五九七
4	（天正十一年）三月十九日	徳川家康書状写	家康（花押）		諸州古文書	『横』二六〇四
5	（天正十一年）六月二十四日	酒井忠次書状	忠次（花押）	上人様御納所御中	致道博物館所蔵文書	『横』二六〇八
6	（天正十一年）八月十七日	北条氏規書状写	北条美濃守	徳川殿人々御中	名将之消息録	『横』二六一二
7	（天正十二年）四月六日	北条氏規書状	美（美濃守）氏規（花押）	朝弥太（朝比奈泰勝）参	不破文書	『横』二六一七
8	（天正十二年）七月二十六日	北条氏規書状	北美（北条美濃守）氏規（花押）	酒左（酒井左衛門尉忠次）御陣所	田島文書	『横』二六一九
9	（天正十二年）十一月十七日	北条氏政書状	氏政（花押）	酒井左衛門尉（忠次）殿	田島文書	『横』二六二二
10	（天正十三年）十一月二十八日	徳川家康書状	家康（花押）	北条美濃守（氏規）殿御□（報カ）	野村きく子氏所蔵文書	『横』二六二八
11	（天正十四年カ）二月一日	北条氏直書状写	氏直（花押）	徳川殿	古案	『横』二六三二
12	（天正十四年）三月八日	北条氏政・徳川家康対面覚書			西山本門寺文書	『横』二六三三
13	（天正十四年カ）四月二十四日	北条氏政書状写	氏政（花押）	濃州（北条氏規）参	秋田藩家蔵文書五十二城下諸士文書巻之十三	『横』二六三五
14	（天正十四年カ）四月二十五日	北条氏政書状写	氏政㊞	美濃守（北条氏規）殿	五味文書	『横』二六三六
15	（天正十四年）	徳川家康書状写	御名乗御書判	北条美濃守（氏規）殿	記録御用所本古文書四	『横』二六三七

No.	年月日	文書名	署判	宛所	出典	刊本
16	（天正十四年ヵ）十一月二十四日	北条氏直書状写	氏直（花押）	美濃守（北条氏規）殿	諸州古文書遠州廿三	『横』二六四〇
17	天正十六年五月二十一日	徳川家康起請文	家康（花押）	北条左京大夫（氏直）殿・北条相模守（氏政）殿	鰐淵寺文書	『横』二六五六
18	（天正十六年）七月十四日	徳川家康書状写	御書判	朝比奈弥太郎（泰勝）とのへ	記録御用所本古文書十	『横』二六六一
19	（天正十六年）十一月晦日	北条氏規書状写	美濃守氏規（花押）	酒井（忠次）殿	武州文書十八秩父郡阿熊村秀三郎所蔵文書	『横』二六七三
20	（天正十七年）十二月九日	北条氏規書状写	北条美濃守氏規（花押）	駿府（徳川家康）貴報人々御中	古証文五	『横』二六八六
21	（天正十八年）六月七日	徳川家康書状	家康（花押）	北条美濃守（氏規）殿	北条文書	『横』二七一八

（五）羽柴氏

天正十二年（一五八四）の小牧・長久手合戦、同十三年（一五八五）の羽柴秀吉関白就任、同十四年（一五八六）羽柴氏への徳川氏の服属という一連の事態が起こるなかで、関東と奥羽の「惣無事《そうぶじ》」（戦国大名間抗争〈私戦〉の停戦）については、家康が取りまとめるよう秀吉からの指令が出るに至る。ここで、北条氏は秀吉に服属するか否かの選択を迫られるようになり、北条氏と羽柴氏を取り次ぐのは家康の役割とされた。北条方の窓口になったのは、徳川氏との外交において取次として働いていた氏規である。

天正十五年（一五八七）頃になると秀吉による北条攻めが広く喧伝されるようになる。翌十六年（一五八八）五月二十一日には徳川家康が北条氏政・氏直に対し、「今月中、以兄弟衆京都へ御礼可被申上事」を求めている（表2№17）。これまでは、この「兄弟衆」が漠然と誰かではなく具体的に氏規を指すといわれてきた。しかし、この文言を見る限り、何人かいる「兄弟衆」のうち誰かを上洛させるようにいっているだけであり、この勧告を受け、北条氏方の窓口で徳川氏とも関係のあった氏規が選ばれたというのが正確である。

この氏規上洛は少々遅延したようであるが（表2№18）、天正十六年八月に秀吉と氏規の対面が実現された。秀吉と氏規の対面については、「家忠日記」「輝元公上洛日記」「御湯殿上日記」といった日記類でその様相を知ることができる（『横』二六六三～二六六五）。氏規は京都に八月十七日に到着、二十二日に聚楽第に行き、秀吉と対面した（「輝元公上洛日記」）。対面の際、氏規は氏直と自身の進物を秀吉に献上し、方広寺大仏殿造立への協力を申し出ている（「輝元公上洛日記」）。氏規は二十九日帰路についた（「輝元公上洛日記」）。秀吉と氏規の対面を検討した黒田氏によれば、服装と官位に身分格差が表れているという。服装面では、氏規が烏帽子《えぼし》・直垂《ひたたれ》姿であるのに対し、徳川家康・上杉景勝・毛利輝元ら公家成大名（従五位下侍従以上の官位を持ち、昇殿を認められた武家）は、冠に黒装束であった。官位では、氏規は美濃守を称していたものの、それは朝廷から与えられたものではないため、秀吉との対面では無位無官とされ、広間の末座に祗候《しこう》させられた。黒田氏は、視覚的に明確化した身分格差を目の当たりにした氏規は、秀吉が戦国大名を統合した中央政権であることを痛切に認識させられたと指摘する（黒田二〇一三）。付け加えると、このような状況に、氏規が外交を担当してきた家康が組み込まれていたことも重要であろう。家康は、秀吉から羽柴姓を賜り、昇殿を認められた存在であった。氏規は、徳川氏と北条氏が置かれている状況が異なることを認識したといえる。

秀吉は、対面のひと月後には佐竹氏・太田資正・梶原政景・伊達政宗といった北関東・南奥の領主へ、三ヵ月後には安房里見氏へ、氏規の上洛と領国の境目を確定することを伝えている（「佐竹文書」「潮田文書」「伊達家文書」「石井文書」『横』二六六九～二六七二）。氏規の上洛という事態は、北条氏の秀吉への従属を示すものであり、北条氏の趨勢《すうせい》を左右する立場にあったのが氏規という人物なのであった。
　しかし、結局天正十八年（一五九〇）の小田原合戦において、北条氏が豊臣秀吉によって滅ぼされたのは周知のとおりである。ここに至るまでには、北条氏政の上洛遅延、天正十七年（一五八九）十一月の当時真田領として留保されていた上野国名胡桃《なぐるみ》城を北条方が奪取する事件（秀吉の領土裁定をないがしろにする事態）といったことがあり、秀吉は北条氏成敗を決定する。名胡桃城事件のひと月後、氏規は家康に対し、氏政・氏直父子について、秀吉への取り成しを求めた。

［史料3］北条氏規書状写（表2No.20）

貴札之趣、（北条氏政・氏直）氏直父子具為申聞候、委細直被申達候、有御得心、可然様御取成所仰候、可得御意候、恐々謹言、

（天正十七年）極月九日　　北条美濃守
　　　　　　　　　　　　氏規（花押影）

（徳川家康）駿府
　　貴報人々御中

なお、『北条五代記』を元に氏規と羽柴氏の謁見や氏規の立場を検討した小和田哲男氏は、京・大坂の繁栄ぶりなどを根拠に、氏規は徹底抗戦をすることが無謀であることを氏政に説得すべきであったと述べ、それができなかったのは氏規自身に時代の流れを見極める目がなかったからだという（小和田二〇〇二）。結局和解には至らなかったものの、史料3のように氏規が名胡桃城事件後も取り成しを求め、抗戦する意思がなかっ

たことを踏まえると、小和田氏の説とは異なり、最後まで北条家存続のために奔走したのが氏規といえる。

このように、戦国末期の氏規は羽柴氏と北条氏の間を結ぶキーパーソンとして活躍した。

おわりに

本稿では、北条領国における氏規の動向を検討してきた。北条氏規は三崎城主として活動したほか、武田氏ら西方の勢力との抗争において、韮山城将として戦場の最前線で活躍した。氏規については、とりわけ天正期以降の活躍が注目される。それは、三崎城主、韮山城将という役割に加え、天正四年の足利義昭とのやり取り、天正五年・六年の出羽伊達氏の取次、天正六年から確認される上総国衆の「指南」、天正十年代から本格化する徳川氏との外交における取次、天正十五年から見える館林城代、天正十六年八月の上洛に象徴される羽柴氏との外交などであり、とりわけ天正後期における外交面での活躍は注目される。

氏規は小田原合戦後、羽柴氏家臣として秀吉から河内国内で二千石を与えられ、その後約七千石の所領を得るに至る。氏規は慶長五年に死去するが、その遺領は氏規の子氏盛が相続することになり、氏規の系統は小田原合戦後も存続することになった。これは羽柴氏との外交交渉を担っていたことが関係していたといわれる。このように、北条氏政の兄弟のなかで、氏規は氏照・氏邦に比べても遜色がない活躍を見せた人物であり、小田原合戦後も北条氏御一家衆として存続した点は特筆される。

〈参考文献〉

相田二郎『小田原合戦』（名著出版　一九七六）
小和田哲男『中世の伊豆国』（清文堂出版　二〇〇二）
黒田基樹『戦国大名北条氏の領国支配』（岩田書院　一九九五）
黒田基樹『戦国大名領国の支配構造』（岩田書院　一九九七）
黒田基樹『戦国期東国の大名と国衆』（岩田書院　二〇〇一）
黒田基樹『小田原合戦と北条氏』（吉川弘文館　二〇一三）
黒田基樹編『北条氏年表』（高志出版　二〇一三）
杉山　博「北条氏規の発給文書について」（東国戦国史研究会編『関東中心戦国史論集』名著出版　一九八〇）
滝川恒昭「小弓公方家臣・上総逸見氏について―国立国会図書館所蔵「逸見文書」の紹介―」（『中世房総』六　一九九二）
立花京子「後北条・伊達同盟前期の展開」（『地方史研究』二四一　一九九三）
浜名敏夫「北条水軍山本氏について―里見水軍との海戦をめぐって―」（千葉歴史学会編『中世東国の地域権力と社会』岩田書院一九九六）
真鍋淳哉「戦国大名北条氏と三浦郡」（『新横須賀市史』通史編自然・原始・古代・中世　横須賀市　二〇一二）
湯山　学『三浦氏・後北条氏の研究』（岩田書院　二〇〇九）

北条氏忠

竹井英文

はじめに

本稿では、北条氏忠《うじただ》を取り上げる。北条氏忠は、これまで氏康の実の息子とされることが多かったが、現在では北条氏康の弟氏尭《うじたか》の息子で、後に氏康の養子になったとの説が有力である。仮名《けみょう》は六郎、官途名《かんとめい》は左衛門佐である。六郎という仮名については、以前は別人説もあったが、現在では六郎＝氏忠と確定している。また、左衛門佐という官途名は氏尭と同じものであり、そのため氏尭の息子であるという説の根拠の一つとなっている。受領名は確認されていない（黒田一九九五・二〇〇七）。

氏忠の生年については、これまで不明であったが、本書「序章 総論」にあるように、「堀尾古記」という史料の天正十八年（一五九〇）条に「左衛門佐　三十五」とあることから、弘治二年（一五五六）生まれの可能性が指摘されるようになった。没年月日は文禄二年（一五九三）四月八日とされるので、弘治二年生まれだとすると、三十八歳で没したことになる。同じく「序章 総論」によると、北条家内部における兄弟の序列は、当初は氏政、氏照、氏規、氏忠、氏邦、氏光という順だったが、氏邦の地位上昇にともない、天正十年までには氏忠と氏邦の序列が逆転したという。また、当初の地位の高さは、氏康の弟氏尭の息子という立場に由来すると考えられている。

氏忠は、小田原城にほど近い相模新城（神奈川県山北町）の守将を務めていたことや、天正十四年（一五八六）に下野佐野氏に養子入りし佐野氏の名跡を継承したことなどでよく知られている。しかし、氏忠の生涯、事績を主たるテーマとした研究は少ないのが現状である。そのため本稿では、これまでに確認されている氏忠発給文書・関係史料を集成しつつ、「序章　総論」を踏まえて、氏忠に関する基礎的な情報・事実関係を改めて整理してみたい。

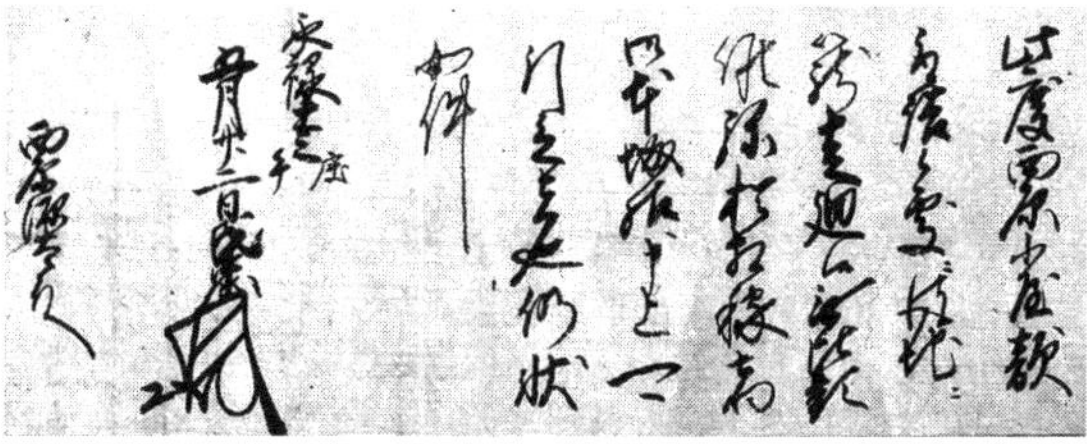

北条氏忠判物（いずみ市西原家蔵・千葉県文書館提供）
永禄13年5月22日付。西原源太宛。氏忠初見文書。文中に本城様（氏康）が見える。

一、氏忠の発給文書について

本章では、氏忠の発給文書について、若干の検討を行いたい。

氏忠の発給文書は、杉山博氏の論文（杉山一九七八）の時点では四十二通、下山治久氏の論文（下山二〇〇九）の時点では五十通が確認されていたが、さらに史料の発掘が進んだこともあり、筆者が収集した限りでは五十六通を確認することができた。それらを一覧表化したのが、表1である。年未詳の文書も多いが、下野佐野領支配に関するものが大半を占めており、それらは天正十四年（一五八六）から十八年（一五九〇）までに比定される。なかにはそれ以前のものも含まれていると思われるが、細かい年代比定は困難な状況にある。今後も新史料の発見が期待されよう。なお、その他の氏忠関係史料については、表2としてまとめた。

表1　北条氏忠発給文書一覧

No.	年月日	文書名	署判	宛所	出典
1	永禄十三年五月二十二日	北条氏忠判物	氏忠（花押）	西原源太殿	西原文書（戦一四一九）
2	（元亀二年）九月二十六日	北条氏忠朱印状	「樓欝」	西原源太殿	西原文書（戦一五一四）
3	（天正四年ヵ）七月二日～八月二十六日	北条氏忠手形	氏忠（花押）	（冨永衆）	矢田部文書（戦一八六三）
4	天正五年三月二十日	北条氏忠朱印状写	「樓欝」	西原与大郎殿	大竹文書（戦一八九八）
5	（天正十年ヵ）九月二十日	北条氏忠過所	氏忠（花押）	案下通諸役所中	渋江文書（戦二四一六）
6	（天正十年十月ヵ）	北条氏忠書状写		（上条雅楽丞）	甲斐国志草稿（補遺（2）九一）
7	（天正十一年）五月八日	北条氏忠朱印状写	「樓欝」	善波根宜	相州文書（戦二五三三）
8	（天正十一年）十二月十二日	北条氏忠朱印状	「樓欝」	白浜郷名主・百姓中	藤井文書（戦二五九七）
9	天正十四年十一月九日	北条氏忠判物写	氏忠（花押）	須賀左衛門殿	小宅文書（補遺（1）三九）
10	天正十四年十一月十日	北条氏忠判物	氏忠（花押）	大蘆雅楽助殿	小曽戸文書（戦三〇二三）
11	天正十四年十一月十日	北条氏忠判物	氏忠（花押）	落合図書殿	落合文書（戦三〇二四）
12	天正十五年正月十九日	北条氏忠朱印状写	「樓欝」	須賀左衛門尉殿	小宅文書（補遺（1）四一）
13	（天正十五年）四月十六日	北条氏忠朱印状	「樓欝」	小敷屋殿	池上文書（戦三〇八二）
14	天正十五年六月十一日	北条氏忠判物	氏忠（花押）	本光寺衣鉢閣下	本光寺文書（戦三一一四）
15	天正十五年六月十二日	北条氏忠判物	氏忠（花押）	渡辺右近殿	上越市公文書センター所蔵文庫（補遺（1）四二）
16	（天正十五年）八月十日	北条氏忠判物	氏忠（花押）	大蘆雅楽助殿	小曽戸文書（戦二九八三）
17	（天正十五年）八月十日	北条氏忠判物	氏忠（花押）	落合図書殿	落合文書（戦二九八四）
18	（天正十五年）十月二十八日	北条氏忠朱印状写		福地出羽殿 三津肥前殿	福地文書（戦三二〇三）

19	天正十五年十一月一日	北条氏忠朱印状写	「樓欝」	安倍殿　金井殿	福地文書（戦三二〇六）
20	天正十五年十一月一日	北条氏忠朱印状	「樓欝」	嶋田内膳殿	嶋田文書（戦四七六〇）
21	（天正十六年ヵ）正月七日	北条氏忠朱印状写	「樓欝」	芝山主水殿	諸州古文書五（戦三二六一）
22	（天正十六年）正月十七日	北条氏忠朱印状	「樓欝」	鍋山衆 小曽戸摂津守殿	小曽戸文書（戦三二七三）
23	（天正十六年）正月十七日	北条氏忠朱印状	「樓欝」	高瀬紀伊守殿	神奈川県立公文書館所蔵山崎文書（戦三二七四）
24	（天正十六年ヵ）三月十六日	北条氏忠朱印状	「樓欝」	高瀬紀伊守殿	山崎文書（戦三二九〇）
25	（天正十六年）三月二十六日	北条氏忠朱印状	「樓欝」	福地帯刀殿	福地文書（戦三二九九）
26	（天正十六年ヵ）三月二十六日	北条氏忠書状写	氏忠（花押）	小曽戸丹後守殿	島津文書（戦三三〇〇）
27	（天正十六年）三月二十八日	北条氏忠朱印状	「樓欝」 （長門丹後奉之）	川入百姓中	設楽巳知氏所蔵文書（戦三三〇二）
28	（天正十六年）十一月十日	北条氏忠朱印状	「樓欝」	福地帯刀殿	福地文書（戦三三八七）
29	（天正十六年）十二月十三日	北条氏忠朱印状写	「樓欝」	鈴木但馬殿	武州文書（戦三三九九）
30	天正十六年十二月二十日	北条氏忠朱印状	「樓欝」	小曽戸丹後守殿	島津文書（戦三四〇四）
31	天正十六年十二月二十日	北条氏忠判物写	氏忠判	小曽戸丹後守殿	島津文書（戦三四〇五）
32	（天正十七年ヵ）二月十三日	北条氏忠朱印状	「樓欝」	高瀬紀伊守殿	山崎文書（戦三四二二）
33	（天正十七年）五月四日	北条氏忠朱印状	「樓欝」	高瀬紀伊守殿	山崎文書（戦三四四八）
34	（天正十七年）十月十四日	北条氏忠朱印状	「樓欝」	高瀬紀伊守殿	神奈川県立文化資料館所蔵山崎文書（戦三五一七）
35	（天正十七年）十月十五日	北条氏忠朱印状	「樓欝」	小曽戸丹後守殿	島津文書（戦三五一八）
36	（天正十七年）十二月十六日	北条氏忠朱印状写		安部殿　金井殿	福地文書（戦三五七六）
37	（天正十七年ヵ）十二月二十九日	北条氏忠朱印状写		安部殿　金井殿	福地文書（戦三五九七）
38	（天正十八年ヵ）正月二日	北条氏忠朱印状写		安部殿　金井殿	福地文書（戦三六〇〇）

No.	年月日	文書名	署判	宛所	出典
39	（天正十八年）正月十七日	北条氏忠朱印状	「樓欝」	高瀬紀伊守殿	山崎文書（戦三六一九）
40	（天正十八年）三月二十四日	北条氏忠書状	氏忠（花押）	高瀬紀伊守殿	高瀬文書（補遺（2）一一〇）
41	（天正十八年）八月二日	北条氏忠書状写	「北条左衛門佐」（後筆）氏忠（花押）	高室院 尊報御同宿中	集古文書七十五（戦三九四一）
42	（年未詳）正月十日	北条氏忠朱印状	「樓欝」	高瀬紀伊守殿	山崎文書（戦四〇三一）
43	（年未詳）正月十日	北条氏忠朱印状写	「樓欝」	小曽戸丹後守殿	島津文書（戦四〇三二）
44	（年未詳）正月十二日	北条氏忠書状	氏忠（花押）	高瀬紀伊守殿	高瀬文書（補遺（2）一一五）
45	（年未詳）正月二十九日	北条氏忠朱印状写	「樓欝」	斎藤大学殿	諸家所蔵文書七（戦四〇三三）
46	（年未詳）五月十二日	北条氏忠朱印状	「樓欝」	高瀬紀伊守殿	山崎文書（戦四〇三四）
47	（年未詳）五月十七日	北条氏忠書状	氏忠（花押）	岩本坊	岩本院文書（戦四〇三五）
48	（年未詳）六月六日	北条氏忠朱印状	「樓欝」	安藤豊前代　渡邊大河	国立史料館所蔵大川文書（戦四〇三六）
49	（年未詳）六月七日	北条氏忠朱印状	「樓欝」	高瀬紀伊守殿	山崎文書（戦四〇三七）
50	（年未詳）六月十六日	北条氏忠朱印状	「樓欝」	高瀬紀伊守殿	山崎文書（戦四〇三八）
51	（年未詳）七月十四日	北条氏忠判物写	氏忠判	岡本越前守殿　左衛門佐代肥田土佐守殿	安得虎子十（戦四〇三九）
52	（年未詳）八月二十日	北条氏忠朱印状	「樓欝」	高瀬紀伊守殿	高瀬文書（補遺（2）一一六）
53	（年未詳）八月二十七日	北条氏忠朱印状写		福地帯刀殿	福地文書（戦四〇四〇）
54	（年未詳）十月六日	北条氏忠書状	氏忠（花押）	江嶋岩本坊	岩本院文書（戦四〇四一）
55	（年未詳）十月二十八日	北条氏忠朱印状	「樓欝」	高瀬紀伊守殿	山崎文書（戦四〇四二）
56	（年未詳）十一月十日	北条氏忠書状	氏忠（花押）	埣伯　参	上越市立公文書センター所蔵文書（補遺（2）一一八）

（注）戦：『戦国遺文』後北条氏編、補遺（1）：「小田原北条氏文書補遺」『小田原市郷土博物館研究報告』四二、補遺（2）：「小田原北条氏文書補遺（2）」『小田原市郷土博物館研究報告』五〇。

表2　北条氏忠関係史料一覧

No.	年月日	文書名	宛所	内容	出典	備考
1	(永禄十二年)七月二日	武田信玄書状写	玉井石見守	剰於于号北条地、当手之先衆与北条助五郎兄弟遂一戦	玉井家文書(静岡県史資料編八、四八)	
2	(永禄十二年ヵ)十一月二十四日	北条氏康書状	山吉孫二郎殿	息助五郎・六郎韮山へ致越山候	神奈川県立文化資料館所蔵山吉文書(戦一三四一)	
3	元亀正年八月十二日	山角康定書状	毛丹　御報	にら山籠衆氏政舎弟助五郎并六郎	尊経閣文庫所蔵文書(戦一四二五)	
4	(天正三年)三月二十二日	北条家定書写	六郎殿	氏忠へ尋申、氏忠作意次第	相州文書(戦一七八一)	
5	(天正五年ヵ)四月十七日	北条氏規書状	六郎殿　御報	三崎之普請就出来申、参府申候	堀口久太郎氏所蔵文書(戦一九〇四)	
6	天正十年八月十二日	家忠日記		つるの郡より、伊豆北条新左衛門介	増補続史料大成家忠日記一三六頁	
7	(天正十年)十月二十五日	北条氏政書状	上野筑前守殿	委細左衛門佐ニ申付候条	館山市立博物館所蔵上野文書(戦二四三九)	
8	天正十四年八月十四日	北条氏直判物写	佐野左衛門佐との		所蔵未詳(戦二九八五)	要検討文書
9	天正十五年四月十八日	北条家朱印状写(奉者垪和康忠)	左衛門佐殿	葛網(中略)本牧浦	武州文書(戦三〇八三)	
10	天正十六年十一月二十六日	熊野社棟札銘写		大檀那北条左衛門介殿氏忠	新編相模国風土記稿(戦三三九二)	
11	(天正十七年)七月十四日	北条氏政書状	安房守殿	一、沼田請取人之事者、左衛門佐ニ昨日落着	内田文書(戦三四七二)	
12	(天正十七年)七月二十日	北条氏直書状	安中左近大夫殿	自是為請取手、左衛門佐指遣候	市谷八幡神社文書(戦三四七四)	

No.	年月日	文書名	宛所	内容	出典	備考
13	（天正十八年）	北条家人数覚書		一、同左衛門助　新田の城	毛利家文書（小田原市史史料編原始古代中世Ⅰ、八二一）	
14	（年未詳）十月十八日	北条氏規書状写	六郎殿　御報		岡山大学所蔵池田文書（戦四〇二七）	天正六年から九年のもの
15	（年未詳）十月二十九日	北条家朱印状写	岡本越前守殿	六郎殿如下知可相渡	岡本氏古文書写（戦三八二二）	天正三年から九年のもの
16	（年未詳）	小田原一手役之書立写		左衛門佐殿　小田原	佐野家蔵文書（戦四二九五）	天正十一年ヵ

（注）戦：『戦国遺文』後北条氏編

氏忠の発給文書の初見は、永禄十三年（四月二十三日元亀に改元、一五七〇）五月二十二日付で北伊豆の西原源太に宛てた判物《はんもつ》（表1No.1）であり、同文書は実名氏忠の初見文書でもある。次が、（元亀二年）九月二十六日付で同じく西原源太宛の朱印状（表1No.2）である。印判は、四角形で二重線になっており、印文は「樓欝《ろううつ》」である。同文書が氏忠朱印状の初見であり、以後も同じ印を使用していることが知られる。元亀年間の発給文書は、年未詳文書を除外して、この西原源太宛の二通のみである。また、天正元年から九年までの文書も二通のみである。つまり、全五十六通のうち大半は天正十年以後のものということになる。

次に、氏忠の花押について若干の考察を行いたい。表1によると、写しも含め、氏忠の花押が判明する文書は十七通ある。数が少ないためか、氏忠の花押の変遷を検討した先行研究は見出せなかった。ただ、おおよその傾向を示すことはできそうである。

まずは、年代がはっきりしている氏忠の花押を押さえておきたい。花押の初見は図1で、永禄十三年（元亀元年）五月である。図を挙げたうちでは、次が図5・6で天正十五年六月、図8が天正十五年八月、最後に図10が天正十八年三月である。このように、図1から図10へと花押が変遷していくことが、一見してわかるだろう。

それを踏まえたうえで、年未詳の氏忠の花押を考えてみたい。まず図2は、江ノ島岩本院文書中の氏忠書状の花押だが、初期の図1に似ていると考える。下山治久氏によると、同文書は関連史料との関係から、天正三年頃に比定されるという（下山二〇〇九）。おそらく、古い時期のものと考えられ、その頃のものと見て問題ないのではなかろうか。

次は図3である。内容から天正十年に比定されることが多く、筆者も特段の異存はない。そうだとすると、天正十年の花押とひとまず考えられる。図1・2よりは、図4以降に似ていると思われる。

図4は、これも岩本坊文書中の氏忠書状の花押である。図3・5・6と基本的には同じ形となっているものの、右下に伸びる線の形がやや異なるように見える。よって、図4は天正十四年か、それ以前の数年間のものと考えられる。

図7は、文書の内容から天正十五年から十七年までに限定される。図5・6に酷似していることもそれを裏付けるが、年代の限定はできない。図8も図5・6と酷似しており、内容から天正十五年に比定されることが多いが、問題なかろう。

最後に、図9である。当該文書の封紙に「左衛門佐」とあることから、天正十年以後と見られる。また、文中に佐野衆の渡辺右近が登場することから、天正十四年から十七年までに限定することができるだろう。それを踏まえて他の花押と比較すると、図9はやや膨らみを持ちつつ途中で真下に線が伸びている。図5・6とは形が異なるが、図10とはやや似ているように感じられる。図10は、丸みを帯びつつ、最後の最後に真

図1　氏忠 花押
（西原文書 永禄十三年五月二十二日『静岡県史』資料編八中世四より）
表1 No.1

図2　氏忠 花押
（岩本院文書 年未詳五月十七日 藤沢市文書館寄託）
表1 No.47

図3　氏忠 花押
（渋江文書 天正十年ヵ九月二十日『山梨県史』資料編四中世一別冊写真集より）
表1 No.5

図4　氏忠 花押
（岩本院文書 年未詳十月六日 藤沢市文書館寄託）
表1 No.54

図5　氏忠 花押
（本光寺文書 天正十五年六月十一日 個人蔵）
表1 No.14

図6　氏忠 花押
（天正十五年六月十二日 上越市公文書センター蔵）
表1 No.15

図7　氏忠 花押
（高瀬家文書 年未詳正月十二日 個人蔵・行田市郷土博物館保管）
表1 No.44

図8　氏忠 花押
（小曽戸文書 天正十五年八月十日 個人蔵・佐野市郷土博物館寄託）
表1 No.16

図9　氏忠 花押
（年未詳十一月十日 上越市公文書センター蔵）
表1 No.56

図10　氏忠 花押
（高瀬家文書 天正十八年三月二十四日 個人蔵・行田市郷土博物館保管）
表1 No.40

図11　朱印「楼欝」
（山崎文書 子 天正十六正月十七日 神奈川県立公文書館蔵）
表1 No.23

下へと線を伸ばしている。こうしたことから、図9の花押は、天正十五年から十七年、なかでも十六年か十七年の可能性が高いのではなかろうか。そうであれば、図7・8はやはり天正十五年だろうか。いずれも後考を待ちたい。

二、氏忠をめぐる人間関係

本章では、氏忠の家族、北条氏家臣との関係、および自身の家臣について見てみたい。

まず、氏忠の妻である。正室は、後に「北条大方」と称された人物で、小田原合戦後に毛利輝元に預けられていた。寛永七年（一六三〇）六月二十七日に死去し、法名を乗讃院殊渓栄法大姉といったことがわかっている。その間に生まれた一人娘が「ひめぢ」という人物で、毛利秀就の家臣出羽元盛の次男を婿養子に迎えたとされるが、年齢が離れすぎており、あるいは養子として迎え入れたとする説もある。いずれにせよ、彼は「ひめぢ」との関係の中で名字を北条に改め、寛永十二年に元服して長次郎就之と名乗り、その後伊織助、権右衛門と改称している。「ひめぢ」は、同十八年十一月九日に死去し、法名を高正院運悟妙慶大姉と称した（黒田二〇〇七）。

氏忠は、天正十四年に下野佐野氏の名跡を継承するが、それにともない前当主佐野宗綱の長女を妻に迎えている。彼女は、北条氏滅亡にともない氏忠と離別したようで、その後に佐野氏の家督を継承した大叔父天徳寺宝衍の養女となり、文禄元年（一五九二）に宝衍の養子に入った秀吉家臣富田一白の五男信吉と再婚した。元和六年（一六二〇）二月二十四日に死去し、法名は明窓貞珠大姉といった（黒田二〇〇七）。

次に、兄弟関係である。氏忠は、氏康の実の息子ではなく、氏堯の息子である可能性が高いことは先述したとおりであるが、同じく氏堯の息子である氏光は、氏忠の実の弟にあたると見られる。氏光は、幼名を竹王丸、仮名を四郎といい、天正六年正月からは官途名右衛門佐を称していることが確認される。氏忠の左衛門佐に対し、氏光の右衛門佐ということになる。従来、官途名が似ていることから、両者の事績はしばしば混同されてきたが、研究の進展によりそれもなくなってきた。氏光は、氏忠の弟ということもあり、しばしば氏忠とともに、あるいは氏忠と近い場所で活躍している。たとえば、氏忠は相模新城の守将を務めることが多かったが、氏光は新城にほど近い相模足柄城（神奈川県南足柄市）の守将を務めていたことが知られる。

氏規は、氏忠の実の兄ではないと考えられるものの、氏忠とは比較的近い関係にあったようである。表2によると、氏忠の受給文書は要検討文書も合わせて五通確認されるが、そのうち二通が氏規からの書状となっている。後述するように、若かりし頃の氏忠は、氏規とともに伊豆韮山城（静岡県伊豆の国市）に在城していた時期があり、両者ともにその後も伊豆・相模支配に携わっている。また、二人とも小田原城に在城することが多かったと見られる。両者の関係は、そうした状況から生まれたといえようか。

続いて、氏忠と北条氏家臣との関係を少し見てみたい。氏忠は、北条氏の重臣松田憲秀や近習の垪和《はが》康忠、家臣の蔭山氏広などと関係が深かったといわれている。松田憲秀は、新城が憲秀の所領内にあるうえ、表2№15では、祭礼行事の責任者を氏忠が、行列の筆頭を憲秀が務めるなど、ともに行動することが多いことなどによる。垪和康忠は、表1№56の宛所に見られる。これには、氏忠が浅羽氏のことについて康忠に何かを依頼している様子が記されている。また、表2№9は、氏忠宛の北条氏朱印状だが、康忠が奏者になっている。こうしたことから、康忠は氏忠にとって北条氏当主への奏者であった可能性が指摘されている（『唐沢山城と佐野氏』二〇〇九）。蔭山氏広は、伊豆河津郷（神奈川県河津町）の武士だが、河津郷は氏堯の知行地だった。

また、氏堯の娘は初め上総出身の正木頼忠に嫁いだが、その後氏広と再婚している。さらに、氏忠は小田原合戦後に高野山へ入るが、その後河津へ隠棲し没している。こうしたことから、おそらく氏忠は河津郷を知行地としており、蔭山氏とも親しい関係にあったものと考えられる（黒田一九九五）。

次に、氏忠の家臣について見てみたい。下野佐野氏に入嗣する前からの氏忠の家臣およびその可能性がある人物としては、越後采女《うねめ》、小敷谷氏、斎藤大学、篠窪遠江守（弥太郎）、芝山主水《もんど》、関谷大隅、長門丹後守、肥田土佐守、向原山城守などが挙げられ、確認できない者もいるが、ほとんどが相模・伊豆出身の者たちである。北伊豆の西原源太、西原与太郎や相模の岡本政秀、庄式部、幸田右馬助、福島十郎左衛門などは、北条氏当主の家臣であるものの、軍事行動その他において氏忠のもとで活動している。この他、『新編相模国風土記稿』の足柄上郡中川村の条では、氏忠と軍事行動をともにしている人物として、工藤兵部頭、斎藤主税助《ちからのすけ》、伊豆大見三人衆の一人佐藤藤左衛門が挙げられている。

氏忠は、天正十四年に下野佐野氏当主になったことにより、旧佐野氏家臣団の一部を自身の家臣とするとともに、新規に家臣を取り立てるなどした。天正十四年以後に確認される家臣は、赤見六郎、安倍主水、飯塚尾張守、岩崎氏、梅沢和泉、梅沢帯刀《たてわき》左衛門、梅沢彦十郎、梅沢兵庫、鵜山主水、大蘆雅楽助《うたのすけ》、大貫大和、大和田紀伊守、落合図書《ずしょ》、門沢出羽、門沢備前守、金井新衛門、小曽戸図書、小曽戸摂津守、小曽戸惣右衛門、小曽戸丹波守、小曽戸縫殿助《ぬいのすけ》、嶋田内膳、須賀左衛門尉、高瀬紀伊守、内藤主水、梅雲、福地帯刀、福地出羽守、古橋氏、星野伊賀、星野民部、三津肥前守、柳下氏、渡辺右近などである。

三、氏忠の所領と城郭

本章では、氏忠の所領および関係する城郭について見てみたい。

氏忠の所領として確認されている、もしくは可能性がある地は、下野佐野領の他に、伊豆白浜郷（表1No.8。静岡県下田市）、河津郷、相模善波（表1No.7。神奈川県伊勢原市）、河村郷（表2No.10。神奈川県山北町）、公郷（表1No.13。神奈川県横須賀市）などである。表1No.8は、白浜郷名主・百姓中に対して未進分の年貢を小田原へ運び越後采女へ渡すよう命じたもの。河津郷は、先述のように氏忠の知行地だった可能性が高い。表1No.7は、善波内の三島社禰宜《ねぎ》に対して宮免二貫文を付け置き御祈念を続けるよう命じたもの。表2No.10は、同郷内熊野社の棟札で、「大檀那北条左衛門介殿氏忠」とある。表1No.13は、同郷の小敷谷氏に対して、小田原城と思われる城の二階門の建設のために番匠が使用する材木・釘の購入代金二百四十文の出銭を命じたものである。これらの所領支配は、佐野領を支配するようになった後も継続していたようである。

氏忠は、小田原城をはじめとして各地の城に在城していた。韮山城には、後述するように氏規とともに永禄十二年（一五六九）から数年間在城していた。韮山城といえば、氏規や北条氏の代官たる笠原氏・清水氏が在城したことで有名だが、氏忠との関係にも注意する必要がありそうである。

次に、相模新城である。新城の初見は、（天正十年カ）八月十八日付の北条氏政判物（「吉田履一郎氏所蔵文書」『戦国遺文』後北条氏編二三九七号文書）であり、この頃には築城されていたようである。しかし、氏忠発給文書の中で新城が登場するものは、意外にも表1No.21・45の二通のみであり、いずれも天正十六年（一五八八）前後に比定されている（表1No.23に登場する「当地」も新城の可能性あり）。それ以前の関係については不明瞭であるものの、天正十年頃までには新城と関係があったものと考えられている。なお、氏忠を新城城主とし、北伊豆・相模を支配する支城主とする見解もあるが（『山北町史』二〇〇六）、山口博氏が指摘するように、新城へは「当番」として関わっていることから、あくまで新城の守備担当者であると評価するべきだろう（山口二〇〇七）。

天正十年（一五八二）、信長死後に起きた天正壬午の乱において、氏忠は甲斐郡内（山梨県東部）へと進出したが、その際に拠点としたのが御坂城（山梨県笛吹市）である。御坂峠に造られた城で、当時氏忠は房総里見氏からの援軍である上野筑前守らとともに在城していた（表2№7）。

天正十四年に佐野氏の名跡を継承した氏忠は、佐野氏の居城唐沢山城（栃木県佐野市）に入城した。氏忠自身は小田原にいることが多かったようで、唐沢山城に日常的に居住していたわけではないが、唐沢山城の大改修に取り組んでいることが知られる。表1№42・43では城下にある「宿構」「根古屋」の堀の普請を、№49では「宿構」の「芝土居」の普請を、№55では城内某所の普請を、それぞれ家臣たちに命じている。

この他にも氏忠が関わった城郭は多いが、表1№28に登場する「石端之寄居」に注目したい。ここでいう「石端」は、現在の栃木県下野市石橋と思われ、同地にある児山城だと考えられる。児山城は、宇都宮家中芳賀氏の城として天文七年（一五三八）に史料に登場するが、この時期には氏忠関係の城として使用されていたことになる。

四、氏忠の生涯―天正十年まで―

本章と次章では、氏忠の生涯について、前章までで確認したことを踏まえつつ、諸先行研究の成果に導かれながら改めて見てみたい。

氏忠が史料上に初めて登場するのは、永禄十二年（一五六九）七月二日で、「剰於于号北条地、当手之先衆与北条助五郎《氏規》兄弟遂一戦」と出てくる（表２№１）。当時、北条氏は武田信玄と交戦中であったが、伊豆方面へ侵攻してきた武田軍を氏規兄弟が伊豆韮山の「北条」で迎え撃ったことがわかる。ここでは「助五郎兄弟」としか記されていないが、その約四ヶ月後の表２№２に「息助五郎・六郎韮山へ致越山候」とあることから、「助五郎兄弟」とは氏規と氏忠を指すことが判明する。それと同時に、氏規・氏忠がこれ以前は小田原城にいたこと、この時に北条氏の防衛拠点となっていたのが韮山城であり、氏規・氏忠はともに韮山城に派遣され在城していたこともわかる。

氏忠は、その後も韮山城での在城を続けていたと思われ、翌永禄十三年（元亀元年）五月二十二日には、先述したように北伊豆の西原源太に対して判物を発給し（表１№１）、西原が自身の小屋に籠城し敵の攻撃に対応したことを賞するとともに、「御本城様」＝氏康への取り成しについて述べている。同年八月十二日付の表２№３には、「にら山籠衆氏政舎弟助五郎并六郎」と見え、この時点でも韮山城に在城していたことがわかる。この史料を最後に、氏忠が韮山に在城していたことを明確に示すものは見られなくなる。ただ、翌元亀二年九月二十六日には、同じく西原源太に御扶持米を与えていることから（表１№２）、この頃までは韮山城に在城していた可能性があろうか。以上のことから、氏忠の初期は伊豆北部・韮山城と密接な関係があったことがわかり、氏康の隠居領支配や家臣統制を代行していたとも考えられている（黒田二〇〇七）。

次に氏忠が登場するのは、天正三年（一五七五）三月二十二日である（表２№４）。そこでは、某城の「小曲輪」の守備・維持管理に関する掟が定められており、氏忠が同曲輪の在番衆筆頭だったことがわかる。この「小曲輪」がどこの城であるのかは不明で、先行研究では小田原城か新城のどちらかである可能性が指摘されているが、おそらくは小田原城であろう。韮山城を離れ小田原城に戻った氏忠は、日常的に小田原城の警備にあたっていたものと思われる。

ただ、伊豆方面との繋がりがなくなったわけではないようで、天正四年には伊豆田中山（静岡県伊豆の国市）で冨永衆が薪取りを行うことを許可している（表1№3）。田中山は、韮山城の東に位置する山で、比較的韮山城に近い場所である。また、天正五年三月二十日には、西原源太の一族である西原与太郎に対して朱印状を発給している（表1№4）。こうしたことから、この時期に至ってもなお韮山城と関係し、その周辺地域に対して何らかの権限を持ち行使していたことが考えられる。

この他、年未詳だが天正十年以前のものと思われる氏忠宛北条氏規書状、同写がある（表2№5・14）。前者は天正五年と推定され、後者は天正六年から九年に比定される。おそらく、この頃も氏忠は基本的には小田原城に在城していたものと思われる。

五、氏忠の生涯―天正十年以後―

天正十年（一五八二）六月、京都本能寺に織田信長が倒れると、旧武田領国をめぐって天正壬午の乱という一大戦乱が巻き起こった。北条氏は、上野の神流川合戦で滝川一益を破ると、そのまま信濃へ乱入し甲斐へと進出していった。一方、徳川氏も甲斐・信濃へと進出し、両者は甲斐新府・若神子周辺（山梨県韮崎市・山梨県北杜市）で対峙するに至った。

この時、北条氏は相模・武蔵方面からも甲斐へ攻め入っていたが、その司令官的な役割を果たしていたのが、氏忠であった。氏忠は、甲斐郡内の御坂峠に御坂城を築き在城し、八月十二日に古府中方面へと攻め入り、徳川軍の背後を突こうとした。しかし、黒駒において徳川軍に迎撃され、大敗北を喫してしまう。この黒駒での敗戦が一つの契機となって、同年十月末に北条氏と徳川氏は和睦し、天正壬午の乱は終結を迎えることになった。ちなみに、当時徳川方の松平家忠は氏忠のことを「伊豆北条新左衛門介」と記しており（表2№6）、氏忠が伊豆と深い関係にあったことがうかがわれる。

この御坂城に在城中、甲斐川口の御師《おし》（寺社に所属する下級神職）たちが武蔵国内の旦那廻りをしようとしていたようで、その通り道である案下《あんげ》通（東京都八王子市）の通行許可を氏忠が行っている（表1№5）。また、先述のように御坂城には房総里見氏からの援軍も参陣しており、氏忠は彼らの指揮も任されていた（表2№7）。

徳川氏と和睦した後の氏忠の動向をうかがう史料は少なく、先述した相模善波や伊豆白浜郷に対する文書（表1№7・8）が確認される程度である。おそらく、この頃は小田原城に在城していたのだろう。

天正十四年になると、氏忠は再び表舞台に登場するようになる。同年正月一日、佐野宗綱が隣接する足利の長尾顕長と彦間（栃木県佐野市）で戦って討死すると、佐野家の家督継承問題が浮上した。佐野家中は、北条氏から養子を迎えるべきとする北条派と、宗綱の弟である天徳寺宝衍を当主とするべき（あるいは常陸佐竹氏から養子を迎えるべき）であるとする反北条派に二分した。しかし、同年八月に北条氏が唐沢山城を乗っ取るという実力行使に出たことで反北条派は一掃され、この問題は決着した。氏忠は、前当主宗綱の娘と結婚して娘婿となり、佐野家の家督を継承することになった。

こうして氏忠は、佐野領の支配を開始した。氏忠がまず行ったことは、被官関係の確定、従属の証としての証人（人質）の提出命令など、主従関係を確認する行為であった。いわゆる代替わり政策の一環といえよう。

同年十一月九日には、佐野領内の土豪である須賀左衛門尉を「御家人」として編成している（表1№9）。「御家人」という表現から、これ以前には須賀左衛門尉は佐野氏家臣ではなく、新規に直参の被官として取り立てられたものと見られている。また、同年十一月十日には、大蘆雅楽助や落合図書から証人として五歳となる息子を提出させている（表1№10・11）。この文書は両通ともほぼ同文であり、どちらも証人が五歳の息子になっている点がやや気がかりであるが、同様のことは他の家臣たちに対しても行われたものと見られる。証人の提出は、翌年八月十日にも命じられている（表1№16・17）。

天正十五年正月十九日には、須賀左衛門尉に知行を宛行っている（表1№12）。その場所は、旧佐野氏家臣早川田氏の知行地であった。おそらく早川田氏は反北条派で、氏忠の入部にともない没落し、その闕所地《けっしょち》が新規取り立ての家臣に宛行われたものと考えられる。同年六月十一日には、佐野家の菩提寺である本光寺に寺領を寄進している（表1№14）。こうして、氏忠による佐野領支配は確立していった（黒田二〇〇一）。

このように氏忠は、旧佐野氏家臣の一部を受け継ぐとともに新規に家臣の取り立ても行い、さらに相模・伊豆出身の以前からの直臣を加えて佐野領の支配を行ったのである。ここで注目されるのは、前代とは異なり、佐野領の支配や家臣団統制は旧来の氏忠の直臣によって行われていたことである。このため、氏忠入部前後で、佐野氏の権力構造が大きく変わったという指摘もある（荒川二〇一二）。

氏忠は、佐野領の支配を行いつつ、天正十六年正月には相模新城の警備にもあたっていたようであり（表1№21・45）、同年十一月には相模河村郷の熊野社の社殿建設にも関わっていた（表2№10）。また、同年三月には常陸方面へ出陣している（表1№24）。佐竹氏対策であろう。

同年八月、長尾顕長らが北条氏から離反した。これを受けて、北条氏による足利城攻撃が開始されると、翌十七年二月に氏忠も足利へ出陣し（表1№32）、三月三日に開城した。この間、長らく領有をめぐって争ってきた信濃真田氏領の上野沼田地域が、豊臣秀吉の裁定により真田氏から北条氏へ渡されることになった。これにより、同年八月に沼田城の引き渡しが行われたが、氏忠はその請け取り人を務めている（表2№11・12）。氏忠が請け取り人となった理由は不明だが、上野方面の司令官で長らく真田氏と戦いを繰り広げてきた氏照・氏邦を避けたということが考えられよう。

天正十八年の小田原合戦においては、氏忠は唐沢山城ではなく小田原城に籠城した。氏忠は、高瀬紀伊守・安倍主水・金井左衛門ら家臣の一部を佐野から小田原城へ呼び寄せ（表1№37〜40）、小田原城惣構の小峰地区を守ったとされる。

小田原開城後は、北条氏直に従って兄氏規、弟氏光らとともに高野山に入った。八月二日付で高野山高室院へ書状を送っている（表1№41）。氏直死去後は、伊豆河津の林際寺に隠棲し、文禄二年（一五九三）四月八日に没した。法名は、大関院殿大嶺宗香大居士といった（「林際寺過去帳」。黒田二〇〇七）。

おわりに

以上、北条氏忠について、先行研究に大きく拠りつつ、いくつかの角度から検討してみた。氏忠に関する研究は、決して多いとはいえないのが実情である。不十分な点も多々あると思うが、今後の研究のたたき台になれば幸いである。

〈参考文献〉

荒川善夫「戦国期下野佐野氏の権力構造の推移」（同『戦国期東国の権力と社会』岩田書院　二〇一二）
黒田基樹「北条氏堯と氏忠・氏光」（同『戦国大名北条氏の領国支配』岩田書院　一九九五）
黒田基樹「下野佐野氏と「下野須賀文書」」（同『戦国期東国の大名と国衆』岩田書院　二〇〇一）
黒田基樹『北条早雲とその一族』（新人物往来社　二〇〇七）
下山治久「戦国期の江ノ島関連文書の研究—その時代的背景と分析（下）—」（『藤沢市史研究』四二　二〇〇九）
杉山　博「北条氏忠の下野佐野支配」（同『戦国大名後北条氏の研究』名著出版　一九八二　初出一九七八）
山口　博「「諸州古文書」および「諸家古文書写」中の氏忠朱印状写」（同『戦国大名北条氏文書の研究』岩田書院　二〇〇七）
『山北町史』通史編（山北町　二〇〇六）
『唐沢山城と佐野氏』（佐野市郷土博物館　二〇〇九）
「北条氏忠」（戦国史研究会編『戦国人名辞典』吉川弘文館　二〇〇六）
「北条氏忠」（下山治久編『後北条氏家臣団人名辞典』東京堂出版　二〇〇六）
『新編相模国風土記稿』（雄山閣　一九七八）

北条氏光

小川　雄

はじめに

北条氏光《うじみつ》は氏政・氏直の二代にわたって活動した北条氏一門であり、武蔵小机《こづくえ》城（神奈川県横浜市）の城主として、武蔵国南部で所領の支配を展開した。また、駿河国東部・伊豆国西部においても、数ヶ所の支配を担当していた。

この氏光をめぐる系譜関係については、江戸時代の北条氏も十分に把握しておらず、系図類は氏光のことを三代氏康《うじやす》の子息として記載する傾向にあった。しかし、黒田基樹氏の整理によって、氏光は北条氏堯《うじたか》（氏綱四男）の子息であり、同じく系図類で氏康子息として記載されてきた氏忠《うじただ》は、氏光の兄であったことが明らかにされている（黒田二〇〇七）。なお、氏堯・氏光父子は小机城主としての動向を混同されていたが、氏堯発給文書には「有虞宝昒陶唐」朱印が使用される一方で、氏光発給文書には小机領入部前から「桐圭」朱印が使用されており、両者の動向を区別して捉えるべきことも判明した。

また、氏光と兄の氏忠は、氏政から見て従兄弟にあたり、氏政・氏直時代の北条一門において、氏政の弟たち（氏照《うじてる》・氏邦《うじくに》・氏規《うじのり》）に次ぎ、玉縄《たまなわ》北条氏（氏綱女婿綱成の系統）よりも高い序列に位置づけられていた。

氏康の弟三人（某・為昌・氏堯）のうち、男子をもうけたのは氏堯のみであり、氏忠・氏光兄弟は氏政と同世代の一門として期待されたのだろう。

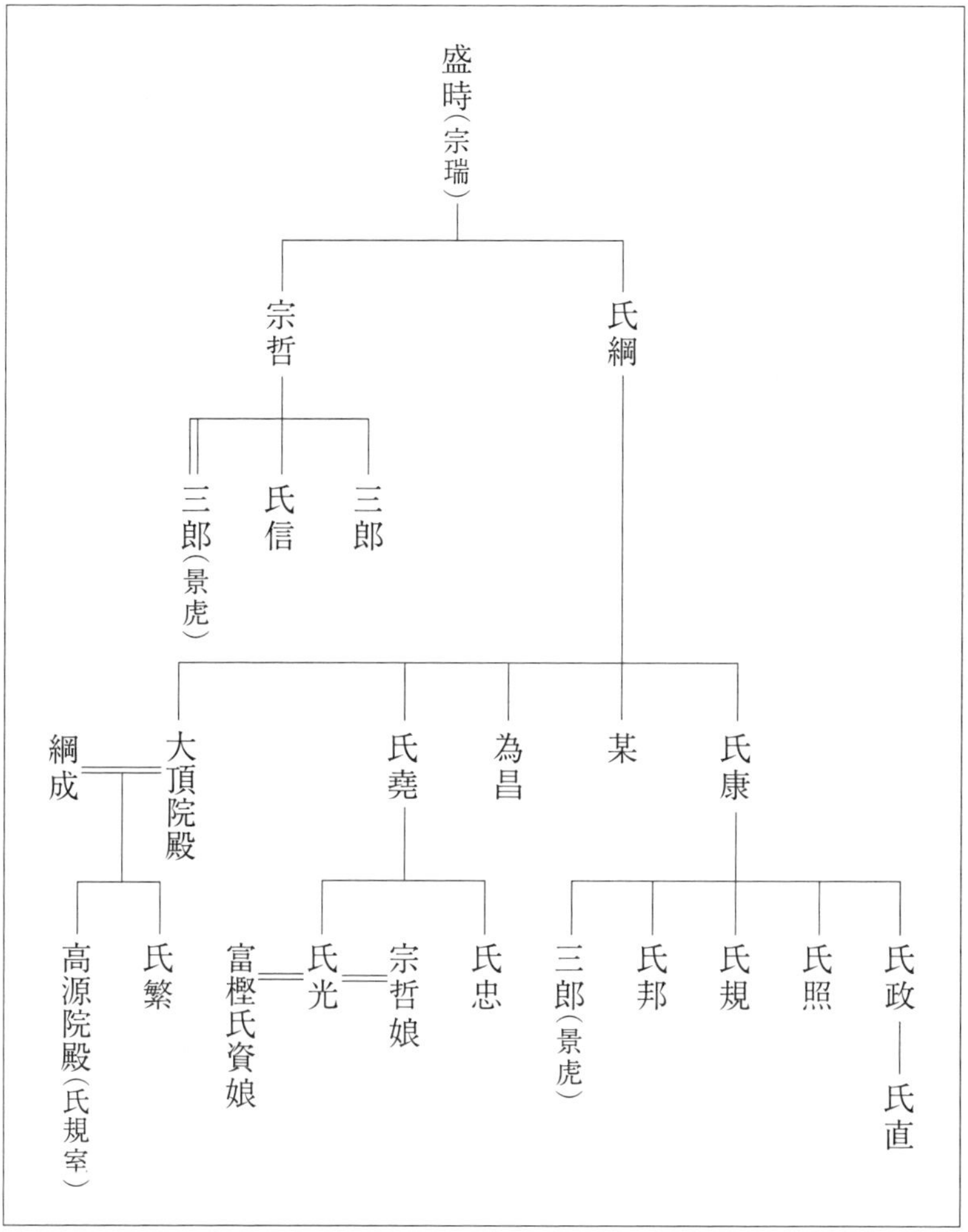

成人後の氏光は、まず「四郎」の仮名《けみょう》を称し、次いで「右衛門佐」の官途名《かんとめい》を称した。兄氏忠の官途名は「左衛門佐」であって、これは氏光の「右衛門佐」と対をなしている。意図的に兄弟の官途名を設定したと理解すべきであろう。なお、兄弟の父氏堯の官途名は「左衛門佐」であり、氏忠が嫡子として「左衛門佐」の官途名を継承し、弟の氏光に

は「右衛門佐」の官途名が付与されたものと考えられる。ただし、氏堯と氏光の両人がいずれも武蔵小机城主の地位に就いたことを重視するならば、氏忠が氏堯から官途名を引き継ぐ一方で、氏光は公的地位を引き継いだという見方も成立する。

北条氏領国において、小机城を中心とする地域は氏綱時代に併合されており、先行研究は小机領を本国内支城領として位置付けている。本稿では、小机地域における氏光の支配、駿河国東部・伊豆国西部の所領、氏光の家臣団などについて検証し、氏光が本国内支城領主として、氏政・氏直時代の北条権力から求められていた役割を提示する。

一、小机北条氏の創出

北条氏光は元亀二年（一五七一）頃から小机城に入城したが、父の氏堯から小机城を中心とする所領を直接相続したわけではない。また、北条一門を小机城に配置する体制は、氏堯・氏忠父子の入部以前から成立していた。

元来、小机地域は玉縄城主北条為昌（氏綱三男）の支配領域の一部だったが、為昌が天文十一年（一五四二）に死去すると、玉縄城主の管轄から独立することになった。その後、小机城と小机地域の支配を委ねられたのは、まず北条宗哲《そうてつ》（氏綱末弟）であり、さらに弘治二年（一五五六）から宗哲の嫡子三郎に引き継がれた。「小田原衆所領役帳」（戦北別巻。以下「所領役帳」と略す）においては、北条三郎を中心とする「小机衆」が立項されており、「小机北条氏」と表現すべき勢力が形成されていたことを確認できる。

ただし、北条三郎は永禄三年（一五六〇）七月に死去しており、氏光の父氏堯が小机城主となった。「所領役帳」によると、氏堯は小机地域の綱島・箕輪（横浜市港北区）で二百貫文の所領を有していた。このように、従前より小机地域に関わっていたことが考慮され、氏堯は小机城主に起用されたのであろう。もっとも、その氏堯も短期間で死去し、宗哲次男の氏信《うじのぶ》が小机城主の地位に就くという経緯を辿っている。つまり、小机城と小机地域の支配は、基本的に宗哲の久野北条氏によって継承されていたのである。

その後、永禄十一年末に武田信玄が今川氏領国に侵攻すると、北条氏は今川方を救援するために駿河国東部に出兵し、氏信と小机衆も対武田氏戦争の最前線に配置された。しかし、氏信は永禄十二年十二月に駿河蒲原城で討死し、若干の空白を経て、氏光による小机地域の支配が開始されることになった。

もっとも、氏信の死後、宗哲は氏康の六男を婿養子に迎え、長男と同様に「三郎」を称させた。本来ならば、小机城主の地位も、この三郎に継承されるはずだったが、元亀元年（一五七〇）三月に三郎は上杉謙信の養子となり（のちに「景虎《かげとら》」を称す）、宗哲・三郎の縁組は解消されている。そのため、氏光が三郎と離別した宗哲の娘と結婚して、遅くとも元亀三年頃から小机地域の支配を開始するようになったのである。

なお、氏信には子息として氏隆がいたものの、天正十年代まで活動を確認できず、元亀年間の段階では年少であったと推測される。そのため、北条宗家は氏隆を小机城主とすることを時期尚早と判断し、宗哲と三郎・氏光の縁組を成立させたのであろう。

このように、氏光は父氏堯ではなく、大叔父宗哲の久野北条氏から小机城と小机地域を引き継いだが、久野北条氏には氏隆という正統な後継者が存在し、久野北条氏の家督まで相続したわけではなかった。また、氏光は宗哲の娘と死別すると、のちに富樫氏賢（今川氏家臣）の娘と再婚しており、やがて久野北条氏との関係を拠所とせずに小机地域を支配するようになった模様である。つまり、氏信の戦死と三郎の転出、さらに

小机城の空堀

小机城 遠景

氏光の入部を経て、久野北条氏の家督と小机城主の地位は分離されていき、小机北条氏は氏光を当主とする存在として確立することになったと整理すべきかもしれない。

なお、氏堯と小机地域の関係性を考慮するならば、氏光よりも兄の氏忠の方が小机城主の地位に相応しかったとも考えられる。しかし、氏忠は氏堯の嫡子であり、宗哲の婿となること（氏隆夭折の場合などには、久野北条氏の家督を相続すべき立場）には問題があり、弟の氏光が小机城主に選ばれたということだろうか。

氏光発給文書のうち、小机地域関連の初見は元亀三年閏正月だが、実際にはより早期に小机城主の立場を得ていたとも考えられる。つまり、氏光の最初の発給文書は、元亀元年の駿河深沢城をめぐる攻防において、蘆沢半左衛門が戦功を立てたことに対応した十二月十二日付感状であり（戦北一四五〇）、元亀元年末頃には一軍を指揮する立場になっていたと想定されるのである。また、元亀二年七月には、氏光と北条綱成（玉縄城主）の「人衆」が足柄城に配置されており（戦北一四九五）、やはり氏光のもとに軍勢が形成されていた状況を確認できる。おそらく、宗哲・三郎の縁組が解消されると、早い段階で氏光が小机城主の立場を引き継ぎ、蒲原城で大打撃を蒙った小机衆を再編したうえで、氏信と同様に対武田氏戦争に参加したのであろう。

なお、氏光は天正十年（一五八二）五月に足柄城の当番に関する法度を受給しており（戦北二三三六）、天正十八年の小田原合戦でも足柄在城を命じられ、「着到」による正規の軍勢に足軽百人を追加するように指示されている（戦北三六八八）。天正十年代の北条宗家が、領国西部の防衛線を強化する場合に、氏光と小机衆を足柄城に派遣していたことを確認できる。

二、氏光による小机地域の支配

（一）氏光段階の小机地域

「所領役帳」において、「小机」「小机筋」と注記された郷村は、武蔵国の都筑郡・久良岐郡・橘樹郡に分布している。そして、「所領役帳」から小机地域として見出される郷村を現在の市区によって整理すると、次のような構成になる。

〔横浜市緑区〕
都筑郡　本郷、恩田、大熊、折本、鴨居、猿山、八朔、荏田、成合、河輪、奈良、市郷、長津田、佐江戸、青戸

〔横浜市港北区〕
都筑郡　山田、大棚、茅ヶ崎、荏下（榎下）
久良岐郡　篠原、鳥山、師岡、菊名、大豆戸、駒林
橘樹郡　綱島、箕輪

〔横浜市鶴見区〕
久良岐郡　末吉
橘樹郡　潮田

〔横浜市保土ヶ谷区〕	都筑郡	二俣川、川島
	久良岐郡	星川、小帷（帷子）
	橘樹郡	保土ヶ谷
〔横浜市神奈川区〕	久良岐郡	神奈川、子安
〔横浜市港南区〕	久良岐郡	多々久
〔横浜市中区〕	都筑郡	石川
〔川崎市麻生区〕	都筑郡	麻生、万福寺、岡上
〔川崎市宮前区〕	橘樹郡	有馬、菅生
〔川崎市高津区〕	橘樹郡	作延、野川、久本、新作
〔川崎市中原区〕	都筑郡	今井
	久良岐郡	井田
	橘樹郡	宮内、上丸子
〔川崎市幸区〕	橘樹郡	戸手、矢上
〔現在地不詳〕		四間在家、一宮

※傍線をつけた郷村は、小机庄（後述）に所属。

このように、「所領役帳」作成の時点で、小机地域は現在の横浜市域の北部から東南部、及び川崎区・多摩区を除いた川崎市域に展開していた。ただし、「所領役帳」からは、小机地域全体が小机北条氏の排他的支配下にあったわけではなく、江戸衆・玉縄衆などの所領も混在していた状況を読み取れる。

また、天正十八年（一五九〇）の小田原合戦において、豊臣方が「こつくへ《小机》庄内」に発給した禁制を参照すると、小机庄として「いこのへ《池辺》・ひかしかた《東方》・をり《折》本・大熊・さいと《佐江戸》・本郷・鳥山・山田・大棚・ちかさき《茅ヶ崎》・かちた《勝田》」の十一郷が記載されている（神資3九七六三）。これも現在の市区によって整理すると、横浜市緑区が七郷（都筑郡―池辺・東方・折本・大熊・佐江戸・本郷、橘樹郡―勝田）、横浜市港北区が四郷（都筑郡―山田・大棚・茅ヶ崎、久良岐郡―鳥山）という構成になる。

さらに豊臣方は「小机庄之内四人衆拘分」を宛所とした禁制も発給した（神資3九七五九）。後述するように、氏光段階の小机北条氏の家中には、「四人衆」と称される重臣が存在していた。この四人衆の所領が「四人衆拘分」であり、豊臣方が禁制発給の必要を認めるほどの規模だったのであろう。

なお、豊臣方は小机庄の他にも小机地域に禁制を発給しており、「武蔵国師岡保内十二ヶ郷」と「武蔵国二俣川郷」を宛所とする禁制も確認できる（神資3九七六〇・九七六四）。とくに師岡保については、内訳こそ不詳ながら、小机庄よりも一郷多い地区として編成されていたことが判明する。つまり、天正十八年当時の小机地域は、小机庄・師岡保などの複数の地区（及び郷村）が複合して存立していたのである。

ただし、小机地域における所領の混在は、氏光の小机入城後も継続・進行した。とくに玉縄北条氏の所領は、現在の横浜市域に該当する範囲に広く設定されていたと考えられる。たとえば、天正十三年十二月十五日付北条氏勝判物《はんもつ》によると、玉縄衆の堀内勝光が本牧領の大谷・金沢・郷戸・帷子（小帷）・程ヶ谷で千五百貫文の知行を得ており（戦北二九〇一）、帷子・程ヶ谷が玉縄北条氏の本牧領に編入されていたことを確認できる。また、河輪は北条氏の朱印状で「小机河輪郷」（戦北三〇三九）と記されているが、同郷も玉縄北条氏の支配下にあった（戦北二九〇〇）。さらに小机庄の本郷も、玉縄北条氏の所領になっていた（戦北四〇四九）。

また、北条氏照（武蔵滝山城主のち八王子城主）は、天正十一年四月に前年の「干損」に対応して、子安郷の未進分から二十貫文を免除した（戦北二五二九）。「所領役帳」において、子安郷は古河公方《こがくぼう》足利義氏の所領として百六十五貫文が記載されており、実際に義氏は永禄三年三月に徳政を施行し（戦古八四五）、同八年十月にも年貢を減免している（戦古八九〇）。おそらく、足利義氏が天正十一年正月に死去すると、子安の支配は氏照のもとに移管されたのであろう。なお、氏照は永禄九年頃に正木彦五郎に対し、小机地域から二ヶ所の堪忍分を支給しており（戦北四六七六）、すでに永禄年間には小机地域で数ヶ所の所領を有していた。

さらに北条宗家も小机地域に反銭を賦課しており、斎藤新右衛門・大村右近が奉行として徴収にあたり、梶原吉右衛門・岡本政秀などに支給した（戦北一六七四・二二七六）。

（二）氏光の支配が確認される郷村

小机地域のうち、北条氏光とその家臣による支配が確認される郷村を左にあげる。

鳥山（久良岐郡　現・横浜市港北区）〈小机庄〉

雲松院（小机衆の笠原氏が創建）に関する事例が二件存在する。

まず元亀三年（一五七二）には、久米玄蕃助《げんばのすけ》・武図書助・中田加賀守を奉行として、鳥山の雲松院分の検地が施行され、十一月に氏光の朱印状が発給された（戦北一六二一）。

また、天正四年（一五七六）には、雲松院が夏に江湖会（各地の僧を参会させて行う夏安居《げあんご》）を興行することになり、氏光は三月十六日付朱印状で、聴衆に狼藉者がいた場合、交名を作成して提出するように雲松院に指示した（戦北一八三六）。とくに喧嘩口論が起きた時は、すぐに「四人衆」に申告して、その沙汰を仰ぐことを求めている。氏光のもとに「四人衆」と称される重臣が存在し、訴訟などを処理していた状況も確認できる。

茅ヶ崎（都筑郡　現・横浜市港北区）〈小机庄〉

小机衆の深沢備後守が茅ヶ崎の杉山神社に鳥居を建立しており、天正四年十一月二十二日付の棟札銘写には「領主」として記載されている（戦北一八八二）。

駒林（久良岐郡　現・横浜市港北区）

元亀三年閏正月、氏光は市野善次郎に着到定書を発給し、駒林の内で十貫文の給田を宛行い、相当する軍役の履行を命じた（戦北一五七七）。駒林に氏光の所領が存在した証左となる。

その一方で、天正十二年当時の駒林は、松田康郷の「私領」と称されており（戦北二七一七）、氏光や小机衆の所領は一部に限定されていたとも考えられる。また、永禄八年五月には、年貢を「玉縄御蔵」に納入するように指示されており（戦北九〇七）、駒林には玉縄北条氏の所領も設定されていた。

もっとも、天正十六年頃に発給された七月二十六日付の北条氏政朱印状は、駒林の小代官・百姓中に対し、十五歳以上七十歳以下の男すべての軍役徴収を命じ、八月四日に小机城に出頭させるように命じており（戦北三三五三）、所領を混在させつつも、総動員令発動時の出頭先は小机北条氏のもとに集約されていたことになる。

佐江戸村（橘樹郡　現・横浜市緑区）〈小机庄〉

板部岡融成の所領であったが、天正十一年十二月に氏光の朱印状も受給した。

□（折紙カ）鑓かつき

右之分、自今以後赦免候、此外或小田原□（普カ）請、或押立以下、向後者一切令免許候□（間カ）不可立候、其上自触口如何様之儀申付候共、一切不可致□（承カ）引、自然□□□□ならハ各別□判□□遣候、其時者可走廻者也、仍如件、

（天正十一年）
癸未
十二月二日（「桐圭」朱印）
（板部岡融成）
江雪斎
代官
佐江戸村
百姓中

〔参考〕「武州文書」北条氏光朱印状写（戦北二五九三）

右の氏光朱印状は、佐江戸村の板部岡融成代官と百姓中に対して、今後は軍役や小田原城の普請人足役などを免除することを求め、緊急時の負担については、氏光から文書を得て賦課するように指示している。つまり、佐江戸村では、天正十一年から氏光が軍役・普請役などの許認可権を掌握するようになったのである。

東方（都筑郡　現・横浜市緑区）〈小机庄〉

天正十三年まで小机衆の岩本豊後守が現夫（人夫役）を使役していたものの、同年四月以降は一貫五百文に換算して、同じく小机衆の増田将監《しょうげん》に春秋の両度にわたって納入することになった（戦北二八〇一）。ただし、東方で夫銭納入への切り換えを認められたのは、鈴木又右衛門のみであった。後述するように、鈴木又右衛門は天正十年代に金融面で小机家中を支えており、その点を考慮した優遇措置であろう。

恩田（都筑郡　現・横浜市緑区）

天正十三年九月に小山筑前入道・柴崎但馬守（中田加賀守代官）を奉行として検地を施行した（戦北

二八六五）。

榎下（都筑郡　現・横浜市緑区）

天正十六年に百姓遠藤が東方村の鈴木又右衛門への借米返済を遅滞しており、又右衛門は氏光から返済催促の判決をとりつけている（戦北三三七四）。

寺家・鴨志田（都筑郡　現・横浜市青葉区）

小机衆大曽根飛騨守の知行地と北条宗家の直轄領が併存し、飛騨守が直轄領の代官を務めていた（戦北二二五九・二二六六）。

麻生（都筑郡　現・川崎市麻生区）

元亀三年三月に今川氏旧臣の岡部和泉守が堪忍分として麻生郷を給付された（戦北一五八五）。岡部和泉守は永禄十二年十二月に北条氏康から駿河国出陣中の氏光を補佐するように依頼されており（戦北一三六三）、北条氏が武田氏と和睦して駿河国から撤退すると、小机衆に組み込まれ、小机地域で所領を与えられることになったのかもしれない。

また、天正十二年十二月の段階で、小机北条氏は麻生郷の王禅寺が所有する山の竹木を有事に伐採することを認められていた（戦北二七三六）。

上丸子（橘樹郡　現・川崎市中原区）

小机地域北方の周縁に位置し、世田谷領の沼目郷と相対していた。

上丸子之内、近年川成ニ付而、世田ヶ谷領沼目之郷与問答候、依之去年己丑九月、興津加賀・中田加賀・安藤《良整》代福田三人之検使を以、被為見候処ニ、於上丸子者、無紛由申上候間、急度作識《職》申付、有様之御年

貢可指上者也、仍如件、
（天正十八年）
庚寅
三月十六日（虎朱印）
今阿弥
奉之
中村五郎兵衛殿
上丸子百姓中

〔参考〕「日枝神社文書」北条家朱印状（戦北三六八二）

右の文書によると、多摩川流路の変遷から、上丸子と沼目郷の間で相論が生じており、天正十七年九月に検使として興津加賀守・中田加賀守・福田の三人が派遣され、天正十八年三月に上丸子側が係争地の耕作と年貢納入を指示された。

検使三人のうち、興津加賀守は江戸衆であり、中田加賀守は小机北条氏の家臣、福田は安藤良整の代官であった。つまり、小机地域と世田谷領の境界画定に際して、北条宗家御蔵奉行の安藤良整と小机衆・江戸衆が、それぞれ担当者を現地に派遣したことになる。本来、沼目郷は世田谷吉良氏の支配領域に属したはずだが、当時は江戸城の管轄下に置かれていたのだろう。

なお、この上丸子にも、天正十五年の段階で北条宗家の直轄領が設定されていた（戦北三一六五）。

(三) 鈴木又右衛門(但馬守)の金融活動

氏光段階の小机地域で金融活動を展開した存在として、東方の土豪鈴木又右衛門（のちに「但馬守」を称す）がいる。初見は天正十一年十一月であり、北条宗家から借米・借銭の返済催促、及び返済に応じない郷村の提訴を認可された（戦北二五九八）。

また、鈴木又右衛門は小机衆の岩本豊後守・増田将監に夫役を提供すべき立場にもあり（戦北二八〇一）、とくに小机北条氏との取引が多かった模様である。

小机家中之領分借米有之歟、令難渋不出候哉、非分ニ候、借状之任文言、有催促可取候、若及菟角郷村有之者、急度此方へ可被申候、速可申付候、仍如件、
（天正十二年）
甲申
二月十四日（「桐圭」朱印）　興津右近
奉之
鈴木又右衛門尉殿

［参考］「栗原清一氏所蔵鈴木文書」北条氏光朱印状（戦北二六二九）

右の文書において、氏光は鈴木又右衛門に対し、小机家中が借米返済を拒むことを「非分」と断じ、返済不履行の郷村を報告するように求めている。天正十二年当時の小机北条氏家臣団は、鈴木又右衛門からの借米・借銭をすでに累積させており、氏光も又右衛門のことを相応の配慮を要する存在として認識していたのであろう。

また、天正十四年二月には、玉縄城の北条氏勝も鈴木又右衛門に対して、相模国東郡・武蔵国久良岐郡における借米返済の催促を認めており（戦北二九二三）、鈴木又右衛門の金融活動が玉縄北条氏の支配領域にも及んでいたことが判明する。

ところで、鈴木但馬守（又右衛門。天正十六年までに改称）の被官石田内蔵助《くらのすけ》が逃亡すると、氏光は朱印

状を発給して、小机地域で発見された場合は、代官・百姓に断ったうえで召し返すことを承認した（戦北三九四七）。実際に石田内蔵助は玉縄北条氏所領の本郷（小机庄）で発見されており（戦北四〇四九）、小机地域において小机北条氏・玉縄北条氏の所領が混在している状況から、鈴木但馬守は玉縄北条氏の家中とも取引を行い、その商圏を玉縄領に拡大させていった可能性も想定できる。

なお、天正十六年には、北条氏忠被官の大橋が「公方銭」として鈴木但馬守から借りた四十三俵余を返済せずに死去し、後継者もいなかったため、氏忠によって立て替えられることになった（戦北三三九九）。氏忠は氏光の兄であり、天正十四年から下野国佐野領に入部し、唐沢山城に在城するようになった。その氏忠の被官が小机地域の金融業者から米を借りていたことは、氏忠・氏光両人の兄弟関係を前提として、氏忠家中と氏光家中の間に交流が形成され、鈴木但馬守の金融活動も氏忠家中（及び佐野領）まで対象に加えるようになった状況を想定させる事例である。

三、駿河国・伊豆国における氏光の所領支配

（一）駿河国口野五ヶ村（現・静岡県沼津市）

北条氏光の所領支配に関する文書は、小机地域に先行して、元亀二年（一五七一）四月から駿河国口野五ヶ村で確認されるようになる（戦北一四八〇）。この口野五ヶ村は、駿河湾東端の沿海集落群の一つであり、獅子浜・江浦・多比・尾高・田連の各村によって構成されていた。

戦国期の口野五ヶ村は、今川氏に従属する国衆葛山氏の支配下にあったが、葛山氏の支配領域（駿東郡の

北部・中部）から飛び地のように存在しており、獅子浜の土豪植松氏を代官としていた。そのため、今川氏没落後の動乱において、葛山氏が武田方に帰順すると、植松氏は葛山氏から離反して北条方に転向し、口野五ヶ村も北条氏の支配下に入ることになった。

氏光による口野五ヶ村の支配も、葛山氏と同様に植松氏を代官として展開しており、氏光の口野支配に関する文書は、いずれも植松左京亮（のちに「佐渡守」を称す）を宛所としている。なお、元亀二年正月に氏光も支援に参加していた駿河深沢城が武田方に攻略され、同年四月から氏光の口野支配が始まることを考慮すると、武田方の攻勢に備え、口野五ヶ村は氏光の管轄下に編入されたのかもしれない。

さらに氏光は獅子浜に城郭を取り立てさせ、口野五ヶ村の防衛拠点としていた模様であり、天正九年十月に戸倉城の笠原政晴が北条方から武田方に転向すると、武田勝頼は曽根昌世に獅子浜城が自落したかどうかを問い合わせている（戦武三六一九）。なお、同年から氏光の口野支配に関する文書が途絶えることを鑑みると、やはり獅子浜城は放棄され、氏光の口野支配は瓦解したものと推測される。天正十年三月の武田氏滅亡に際し、北条方は駿河国吉原まで進軍したものの、織田信長の裁定で、駿河国は徳川氏の領国に編入され、氏光の口野支配が回復することはなかった。

（二）伊豆国狩野牧之郷（現・静岡県沼津市）

狩野川中流右岸に位置する伊豆国狩野牧之郷（伊豆市）でも、北条氏光による支配を確認できる。その初見は天正四年（一五七六）二月であり、狩野牧之郷の上野越後守・三須に対して、大野郷（伊豆市）との境の山野開発を許可した（戦北一八三二）。三須については、天正七年七月に氏光から「屋と山小川」を安堵された三須孫次郎と同一人物（あるいは一族）と推測され（戦北二〇九一）、農地の開発・経営に従事していたことが窺える。

いずれも「三須文書」によって確認される事例であり、狩野牧之郷百姓中に宛てた天文十八年四月の北条氏朱印状（戦北六二三）や天正十八年五月の徳川氏定書（代集一五四）も同文書群に含まれる。三須氏は北条氏のもとで狩野牧之郷の名主役を務め、徳川氏の入部後もその地位を保ったということだろう。

（三）伊豆国那賀郷（現・静岡県松崎町）

伊豆半島西岸中部の那賀郷（松崎町）でも、氏光は所領支配を展開していた。山内上杉氏支配下の伊豆国では、狩野牧之郷の出身とみられる狩野為茂が那賀郷の代官を務めており、氏光が伊豆国内で狩野牧之郷・那賀郷の二ヶ所を支配したことと、何らかの関連性を想定すべきかもしれない。

また、氏光の那賀郷支配は、狩野牧之郷と同じく天正四年を初見としており、同年十二月に口野五ヶ村に那賀郷から小田原への立使役（海上輸送）を赦免し、今後は立使の履行に公物を支給することを通知した（戦北一八八五）。つまり、那賀郷から小田原に至る海上輸送に口野五ヶ村の海民が使役されていたのである。

さらに氏光は那賀郷から船方を直接徴発することもあった。

従那賀之郷楊梅之木、以早船取寄候、船方自松崎五人、江奈より三人、以上八人、両人致添状、船方之儀可申尋候、奉行ニ土屋和泉遣者也、仍如件、

（年不詳）
二月晦日（「桐圭」朱印）

苅部備前守殿
深沢備後守殿

［参考］「土屋猛氏所蔵文書」北条氏光朱印状（戦北三九四四）

氏光は右の文書において、那賀郷から早船で楊梅を取り寄せるにあたり、その乗員として、松崎・江奈から船方八人を徴発することを指示している。松崎・江奈はともに那賀川下流域に位置しており、那賀川河口周辺に港津が存在していた状況も窺える。

奉行として確認される土屋和泉守は、本文書を唯一の所見とするが、伊豆国内の土屋一族としては、他に重須の左衛門太郎や三戸の佐渡守、あるいは長浜の与次郎などを見出せる。重須・三戸・長浜は、口野五ヶ村と同様に、駿河湾東端の沿海集落群に属しており、土屋一族はこの地域に勢力を広げた土豪であったと推測される。氏光は口野支配を通じて、土屋和泉守との主従関係を形成し、海事案件の奉行として任用したのであろう。

なお、氏光は天正十四年七月に三島大明神社の神主金差大炊助を大禰宜《おおねぎ》職に補任し、また免田を安堵したうえで、さらに二間分の棟別銭を寄進した（戦北二九六七）。氏光が地域信仰の保護にもあたっていたことが判明する。

四、氏光の家臣団

氏光時代における小机北条氏の主立った家臣を列記する。

中田加賀守

三郎時代から小机衆に属し、「所領役帳」によると、小机地域の川島・矢上で十五貫文を知行していた。元亀三年（一五七二）の雲松院領検地で奉行を務め（戦北一六二一）、天正十三年九月に代官の柴崎但馬守を恩田郷の検地に参加させた（戦北二八六五）。また、天正十七年九月には、上丸子郷と世田谷領沼目郷の境目相論の検使に加わった（戦北三六八二）。氏光による小机地域の支配を実務面で支える立場にあった模様である。

中田修理亮

中田加賀守の一族と推測され、永禄七年には北条宗家の公方奉行を務めていた（戦北八五五）。のちに小机衆に転じており、北条氏光は天正九年頃に中田修理亮から星川久左衛門に扶持一人分を支給させた（戦北二二二五）。小机北条氏の直轄領を管理する立場にあったのだろう。

深沢備後守

天正四年十一月に「領主」として茅ヶ崎の杉山神社に鳥居を建立した（戦北一八八二）。天正六年十一月の植松左京亮宛朱印状で奉者を務めた（戦北二〇三一）。また、伊豆国那賀郷の支配に関わった（戦北三九四四・三九四六）。

久米玄蕃助

「所領役帳」には馬廻衆として記載されているが、のちに小机衆に転じて、元亀三年の雲松院領検地で奉行を務めた（戦北一六二一）。

大曽根飛騨守

天正九年七月二十八日、氏光から寺家・鴨志田の知行二十七貫二百文について、足軽三人（鑓一・指物一・歩物一）の供出と自身の騎馬による参陣を命じられた（戦北二二五九）。また、鴨志田・寺家の北条宗家直轄領の代官も務めた（戦北二二六六）。

ただし、天正十年代には小机衆から転出しており、上野厩橋城の城米奉行として活動するようになった（戦北三〇二八など）。

二宮正致

「所領役帳」に小机衆として記載されている二宮播磨守の一族と推測される。

北条氏信が駿河蒲原城将として発給した朱印状の奉者を務め（戦北一二七五・一二七六）、氏信の戦死後は氏光に仕え、口野支配に関する朱印状の奉者を務めた（戦北一六二八・一六五九・一七一一）。

沼上出羽守

「所領役帳」によると、沼上某が小机衆として小机地域の井田で十貫文の知行を得ており、本人か関係者と推測される。

「小机一騎合」として給米を得ていたが、金井但馬守に借米があり、天正十二年頃には、金井側から給米を差し押さえられる状況となった。結局、同年三月に北条宗家の裁定が下り、沼上は金井から給米を受け取るように指示された（戦北四七四九）。

あるいは、天正三年十二月に氏光朱印状の奉者を務めた「沼上」であろうか（戦北一八二二）。

市野善次郎

「所領役帳」に小机衆として記載された市野四郎左衛門・助太郎・弥次郎の一族と推測される。

元亀三年閏正月に氏光から着到定書を受給し、駒林の内で十貫文の給田を宛行われ、騎馬による出陣と鑓足軽一人の供出を命じられた（戦北一五七七）。これは氏光の小机支配に関する初見だが、「あひしるし」を「いつものことく」持参するように指示しており、氏光が以前から小机衆に軍役を賦課していたことを確認できる。

曽根外記

「所領役帳」に小机衆として記載され、山田郷で六十二貫文、大棚郷で三十七貫百文、宮内郷で二十貫文の知行を有していた。また、大島因幡守を指南していたが、大島は天正十二年に氏光被官となり、小机領から知行十五貫文を支給されることになった（戦北二六五二）。

岩本豊後守

「所領役帳」に小机衆として記載された岩本和泉守・左近の一族と推測される。天正十三年四月まで東方の現夫を使役していた（戦北二八〇一）。

増田将監

「所領役帳」に小机衆として増田某が記載されており、本人か一族と推測される。天正十三年四月から東方で夫銭一貫五百文を納入されることになった（戦北二八〇一）。

岡部和泉守

本来は今川氏の家臣であり、同氏没落後に北条氏の家中に参加した。永禄十二年十二月には、氏光に軍事行動上の「意見」を具申するように北条氏康から求められ（戦北一三六三）、元亀三年三月に堪忍分として小机地域の麻生郷を給付された（戦北一五八五）。駿河国在陣中の氏光に補佐として附属され、氏光が小机城主に起用されると、小机地域で所領を与えられた、ということだろうか。

笠原（平左衛門か）
「所領役帳」では、平左衛門が小机衆として師岡で九十貫文の所領を記載されている。
平左衛門は氏光の父氏尭にも仕え、小机領の支配に関わった（戦北六九二・六九八）。『寛政重修諸家譜』には、天正九年十二月に戸倉で討死した平左衛門照重が見出され、その子孫は小机地域の雲松院を墓所としている。「笠原」を奉者とする氏光朱印状が二点確認されることも考慮すると（戦北二二二五・二二二七）、平左衛門は氏光段階においても小机衆に属していたものと推測される。

おわりに

小田原北条氏は戦国時代から関東に進出して領国を形成した新興勢力である。一門衆の創出は重要な課題であり、やがて武蔵小机城にも一族を配置するようになった。しかし、相模玉縄城を委ねた氏時（宗瑞子息）・為昌（氏綱子息）が相次いで夭折し、綱成（氏綱女婿）・氏繁（氏康女婿）の父子のもとで、ようやく玉縄北条氏の存立が安定したように、小机北条氏の創出過程も複雑な経緯を辿った。

当初、北条宗家は宗哲（宗瑞子息）の久野北条氏に小机城を委ねたが、宗哲の長男三郎は夭折し、次いで氏尭（氏綱子息）が小机城主に起用されたものの、やはり短期間で死去している。その後、小机城主の地位は、宗哲の次男氏信に引き継がれたが、氏信が駿河国で戦死し、宗哲の女婿となった三郎（氏康子息景虎）も養子として越後上杉氏に転出したため、氏尭の次男である氏光が小机城や小机衆を継承することになった。つまり、久野北条氏の家督と小机城主の地位が分離され、氏光のもとで小机北条氏の存立が確定していったのである。

また、久野北条氏が小机城主の地位にあった段階から、武蔵国の都筑郡・久良岐郡・橘樹郡には、「小机地域」と称すべき空間（現在の横浜市域北部から東南部、川崎区・多摩区以外の川崎市域）が形成されていた。そして、氏光段階の小机北条氏は、現在の横浜市港北区・緑区を中心としつつ、多摩川流域を北の境界線として、川崎市麻生区・中原区にも支配を展開したと考えられる。この空間には、北条宗家や玉縄北条氏などの所領も混在しており、氏光が排他的支配を展開していたわけではなかった。

しかし、駒林・佐江戸などでは、天正十年代から小机北条氏のもとに総動員体制や軍役・普請役の許認可権が集約されていく傾向が見出され、小机北条氏の排他的支配が形成されつつあった可能性も指摘できる。小机庄において、小机北条氏の重臣である「四人衆」の「抱分」が、豊臣方から禁制発給の対象とされる規模で存立していたことも、氏光のもとで小机北条氏の領域支配が進行したことの証左と捉えるべきだろう。ところが、天正十八年の小田原合戦によって北条氏領国が消滅したため、小机北条氏とその領域支配の確立も中絶したのである。

さらに氏光の所領は、小机地域の他に、駿河国口野五ヶ村や伊豆国狩野牧之郷・那賀郷にも存在した。氏光は小机城・小机衆を継承する前後から駿河国を転戦しており、かつ足柄城将として北条氏領国の西部防衛線に参加していた。つまり、氏光は小机城主として所領・家中を運営する一方で、動員した軍事力を北条氏領国の西方防衛に振り向ける立場にあり、それ故に駿河国東部や伊豆国西部においても、複数の郷村が氏光の所領として設定されていったと理解できる。

〈参考文献〉

黒田基樹『戦国大名北条氏の領国支配』（岩田書院　一九九五）
黒田基樹『北条早雲とその一族』（新人物往来社　二〇〇七）
下山治久『横浜の戦国武士たち』（有隣堂　二〇一二）
西股総生『戦国の軍隊』（学研パブリッシング　二〇一二）
湯山　学「鎌倉東光寺と伊豆国那賀郷―伊豆国中世史へのアプローチ―」（『地方史静岡』一三　一九八五）
『神奈川県史』通史編一　原始・古代・中世（神奈川県　一九八一）
『沼津市史』通史編　原始・古代・中世（沼津市　二〇〇五）
『寛政重修諸家譜』（続群書類従完成会　一九六六）

※典拠とした文書について、『戦国遺文』後北条氏編を出典とするものは「戦北〇〇」と、『戦国遺文』武田氏編（東京堂書店　二〇〇二〜〇六）は「戦武〇〇」、『戦国遺文』古河公方編（同　二〇〇六）は「戦古〇〇」、『神奈川県史』資料編三（神奈川県　一九七五）は「神資３〇〇」、『江戸幕府代官頭文書集成』（文献出版　一九九九）は「代集〇〇」と略記した。

上杉景虎

片桐昭彦

はじめに

上杉景虎《うえすぎかげとら》は、北条氏康《うじやす》の七男として天文二十三年（一五五四）に生まれたとされる（「藤原姓上杉氏系図」『上杉家御年譜』二三巻所収）。仮名《けみょう》は三郎である。永禄十二年（一五六九）十二月、一族の北条幻庵宗哲《そうてつ》の子氏信《うじのぶ》が戦死し、氏信の子は幼少であったため、三郎は宗哲の娘と結婚し養子になったという（「北条系図」『続群書類従』巻百四十所収）。

しかしこの時期、北条氏康・氏政父子は、越後の上杉輝虎《てるとら》（のちの謙信）と同盟を結ぶため交渉していた。上杉へ差し出す人質（養子）は、当初は氏政の次男国増丸を予定していたが、翌元亀元年（一五七〇）二月には三郎への変更が決まった（「上杉家文書」『上越市史』別編一　八八二号、以下『上越』八八二と略す）。宗哲の娘と離縁した三郎は、小田原を出発し、四月十一日には上野沼田で輝虎と対面してともに越後に入り、二十五日に春日山城において輝虎の姪との結婚の祝儀を行った。そして、三郎は輝虎の初名である景虎を名乗ることになった。三郎景虎の新しい妻となった輝虎の姪にあたる女性は、越後上田の領主長尾政景の娘であり、喜平次顕景（のちの上杉景勝）の姉か妹である（「藤原姓上杉氏系図」「平姓上田長尾系図」『上杉家御年譜』二三巻所収）。

翌元亀二年には景虎との間に男子が誕生した。幼名は道満丸である（前掲「藤原姓上杉氏系図」）。

元亀元年の暮れに上杉輝虎は出家入道して謙信を号している。謙信と血のつながりをもつ道満丸の誕生によって、謙信から景虎を経て道満丸へと家督を継承する道が予定されたことであろう。しかし、この年十月三日に景虎の実父氏康が死去し、十二月には景虎の実兄氏政が甲斐の武田信玄との同盟を復活させ、上杉との同盟を破棄した。

景虎はそのまま越後にとどまったが、年明けて元亀三年閏正月以降、しばらく一次史料には見られなくなり、再び姿を現すのは、天正六年（一五七八）三月の謙信死去の後、謙信の後継をめぐり景勝と争う段階、御館《おたて》の乱に入ってからである。

私は以前、謙信の家督継承について検討した。そこでは、越相同盟に際し後継者として迎えられた景虎が、同盟の破綻とともにその地位に陰りをみせるようになった一方、天正二年（一五七四）閏十一月、関東において多くの拠点を失い後退した謙信は、翌十二月に法印大和尚となり、翌三年正月、敵の張本北条氏政の実弟景虎に代わる新たな後継者として、実甥で養子の長尾顕景を擁立し、上杉景勝と名乗らせ、自らの官途弾正少弼を譲り与えたと位置づけた（片桐二〇〇四）。

従来、景虎が謙信の後継者とされていたとする説の大きな根拠の一つとして、天正三年正月に謙信が長尾顕景に自身の官途を譲り上杉景勝と名乗らせた書状二通は景勝の創作であるとされる点があげられてきた。それは『新潟県史』資料編三中世一がこの書状二通を景勝の筆跡としたからである。しかし、同筆跡としてあげる元和六年閏十二月朔日付景勝書状・元和七年二月朔日付景勝書状（『上杉家文書』『大日本古文書』一〇二四・一〇二五号）をあらためて確認してみると、明らかに筆跡は異なり、景勝のものではない（阿部洋輔氏の御教示による）。

景虎を謙信の後継者とする史料的な根拠はなくなったと言える。しかし、たしかに越相同盟破綻後から謙信死去までの時期における景虎の動向は不明であるが、後掲の表のとおり、その前後に景虎が発給した文書は残っている。発給文書の書札礼《しょさつれい》などから、発給者・受給者との関係性やその変化を見出すことができるのではなかろうか（片桐二〇一四）。そこで本稿では、上杉景虎の発給文書を紹介しながら、文書の様式や文言などから景虎の上杉家における政治的地位について考えてみたい。

一、景虎の花押・印判と筆跡

上杉景虎が発給した文書は、掲げた表のとおり、管見の限り三五点残っている。初見は、越相同盟を結んだ元亀元年八月の書状（No.1）であり、終見は、景虎の死去する天正七年（一五七九）三月の前月二月二十九日付書状（No.34）である。しかし、前述のとおり、越相同盟破綻後の元亀三年閏正月から謙信死去後の天正六年五月までの間に発給されたことが明らかな文書は確認できない。

景虎の花押は、大きくａ・ｂ二種類確認できる。花押型ａは、原義は未詳ながら、円に天地二本線をひく形を特徴とする。景虎が輝虎の養子となる前の義父北条宗哲の花押、あるいは箱根権現別当の亮山の花押に類似するとされ（櫻井二〇〇三）、また、義父謙信が輝虎を称した時期に使用した「真久」二字の草体を形象化した花押にも類似するとされる（木村二〇一二）。

花押型ｂは、縦二画の縦長形を基調としており、上杉光徹（憲政）の花押などと類似し、縦二画を基調とする上杉様を意識したとも指摘されるが（木村二〇一二）、実兄の北条氏政の花押型にも似る点がある。花押型

ｂの初見は、謙信死去後の天正六年（一五七八）の七月二十六日付感状（№7）であり、それ以降に花押型ａの使用は確認できない。つまり景虎は、年次のわかる文書の花押型ａの終見（№3）である元亀三年（一五七二）閏正月から天正六年七月までの間に、花押型ａから花押型ｂへ変更したことになる。少なくとも謙信の死去後には花押型ｂに切り替えたと考えられる。

さらに花押型ｂは、掲図のように、右側につける点の位置の違いで二種みられる。少なくとも天正六年十月十日付書状（№20）までは下方の離れた位置にあるが、同年十二月二十六日付判物（№29）以降は中央の近い位置に変化する。点の位置を下方からより上の方に変えることで機運の上昇を意図したのであろうか。

景虎の発給した印判状は、№8・15・18・26・35の五点あり、いずれも朱印状であるが、原本が残るのは№26・35の二点のみである。その印判は、図のように二重線の円形のなかに「武□家定威□」の印文、上部に獅子の像を刻んでいる。印判に獅子像を刻むことは、永禄四年（一五六一）関東に侵攻した長尾景虎（上杉政虎）が制札・掟書に用いた印判（印文「地帝妙」）と共通する。この印判を用いた文書の初見は、管見の限り天正六年十月四日付の写し（№18）である。ただ、同年の九月二十二日付朱印状写（№15）に「景虎公虎ノ御朱印」と注記される。この注記が正しければ、獅子印判とは別に虎像を刻んだ印判も用いたことになるが、獅子像を虎像と見誤り書き誤ったのであれば、この朱印状写が獅子印判の初見となる。

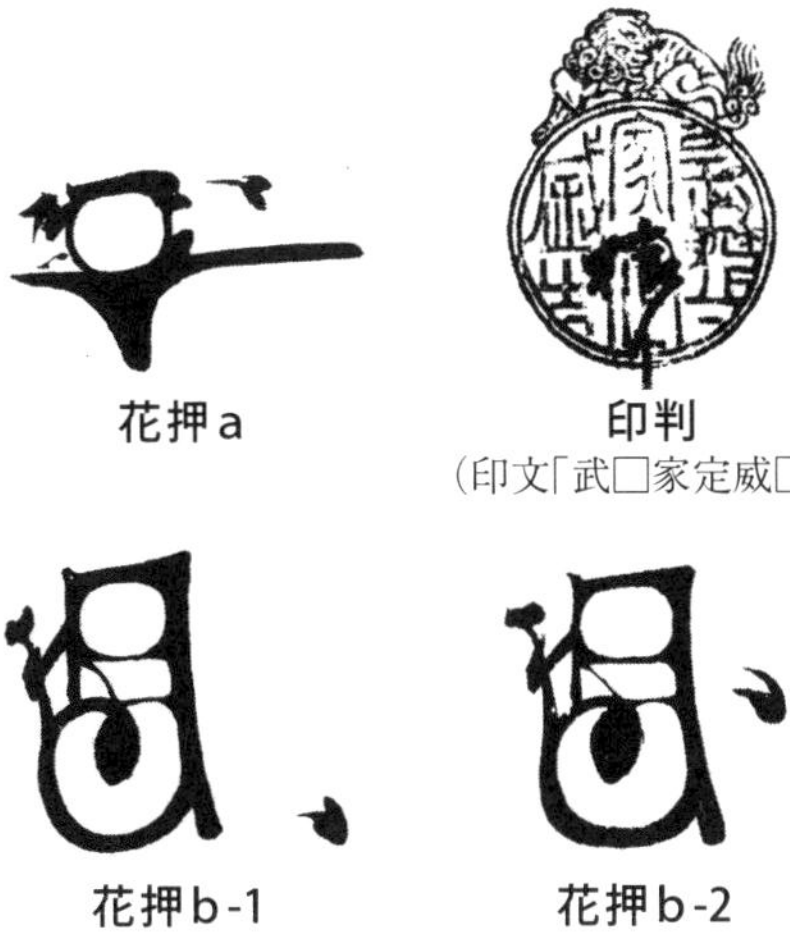

図　上杉景虎の花押と印判
（花押a・花押b-1『上越市史別編１上杉氏文書集一』別冊より。花押b-2・印判『上越市史別編２上杉氏文書集二』別冊より）

表　上杉景虎発給文書一覧

No.	年月日	文書名	署判	宛名	書止文言	筆跡	所蔵	出典
1	(元亀元年八月)九日	書状	「三郎」	「直江殿」	以上	Ⅰ	本間美術館	上越九二三
2	(元亀二年)十月三日	書状	景虎(花押a)	山吉孫二郎殿	以上	Ⅰ	吉澤喜三氏	上越一〇六六
3	(元亀三年)閏正月二十四日	書状	景虎(花押a)	河田豊前守殿	謹言	Ⅰ?	早稲田大学図書館	上越一〇八七
4	(年未詳)正月二十七日	書状	景虎(花押a)	(本成寺)	恐々謹言	Ⅱ?	本成寺	新潟二六九一
5	(年未詳)正月晦日	書状	景虎(花押a)	雲門寺	恐々謹言	Ⅰ?	雲門寺	上越一四〇二
6	(天正六年)五月二十九日	書状写	景虎	蘆名修理大夫殿	恐々謹言		歴代古案巻5	上越一五二三
7	(天正六年)七月二十六日	感状	景虎(花押b-1)	垂水右近丞殿	謹言	Ⅲ	垂水昭氏	上越一五八七
8	(天正六年)八月三日	朱印状ヵ写	景虎	岩井大和守殿	仍如件		歴代古案巻1	歴古七
9	(天正六年)九月二日酉刻	書状	景虎(花押b-1)	北条丹後守殿	恐々謹言	Ⅱ	志賀槙太郎氏	上越一六四八
10	(天正六年)九月十四日	書状	景虎(花押b-1)	小田切弾正忠殿	恐々謹言	Ⅳ	長野県立歴史館	上越一六五五
11	(天正六年)九月十四日	書状	景虎(花押b-1)	小田切孫七郎殿	恐々謹言	Ⅱ	新潟県立歴史博物館	上越一六五六
12	(天正六年)九月十四日	書状	景虎(花押b-1)	佐瀬中務丞殿	恐々謹言		本法寺	上越一六五七
13	(天正六年)九月十四日	書状	景虎(花押b-1)	東条惣介とのへ	穴賢々々	Ⅳ	維宝堂古文書	上越一六五八
14	(天正六年)九月十七日	書状	景虎(花押b-1)	後藤左京亮殿	恐々謹言	Ⅳ	上越市	
15	戊寅(天正六年)九月二十二日	朱印状写	「景虎公虎ノ御朱印」	諏訪部彦五郎殿、松本因幡守殿	仍如件		諸家古案4	上越一六六九
16	(天正六年)九月二十三日	書状写	景虎	鮎川孫次郎殿	恐々謹言		歴代古案巻6	上越一六七二
17	(天正六年)九月二十九日	書状写	景虎	南右京亮とのへ	穴賢		覚上公御書集巻2	上越一六八六
18	天正六年十月四日	朱印状写	(獅子朱印影)遠山奉之	諸宿中	仍如件		諸州古文書4	上越一六八九
19	(天正六年)十月九日	条書写	景虎	北條安芸入道殿	以上		覚上公御書集巻2	戦国四三七七
20	(天正六年)十月十日	書状	景虎(花押b-1)	鎌倉八幡宮 衆徒中	恐々謹言	Ⅲ	鶴岡八幡宮	上越一六九四
21	(天正六年)十月十日	書状	景虎(花押)	河田伯耆守殿、北条安芸守殿	恐々謹言		杉本敏憲氏	上越一六九七
22	天正六年十月十日	判物写	景虎黒判	河田伯耆守殿	仍如件		伊佐早謙採集文書6	上越一六九五

23	（天正六年）十月十日	書状写	景虎黒判	河田伯耆守殿	恐々謹言		伊佐早謙採集文書6	上越一六九六
24	（天正六年）十月十日	書状写	景虎判	（欠）	恐々謹言		松平義行氏	上越一六九八
25	（天正六年）十月十二日	書状写	景虎	河田伯耆守殿	恐々謹言		覚上公御書集巻2	上越一六九九
26	天正六年十月二十八日	朱印状	（獅子朱印）神田・遠山奉之	一揆中、赤川新兵衛尉殿	仍如件	Ⅴ	専称寺	上越一七一〇
27	（天正六年）十一月三日	書状	景虎（花押）	琵琶嶋善次郎殿	恐々謹言		越佐史料巻5	上越一七一三
28	（天正六年）十一月三日	書状写	景虎花押	関矢八郎次との	恐々謹言		刈羽郡旧蹟志上	上越一七一二
29	天正六年極月二十六日	判物	景虎（花押b-2）	垂水源太左衛門尉殿	仍如件	Ⅴ	垂水昭氏	上越一七三〇
30	天正七年二月二日	判物写	景虎	林伝内殿	仍如件		歴代古案巻6	上越一七四一
31	（天正七年）二月五日	書状	景虎（花押b-2）	河田対馬守殿	恐々謹言	Ⅳ	佐藤浅右衛門氏	上越一七五四
32	（天正七年）二月十一日	書状写	景虎	本庄雨順斎	恐々謹言		覚上公御書集巻2	上越一七六〇
33	天正七年二月二十一日	判物写	景虎	八町とのへ	仍如件		別本歴代古案巻17	上越一七七〇
34	（天正七年）二月二十九日	書状写	景虎	前嶋修理亮殿	謹言		歴代古案巻17	上越一七七八
35	（年月日未詳）	朱印状	（獅子朱印）	松木加賀守殿、市野江老衆中	仍如件	Ⅴ	柿崎不二子氏	上越三八七一

※出典の「上越」は『上越市史別編1上杉氏文書集一』『上越市史別編2上杉氏文書集二』、「歴古」は『歴代古案第一』、「戦国」は『戦国遺文後北条氏編第五巻』の文書番号を示す。

この他に写しの文書としてNo.22・23は「黒判」、No.24は「判」とあり、黒印状の可能性もあるが、景虎が書状に印判を用いた例は見られず判然としない。後述するように、この時期の上野沼田城代河田重親宛の景虎書状は厚礼であり、その文書に薄礼である黒印を用いることができたのか疑問である。

さて、景虎の発給文書のうち原本の残るものの写真を並べて、署名の「景虎」や共通する語句の文字を比較してみたところ、少なくとも五種類の筆跡が確認できる。表No.1・2の書状は、書止が「以上」である点を考慮すると、外交・儀礼や命令伝達のような公的な書状に比べてより私的な書状である。また、とくにNo.1の書状は、年月を記さず日付のみであり、署名・花押も据えていない。この点から表No.1・2の文面は、景虎の自筆である可能性があるのではなかろうか。そうであるならば、筆跡の類似する表No.3・5も自筆の可能性がある。

また、表No.29の判物とNo.26・35の朱印状の筆跡は同じに見える。No.29は知行の宛行い、No.26は望む場所での道場取立ての許可、No.35は給人の軍役を書き上げ定めた文書である。いずれも知行に関するものであり、財政を担う奉行が関わった文書であると見なすこともできる。No.26の朱印状には奉者として神田・遠山の姓のみが記されることから、両人のいずれかが書いた可能性も考えられよう。

二、景虎の書札礼と政治的地位

景虎の発給文書から景虎の政治的地位をみるために、書札礼の基本の一つである書状の書止文言に注目してみたい。

〔史料A〕

陣中之模様為無心元与、使殊海鼠腸到来、祝着候、爰元之様躰無指義候条、可有心易候、替儀候者、重而可申届候、謹言、

壬正月廿四日　　景虎（花押a）

河田豊前守殿

右の史料Aは、元亀三年閏正月、在陣中の景虎を気遣い海鼠腸《このわた》を贈った河田長親に礼を述べた書状である（No.3）。長親は、謙信の側近として台頭し、当時は越中の魚津城代をつとめていた上杉家の重臣である。書止文言は「謹言」である。「謹言」は、「恐々謹言」より薄礼であり、家臣など目下・格下の者に宛てた書状に用いる書止文言である。すなわち当時の景虎は、重臣である長親に対しても上位の立場から書状を発給できる存在になっていたと言える。

［史料B］

其表之様子、并彼者之返答、以条書申越通、委細聞届、是も以覚書申越候、聞届、能様ニ簡要候、万吉重而、
謹言、

七月廿七日　　謙信（花押）

河田豊前守殿

（「高橋文書」『上越』一四四五）

右の史料Bは年次未詳ながら、署名が謙信であることから元亀二年から天正五年（一五七七）までの間に発給された謙信書状である。宛名は、史料Aと同じく河田長親である。書止文言も史料Aと同じ「謹言」であることから、書札礼の上において景虎は、謙信と同等の地位にあったことがわかる。

［史料C］

追而申候、其方倉内実城江相移上者、此内其方被請取候曲輪之儀、渡部左近に可被相渡候、為其申届候、恐々
謹言、

十月十二日　景虎
河田伯耆守殿

右の史料Cは、天正六年（一五七八）十月に景虎が上野沼田（倉内）城代の河田重親に宛てた書状の写しである（№25）。重親は、史料Aの宛名河田長親の伯父で、長親を追い近江から越後へ移り謙信に仕えたとされる。天正五年に謙信が上杉家の重臣一八一名を書き上げた「名字尽」と題箋の付いた手本がある（「上杉家文書」『上越』一三六九）。この「名字尽」に長親・重親がともに記されることから、両人は上杉家においてほぼ同格の重臣として位置づけられていたと考えられる。しかし、史料Cの書止文言は「恐々謹言」である。ほかに表№23も重親単独宛書状であるが、書止文言は「恐々謹言」である。元亀三年に長親には書止文言「謹言」の書状を出していた景虎が、天正六年十月には重親に対し「謹言」より厚礼の「恐々謹言」を書止文言に用いたことになる。

元亀三年時の景虎と同等の書札礼を用いた謙信が、河田重親単独に宛てた書状は七点確認できるが（『上越』一〇四九・一〇九三・一一一三・一一三〇・一一七〇・一二八二・一四二八）、その書止文言はすべて河田長親宛書状と同じ「謹言」である。天正六年の景虎は、元亀三年時にあった地位を低下させたのであろうか。

［史料D］

急度申遣候、其元ヘ安芸入道乱入申付而、同心之由其聞候、仍其方事ハ豊前守対当城別而懇意之上者、定而別儀有間鋪候共、当意館相之義候間、不苦候、今度如何共於其許被励忠信者、可為祝着候、委細三人之者方ヘ申越候条、定而可申談候、謹言、

十月十二日　　景勝
河田伯耆守殿
（「歴代古案巻一」『上越』一七〇〇）

史料Dは、史料Cと同年月日付で同人の河田重親に宛て上杉景勝が発給した書状の写しである。御館の乱時に河田重親は景虎・景勝両方から書状を受け取っていたことになる。さて、この書状の書止文言は「謹言」であり薄礼である。天正六年の景勝は、以前の謙信と同等の書札礼をもって重親に書状を出していたことになる。

［史料E］
到新田表調儀及仕相届候、得勝利敵討取、験厩橋ヘ差越、自丹後守所之返札、何も到来披見、吾分心馳之程感入候、扨亦、南方之儀、昼夜案候、目付をも差越、珍儀有之者、早速注進待入候、将亦、当春越山令議定、去月廿六依吉日、令陣触候条、其間之儀、弥稼肝要候、目出弥可申候、謹言、
二月五日　　謙信（花押）
後藤左京亮殿
同　新六殿
（「後藤文書」『上越』一一八六）

［史料Ｆ］
此度相州陣ヘ使差越候条、女渕之儀、堅申越候、定而相違有間敷候、心安可存候、扨又、其方於進退之儀者、少も不可有如在候、為其遣一筆候、猶酒井可申候、恐々謹言、
猶以堪左衛門尉加懇意候、参府之上、彼是可申出候、
九月十七日　景虎（花押b-1）
後藤左京亮殿

［史料Ｇ］
今度忩劇之処、於度々相稼候事、粉骨無比類候、如何様本意之上、進退急度可引立候、謹言、
六月廿四日　景勝
後藤左京亮殿
（「覚上公御書集巻一」『上越』一五五七）

右の史料Ｅ・Ｆ・Ｇは、上杉謙信・景虎・景勝がそれぞれ上野女渕城主の後藤勝元へ宛てた書状である（ＦはNo.14）。勝元は、前述の上杉家「名字尽」にも記される重臣である。史料Ｅの年次は天正二年（一五七四）、史料Ｆ・Ｇは天正六年である。三点の書止文言を比べると、ここでも謙信・景勝の書状は「謹言」であるのに対し、景虎の書状は「恐々謹言」である。謙信・景勝に比べ、天正六年の景虎は明らかに勝元に対し低姿勢で書状を発給している。

天正六年以後の景虎が、河田重親・後藤勝元以外に上杉家「名字尽」に記載される重臣に宛てた書状には、

北条景広（№9）、鮎川盛長（№16）、北条高広（芳林）（№21）、河田吉久（№31）に宛てたものがあるが、書止文言はいずれも「恐々謹言」である。この四名に宛てた謙信・景勝の書状の書止文言はどうであろうか。

謙信が北条高広・景広父子に宛てた書状は、高広単独に宛てたものが五点確認され（『上越』三三一・四八五・一〇六八・一〇九四・一〇九九）、景広単独に宛てた書状は未確認であるが、父子両人に宛てたものが三点確認できる（『上越』一二六七・一三四七・一三八八）。鮎川盛長に宛てた書状は一一点確認できる（『上越』六一八・六九七・七八〇・一一二六・一二三六七・一三九二・一四二七・一四三九・一四四七・一四六〇・一四六七）。河田吉久に宛てた書状に単独のものはないが、吉久を含む四名宛の書状を一点確認できる（「栗林文書」『上越』一二二四）。これらの謙信書状の書止文言はいずれも「謹言」である。

景勝が北条高広・景広父子に宛てた書状は、天正六年六月八日付で両人に宛てたものが一点確認できる（『上越』一五九三）。河田吉久に宛てた書状は確認できない。この二点の景勝書状の書止文言はいずれも「謹言」である。鮎川盛長に宛てた書状は、天正八年四月二十二日付ではあるが一点確認できる（『上越』一五二八）。

以上の点から、景虎は、元亀三年閏正月時点では、謙信と同等の書札礼をもって書状を発給していたが、少なくとも天正六年には謙信より一段低い立場から書状を発給していたことがわかる。一方景勝は、少なくとも天正六年には謙信と同等の書札礼による書状を発給していたことがわかる。つまり、発給書状の書札礼からみると、養子になった当初の景虎は、義父謙信と同等の地位にいたが、元亀三年閏正月から天正六年までの間にその地位を低下させたこと、それに対して景勝は天正六年までには謙信と同等の地位にいたことが明らかである。

おわりに

本稿では、上杉景虎の発給文書を概観するとともに、書状の書札礼に注目することにより、上杉家における景虎の政治的地位の変化について考察した。

その結果明らかになったことは、景虎は、元亀元年（一五七〇）四月に養子となった当初は義父謙信と同等の地位にあったが、少なくとも元亀三年閏正月から天正六年までの間にその地位を低下させたこと、そして、上杉景勝は天正六年までに謙信と同等の地位にあったことである。この成果は、「はじめに」で述べた拙説、すなわち景虎は越相同盟に際し輝虎の後継者として迎えられたが、同盟の破綻によりその地位に陰りをみせ、天正三年正月に上杉弾正少弼の名乗りを許された景勝にその地位を取って代わられたという点に矛盾なくあてはまる。

［史料H］

追而、氏政下総へ出馬之儀付而、実城以御意、相州へ飛脚指越候、昨帰路候間、相州よりの返札、
為御披見指越候、以上、
従相州之脚力、此方へ被差越候、則忰者相添差越候、相州へ之書中并遠左所へ之文、両通指越候、入御披
見可然之由、仰出付而者、認可被越候、若又御意ニ不合付而者、御安文可被越候、書直可差越候、以上、
十月三日　　景虎（花押a）
山吉孫二郎殿

右の史料Hは、元亀二年（一五七一）十月に景虎が上杉家の重臣山吉豊守に宛てた書状である（No.2）。これによれば景虎は、実家の北条家（「相州」）と書状の往復のあったことがわかるが、その際、景虎は北条家や遠山康光へ送る書状を謙信に見せ、「御意」に合わなければ書き直していたこと、そして、北条家へ飛脚を遣わす際には謙信の「御意」が必要であったことがわかる。前述のとおり、当時の景虎は、書札礼の上では謙信と同等の政治的地位にあったが、それはあくまで形式的なもので、実態は自由に実家と通交することもできず、謙信の管理下におかれたのである。出家入道してもなお謙信は、権力を自身に集め実権を握り続けたとも言える。

その後、晩年の謙信が意図した上杉家を統制し分国を支配するための政治的家格秩序の一部は、天正三年（一五七五）の軍役帳（「上杉家文書」『上越』一二四六・一二四七）に反映された。そこに景虎の名はないが、「御実城様」謙信と「御中城様」景勝を頂点とし、その下に「山浦殿」山浦国清、「十郎殿」上杉十郎、「上条殿」上条政繁、「弥七郎殿」琵琶島弥七郎、「山本寺殿」山本寺定長の上杉一門が続き、その下に上杉分国の戦国領主が並び立つ形であった。

謙信死後の御館の乱時において、景勝は上杉家中から謙信と同様「上様」と呼ばれたのに対し（『上越』一六〇〇・一六〇八・一七七四など）、景虎は「三郎殿様」と呼ばれた（『上越』一六〇八）。これは山浦国清が「源五殿様」と呼ばれたのと同様である（『上越』一四八三）。謙信晩年期の景虎も同様の呼び方をされたと考えられ、山浦国清と同じ上杉一門に位置づけられたのではなかろうか。

しかし、謙信が意図した新たな政治的秩序が国内外に浸透する前に謙信は死去したため、新たな秩序はすぐに崩れ去り旧態に復した。謙信権力の実態は戦国領主連合であったため（矢田一九九九）、謙信に束ねられていた戦国領主は、その死により結束を失い、春日山実城（新潟県上越市）に移った景勝方、春日山から出て府中の御館（同上越市）に入った景虎方に分裂し、能登や越中、越後奥郡などの遠隔地には様子見を決め込む領主もあった。

天正七年（一五七九）三月二十四日、景虎は、景勝との争いに敗れて逃げ籠もった鮫ヶ尾城（新潟県妙高市）で自害する。享年は二十六歳、法名は徳源院要山浄玄とされる（前掲「藤原姓上杉氏系図」）。景虎の妻（謙信の姪、景勝の姉妹）も景虎と同日に死去した。享年は二十四歳または二十九歳ともあり、法名は華渓正春大禅定尼である（前掲「藤原姓上杉氏系図」「平姓上田長尾系図」）。そして、謙信・景勝と血のつながりをもち、いずれ謙信の後継者になる可能性のあった景虎の子道満丸も、同年三月十八日に殺害された。享年は九歳、法名は了空とされる（前掲「藤原姓上杉氏系図」）。

〈参考文献〉

片桐昭彦「上杉謙信の家督継承と家格秩序の創出」（『上越市史研究』一〇　二〇〇四）
片桐昭彦『戦国期発給文書の研究―印判・感状・制札と権力―』（高志書院　二〇〇五）
片桐昭彦「戦国期武家領主の書札礼と権力―判物・奉書の書止文言を中心に―」（『信濃』六六―一　二〇一四）
木村康裕「謙信の死と後継者」「上杉景虎」「御館の乱」（『上越市史』通史編二中世　上越市　二〇〇四）
木村康裕「上杉景虎の発給文書について」（同『戦国期越後上杉氏の研究』岩田書院　二〇一二）
櫻井真理子「上杉景虎の政治的位置―越相同盟から御館の乱まで―」（『武田氏研究』二八　二〇〇三）
矢田俊文「戦国期越後国政治体制の基本構造」（本多隆成編『戦国・織豊期の権力と社会』吉川弘文館　一九九九）
『上越市史』別編一（上越市　二〇〇三）
『上越市史』別編二（上越市　二〇〇四）
『上杉家御年譜』二三（米沢温故会　一九八八）
『続群書類従』第六輯上系図部（続群書類従完成会　一九五七）
『大日本古文書』上杉家文書（東京大学出版会　一九七一～七三）

第二章　北条氏康の娘たち

早川殿―今川氏真の室

長谷川幸一

はじめに

本稿では北条氏康の娘で、今川氏真《うじざね》に嫁いだ早川殿《はやかわどの》を取り上げる。彼女の名は伝わっていないが、「早川殿」（早河殿）の呼称で呼ばれることが一般的である（この点は後述する）。以下、便宜上、本稿においては彼女のことを「早川殿」と呼称したい。

一、早川殿と氏政

早川殿の父である北条氏康は今川氏親《うじちか》の娘（瑞渓院殿光室宗照《ずいけいいんでん》）を正室とする。氏康には多くの子がいたことが確認される（本書収録黒田「北条氏康の子女について」）。早川殿に関しては、母が瑞渓院殿であったかどうかは史料の裏付けがとれない。ただ、後述するように早川殿の母は瑞渓院殿であった可能性が高い。

早川殿の没年月日は、『北条家過去帳』に慶長十八年（一六一三）二月十五日と確認できる（『平塚市史』一付録）。

法名は蔵春院殿《ぞうしゅんいんでん》天安理性とある。

早川殿の没年齢は不明であるため、生年を明らかにすることはできない。北条氏に関する最も作成年代が古いとみられる「平姓北条氏系図」（大阪狭山市教育委員会寄託「旧狭山藩主北条家文書」）では、早川殿は氏康の女子中、筆頭にあげられる。同系図は『寛永諸家系図伝』のもとになった系図であり、『寛政重修諸家譜』・『系図纂要』といった系譜でも、同様に早川殿は女子の筆頭にあげられる。系譜上、筆頭に位置づけられることは、早川殿が氏康の長女であった可能性を示唆する。

では、早川殿と氏政の関係はどうだったのであろうか。氏政の生年については諸説あるが、天文八年（一五三九）説が有力である（天文七年の可能性もある。本書収録黒田「北条氏康の子女について」参照）。早川殿が嫁いだ氏真も天文七年生まれであり、早川殿はこの天文七年前後に生まれたものと推測されている（杉山一九七五）。

軍記物類の『北条記』（『北条史料集』一四八頁）や、『松平記』（『愛知県史』資料編一四中世・織豊、一二六頁）では、早川殿を氏政の姉としている。こうしたことから、早川殿は氏政の姉であったのではないかとする見解もある（杉山一九七五）。また『寛政重修諸家譜』・『系図纂要』でも早川殿は氏政の姉として記載される。ただ、早川殿が氏政の姉とする確かな史料は確認できていない。

一方、井上宗雄氏は、早川殿の年齢は氏真よりやや下であったのではないかとする（井上一九七四）。井上氏はその理由として、早川殿が子息を産んだ年齢を挙げる。『寛永諸家系図伝』からは、氏真の子女として、範以《のりもち》・高久・安信・澄存《ちょうぞん》・吉良義定室の四男一女が確認される。そのうち、範以・高久・澄存の母は早川殿とされ、安信・吉良義定室の母についての記載はない。なお『系図纂要』第十「源朝臣姓今川」では、安信も範以と母が同じとされるので、安信の母も早川殿の可能性がある。そして義定室の母であるが、井上氏は早川殿と考えてよいとするものの（井上一九七四）、史料がなく不明である。

では、この子どもたちはいつ生まれたのであろうか。『寛永諸家系図伝』には、範以は慶長十二年（一六〇七）に三十八歳（数え年。以下、年齢は数え年で表記する）で死去したとあり、範以は元亀元年（一五七〇）生まれである。高久は寛永十六年（一六三九）に六十四歳で死去したとあり、天正四年（一五七六）生まれである。同様の記述は『系図纂要』にもあり、『系図纂要』では、澄存の没年月日や享年も記している。すなわち、澄存は承応元年（一六五二）に七十四歳で死去とあるので、天正七年（一五七九）の生まれである。最後に、吉良義定室であるが、義定の嫡子義弥《よしみつ》が天正十四年に生まれることから、義定室は長男の範以よりも年上で、永禄十二年（一五六九）以前の生まれではないかと推測されている（井上一九七四・長谷川一九九四）。義定室の母を早川殿と確定はできないが、もし義定室の母が早川殿であった場合、早川殿は範以を産む前に、義定室を産んでいたことになる。

以上から、早川殿が天文七年生まれとすれば、早川殿は三十三歳の時に範以を、それ以前には吉良義定室を、三十九歳の時に高久、四十二歳の時に澄存を産んだことになる。高久・澄存の出産は、高齢での出産となることから、井上氏は早川殿を氏真より年下ではなかったかとし、氏政の妹と推測している。

このように、早川殿が氏政の姉であるのか、妹であるのかについての見解は分かれている。早川殿の出産年齢を勘案すれば、早川殿は氏政・氏真と同年齢ではなく、彼らより年下であったとするのが自然な見方であろう。

そこで注目したいのが、早川殿の駿河今川家への嫁入りの時期である。早川殿の嫁入りは、天文二十三年（一五五四）七月に行われた。これ以前に、今川氏と北条氏は武田氏を介して和睦していたが、この婚姻によって、今川氏と北条氏は軍事同盟を結ぶことになった。つまり、この婚姻は両家にとって大変重要なものであったといえる。同年十二月には武田信玄の娘黄梅院殿が北条氏康の嫡子氏政に嫁ぎ、今川・武田・北条三氏による駿甲相三国同盟が成立する。なお、これ以前の天文二十一年十一月には、今川義元の娘で、氏真の妹である嶺松院殿が武田信玄の嫡子義信に嫁いでいる。このように、天文二十一年から天文二十三年にかけて、三大名では婚姻が進められていたことがわかる（以上、政治状況は平山二〇〇二参照）。

従来、早川殿は氏政の姉という系譜があることと、この嫁入りによって、早川殿は夫である氏真とほぼ同年齢であったことが指摘されてきた。ただ、この同盟の重要性を考慮すれば、天文二十三年に両家同士で婚姻を結ぶことが何よりも重要であったことが想定できる。つまり、この婚姻は、早川殿の結婚適齢期よりも、当時の両家の政略的な面が優先され、行われた可能性があるといえる。この想定が成り立つのであれば、早川殿が嫁入りした年齢は、氏真の年齢よりもかなり低かった可能性がある。

早川殿の母を、氏康の正室瑞渓院殿とみなせるかどうかは史料上不明とせざるを得ない点は先述したが、今川家嫡男である氏真に嫁いだということを勘案すれば、母が瑞渓院殿であった可能性は高いといえる。瑞渓院殿と氏康の子には、氏政・氏照・氏規がいる。早川殿の母は瑞渓院殿で、氏政の妹と想定するのであれば、氏政は天文八年（天文七年の可能性もある）、氏照は同十一年、氏規は同十四年にそれぞれ生まれているので、早川殿は天文九・十・十二・十三年か、十五年以降に生まれたものと推測できる。

仮に、早川殿を天文十六年生まれと想定すれば、嫁入りは八歳の時となる。初産の時期は特定できないが、もし吉良義定室を永禄十二年に産んだのであれば、その折の年齢は二十三歳となる。嫡子範以を産んだ元亀元年時は二十四歳、天正七年に澄存を産んだ時の年齢は三十三歳となる。早川殿の初産が、嫁入りして約十五年後であったという事実は、早川殿が幼少の頃に氏真のもとに嫁いだため、嫁入りから出産までの時間があいたものと想定できる。

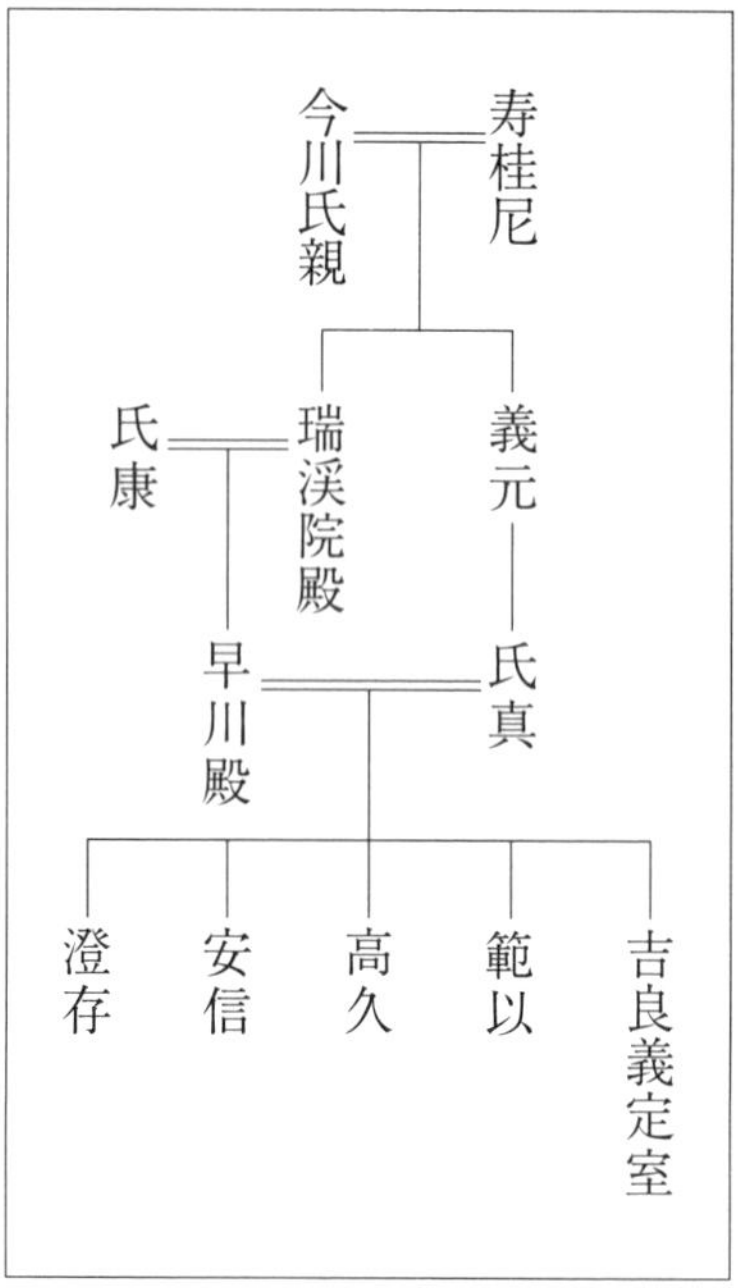

早川殿関係系図

駿甲相同盟の締結交渉は、天文二十年頃より行われたことが確認されている（平山二〇〇二）。本来であれば、今川・北条両家の婚儀は、武田義信に嶺松院殿（氏真妹）が嫁いだ天文二十一年十一月前後に行われることが望ましかったのであろうが、早川殿が幼少であったため、婚儀は天文二十三年まで延期された可能性がある（同年氏政に嫁いだ黄梅院殿も、天文二十一年時には十歳と幼少であった）。このように想定すると、氏規（氏康五男）が今川家へ人質に出された理由もわかってくる。北条氏は幼少である早川殿を嫁入りさせるのではなく、まず氏規を今川氏の人質として送り、早川殿の成長を待ったものと思われる。そのため、氏規が今川氏の人質となった時期は、今川・武田氏間で婚姻が結ばれた天文二十一年が有力であると想定される（天文二十一年であれば氏規は八歳である）。氏規は、早川殿が氏真のもとに嫁いだ後も、引き続き客分として駿府に滞在しているが、この点は妹（あるいは姉）である早川殿のことを考慮した結果であろう。このように想定すると、早川殿は氏規より年下であったことが考えられ、天文十五年以降の生まれで母も瑞渓院殿であったとみなせる。

早川殿の母を瑞渓院殿とすれば、氏真の祖母寿桂尼《じゅけいに》は、早川殿にとって祖母にあたる。寿桂尼にとって早川殿は孫である。後述するが、早川殿は寿桂尼亡き後、寿桂尼領を継承していることからも、その絆はとても深いものであったといえよう。

以上、推測に推測を重ねてきた。早川殿の嫁入り時期と駿甲相三国同盟、早川殿の出産年齢から、早川殿は氏政より年上であったとするよりも、むしろ年下であったとするほうが自然である。なお、早川殿を氏照・氏規の妹として捉えるべきかは検討を要するが、この点は後考を俟ちたい。また、今川氏真に嫁いだこと、および北条氏規や寿桂尼との関わりから、早川殿の母は瑞渓院殿であった可能性が高いといえる。

二、早川殿の嫁入り

天文二十三年（一五五四）七月、早川殿は駿河の今川氏真に嫁ぐ。これ以前に、今川氏と北条氏は武田氏を介して和睦していたが、この婚姻によって、今川氏と北条氏は軍事同盟を結ぶことになった。同年十一月には武田信玄の娘黄梅院殿が北条氏康の嫡子氏政に嫁ぎ、今川・武田・北条三氏による駿甲相三国同盟が成立する。なお、これ以前の天文二十二年十一月には、今川義元の娘で、氏真の妹である嶺松院殿が武田信玄の嫡子義信に嫁いでおり、三大名は互いに姻戚関係を有することになった。

早川殿の嫁入りに際して、その行粧はきらびやかに飾られ、多くの見物人があったという。早川殿は三嶋で迎えにきた今川氏側に引き渡され、氏真のもとへ嫁いでいった（『勝山記』、『山梨県史』資料編六中世三上、二四二頁）。

この嫁入りに際して、西浦（沼津市）にいた北条氏の被官には、北条氏より祝言の御用が課され、今川氏の領国である駿河の清水（静岡県静岡市清水区）までの物資の運送が命じられた（「国文学研究資料館所蔵長浜村大川家文書」、『戦国遺文』今川氏編一一七三号文書。以下、戦今一一七三と略す）。西浦は北条氏の御料所（直轄領）

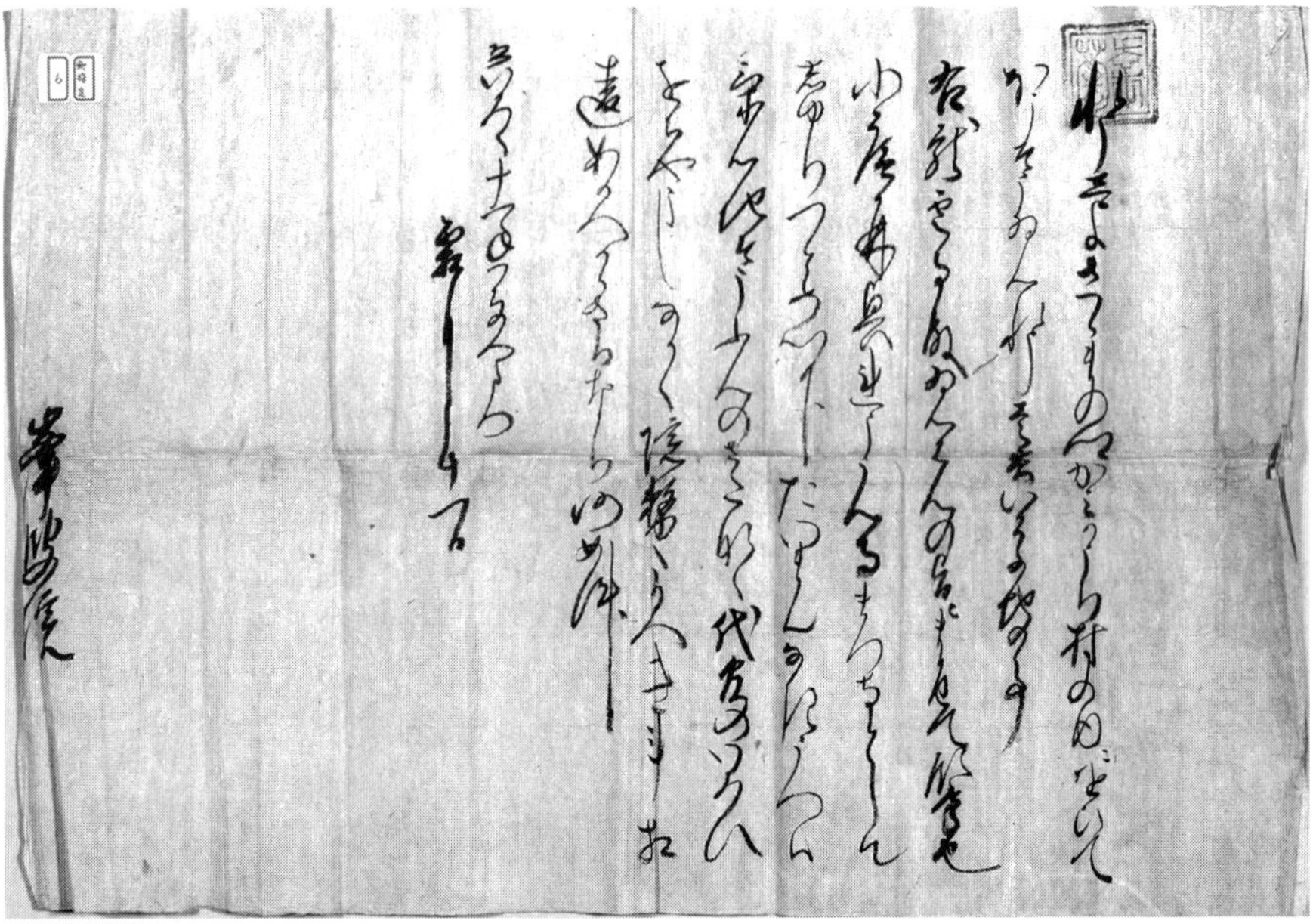

史料１　早川殿朱印状（岡埜谷家文書・個人蔵・島田市教育委員会 提供）

であり、伊豆半島北西部に位置していたため、駿河湾に面していた。そのため、清水には西浦から海路を通じて向かうことが可能であった。物資は銭六六七貫と紙八駄であった。黄金一両は二貫五〇〇文に相当するため（佐脇一九七六）、銭六六七貫は黄金に換算すると約二六六両となる。一両を現在の価値に換算して一〇万円とすると約二六六〇万円となり、かなりの大金であったことがわかる。

早川殿の嫁入りに関して史料から知ることができるのは以上であるが、父氏康は早川殿の嫁入りに際して、盛大に今川家に送り出していることを窺い知ることができる。

三、早川殿と寿桂尼

早川殿が駿府にいた時代、彼女の事績を伝える史料は少ない。公家の山科言継《やましなときつぐ》が駿府に来た折、早川殿は言継より薬を贈られていることがわずかに確認される（『言継卿記』弘治二年十一月二十三日条）。この他、早川殿は文書を発給しており、次のように確認できる。

〔史料一〕早川殿朱印状（「岡埜谷家文書」、戦今二一九四）

（朱印文「幸菊」カ）

れうしよ《料所》さゝま《篠間》の郷かミかうち《上河内》村の内ニをひて、ほうそうゐんれう《峯叟院領》壱貫八百文地の事

右、龍雲寺殿《寿桂尼》ゐんはん《印判》の旨ニまかせて領掌也、小庵再興、れうん《〔う〕脱》《龍雲》寺まつ寺として、しゆり《修理》つとめ、以下たいまん《怠慢》なきうへハ、けん《検》地そうふん《増分》のさた《沙汰》なく、代官のいろひ《綺》をちやうし《停止》、なかく院務たるへき事、

相違あるへからさるなり、仍如件、

ゑいろく《永禄》十一年つちのへたつ《戊辰》

霜月十一日

峯叟院

早川殿朱印状より
「幸菊」の印章

史料一において、早川殿は峯叟院（曹洞宗、現在廃寺）に宛てて、篠間郷上河内村（静岡県島田市）の所領を、「龍雲寺殿ゐんはん《印判》の旨ニまかせて」領掌している。この「龍雲寺殿ゐんはん《印判》」とは、永禄六年（一五六三）九月十一日付で寿桂尼が峯叟院に宛てたものである（後掲史料二）。寿桂尼は史料一が出される約七ヶ月前の三月二十四日に没しており、史料一は寿桂尼が認めた権利を領掌したものになる。史

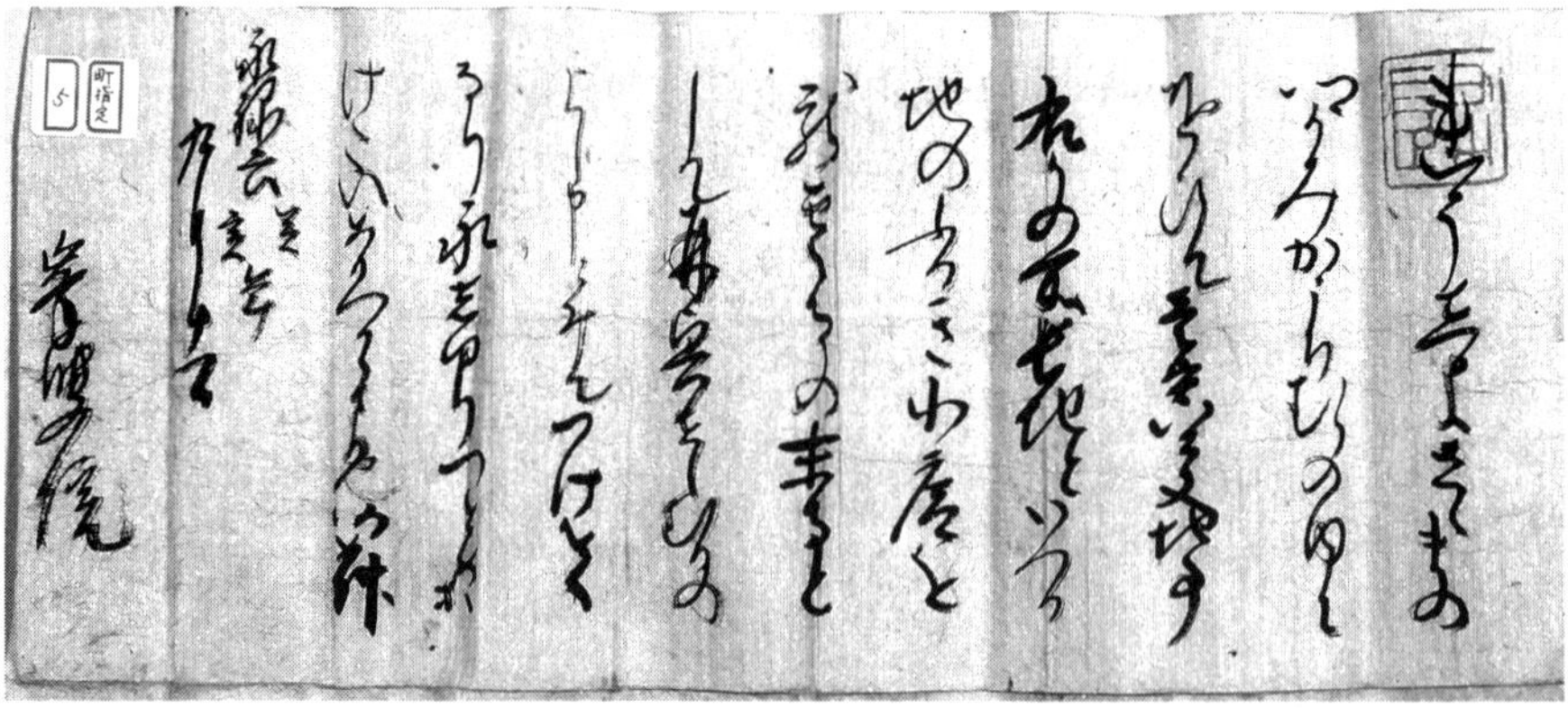

史料2　寿桂尼朱印状（岡埜谷家文書・個人蔵・島田市教育委員会提供）

料一の印文は、大石泰史氏によれば「幸菊」と読めるようである。なぜ「幸菊」の印章を早川殿が使用したのか、詳細は不明である。では、寿桂尼の史料を見てみたい。

（朱印文「帰」）
れうしよ《料所》さゝま《篠間》の郷かみかうち《上河内》村の内にをひて壱貫八百文地事
右、かの所長地といへる地のふるき小庵を、龍雲寺の末寺として再興せしむるのよし申ニ付てつけおくなり、永しゆり《修理》つとめ等けたい《懈怠》あるへからさる也、仍如件、
永禄六癸亥年
九月十一日
峯叟院
〔史料二〕寿桂尼朱印状（「岡埜谷家文書」、戦今一九三四）

まず、史料二を寿桂尼が発給している点を検討したい。史料二は、峯叟院が篠間郷上河内村（静岡県島田市）にある「長地」に、龍雲寺末寺であった小庵を再興するというので、寿桂尼が同村の一貫八〇〇文を与えたものである。なお、龍雲寺は寿桂尼の隠居所として生前から建立されていた寺院である（「増善寺文書」、戦今二〇六三）。

史料一において、「ほうそうゐんれう《峯叟院領》」とあるように、史料二を受給後、峯叟院は龍雲寺末寺としての小庵（峯叟院）を再興したのであろう。寿桂尼の寺院への所領安堵について、寿桂尼もしくは寿桂尼とつながる人物に関わる寺社領への権限を、寿桂尼がもっていたことが指摘される（久保田二〇〇五）。

寺社領以外にも、寿桂尼は峯叟院領が所在した篠間郷において、永禄二年十二月二十三日付で同郷日向村脇河内の百姓職を岡埜谷《おかのや》五郎右衛門尉に安堵している（「岡埜谷氏所蔵峰叟院文書」、戦今一四八八）。久保田昌希氏は寿桂尼の発給文書を収集した上で、今川義元が当主となった段階では、寿桂尼は領国政治から引退していたものと推測している（久保田二〇〇五）。この岡埜谷氏への百姓職安堵は義元期におけるものである。したがって、この段階で寿桂尼自らが百姓職を安堵しているということは、寿桂尼が篠間郷において、今川氏の領国政治とは別にその権限を保持していたことを示すのに他ならない。史料一・二には「れうしよ《料所》」と記載があり、これは今川氏の直轄領と解釈されるが、寿桂尼自らが管轄する所領という意味でも捉えられる。

そのため、寿桂尼は「寿桂尼領」である篠間郷から峯叟院に所領を与えることができたといえる。

そして、寿桂尼没後、「寿桂尼領」であった篠間郷が今川氏の直轄領に収公《しゅうこう》されるのではなく、早川殿に引き継がれたことは、史料一から想定できる。篠間郷が直轄領に収公されたのであれば、史料一は本来、今川家当主である氏真による判物《はんもつ》、あるいは今川家朱印状として出されたであろう。

史料一がなぜ発給されたか。その要因は寿桂尼が没したことにある。峯叟院は、引き続き所領を安堵できる人物として、寿桂尼領を継承した早川殿を頼ったため、史料一が発給されたと考えられる。

「寿桂尼領」のすべてを早川殿が継承したのか否かは不明であるが、早川殿の管轄できる所領として篠間郷があったことは確かといえる。このように、早川殿は寿桂尼の立場を継承し、今川領国において、その政治的役割を担う存在であった。ただ、その政治的役割は短いものであった。史料一が出された翌月、今川領国は武田・徳川氏の攻勢にさらされることになり、崩壊してしまったからである。

四、駿府より相模へ

永禄十一年（一五六八）十二月、武田氏は駿河に侵攻する。今川氏は武田氏の攻勢になすすべもなく、氏真は遠江国《とおとうみのくに》の懸川城（静岡県掛川市）に敗走することとなった。早川殿も氏真とともに懸川へと向かったが、その際早川殿は乗物にも乗ることができずに、徒歩で移動したようである。これを知った北条氏康は、この恥辱は雪《すす》ぎがたいと武田氏に激怒し、今川家が断絶したことを嘆いている（「歴代古案一」、戦今二二二八）。そして、北条氏は武田氏とは断交し、上杉氏と同盟を結び、今川氏を支援することとなる。

懸川城に籠城した氏真夫妻であったが、永禄十二年五月十五日に同城が開城することになると（「歴代古案三」、戦今二三八八）、同月十七日には蒲原城に移る（「色色証文」、戦今二三六七）。閏五月三日以前には氏真夫妻は沼津に着き（「岡部文書」、戦今二三八二）、氏真は閏五月十五日には駿河大平城に在城している（「矢部文書」、『戦国遺文』後北条氏編 一二五〇号文書）。氏真の大平在城がいつまでかは不明であるが、元亀元年九月までには氏真は相模に移っていることが確認できる（「山吉盛禮氏所蔵文書」、戦今二四七〇）。

一方、早川殿の動向は沼津に到着した以降は不明である。早川殿は元亀元年（一五七〇）に長男範以を産んでいる。そのため、当時早川殿は身重であった可能性が高く、氏真とは行動を別にしていたと思われる。『寛永諸家系図伝』には、範以の生国は相州とあることからも、氏真とは沼津で別れ、相模国に向かったと推定される。ともあれ、氏真は北条氏の援助を受けるものの、今川家再興は叶わず、夫妻はともに相模の早川に移ることになる。

この早川については、小田原城内の「早川曲輪」とする説もあるが（杉山一九七五）、現在では足柄下郡早川村（神奈川県小田原市）とするのが定説である。

江戸時代に編まれた地誌『新編相模国風土記』巻三十一には、早川村に「今川上総介氏真館蹟」があったことを記録する（『新編相模国風土記稿』第二巻、一四一頁）。館蹟の場所は不明とする。この早川村と北条氏の本拠小田原城の間には河川の早川が流れ、早川村は早川西岸に位置する。早川に氏真が居住していたことは、安房妙本寺の日侃《にっかん》が元亀三年頃に駿河国富士郡の久遠寺再興について、「早川御奉行所」宛に書状案を作成していることからも証明できる（「妙本寺文書」、『静岡県史』資料編八中世四 二二六九号）。当然、早川殿も氏真と居を共にしていたことであろう。

なお、「早川殿」の呼称は、この早川に居住したことに由来することが、『北条記』の記載からわかる。『北条記』巻第四は、「氏真今は府中へ帰玉ふ事も不叶、戸倉の城より小田原へ被参しかば、早川に置被申ける間、早川殿と申ける」（『北条史料集』一四三頁）と「早川殿」の呼称が生まれた経緯を記す。この場合、氏真自身を「早川殿」と呼んだようにも取れるが、『北条記』巻第三では「氏真の御前早川殿と申す」（『北条史料集』一〇四頁）とあるように、氏真夫人を「早川殿」としている。

また、早川には氏真夫妻の屋敷があったのみならず、氏真の家臣やその家族も早川の寺院に分宿していたことが明らかにされている（前田二〇〇一）。いうならば、早川一帯は、駿河・遠江から逃れてきた今川家臣団の難民キャンプ化していた。この早川は北条一族の長老たる北条幻庵宗哲の所領であった。以後、氏真は、宗哲の後見を受け、北条氏の一門として遇された（黒田一九九八）。なお、氏真の北条家内の序列は、氏政・氏照に続き第三位であったことが知られる（本書収録黒田「北条氏康の子女について」）。

五、浜松へ

元亀二年（一五七一）十二月、北条氏は上杉氏と断交し、武田氏と再び同盟（甲相同盟）を結ぶ（「東京大学文学部国史研究室所蔵由良文書」、『戦国遺文』後北条氏編一五七二号文書）。甲相同盟締結にあたり、駿河の大部分は武田氏のものとなり、氏真の駿河復帰の可能性は限りなくゼロに近くなった。

従来、氏真は甲相同盟締結後まもなく相模を去ったものとされていた（井上一九七四）。しかし、元亀三年五月十九日、氏真は早川の久翁寺にて父義元の十三回忌法要を行っていることがわかり、（龍譚寺所蔵「記事緒余」、戦今二五一二）、この時まで相模にいたことが確認される（前田二〇〇一）。

これ以降、氏真の動静はしばらく不明となるが、天正元年秋には浜松にいたようである（「賜蘆文庫文書三十三足代文書」、戦今二五四四）。徳川家康が天正元年八月二十日に奥三河の国衆《くにしゅう》奥平氏に宛てた起請文には、三浦氏の所務分に関して、家康が氏真に相談する旨が記されており（「譜牒余録前編巻二十七」、戦今二五三六）、天正元年八月には氏真は家康のいた浜松にいたのであろう。氏真はなぜ北条氏のもとを去り、徳川氏のもとへ行ったのであろうか。この点について、織田信長は毛利輝元に送った書状で、氏真が信長を頼ってきたとし、信長は氏真のために駿河出兵の用意があることを述べている（「乃美文書正写」、戦今二五三八）。以上から、氏真は武田氏から駿河を取り戻すため、織田・徳川氏を頼ったことがわかる。では、氏真の相模退去直後の史料を掲げよう。

（今川氏真）（花押）

今度忍而令渡海之処ニ、自相州慕跡来之条、太忠信之到〔至カ〕也、一乱以来、無相違令奉公上者、於本意之時

者可及忠賞也、守此旨弥奉公可為肝要者也、此旨仍如件、
三月十五日
朝比奈弥太郎（泰勝）殿

〔史料三〕今川氏真判物（「鎌田武男氏所蔵文書」、戦今二五八五）

史料三は、従来元亀三年に出されたものとされてきたが、氏真の相模在国が元亀三年五月まで確認されることから、前田利久氏により天正元年のものと比定された（前田二〇〇一）。一方、『戦国遺文』今川氏編は、花押形が宗誾《そうぎん》と称して以降のものであることから天正四・五年いずれかのものとする。氏真署名の終見史料は元亀三年二月二十二日の文書である（「清見寺文書」、戦今二四九九）。一方、宗誾署名の初見としては天正三年七月十九日のものが確認される（「徳川林政史研究所所蔵古案第六冊義元」、戦今二五七二）。時期は不明であるが、元亀三年より天正三年までの間に、氏真は出家し、宗誾と名乗ったことがわかる。したがって、史料三は天正元年のものでも支障はない。

史料三を訳せば、「今回、（氏真が）忍んで渡海をしたところ、（泰勝が）相模から自分の跡を慕って来たことは大変忠信なことである。駿河退去以来、（泰勝が）一貫して奉公してくれているので、本意（駿河奪還）を果したら、これまでの忠節に報いて褒美《ほうび》を与える。そのため、今後も奉公が大事である」となろう。

注目したい箇所は、冒頭の「今度忍而令渡海之処ニ」である。「今度忍而」とあることから、氏真の渡海は内密にされたことが知られる。そのため、朝比奈泰勝は氏真の渡海に同行することができず、氏真の後を追ったのであろう。つまり、史料三より、天正元年三月十五日時点で、氏真は相模を離れていたことがわかる。

では、なぜ氏真はこの時期に相模を離れたのであろうか。氏真が相模を出国した前年の元亀三年十一月、

武田氏は三方ヶ原《みかたがはら》（静岡県浜松市）で徳川氏と激突する。この際、武田氏には北条氏の援軍が、徳川氏には織田氏の援軍が参加しており、この戦いは武田・北条VS徳川・織田という構図になった。この武田氏の出兵以前に、武田氏と織田氏とは同盟関係にあった。織田氏は徳川氏とも同盟を結んでおり、これまで武田氏は織田氏の手前、徳川氏と本格的に交戦状態に入ることはなかった。しかし、この武田氏の遠江出兵によって、それまで小康状態であった徳川氏との関係は破れた。その結果、織田氏は徳川氏を援助し、武田氏は織田・徳川氏と敵対、武田氏の同盟者であった北条氏は、武田氏を援助することになった。武田氏の徳川領への侵攻は、それまでの情勢を一変させる出来事であったといえる（以上、政治状況は丸島二〇〇八参照）。

こうした情勢の変化が、氏真の相模出国の気持ちを固めたといえる。史料三には「本意」とあるように、氏真は駿河奪還をいまだ諦めていなかったのであろう。そこで、氏真は武田氏と同盟を結んだ北条氏のもとにいるよりも、武田氏と敵対する織田・徳川のもとへ行くことにより、本意を果たすべく、相模を出国したのである。

では、北条氏は、氏真の相模退去を認めていたのであろうか。この点は不明であるが、北条氏は当時武田氏と同盟を結んでいたので、氏真の相模退去を公に援助することはできなかったと思われる。そのため、氏真の相模退去は内密のものとなったのであろう。

なお、『北条記』・『松平記』には、武田信玄が氏政に氏真を討つ計策をもちかけ、信玄は刺客を派遣したが、このことを聞きつけた氏真・早川殿は子どもや家臣を連れ、小田原より浜松へ向かったという逸話が収録される（『北条記』〈『北条史料集』一四八頁〉・『松平記』〈『愛知県史』資料編一四中世・織豊、一二六頁〉）。また、甲相同盟を締結したことにより、北条氏が武田氏に気を遣い、氏真を小田原から追い出したとする話もある（『北条記』、『北条史料集』一四八頁）。これらの逸話は、確かな史料に基づくものではなく、氏真は北条氏の一門として庇護を受けていたことや、甲相同盟締結後も相模に滞在していることから、創作である可能性が高いという（前田二〇〇一）。ただ、これら逸話は、氏真が相模を出国した当時、巷間に流布していた話が取り込まれた可能性もある。その場合、逸話の信憑性はともかく、当時どのように人々が氏真の相模出国を捉えていたのかを知ることができ、興味深い問題といえる。

こうして氏真は相模を出国した。この時、氏真と行動をともにした人物に誰がいたのか、具体的なことは不明である。『北条記』・『松平記』にあるように、氏真は早川殿や氏真の子ども、限られた近臣とともに逃れたのであろう。また、氏真の妹、嶺寒院殿も同行したものと思われる。『北条家過去帳』には、氏真の妹として嶺寒院殿松誉貞春が挙げられる（『平塚市史』一付録）。嶺寒院殿は武田信玄の嫡子義信に嫁いだ人物である。義信が亡くなったことにより、嶺寒院殿は実家の今川家に戻されていた（長谷川一九九三）。おそらく、嶺寒院殿は駿府退去より兄氏真や早川殿と行動をともにしたのであろう。『北条家過去帳』には、没年月日は慶長十七年八月十九日とあり、氏真・早川殿の子息、勝仙院澄存が供養をしていることが確認される。そのため、嶺寒院殿は、亡くなるまで氏真や早川殿と行動をともにしていたといえる。

六、その後の早川殿

浜松に移ってからの早川殿の動静は不明な点が多い。天正四年（一五七六）頃より、氏真は松平家忠・松井忠次の補佐のもとに、対武田氏の最前線にあたる牧野城（静岡県島田市）に在城している（「光西寺所蔵松井文書」、戦今二五七七）。早川殿は牧野城ではなく、浜松にいたのであろう。そして、天正四年には高久を、天正七年には澄存をそれぞれ出産している。『寛永諸家系図伝』には、高久・澄存の生国は遠州とあり、早川殿は遠江国にいて、二人を産んだのであろう。氏真三男とされる安信は生年が不明であるが、高久と澄存が生まれる間に生まれていることになる。なお、氏真の娘吉良義定室の生年も不明である。ただ、前述の通り、吉良義定の嫡子義弥が天正十四年に生まれることから、義定室は長男の範以よりも年上で、永禄十二年（一五六九）以前の生まれではないかと推測されている（井上一九七四・長谷川一九九四）。吉良義定との婚姻は、氏真が浜松にいた頃に成立したものであろう。天正十年には氏真の仇敵であった武田氏は滅亡する。しかし、駿河は氏真の手に戻ることはなく、今川家の再興は叶わなかった。

その後、氏真は浜松にいたようであり、天正十一年七月、近衛前久《さきひさ》が家康を浜松に訪ねた際、氏真は前久に挨拶をしている（「景憲家伝」、『大日本史料』十一編之四、八〇〇頁）。天正十八年に、徳川氏は関東に転封となるが、氏真は天正十九年には京に移り、嫡子範以とともに、公家の冷泉為満や山科言経《ときつね》・言緒《ときお》らと交流していることが確認される（柳沢二〇〇二）。早川殿も氏真とともに京に移ったとみえ、公家の西洞院時慶のもとに「今川ノ女中」が花見にみえたとある（『時慶卿記』慶長九年三月七日条）。この女中は早川殿か、あるいは氏真嫡子である範以の室（吉良義安女）とされる（小林一九九三）。いずれにせよ、氏真夫妻と範以夫妻はともに京にいたのであろう。

早川殿墓（左側）
（東京都杉並区・観泉寺）

範以は氏真夫妻に先立ち、慶長十二年（一六〇七）十一月二十七日、三十八歳で京に没す（『寛政重修諸家譜』）。範以の嫡男範英（後の直房）は、慶長十六年十二月に徳川秀忠に出仕する（同）。その謝礼のためであろうか、氏真は翌十七年四月に駿府の家康のもとを訪ねている（『駿府記』、『大日本史料』十二編之十七、二二二頁）。その後、氏真は居を江戸に移し、慶長十九年十二月二十八日に没す（『北条家過去帳』、『平塚市史』一付録所収）。享年は七十七歳であった。市ヶ谷にあった万昌院に葬られる（後に観泉寺に改葬）。早川殿は氏真に先立つことおよそ一年前、慶長十八年（一六一三）二月十五日に亡くなっている。早川殿も氏真と同じく万昌院に葬られたのであろう。

早川殿の肖像画は、氏真のものとともに現在に伝わっている[1]。肖像画は対幅で、妙心寺一〇七世雲屋祖泰の賛が次のように記される。

［史料四］今川氏真像雲屋祖泰賛（個人蔵）

仙巌院殿機峯俊㕣〔貌〕大居士肖像
源家棟梁威振扶桑智信内潤
顕□□□□在花洛固風雅場
胸士〔詳カ〕□□〔矧カ〕柔臨済□□千万世
地広天長名□梧葉高棲鳳
皇　別々須弥百億一禅床咦
元和著雍敦牂〔元和四年二月〕仏生日
前花園小比丘雲屋〔祖泰〕叟籠
□（印）□（印）

［史料五］早川殿像雲屋祖泰賛（個人蔵）

蔵春院殿天安理性大姉画像

天地同根浄法身
虚□□□〔空龍十カ〕全露真
珠簾□□□〔候花深カ〕戸
□□〔蹤跡カ〕□□□春
元和戊午華朝日（元和四年二月）
□〔前カ〕妙心雲□□叟

いずれも元和四年（一六一八）二月の年紀がある。早川殿が亡くなって五年が経っており、二月は早川殿の祥月にあたる。早川殿の法要に合わせ、肖像画が作成され、その施主（依頼主）は、氏真夫妻の子、勝仙院澄存とされる（小林一九九三）。肖像画は、澄存が別当をつとめた若王子乗々院に保管されていたが（大高二〇一三）、その後乗々院の所蔵から離れたようである。

〈注〉

（1）二つの肖像画とも『静岡県史』別編3図録に掲載されている。個人蔵（外国）で現在は所蔵者の連絡先不明のため、今回画像をここに転載することはできなかった。

〈参考文献〉

井上宗雄「今川氏とその学芸」（『今川氏と観泉寺』吉川弘文館　一九七四）

大高康正「今川氏真・同夫人画像の伝来事情」(『戦国史研究』六五　二〇一三)
小和田哲男『駿河今川一族』(新人物往来社　一九八三)
久保田昌希「懸川開城後の今川氏真と後北条氏」(同『戦国大名今川氏と領国支配』吉川弘文館　二〇〇五　初出一九八八)
久保田昌希「寿桂尼の生涯と今川氏」(同『戦国大名今川氏と領国支配』吉川弘文館　二〇〇五　初出一九九七)
黒田基樹「大平城の今川氏真」(『小田原市史』通史編　原始・古代・中世　小田原市　一九九八、六〇〇〜六〇二頁)
小林　明「紙本著色今川氏真・同夫人像について」(『静岡県史研究』九　一九九三)
酒入陽子「懸川開城後の今川氏真について」(『戦国史研究』三九　二〇〇〇)
佐脇栄智『後北条氏の基礎研究』(吉川弘文館　一九七六)
杉山　博「早河殿(蔵春院殿天安理性)への回想」(『史談小田原』創立二十年記念特集号　一九七五)
長谷川弘道「永禄末年における駿・越交渉について」(『武田氏研究』一〇　一九九三)
長谷川弘道「今川氏真没落期の家族について」(『戦国史研究』二七　一九九四)
平山　優『戦史ドキュメント川中島の戦い』上・下(学習研究社　二〇〇二)
前田利久「後北条氏庇護下の今川氏真について」(『地方史静岡』二九　二〇〇一)
丸島和洋「信玄の拡大戦略　戦争・同盟・外交」(柴辻俊六編『新編武田信玄のすべて』新人物往来社　二〇〇八)
柳沢利沙「一六世紀における今川氏の動向について」(大石学監修『高家今川氏の知行所支配』名著出版　二〇〇二)
『戦国遺文』今川氏編第三巻(東京堂出版　二〇一二)
『北条史料集』(人物往来社　一九六六)
『大日本史料』第十一編之四(東京帝国大学文学部史料編纂所　一九三二)
『大日本史料』第十二編之十七(東京帝国大学文科大学史料編纂係　一九一四)
『新編相模国風土記稿』第二巻(『大日本地誌大系』二〇　雄山閣　一九九八)
『愛知県史』資料編一四　中世・織豊(愛知県　二〇一四)
『静岡県史』資料編八中世四(静岡県　一九九六)
『山梨県史』資料編六中世三上(山梨県　二〇〇一)
『平塚市史』一(平塚市　一九八五)

七曲殿——北条氏繁の室

小笠原春香

一、七曲殿の出自

七曲坂より見た玉縄城跡「太鼓櫓」（山田孝撮影）

北条氏政には七人の姉妹がいた。その中で玉縄城《たまなわ》（神奈川県鎌倉市）の城主北条氏繁《うじしげ》に嫁いだのが、七曲殿《ななまがりどの》（新光院殿）である。輿入れ後、玉縄城内で七曲と呼ばれる地に居住したことから、七曲殿と称されたという（黒田二〇〇七）。七曲という地名は現在も鎌倉市内に残っており、玉縄北条氏の菩提寺である陽谷山龍宝寺から玉縄城址へと向かう古道が「七曲坂」と呼ばれている。七曲は、玉縄城の大手門に該当する地であったという。

七曲殿の父は北条氏康であるが、彼女の生年については不明である。兄氏政が天文七年（一五三八）生まれなので、それ以降の生年であることは間違いない。彼女と氏繁の間に次男氏勝《うじかつ》が誕生したのは永禄二年（一五五九）であり（『寛政重修諸家譜』）、この時兄氏政が二十二歳であることを考慮すると、七曲殿はそれより下の年齢だったことになる。そして、氏勝には生年は不明であるが氏舜《うじきよ》という兄がおり、七曲殿が十代後半で出産したとみられる。以上の点をふまえると、七曲殿の生年は天文十年前後ということになろう。

七曲殿の生涯で注目されるのは、北条宗家の娘として生まれ、従兄である氏繁に嫁いだ点である。氏繁と七曲殿が婚姻したことによって、玉縄北条氏の北条家中における位置は、どのように変化したのであろうか。氏繁の動向を整理しつつ、七曲殿の生涯について述べていくこととしたい。

二、夫氏繁の立場

七曲殿の夫である北条氏繁は、天文五年（一五三六）、玉縄城主であった綱成《つなしげ》の嫡男として生まれ、玉縄北条氏の三代目にあたる。玉縄北条氏は、北条氏綱《うじつな》の三男で氏康弟の為昌《ためまさ》に始まる一族で、為昌の養子となった福島《くしま》氏出身の綱成がその跡を継ぎ、氏綱の娘（大頂院殿）を正室に迎えた。大頂院殿《だいちょういんでん》は氏康の妹であるので、氏康と綱成は義兄弟の関係にあった。よって、氏繁は氏康の甥にあたり、氏政・七曲殿とは従兄弟同士ということになる。氏繁と七曲殿の婚姻の時期は不明であるが、次男氏勝が永禄二年（一五五九）生まれであることから、その数年前であると推定される。そして、生年不詳ながら、氏勝の兄氏舜の存在を考慮すると、おそらく二人の婚姻は天文二十年頃、氏繁の元服後に成立したとみられる。

氏繁の父綱成は、永正十二年（一五一五）の生まれで、氏康と同年齢である。綱成という名は、氏綱から偏諱《へんき》を受けたものであるが、北条氏の通字である「氏」を冠しないことから、綱成の家格は他の御一家衆よ

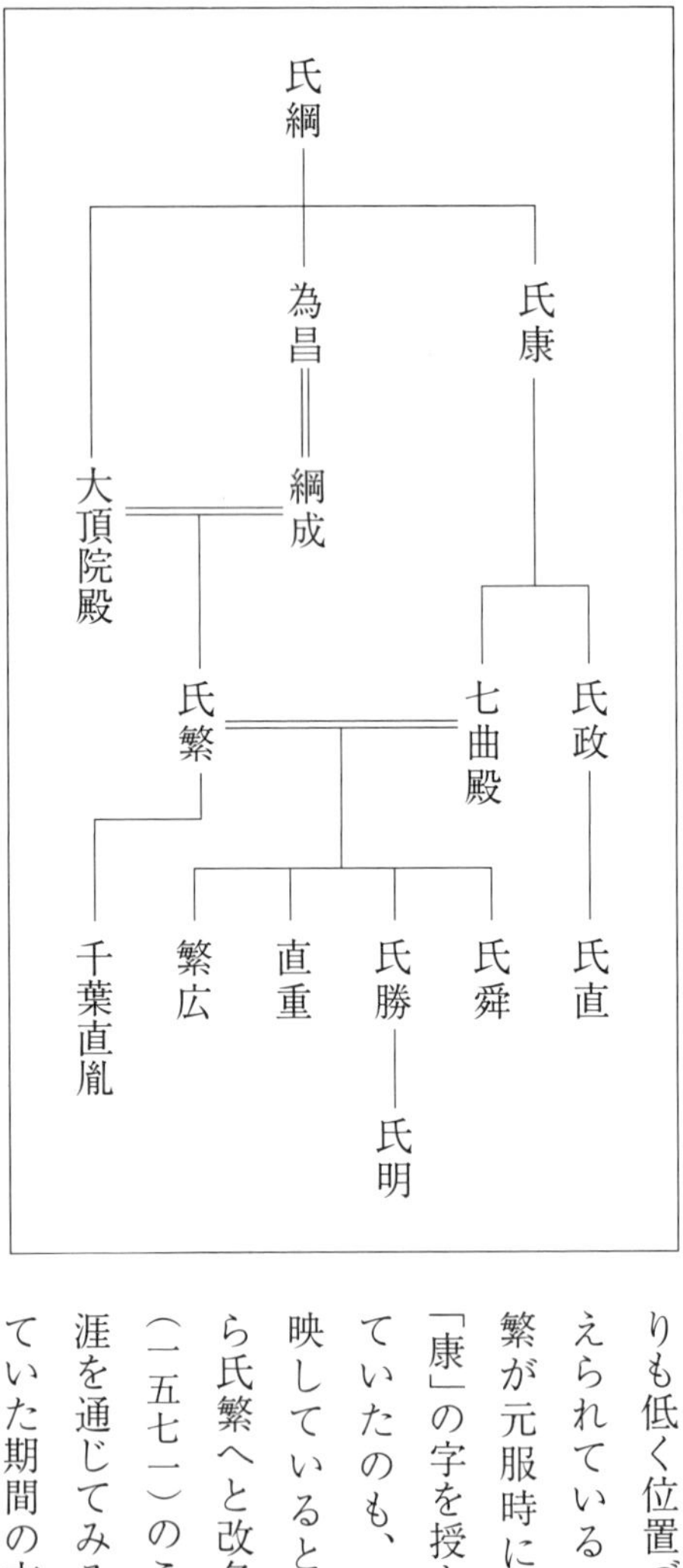

りも低く位置づけられていたと考えられている（黒田二〇〇七）。氏繁が元服時に氏康の偏諱である「康」の字を授かって康成《やすしげ》を名乗っていたのも、そうした一面を反映しているといえよう。康成から氏繁へと改名したのは元亀二年（一五七一）のことであるから、生涯を通じてみると、康成と名乗っていた期間の方が長かったことになる。本稿では、混乱を避けるために「氏繁」で表記を統一することとしたい。

綱成・氏繁父子が本拠とした玉縄城は、相模国の東側に位置し、相模湾に臨む地にあったことから、北条氏の重要な軍事拠点の一つであった。軍事面において、綱成・氏繁父子は多くの活躍を見せており、氏繁については、玉縄城から北条領国の最前線へと派遣され、先鋒として働くこともあった。

永禄十年（一五六七）、北条氏が岩付《いわつき》城（さいたま市岩槻区）を接収したことを受け、氏繁は同城の城代に任じられた（「武州文書」戦北一〇三八）。これを機に、氏繁は玉縄城を離れて岩付城に入っている。その一方で、同十二年（一五六九）からは、本拠玉縄城周辺の鎌倉代官を兼任している（「伊藤長太郎氏所蔵文書」戦北三八四二）。

また、綱成・氏繁父子は、関東の岩付太田氏・下総結城氏・下野那須氏、南陸奥の白川氏・蘆名氏といった対外勢力との交渉を取り次ぐ役割を担っており、外交面でも活躍した。しかし、取次役は、のちに氏政弟の氏照へ移行したこともあり、それにともなって父子は交渉の場から退いている。

氏繁は、基本的には父綱成の立場を継承して活動していたが、次第に氏繁の政治的立場は綱成と一線を画すようになる。

永禄十一年（一五六八）十二月、同盟していた武田信玄が駿河へ侵攻したことを受け、北条氏は武田氏への敵対を表明した。駿河の今川氏真には氏康の娘早川殿《はやかわどの》（蔵春院殿）が嫁いでおり、氏康・氏政父子は氏真と早川殿を救援すべく、駿河へ出陣して武田軍と対峙したのである。氏政の室は信玄の娘黄梅院殿《おうばいいんでん》であったが、この敵対を機に離縁され、甲斐へと帰国している。

一方で北条氏は、それまで敵対関係にあった越後上杉氏との同盟を画策した。翌年、複数回にわたる交渉の甲斐あって同盟は成立するが（越相同盟）、その際に提出された北条氏の起請文の中に、氏繁と父綱成の名が確認できる（「御書集」戦北一二五八）。この時、宗家である氏康・氏政父子と氏政の弟氏照も起請文を提出している（「御書集」戦武一二五六）。この点について黒田基樹氏は、氏繁が御一家衆の中で、氏照らに次ぐ政治的地位にあったと指摘している（黒田一九九七）。また、父綱成が玉縄城主として健在だったことから、氏繁が綱成の嫡子ではなく、氏康の子息に準じる立場のもとに行動していたのではないかとも述べている（黒田二〇〇七）。

では、なぜ氏繁は御一家衆に準じる立場になり得たのであろうか。それはやはり、七曲殿と婚姻したことが大きく影響している。宗家の女性と婚姻することで、男性の家中における地位は向上する。大名家の当主が、見込みのある人物を一門に準ずる地位に引き上げるために行った措置が、宗家の女性を嫁がせることだったのである。こうした事例は、隣国である甲斐武田氏にも見られ、信玄の次女見性院殿《けんしょういんでん》が穴山信君《のぶただ》に嫁いだことで、信君が一門衆と同等の立場となっている。信君の母南松院殿《なんしょういんでん》は信玄の姉であるので、信君は信玄の甥であり、信君と見性院殿は従兄妹同士であった。この点についても氏繁と七曲殿の関係と類似している。大名家の女性といえば、他の大名家に嫁ぐ政略結婚の印象が強いが、こうした親族間で婚姻が行われる事例も存在するのである。

氏繁は氏康の妹を母に持つことから、氏康の甥であるとともに、氏政の従兄弟である。一方の七曲殿は、氏康の娘であり、氏政の妹である。そこに、父綱成が積み上げてきた実績が加味され、氏繁は氏政兄弟に準じる政治的地位を与えられたのである。こうした血縁関係が、氏繁を御一家衆へと押し上げていったのであり、氏繁の家中における立場が向上した背景には、七曲殿の存在があったのである。

氏繁が綱成から正式に家督を継承したのは、元亀二年（一五七一）末のことである。家督継承にともない、綱成と同じ官途名《かんとめい》である左衛門大夫を称し、実名を康成から氏繁へと改めた。そして、改名後の翌年一月から、氏繁名義の文書が登場するようになる（「龍珠院文書」戦北一五七三）。では、なぜ元亀二年末に氏繁は家督を継承することになったのであろうか。その要因として挙げられるのが、氏康の死去である。

元亀二年十月、氏康が死去したことから、北条宗家の当主は名実ともに氏政となった。その後、玉縄北条氏において氏繁の家督継承が行われ、氏政が「氏」の字を氏繁に授けたのである。したがって、氏繁の家督継承は、北条宗家の代替わりによって実施されたもので、氏繁が御一家衆に準じる立場にあることを公にするために行われたものと捉えられる。また、佐脇栄智氏は、「康」の字を与えた氏康の生存中に氏繁への改名が行われたとは考えにくいことから、氏繁が氏康死去後に「氏」の字の授与を氏政に申請した可能性があると指摘している（佐脇一九五六）。このように、氏繁が家督を継承した玉縄北条氏は、宗家を支える一族として、氏政より期待されたのである。

氏康の死後、氏政は武田氏と和睦して同盟し、上杉氏との同盟を破棄した。それにともない、岩付城代を務める氏繁は、対上杉戦で活躍するようになった。天正二年（一五七四）二月、北条軍は上杉方の深谷城《ふかや》（埼玉県深谷市）・羽生城《はにゅう》（同羽生市）を攻撃すると（「結城寺文書」戦北一六三三）、五月には関宿城《せきやど》（千葉県野田市）を攻撃した（「梁田家文書」戦北一七〇一）。同年十月、上杉謙信が梁田氏救援のために上野に侵攻してきたが、氏繁が対峙することで難を逃れている（「鶴岡八幡宮文書」戦北一七四四）。閏十一月には、氏繁の活躍もあり、関宿・羽生城が北条軍によって攻略された（「小田原編年録」戦北一九一一）。そして同月、鶴岡八幡宮に対し、氏政が雄剣を、氏繁が神鏡霊盤七面をそれぞれ奉納・寄進している（「鶴丘八幡宮神主大伴家譜」等、戦北一七四一・一七四五）。氏政と氏繁による奉納・寄進に関して伊藤一美氏は、氏繁は玉縄城主としての独立性はあるものの、かなり強固な本城主―支城主体制が布かれていたと指摘している（伊藤一九九四）。

天正五年（一五七七）になると、下総の結城氏が北条氏から離反して佐竹氏と和睦したため、北条氏は常陸方面の防衛体制を強化しなければならなくなった。そこで、氏政は飯沼城《いいぬま》（茨城県坂東市）を築城し、その城代として氏繁を派遣した。岩付城代であった頃と同様に、氏繁は北条領国の最前線に立ち、北条氏の領国拡大とその防衛の任務に就いたのである。

しかし、この時の氏繁は病に苦しめられていた。翌天正六年五月から、北条氏は佐竹・結城氏の軍勢と対峙したが、氏繁自身は出陣できる容態ではなく、代わりに嫡男氏舜が出陣している（「白川文書」戦北二〇〇五）。その後、氏繁は回復することなく、同年中に死去した。享年四三、法名は龍宝寺殿大応宗栄大居士といった（「龍宝寺位牌」）。綱成は天正十五年（一五八七）に亡くなるので、父より九年も早く亡くなったことになる。氏繁の墓は、菩提寺である鎌倉の龍宝寺（開基は綱成）に建てられ、のちに綱成の墓もここに建てられた。忌日については諸説あるが、浅倉直美氏が、「龍宝寺位牌」と高野山高室院にある「北条家過去帳」

に記されている忌日を比較し、双方に六・十・三という共通する数字が見られることから、天正六年十月三日に氏繁が亡くなった可能性を指摘している（浅倉二〇一二）。

以上、七曲殿の夫氏繁の生涯について概観してきたが、氏繁は岩付城や飯沼城の城代を務めるなど、常に北条領国の最前線に置かれ、先鋒として活躍した。夫がそのような状況に置かれている一方で、七曲殿は玉縄城に残り、氏舜・氏勝・直重《なおしげ》ら子どもたちの養育に専念したとみられる。玉縄城主である夫の不在に際し、城を守る役目が、七曲殿には求められた。こうした役目は、氏繁の死後も続いていくのである。

三、氏繁死去後の七曲殿

七曲殿の動向については、その多くが不明であるが、氏繁死去後の動向については、数点の史料で確認することができる。ここでは、それらの史料を基に七曲殿の動向を追ってみることとしたい。

天正十一年（一五八三）十一月、七曲殿は三男直重とともに無量山慈眼寺（神奈川県藤沢市）の大檀那となり、十一面観音立像を修復している（「十一面観音立像胎内銘」戦北四七四八）。胎内に「大檀那玉縄之住北条新八郎（直重）・老母平氏女（七曲殿）」と記されているこの像は、秘仏として慈眼寺に現存しており、藤沢市指定の文化財となっている。慈眼寺の開基は綱成であり、玉縄北条氏とゆかりの深い寺院の一つである。

一方、七曲殿が発給に関わったとされる文書に関しては、佐藤博信氏によって三点指摘されている（佐藤一九七三）。いずれも、玉縄領支配に関係する朱印状で、朱印は方型、印文は未詳である。

一点目は、天正十二年（一五八四）正月五日、相模国久里浜《くりはま》（神奈川県横須賀市）の漁師鈴木氏に宛てた朱印状で、奉者は関修理亮《しゅりのすけ》である（「鈴木三四郎氏所蔵文書」戦北二六一三）。翌六日までに、鯛《たい》三〇枚と鮑《あわび》一〇〇盃を調達するよう鈴木氏に指示している。届け先は記載されていないが、おそらく玉縄城であろう。夜通しでもって必ず六日まで届けるように念を押し、実現しなかったら「曲事（道理に合わないこと）」であると述べている。鯛や鮑は、正月の贈答品に使用されるものとみられ、それらの準備に七曲殿が関与していた様子がうかがえる。

二点目は、天正十四年（一五八六）八月二十日発給の朱印状である（「相州文書」戦北二九八八）。「舞々」（曲舞《くせまい》。中世芸能の一つ）の大橋治部左衛門は「玉縄様」の被官であるので、相模国東郡（鎌倉郡・高座郡・津久井郡の一部）において横合非分があってはならず、もしそのようなことを申す者が現れた場合は、この朱印状を証明として見せるよう指示している。横合非分とは、直接関係のない立場の者によって道理に外れた扱いを受けることである。この朱印状は、大橋が「玉縄様」の被官であることを証明するとともに、不道理なことを大橋が受けないよう配慮したものである。おそらく、大橋が東郡において舞々として活動するために、玉縄北条氏発給の朱印状が必要だったのであろう。史料中に見える「玉縄様」とは、玉縄城主を指す。発給が天正十四年であるから、この時の「玉縄様」は氏勝である。つまり、七曲殿は子である氏勝に代わって朱印状を発給したことになる。

三点目は、年未詳九月十一日発給の朱印状で（「鈴木文書」戦北四〇四九）、奉者は板橋民部丞《みんぶのじょう》で、宛所は小机《こづくえ》城（横浜市港北区）領内で金融業を営んでいた鈴木但馬守《たじまのかみ》である。朱印状によると、鈴木氏の被官である石田内蔵助《くらのすけ》が、鈴木氏から離れて七曲殿の所領がある小机本郷で活動していたようである。そこで玉縄北条氏は、石田が鈴木氏譜代の被官であることは明白であるため、法度の内容に従い、石田を鈴木氏のもとへ帰すと述べている。小机本郷は、もともと北条三郎（北条宗哲《そうてつ》の子）の所領であったが、のちに氏繁に引き継がれ、氏繁が死去したのちは七曲殿の所領となっていた地である。詳しい経緯はわからないが、七曲殿が小机本郷に石田を呼び寄せたのであろう。しかし、鈴木氏が石田の帰還を求めたため、この朱印状が発給されるに至ったものとみられる。

以上のように、七曲殿の発給とみられる朱印状は三点存在し、そのうちの一点は年未詳であるが、おそらく他の朱印状と近い年代に発給されたものであろう。なぜ、これらの朱印状は天正十二～十四年に発給されたのであろうか。

この時期、玉縄城主を務めていたのは、氏繁と七曲殿の次男氏勝である。氏勝が家督を継承したのは天正八年九月～同十年四月の間であり、兄氏舜の病没を受けてのことだったと考えられている（佐藤一九七三）。家督を継承して間もなく、氏勝は同十年五月から足柄城（神奈川県南足柄市・静岡県小山町の境）の在番を務め（「神原文書」戦北二三三六）、同十一年十一月から翌年一月までは、厩橋城《まやばし》（群馬県前橋市）に在番している（「楓軒文書纂」戦北二七四二等）。

家督を継承してからの氏勝は、他の城の在番を命じられ、玉縄城を留守にすることが多かった。城主が留守にしている間、城を守る役割は子が担うのが通例であり、氏繁も父綱成が留守にしている間、玉縄城を守備したことがあった。そのため、氏勝が玉縄城を留守にしている間は氏勝の子が城を守らなければならない。そこで注目されるのが、氏勝の嫡子とされる氏明《うじあき》の存在である。

氏明は仮名を善九郎といい、祖父氏繁と同じであることから、家督を継承する立場にあったことが想定される。史料上における氏明の初見は、文禄元年（一五九二）である（「堀内文書」戦北四三二三）。この史料には「御隠居様」という文言があり、氏勝がこの時点で隠居していた可能性がある。氏勝の隠居について黒田基樹氏は、氏勝は天正十九年（一五九一）頃に隠居し、氏明に家督を譲ったが、慶長元年（一五九六）までに氏明が死去したため、氏勝がふたたび家督を継承したのではないかとしている（黒田二〇〇七）。黒田氏の見解を考慮すると、氏明は病弱かつ若くして死去したたと思われる。

そこで登場するのが七曲殿である。先に紹介したように、七曲殿は天正十二～十四年の間、朱印状の発給に携わっている。これは、氏勝の留守中、玉縄城を預かるべきである氏明が朱印状を発給しなければならないところ、何らかの事情で発給することができず、七曲殿が代行したということになろう。この点に関して浅倉直美氏は、氏勝は永禄二年生まれであることから、彼が家督を継承した時には二十四歳であり、氏勝の留守を預かるべき嫡子氏明が幼少であったため、七曲殿が朱印状を発給したのではないかと述べている（浅倉二〇一二）。

七曲殿が朱印状発給に携わった背景には、その出自も大きく影響していたと考えられる。氏勝室の蓮覚院《れんがくいん》妙俊《みょうしゅん》は、扇ヶ谷《おうぎがやつ》上杉氏の重臣から北条氏の他国衆となった上田朝直《ともなお》の娘で、永禄四年（一五六一）に生まれ、文禄三年（一五九四）に死去している（「妙本寺大堂并常什回向帳」、黒田二〇〇七）。したがって、七曲殿関連の朱印状が発給された天正十二～十四年当時、蓮覚院は二十四～二十六歳だったことになる。氏勝の留守中、室である蓮覚院も城を守る役目を負うところであるが、北条宗家の出身にして、氏勝母および氏明祖母である七曲殿の方が、玉縄城内における立場が上であったため、朱印状の発給は七曲殿が行ったのであろう。玉縄北条氏には、七曲殿の輿入れによって家格が上がった経緯がある。玉縄北条氏における七曲殿の権限は、非常に強かったものと考えられる。

氏繁に嫁いだ七曲殿は、玉縄北条氏の家格を大きく向上させ、夫の死後も玉縄北条氏の中核をなす存在であった。彼女の晩年の様子は、残念ながら史料で確認することができないが、おそらく玉縄城内で生涯を終えたものとみられる。七曲殿の没年は不明であるが、彼女は天正十四年に朱印状を発給しているため、それ以降に亡くなったことになる。「北条家過去帳」によると、忌日は十八日、法名は新光院殿窓泰空大姉といった。墓所は、綱成室大頂院殿と同じく、鎌倉市の亀鏡山大長寺（開基は綱成）にある。

〈参考文献〉

浅倉直美「解説玉縄北条氏の研究」（同編『戦国大名と国衆9　玉縄北条氏』岩田書院　二〇一二。以下、※印のある論考は、同書に収録されている）
伊藤一美『戦国時代の藤沢』（名著出版　一九八三）
伊藤一美「鶴岡八幡宮と玉縄北条氏繁」（『戦国史研究』二八　一九九四）※
黒田基樹『戦国大名北条氏の領国支配』（岩田書院　一九九五）
黒田基樹『戦国大名領国の支配構造』（岩田書院　一九九七）
黒田基樹『北条早雲とその一族』（新人物往来社　二〇〇七）
佐藤博信「玉縄北条氏とその文書」（『相州玉縄城主　玉縄北条氏文書集』後北条氏研究会　一九七三）※
佐脇栄智「北条氏繁の改名」（『日本歴史』九五　一九五六）※
杉山　博「後北条氏の藤沢支配」（『藤沢市史』第四巻　一九七二。のち杉山『戦国大名後北条氏の研究』名著出版　一九八二に収録）
『寛政重修諸家譜』（続群書類従完成会　一九六四～二〇一〇）
『戦国遺文』武田氏編（東京堂出版　二〇〇二～二〇〇六）
『後北条氏家臣団人名辞典』（東京堂出版　二〇〇六）
本稿では、『戦国遺文』後北条氏編を戦北と、同武田氏編を戦武と表記した。

長林院―太田氏資の室

新井浩文

はじめに

長林院《ちょうりんいん》は、狭山藩北条氏三代北条氏宗が記した「平姓北条氏系図」（大阪狭山市教育委員会所蔵）等には氏政の妹として、今川氏真《うじざね》室、北条氏繁室、千葉親胤《ちかたね》室、「古河《こが》公方《くぼう》河内守（足利義氏）室」に続いて「岩付太田源五郎室」として見える。この太田源五郎とは、豊臣秀吉に「世に三楽の後に三楽なし」と言わしめたと伝える岩付城主太田資正《すけまさ》（三楽は資正の号）の子、氏資《うじすけ》の幼名である。岩付太田氏は代々嫡男が「源五郎」をその幼名として使用しており、太田氏資もまた太田氏を継承する立場として生まれた。しかし、その生涯は決して平穏なものではなく、父資正と岳父北条氏康の狭間で翻弄された人生であったといってよい。その室となった長林院もまた、両者の間で苦悩することとなる。以下、その波乱に満ちた生涯の一端を

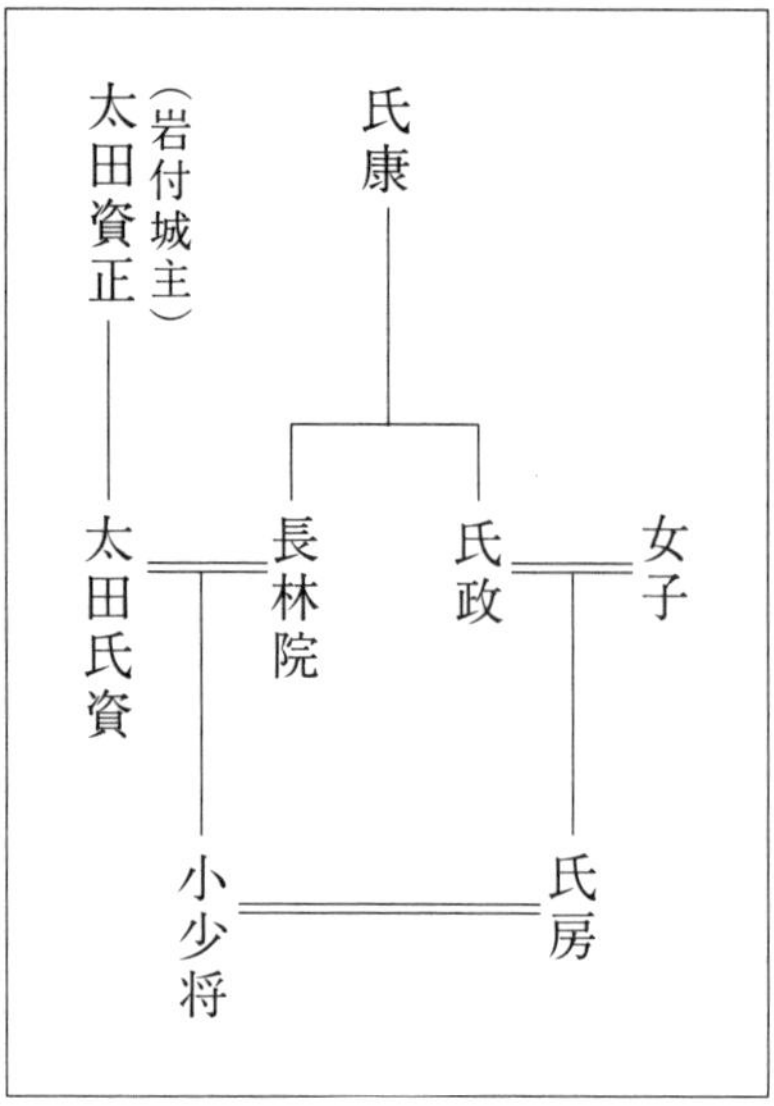

垣間見ることにしたい。

一、太田氏資の室となる

長林院の生涯を語る前に、まず夫となる太田氏資について紹介しておきたい。
太田氏資は、岩付城主太田資正の長子として、天文十一年（一五四二）に誕生した（「年代記配合抄」『北区史』資料編古代中世二所収）。氏資と長林院との婚約時期については、太田資正の三男で、氏資の弟にあたる太田資武が父資正から聞き書きした記録である「太田資武状」の中で、その経緯について次のように触れている。

一源五郎氏康聟之契約者、親岩付ニ罷有時ニ候得共、おさな約束計ニ而、親彼城ニ罷有中者、引取不申かと存候、両氏杉《上カ》ハ氏康絶シ被申候条、不散其鬱憤、終ニハ弓矢ニ罷成と申候事、
一岩付之城北条手ニ入候事者、源五郎親を楯出候後之事ニ而候、源五郎子氏康娘之腹ニ女子壱人御座候、それへ十郎氏房嫁申候条、聟名跡之様成物にて御座候事、

〔史料一〕太田資武状（抄）（『岩槻市史』古代・中世史料編Ⅱ所収）

史料一の通り、源五郎（氏資）が北条氏康の娘婿となる契約がなされたのは、太田資正の岩付在城時（永禄七年以前）で、「おさな約束計ニ而」とあるように、太田氏資・長林院ともに幼少期に親同士の間で交わされた約束ごとであったことから、太田資正の在城中には婚姻は成立していなかったのではないかと資武は推測し

ている。そうなると、二人の婚姻は後述するように氏資が父資正を岩付城（埼玉県さいたま市岩槻区）から追放する永禄七年（一五六四）以降ということになる。

また、北条氏康から太田資正に宛てた永禄三年に比定される年未詳十月九日付北条氏康書状（「歴代古案五」『戦国遺文』後北条氏編六四九号。以下書名を『戦国遺文』と略す）には、「抑廿ケ年之契約大切」や「既源五郎方骨肉取結上者、於御間少事ノ横合、非可被成等閑義候」といった文言が見えることから、氏資と長林院の幼少期における婚約、およびこの時期（永禄三年）既に二人の婚儀が成されていたことが窺える。生年から逆算すると、当時、氏資は十八歳ということになる。おそらく長林院も近い年齢であったろう。

しかし、氏資の父資正は、河越合戦《かわごえかっせん》に敗れて越後へ逃れていた関東管領上杉憲政の意を受けて、この年関東へ進攻してきた上杉謙信に同調するとともに、北条氏康との二十年以上にわたる同盟を破棄し、再び反北条の急先鋒となっていた。

永禄七年正月、太田資正は、太田康資・里見義弘とともに、下総国府台《こうのだい》（千葉県市川市）において、北条氏康軍と合戦になった。太田康資は、江戸城主太田道灌の直系で、江戸城周辺に勢力を持っていたが、江戸城周辺は当時北条氏城代の遠山綱景によって支配されており、太田康資にとっては不遇な状況にあった。また、里見氏は終始、反北条の立場を貫いており、この三者が手を結ぶことで、形成逆転を謀ったのである。しかし、この国府台合戦で、太田・里見連合軍は大敗を喫し、太田資正は窮地に追い込まれるところとなった。

同年七月二十三日、退勢を挽回するため、資正は庶子の梶原政景を佐竹氏のもとへ遣わし、自らも宇都宮氏のもとへ相談に出かけた。その隙をついて、太田氏資は恒岡越後守・春日摂津守らと謀って、父資正の帰城を拒み、政景とともに追放してしまった（『関八州古戦録』巻七）。資正と政景の父子は、当初宇都宮広綱のもとに身を寄せたが、その後、復帰工作を上杉謙信の支援のもとで開始し、翌永禄八年には岩付城下の渋江付近まで迫ったが失敗に終わっている（「長楽寺永禄日記」『新編埼玉県史』資料編八所収）。その後、太田資正・梶原政景父子は常陸の佐竹義重の客将となり、資正は片野城主、政景は柿岡城主としてそれぞれ迎えられ、資正はこの時以降、出家して三楽斎道誉と名乗った。

父追放というクーデターによって岩付城主となった氏資は、北条氏康の支援を得て、永禄七年九月から、岩付領支配を展開する。その支配は、後北条氏の直接支配というかたちではなく、氏資の自立性を保持したものではあったが、岩付領内に朱印状を発給するなど、印判状の発給による支城領支配を進めた後北条氏の影響を強く受ける形で進められたことが窺える。

二、三船台合戦における氏資の死去とその後

その後、太田氏資は、父資正に代わって岩付城主として領内支配に乗り出すが、永禄十年（一五六七）八月二十三日に上総三船台（千葉県富津市）において、里見義堯らと戦い、殿《しんがり》を命ぜられ戦死してしまう。その手勢はわずか五三騎であったという。この戦いでは、氏資だけでなく、恒岡越後守らの重臣も失った（「平林寺文書」『戦国遺文』一〇三五号ほか）。なお、太田氏資の十三回忌となる天正七年（一五七九）八月二十三日には、恒岡越後守の後裔《こうえい》と思われる長門守が高野山清浄心院に供養を依頼している（「武蔵国供養帳」、「高野山清浄心院文書」所収）。氏資の法名は「昌安道也」といい、墓は芳林寺（埼玉県さいたま市岩槻区）に所在する。

三船台合戦での太田氏資の早すぎる死により、岩付太田氏の後継は長林院と氏資との間に生まれた女子小少将《こしょうしょう》のみとなった。この段階で、岩付城とその支配領域である岩付領は当主不在となったことから、後北

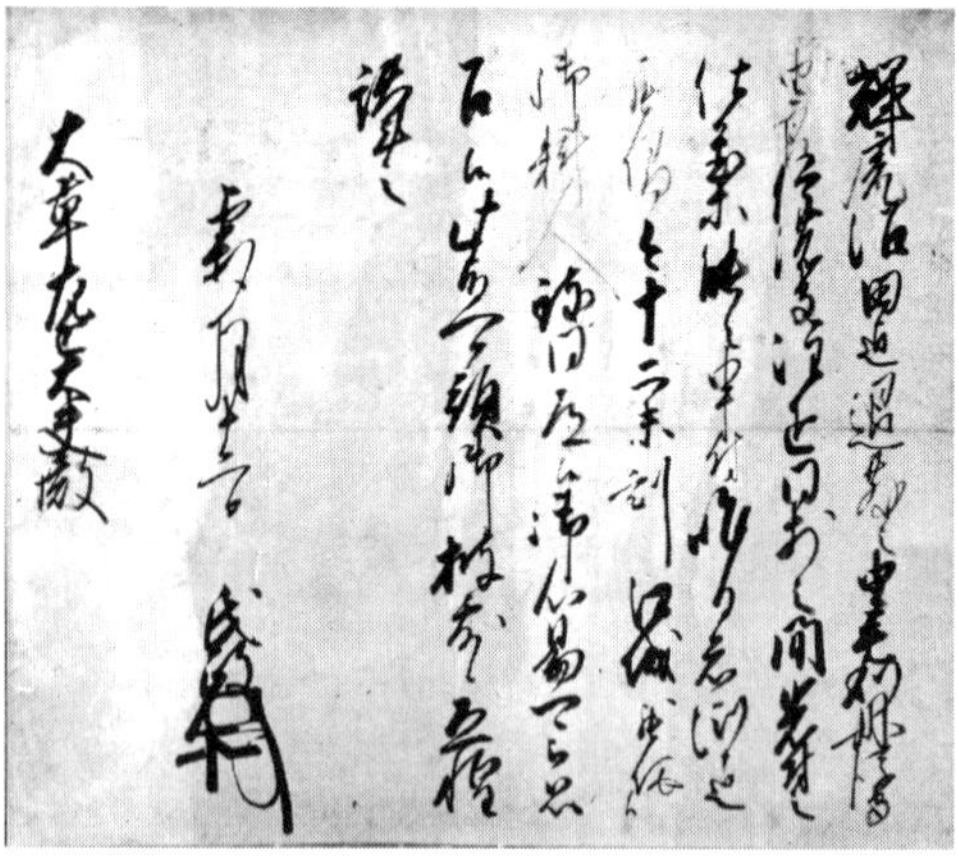

北条氏政 書状（大草文書・群馬県立歴史博物館 蔵）
〈永禄10年〉11月12日付。大草左近大夫宛。文中に「御料人」（＝長林院）が見える。

条氏の直轄支配に組み込まれることとなった。

その後の長林院の足跡は定かではないが、少なくともまだ幼少の小少将とともに、たびたび関東に進攻してくる上杉謙信との最前線に位置する岩付城に居続けることは危険であった。氏資亡き後の二人の存在は太田資正の築いた岩付領の領民支配を展開する上でも、後北条氏にとって大きな意味を持っていたが、そのためには、安全な場所で長林院母娘を保護する必要があったと思われる。では、その場所はどこであったのだろうか。その関係史料を次に掲げる。

輝虎（上杉輝虎）沼田迄退散之由、毛利丹後守（北条高広）・由良信濃守（由良成繁）注進同前之間、岩付之仕置等能々申付、昨日岩淵迄罷帰、今十二未刻、江城（江戸城）へ罷帰候、御料人致同道候、御心易可被思召候、此旨可預御披露候、恐惶謹言、

霜月十二日　氏政（北条）（花押）

大草左近大夫殿（大草康盛）

〔史料二〕「大草文書」北条氏政書状（群馬県立歴史博物館所蔵）（『戦国遺文』一〇五五号）

史料二は、太田氏資が三船台合戦で戦死してから三ヶ月近く経った永禄十年に比定される霜月十二日付けで、北条氏政が家臣の大草康盛に対して出した書状である。内容から、輝虎が沼田城（群馬県沼田市）に退散

した後も、厩橋城（群馬県前橋市）の北条高広や金山城（同太田市）の由良成繁らが味方しているので、岩付城（埼玉県さいたま市岩槻区）の防備を申し付けたこと、自身は昨日、霜月十一日に岩付城から岩淵（東京都北区岩淵）まで到着し、本日未刻（午後二時頃）に江戸城に帰った事を伝えている。注目されるのは、文中傍点部分で「御料人」が岩付城から江戸城まで氏政に同道していることを父の氏康に披露するよう、小田原在城の大草康盛に命じている点である。「御料人」とは、『日葡辞書』に「貴人の娘」を意味する語とあることから、城主クラスの息女を指しており、文脈からみて氏康の娘で、かつ太田氏資室として岩付に在城していた長林院にあたるだろう。長林院は、戦禍が続く岩付城から、父のいる小田原城ではなく、岩付城に近い江戸城に入ったのである。

では、長林院の娘である小少将の動向はどうであったのであろうか。関係史料を掲げる。

江戸御娘人祈念之由候間、寺内棟別之事令赦免候、惣而横合非分之儀有之者、小田原へ令参府、可捧目安者也、仍状如件、

元亀三年壬申

閏正月五日（虎印「禄寿応穏」）

闕伽井坊

［史料三二］「明星院文書」北条家朱印状（『戦国遺文』一五七五号）

史料三は、後北条氏が「江戸御娘人」のために閼伽井坊《あかいぼう》が祈祷したことに対して、寺内からの棟別銭（家屋税）を免除し、このことについて妨害する者があれば、小田原まで訴状をもって参上するよう伝えた文書である。

宛所の閼伽井坊は、現在の埼玉県伊奈町小室宿にある無量寺（新義真言宗、京都仁和寺末）の前身であり、その寺名から修験寺院であったと思われる。同寺は戦国時代には、伊奈町丸山の伊奈氏屋敷跡に所在していた。後に同寺の本寺となる明星院（埼玉県桶川市）には、太田氏資判物《はんもつ》二通を含む太田資正・太田氏資・後北条氏による発給文書九通が現在まで伝えられており、岩付太田氏の祈願所として関係が深かったことが知られる。なお、近年の発掘調査によって、伊奈氏屋敷跡からは障子堀をはじめとする戦国期の遺構が確認されており、岩付城の支城としても機能していた。閼伽井坊は祈祷寺院であるだけでなく、軍事的な役割をも果たしていたのである。

史料三文中傍点部分「江戸御娘人」については、詳細は不明だが、当時江戸城にいた、長林院の娘小少将とする説がある（『伊奈町史』通史編Ⅰ　二〇〇三）。後述するように、小少将は天正十三年（一五八五）七月、北条氏政の子氏房に、江戸城から輿入れすることになるので、小少将も長林院とともに岩付から移城し、それまで一緒に江戸に在城していたのだろう。

では、何故に長林院母娘は江戸城にいたのであろうか。江戸城には、岩付城の旧臣である上原出羽守や細谷三河守が「江戸衆」として在城していたほか、何よりも長林院の兄北条氏政が天正十一年以降は、「御隠居様」として江戸城に在城しながら、後述する太田源五郎やその後の氏房の岩付入城までの間、岩付領の直接支配を展開していたという大きな背景がある。長林院母娘が身を寄せるには十分な環境であったといえよう。

三、娘小少将、江戸城から氏房に嫁入りする

太田氏資が三船台合戦で戦死し、城主不在となった岩付城には、まず城代として北条氏繁が派遣されるが、その支配はしばらく、小田原城から北条氏当主の指示を仰ぐかたちが続いていた。

永禄十二年（一五六九）、越相一和の成立過程で、上杉謙信と北条氏康との和議が結ばれ、長年の懸案であった太田資正・梶原政景父子の岩付帰城が検討されるが、決着を見るには至らなかった。次いで、天正八年（一五八〇）になると、北条氏政の三男国増丸（後の太田源五郎）が太田姓を継いで、父氏政の後ろ盾を得ながら岩付領の支配を開始するが、その矢先に早世してしまう。このため、その子氏直に北条家の家督を譲った氏政が、「御隠居様」として岩付領の直接支配にあたっていた。

天正十二年、氏政の四男氏房が、早世した兄太田源五郎に代わって岩付城主として岩付領の支配を開始した。そして天正十三年、氏房と、太田氏資・長林院の娘で当時江戸城にいた小少将とが祝言を挙げた。同年七月十日に氏政は、江戸城から岩付城へ輿入れする小少将の嫁入行列の次第を、太田備中・宮城美作守・福島出羽守に伝えている。その行列次第を示したのが史料四である。

自江戸岩付迄□（跡カ）［　　　］之事

一番　御物［　　　］（奉行カ）［　　　］

二番　御長□□□（持奉行カ）［　　　］

三番　にない（担桶）

四番　ほかい（外居）

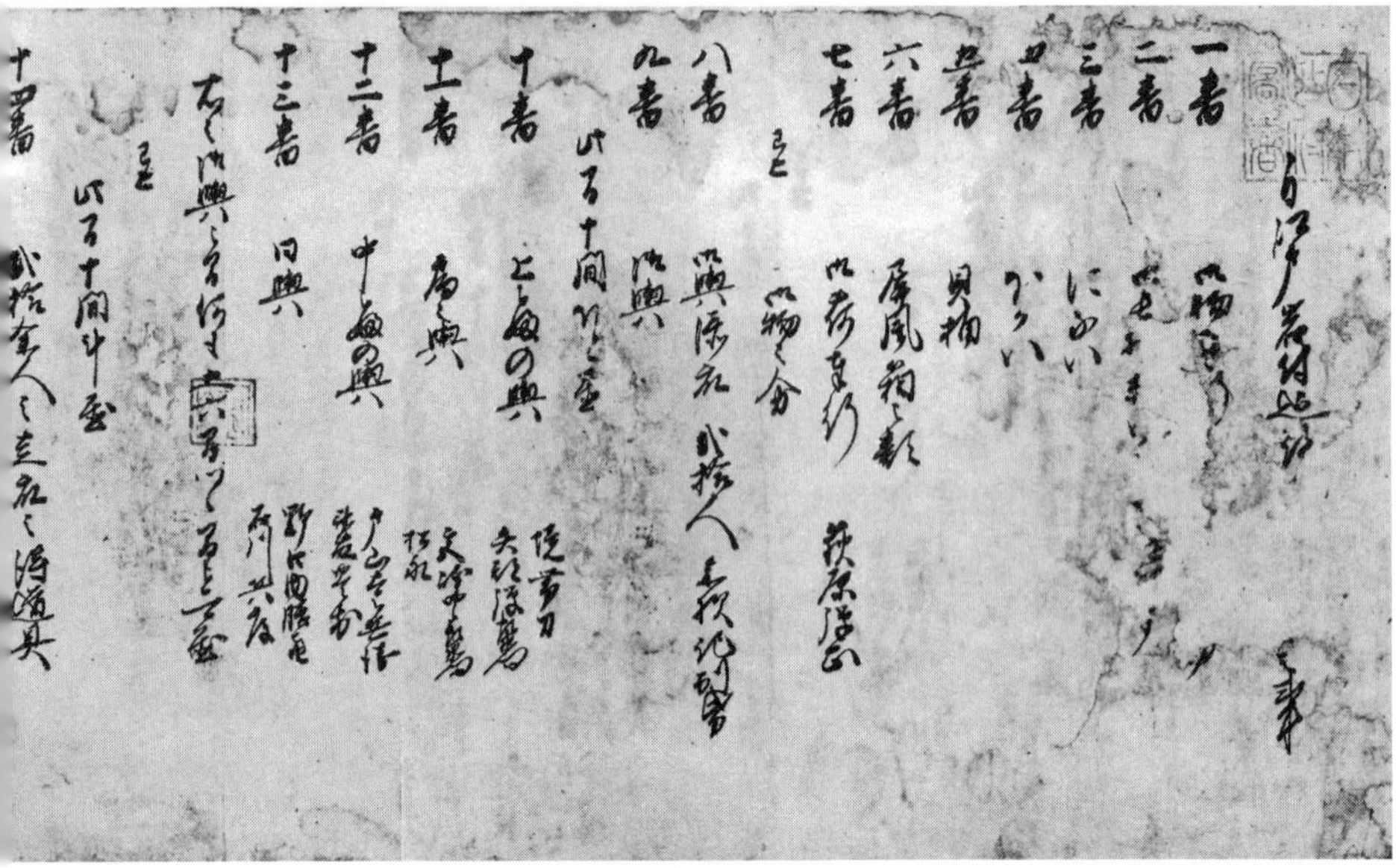

北条氏政朱印状（豊島宮城文書・国立公文書館蔵）

五番　貝桶

六番　屏風箱之類

七番　御荷奉行　荻原弾正

已上　御物之分

八番　御輿添衆　弐拾人　参様記別紙

九番　御輿

此間十間ほと置、

十番　上らふ《（臈）》の輿　境帯刀　矢部弾正左衛門尉

十一番　局之輿　宮城四郎左衛門尉　松永

十二番　中らふ《（臈）》の輿　戸山太郎兵衛　斎藤豊前

十三番　同輿　野口内膳亮　石川兵庫

右之御輿之間、何も五、六間ツヽ、間を可置、

已上

此間十間斗置、

十四番　弐拾余人之走衆之得道具

此間十間斗置、

十五番　女騎之奉行　天野主水　岸野山城　女騎

已上

此間十間斗置、

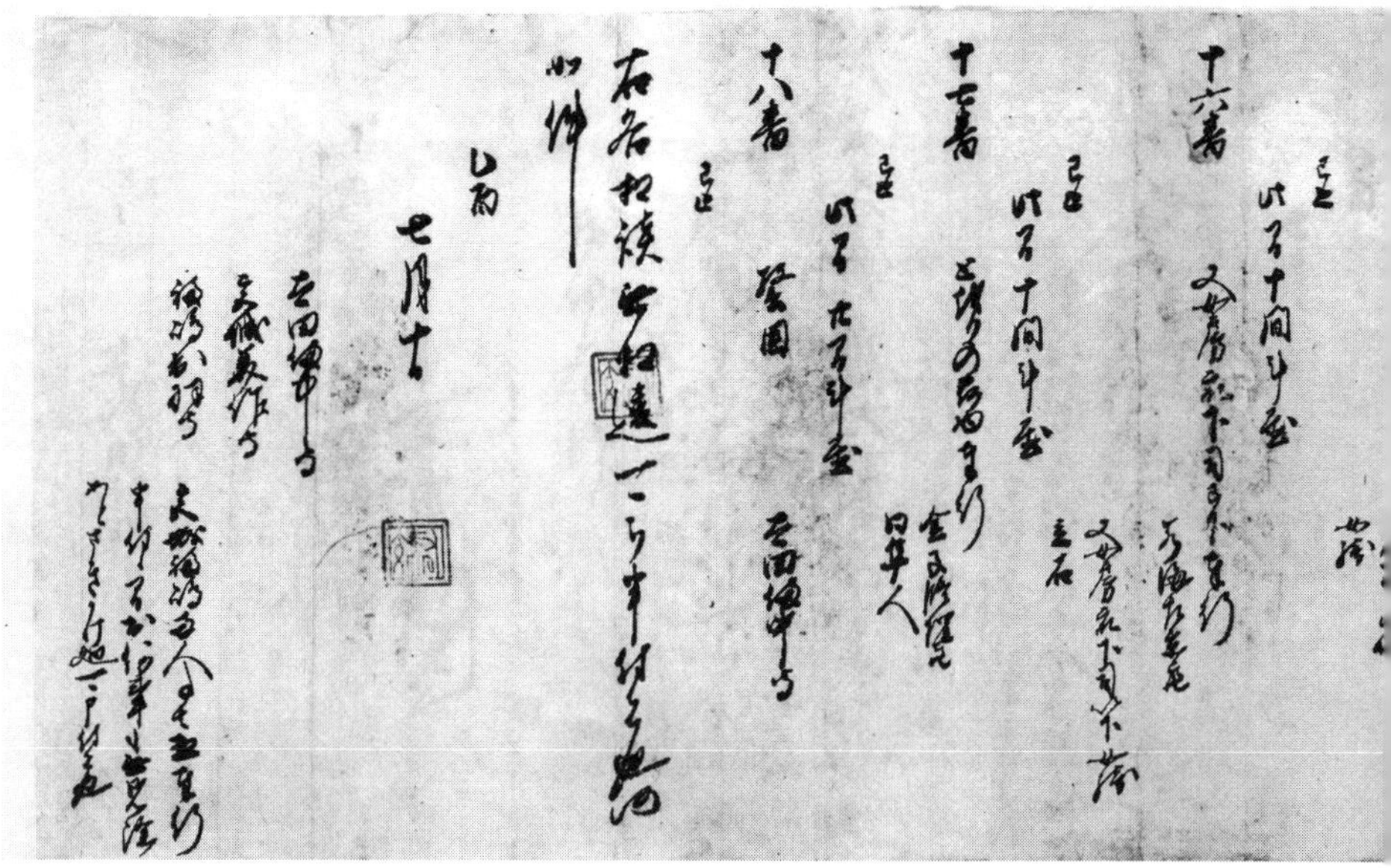

十六番　又女房衆下司已下奉行　若海左京亮
又女房衆下司以下女騎
立石

已上

此間十間斗置、

十七番　とをり（通）の荷物奉行　金子修理亮
同隼人

已上

此間廿間斗置、

十八番　警固　太田備中守

已上

右、各相談無相違可被申付者也、仍如件、

乙酉（天正十三年）

七月十日　（印文「有効」）

太田備中守　宮城・福島両人事者、惣奉行
宮城美作守　申付候間、於何事も無見除、
福嶋出羽守　あとさきかけ廻可申付也、

［史料四］「豊島宮城文書」北条氏政朱印状（国立公文書館蔵）

史料四から、婚礼行列が一番から十八番までに及ぶ大行列で、小少将だけでなく、小少将の輿に続いて女官や女房衆まで従えた壮大なパレードであったことが窺える。

その行列構成を見てみると、一番～七番の輿入れ道具を先頭に、御輿添衆二〇人を従えた小少将の「御輿」がまず続き、一〇間おいて上臈と中臈の輿に挟まれる形で長林院の輿と思われる「局之輿」が続いている。その後に、得道具（槍や鉄砲などの武器）や女騎（馬に乗った女房衆）、女房衆の使用人、通りの荷物奉行、最後に警固役が続くといったかたちで、総延長は優に一五〇メートルを超える大行列であった。しかも、それぞれの輿に付き添う人々は、いずれも岩付太田氏時代からの旧臣たちであった。総奉行は、同じく岩付太田氏時代からの家臣である宮城美作守と福島出羽守が勤めている。

このほか、婚礼行列に付き添わない旧臣に対しても、細部までさまざまな指示が出されていた。北条氏政は、道祖《さいど》土図書助に対して、同日付で七月十七日以前に江戸に着き、翌十八日辰刻（午前八時頃）には神田の坂上から馬に乗り警固を開始すること、その衣装は家紋を付けた肩衣《かたぎぬ》に皮袴《かわばかま》とすること、連れの者たちも白衣を着し、見た目をよくすることを命じ、通行中は神妙にしてしゃべらず、脇見することや、手を振ったり扇を使用したりすることまで禁じている（「道祖土文書」『戦国遺文』二八二八号）。また、岩付城にて小少将を迎える側の氏房も、同日、文蔵二階堂（埼玉県さいたま市）の百姓らに対して、歩行夫一人の江戸城までの出仕を命じている（「武州文書」『戦国遺文』二八二九号）。なお、婚礼行列の出発は、先の道祖土図書助宛の文書から七月十八日の早朝であったことが知られる。江戸城から岩付城までの小少将の輿入れ行列は、岩付太田氏の旧臣たちに見守られながら、やがて岩付領内に入り、沿道の領民たちの目にも触れてアピールされたことだろう。「太田の姫様御帰還」は、城主として岩付領支配を父氏政から託された氏房にとっても重要な後ろ盾となったに違いない。

こうして、岩付城には、十六年振りに、岩付太田氏の血縁者＝小少将が入城することになったが、それは太田氏資と長林院の時のように、北条氏から太田氏への嫁入りではなく、逆に岩付太田氏から北条氏への嫁入りというかたちとなった。なお、その後氏房が「平氏房」と署名し、太田氏が名乗る源姓を用いていないことからも明らかなように（「鶴岡八幡宮文書」『戦国遺文』二九三二号）、岩付領の北条領化がほぼ完了し、両者の立場は、太田資正と北条氏康の時代とは既に大きく異なっていたことが知られる。

四、岩付落城とその後の長林院

その後、小少将との婚姻を果たした北条氏房は、「心簡剛」の丸朱印を用いて、岩付領の支配を進めた。長林院の足跡は、その後史料等で確認できないが、天正十七年（一五八九）になると、北条氏と天下統一を目指す秀吉との関係が最悪の状態になる時期を迎える。すなわち、沼田領をめぐって真田氏と後北条氏との小競り合いが続き、最終的には鉢形城主北条氏邦の家臣猪俣邦憲の名胡桃城（群馬県みなかみ町）奪取を契機として、北条氏討伐の命が秀吉より全国の諸将に下されることになった。

これを迎え撃つ後北条氏は、秀吉の関東への進撃が最初に計画された天正十四年頃から城の整備に取り組み、岩付城では小田原城と同様に、城下をすっぽりと土塁で覆ってしまう「大構《おおがまえ》」と呼ばれる外郭の普請や、城下への兵糧搬入を家臣に命じるなど、その来襲に備えている（「道祖土文書」ほか『戦国遺文』三二五四・三二五五・三二五八号）。氏房は、この「大構」内に領民を移住させ、総力戦のかたちをとっていた。

岩付城の総攻撃が始まった天正十八年五月、氏房は主要家臣とともに、父北条氏政・兄氏直らとともに小田原城に詰めていた。主人不在の現地で岩付城代としてその守備に関する指揮をとったのは、奉行で氏房の領域支配を支えてきた伊達房実であった(「梶田文書」『埼玉県史料叢書』一二 七四三号)。五月二十日に、浅野長吉らの軍勢によって、ついに岩付城攻撃が開始された。圧倒的な軍事力を誇る豊臣勢によって、岩付城は当初から劣勢に立たされており、翌々日には二の丸・三の丸が開城し、同日落城した(「平岩文書」『新編埼玉県史』六 一五四九号)。

では、岩付落城時、長林院母娘はどこにいたのであろうか。次の史料五は、秀吉配下の長岡(細川)忠興らが落城五日後の天正十八年五月二十七日に、岩付城内の様子を小田原の北条氏直へ書き送ったものである。

(前略)城のうちニハ町人・百姓・女以下より外ハ無御座候条、命之儀被成御助候抔と申ニ付て百姓・町人・女以下、一定においてハ、可助ためニ、責衆より検使を遣し、たすけ、城を請取候後、百姓・町人以下之年寄・子供ニ三人打交り、并氏政妹、其息女十郎妻女在之条、如何可仕哉之旨、従彼面得御意候処ニ、名も有者の妻子ニ候間、当座之恥辱を不興様ニ可仕旨、被仰出候ニ付、端城江出し、其外かくれ居候者ともさかし出、一所ニ鹿垣をゆひ廻、追人被作置候、(中略)

五月廿七日

羽柴東郷侍従
秀一(長谷川)

羽柴岐阜侍従
輝政(池田)判

羽柴丹後少将
（細川忠興）□□判

北条左京大夫殿
御宿所

［史料五］「北徴遺文六」長岡忠興等連署書状写（抄）（『戦国遺文』四五四一号）

史料五から、落城後の岩付城内の様子を知ることができる。城内には「町人・百姓・女」以外は見当たらず、その中には傍点部のように氏政妹＝長林院と、其息女十郎妻女＝小少将がいたことが確認された。名のある者の妻子なので、処遇を（小田原へ）聞いたところ、辱めを受けないようにするため、端城へ移動させた上、隠れていた者も探し出して、一カ所に鹿垣を結い廻して、その中に留置していたことが窺える。なお、史料五の傍点部分について『戦国遺文』では、「氏政妹、其息女、十郎妻女」と、小少将とは別に、長林院の娘が存在していたと解釈している。

また、同年六月二十四日に岩付三の丸の端城にいた小少将から小田原の氏房へ宛てた書状写（「秋田藩家蔵文書」『埼玉県史料叢書』一二　九三四号）には、①年寄りの才覚によって、本丸・二の丸を敵に渡し、小少将らは三の丸に押し込められていて無事だった、②急いで秀吉へ味方してほしい、そうでないと重い罪にされてしまう、③（秀吉と）争わなければ、こちらの父母や妻子も助ける、と氏房に伝えている。この時、小少将はおそらく長林院とともに三の丸の端城に押し込められ、人質となっていた。このため、小田原城で父兄らとともに籠城していた氏房に対して、開城勧告ともとれるこのような書状を送ったのであろう。

その後も、武蔵忍《おし》城をはじめ、抵抗を続ける北条方の城は存在したが、天正十八年七月五日、ついに難攻不落を誇った小田原城が開城した。同月十日、最後まで抵抗していた長林院の兄氏政も城から出て、翌十一日には、氏政とその弟氏照が切腹、十二日には、氏直が高野山に追放されることが決定した。ここに五代約一〇〇年の間、関東で支配を展開した戦国大名後北条氏の歴史は終焉を迎えた。

なお、氏房は兄氏直とともに高野山に蟄居したが、文禄の役の際には、秀吉の命に従い肥前名護屋城へ派遣された。しかし、文禄元年（一五九二）四月十二日に現地で病に倒れ、病没している。法名は「玉翁昌蓮大禅定門」（「医王寺位牌」『岩槻市史』古代・中世史料編Ⅱ所収）であった。また、小少将については文禄四年（一五九五）の伊勢神宮御師の檀徒帳の断簡である「京大坂之御道者之賦日記」（「御師関係文書断簡」『埼玉県史料叢書』一二　参二八号）に「百疋　岩付御前さま」と見えることから、京大坂周辺に氏房の死去後滞在していたことが確認される。また、「太田潮田系図」（『岩槻市史』古代・中世史料編Ⅱ所収）の氏資の項に、「氏資娶氏康之女有女子一人、於摂州大坂病死」とあることから、長林院も小少将とともに大坂に滞在していたのだろう。

おわりに

以上、断片的な史料から長林院の足跡を辿ってみた。長林院は幼少期から後北条氏の対岩付太田資正対策の目玉として政略結婚が決められ、結果的には氏資の父資正追放というかたちでこの政略結婚は功を奏する。しかし、氏資の早すぎる戦死により岩付城との関係は一旦途絶えてしまう。その後、その娘小少将の氏房への嫁入りによって、娘とともに岩付再入城を果たすも、秀吉勢の攻撃によって落城を迎えるという、戦国争乱期の子女にとって避けられない波乱に満ちた人生であったといえる。今後、その動向を伝える史料の新出を待ちたい。

〈参考文献〉

新井浩文『関東の戦国期領主と流通』（岩田書院　二〇一一）
有元修一「高野山清浄心院所蔵武蔵国供養帳について（上）」（『埼玉地方史』四六　二〇〇二）
『伊奈町史』通史編Ⅰ　原始・古代・中世（伊奈町　二〇〇三）
『岩槻市史』古代・中世史料編Ⅱ　岩付太田氏関係史料（岩槻市　一九八三）
『北区史』資料編　古代中世二（東京都北区　一九九五）
『新編埼玉県史』資料編六（埼玉県　一九八〇）
『新編埼玉県史』資料編八（埼玉県　一九八六）
『埼玉県史料叢書』一二（『中世新出重要史料』埼玉県　二〇一四）
『関八州古戦録』（新人物往来社　一九七六）
『豊島・宮城文書』（豊島区立郷土資料館　一九八八）

浄光院殿——足利義氏の室

長塚　孝

一、足利義氏正室の「発見」

浄光院殿円桂宗明大禅定尼《じょうこういんでんえんけいそうみょうだいぜんじょうに》と呼ばれた女性は、法名が小田原北条氏関係の過去帳に記されているが、当主との血縁関係がわからないため、どのような人物か知られていなかった。しかし、黒田基樹氏が過去帳や北条氏の系図類を整理する中で、北条氏康の息女であること、古河公方《こがくぼう》五代目である足利義氏《あしかがよしうじ》の正室となったことなどが判明した（黒田一九八七）。小田原北条氏は、北条氏綱が娘（芳春院殿《ほうしゅんいんでん》）を義氏の父足利晴氏《はるうじ》へ嫁がせていたので、北条氏と足利氏の間で二度目の婚姻を結んだことになる。

北条氏出身の女性二人のうち、最初に古河公方正室となった芳春院殿には発給文書や関連文書があり、側近である禅僧季龍周興《きりゅうしゅうこう》らにも発給・受領文書が残っている。そのため、彼女の政治動向などについてはある程度知ることができる。それに比較して浄光院殿には発給文書がなく、近しい家臣や女房の存在も確認できないため、動向を詳しく知ることはできない。それでも古河公方の正室である以上、政治的・社会的役割は小さくないはずである。そのため、本稿では浄光院殿の関連資料を検討しながら、彼女の動向を追跡するこ

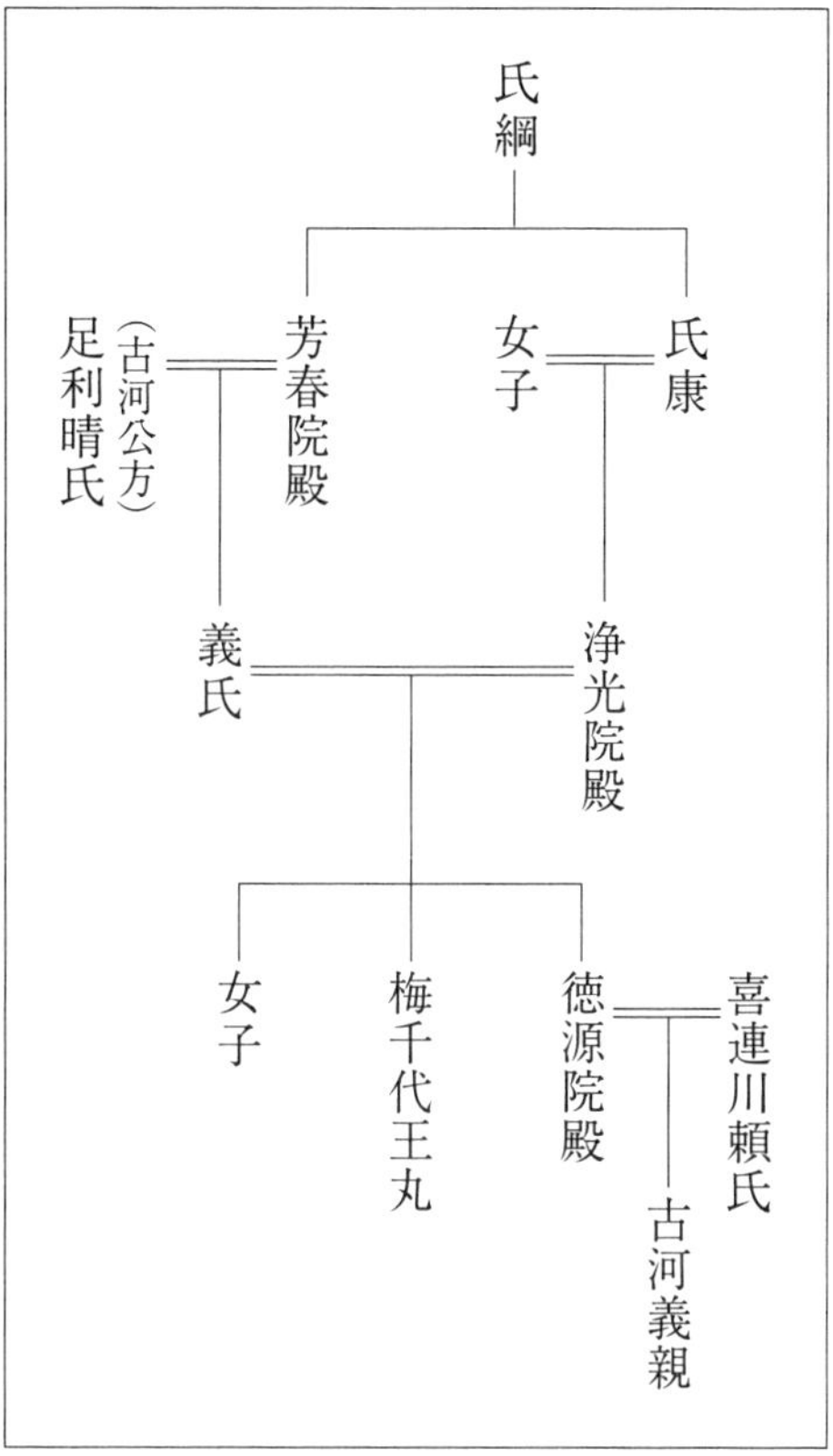

とにしたい。

また、戦国大名が同一の大名・国衆と複数回の婚姻関係を築くのは珍しいことではないかもしれないが、それには政治的な事情があると思われる。その点についても、多少検討を加えてみたいと思う。まず最初に、浄光院殿の血縁・婚姻関係を推定させた考察の過程をもう一度なぞっておこう。

高野山高室院《たかむろいん》に残る「北条家過去帳」には、氏康の息女で「御台《みだい》」（貴人の妻の敬称）と呼ばれた人物が、元亀二年（一五七一）十一月二十三日に逆修供養《げきしゅうくよう》を行っている。法名は円桂宗明と記されている。過去帳での順番は、瑞渓寺殿光室宗照《ずいけいじでんこうしつそうしょう》（北条氏康正室）と春渓宗輝《しゅんけいそうき》（北条氏信室）の間にあり、北条一門かその正室にあたる人物であることがわかるが、「御台」とある以上大名クラスの正室ということになる。浄光院殿は、北条氏当主の正室ではないので、当主の娘で他家と婚姻した人物の可能性がある。

これを前提に北条氏関係系図を通覧すると、七名確認される氏康の娘が注目される。氏康の娘たちのうち六名は、今川・玉縄北条・千葉・吉良・岩付太田・武田氏という大名や名門武家の正室になっている。一人だけ具体性に欠けるのが、「古河河内守」もしくは「古河公方河内守」の室や母と記される人物である。しかし、氏康と関わりを持った人物の中に、古河河内守と名のる者はいない。もし、古河が居住地を表しているのならば、下総古河（茨城県古河市）に住み受領名河内守を名のっている人物として、唯一該当するのが古河《こが》義親《よしちか》（足利義親）である。

義親は、喜連川《きつれがわ》藩祖である喜連川頼氏《よりうじ》の長子で、妻は榊原康政の養女養儼院殿《ようげんいんでん》、母は足利義氏の娘徳源院殿《とくげんいんでん》（氏姫と通称される）なので、系図の情報すべてとは合致しない。それでも宗明が近親者であることは間違いない。そこで高野山桜池院《ようちいん》が所蔵する古河公方家の過去帳を見ると、芳春院殿と義氏の間に天正九年（一五八一）六月十五日に死去した浄光院殿が記され、その法名が宗明と一致する。これにより、円桂宗明の院号は浄光院殿、氏康の娘で義氏の御台となった人物と考えられるようになった。その系譜が確定したことにより、彼女は古河河内守の祖母だということが明らかになったのである。

以上が今まで知られていた浄光院殿の概要である。これらを枠組みとして、年齢・家族や関係人物などを調べてみよう。

二、浄光院殿とその子女

足利義氏には、最低でも三人の子がいたことが確認されている（久保二〇〇二）。一人は徳源院殿で天正二年（一五七四）の生まれである。二人目は天正四年九月二十三日に生まれた男子で、梅千代《うめちよ》王丸《おうまる》と名づけられたが、「喜連川判鑑《きつれがわはんかがみ》」（『古河市史』資料中世篇）によると早世したという。もう一人女子がいる。天正十年に義氏が死去した際、公方家は女房衆へ宛てて掟書（「喜連川文書」『喜連川町史』第五巻）を発するが、その中には姫君が幼いこと、「御二方」とも幼いことが記されている。梅千代王丸は義氏死去以前に亡くなっており、その後男子の存在は確認できないから、「御二方」は徳源院殿と女子となる。この女子については、生年がわからない。「足利家通系図」（『古河市史』資料中世篇）では徳源院殿が天正七年生まれと誤記されている。これが徳源院殿以外に実在した人物の生年ならば、もう一人の女子かもしれない。だとすれば、徳源院殿にとって妹になり、義氏の三人の子は天正二・四・七年生まれとなる。

浄光院殿の世代を考えてみよう（年齢は数え年とする）。まず父親の生没年から大枠を設定する。氏康は永正十二年（一五一五）生まれで、元亀二年（一五七一）十月三日に死去している。浄光院殿が長女だとして、氏康十五歳の時に生まれたとすると、享禄二年（一五二九）が生年になる。これが上限である。また、氏康は晩年病気がちだったので、元亀年間に子どもは生まれないから、下限は永禄十二年（一五六九）頃となる。

これでは推定される生年に四十年の差があるので、浄光院殿の子どもたちとの関連から年代を絞ってみたい。徳源院殿以下三人が、すべて浄光院殿の実子だと仮定してみよう。その場合、上限は末子を出産した年齢に関わってくる。当時、三十歳代での出産は珍しいので、天正七年に三十歳で次女を産んだとすると、浄光院殿は天文十九年（一五五〇）の生まれとなる。むろん、実際には三十歳以上での出産もあり得るので、もう少し年長になるかもしれない。下限は、長女徳源院殿を若くして出産した場合が想定される。もし十五歳で出産したならば、永禄三年（一五六〇）の生まれとなる。これより年少であるとはまず考えにくい。そうすると、浄光院殿は天文十九年より多少前ぐらいから、永禄三年までの間に生まれたことになる。もちろん、天正二年が最初の出産、七年が最後の出産とは限らないし、三人とも実子というわけではないかもしれないが、おおよその生年は一五五〇年代、特にその前半あたりということでよいと思う。生まれを早めに想定しても、足利義氏より年下の妻ということになる。

三、足利義氏の動向と婚姻

浄光院殿の動向をさぐるうえで大きな手がかりとなるのは、夫足利義氏の行動であろう。義氏は、天文十二年（一五四三）三月二十六日に晴氏と芳春院殿の間に生まれた。幼名は自身の長男と同じ梅千代王丸という。晴氏には、すでに幸千代王丸をはじめ三名の男子があった。梅千代王丸の後に生まれた男子は確認されていないので、末子と見られる。おそらく古河《こが》城（茨城県古河市）で生まれ、そのまま幼少期を過ごしたのだろう。以下、義氏の御座所を中心に、その動向を眺めてみよう。

天文十九年（一五五〇）のこと、結城政勝《ゆうきまさかつ》は若君が六月に葛西《かさい》（東京都葛飾区）か岩付《いわつき》（さいたま市岩槻区）へ移座する可能性を問い合わせている（「結城家譜草案」『埼玉県史料叢書』12）。若君は梅千代王丸のことである。公方家や北条家以外の人物へ御座所の話題が広まっているということは、移座が具体化していたと見られる。梅千代王丸が移座した先は葛西城で、実際の移動日はわからないが、翌二十年の末までには入城している。梅千代王丸が八歳か九歳の時であり、芳春院殿は同行しただろう。晴氏は、そのまま古河から動かなかったわけではないが、葛西に長期にわたり留まっていたわけではなく、双方を往復していたらしい。

同二十一年十二月十二日、晴氏は梅千代王丸を家督とすることを承認した。翌二十二年三月には梅千代王丸の発給文書が見えているから、すぐさま公方家当主として行動を開始したことがわかる。一方の晴氏は、氏康との関係悪化により翌二十三年七月に古河で蜂起して北条氏に対抗しようとしたが、拘束され相模へ送られた。一年後の弘治元年（一五五五）十一月、梅千代王丸は元服して義氏と名のった。将軍義輝《よしてる》の一字を授与されたのである。御座所はそのまま葛西城だったが、永禄元年（一五五八）に鎌倉・小田原へ寄ると、義氏は宿老簗田晴助《やなだはるすけ》を関宿《せきやど》城（千葉県野田市）から古河城へ移し、自身は八月に関宿へ入城した。

同三年九月、越後の長尾景虎（上杉謙信）が関東へ進攻すると、義氏は拠点の移動を計画するが、結局関宿へ籠城してこれに対抗した。四年七月九日には母芳春院殿が死去している。これが契機となったのか、義氏は関宿を退去して南下し小金城《こがね》（千葉県松戸市）へ移動した。その後、葛西への移座を希望したようだが果たせず、しばらく小金に在城している。そののち、六年四月以前に上総国《かずさのくに》方面へ向かい、里見氏の本拠に近い佐貫《さぬき》（千葉県富津市）へ入城した。しかし翌七年七月、里見勢の攻撃により上総を退去するはめになり、海を渡り鎌倉へ入っている。関宿に三年、小金に二年、佐貫に一年余り在城したことになる。

この後も義氏は、越後上杉勢と北条勢の闘争により五年間鎌倉に留まっていたが、越相同盟交渉の展開により古河を御座所とすることが決定、十二年六月に古河へ帰還した。以後は、天正十年（一五八二）閏十二月二十日に死去するまで、一時的に栗橋城《くりはし》（茨城県五霞町）へ移座することはあっても、基本的に古河で暮らした（長塚一九八七）。

右に見た義氏の動向からすると、浄光院殿との婚姻はいつ頃になるだろうか。弘治元年（一五五五）に元服した時、義氏は十三歳になっていた。当然正室があってもおかしくないが、義氏の元服次第《げんぶくしだい》を記した「鎌倉公方御社参次第《かまくらくぼうごしゃさんしだい》」（「國學院大學図書館所蔵史料」『北区史』資料編古代中世2）に妻の記載はない。また、永禄元年（一五五八）四月に実施した鶴岡八幡宮寺参詣の次第書「鶴岡八幡宮社参記《つるがおかはちまんぐうしゃさんき》」（「佐竹家旧記」『北区史』資料編古代中世2）には、義氏とともに御台が掲載されているが、これは芳春院殿のことである。浄光院殿の年齢は、前述したとおりならば、義氏元服の時に上限で六歳程度である。鶴岡社参時には九歳になるが、下限だとまだ生まれてもいない。関宿入城の段階でも状況は同じである。とすると、越後上杉勢進攻以前での婚姻はなかったと思われる。

その後の小金・佐貫在住は短期間であり、この頃には政情が安定していないのだから、婚姻するならば鎌倉移座後の五年間か、古河移座後ということになる。鎌倉での婚礼ならば、浄光院殿は幼いものの北条領国内ということで紛争もなく、義氏にとっては公方家由緒の地ということもあり、場所柄としてはふさわしい（長塚二〇〇九）。古河だとすると、近接する関宿城で攻防戦が行われている時期には行わないはずなので、合戦の休止期間（永禄十二年七月～元亀三年）になるだろう。逆修供養の段階で「御台」ならば氏康死去前に婚姻していることになる。いずれにせよ、徳源院殿の生年から逆算すると、天正元年（一五七三）以前である可能性が高い。

この婚姻のきっかけとなったのは、芳春院殿の死去であろう。芳春院殿は、家督継承後の義氏を後見しており、越後上杉勢進攻までは公方家と北条氏を密接な関係に保たせた。しかし、義氏は公方家の人間である。母の死去を境に関宿を退城し、さらに小金から佐貫へ移座するなど、北条氏の意向を無視する行動に出ている。幸い反北条派領主は義氏に結び付かなかったが、北条氏としては改めて婚姻関係を結び、血縁がより近い公方を擁立することが急務となっただろう。なお、義氏は鎌倉移座の段階で二十二歳、古河移座では二十七歳になっている。徳源院殿の誕生段階では、すでに三十二歳になっていた。当然のことながら、浄光院殿との婚姻前に側室等が存在したと思われるが、今のところ判明していない。

四、御台様の動向

前述のように、浄光院殿には発給・受領文書が確認されず、関係文書が多少あるだけである。そのため、彼女の生涯がたどれるわけもなく、北条氏もしくは公方家全般に関わる問題につながらないため、それらを分析した論考もない。しかし、浄光院殿の立場や周辺の環境が少しは理解される可能性はあると思われる。本章では、関係文書を眺め直して浄光院殿の動向の一部を紹介することとしたい。

関係文書で目立つのは、長男梅千代王丸の誕生に関わる祝儀次第である。これは喜連川家へ伝わった案文集「義氏様《よしうじさま》御代《ごだい》之《の》中《うち》御書案《ごしょあん》之《の》書留《かきとめ》」（『喜連川町史』第五巻）の中に収録されている。義氏の長男誕生は、公方家の問題だけではなく、北条氏をはじめ多くの国衆らにとっても関心の高い出来事であった。

梅千代王丸の誕生は、天正四年（一五七六）九月二十三日の辰刻（午前八時前後）である。無事誕生したことが知らされたのか、義氏近習の者には強飯《こわめし》が授与され、酒が振る舞われた。浄光院殿のいる奥にも酒肴《しゅこう》等が渡される。さっそく一色義直《いっしきよしなお》らが参上した。翌二十四日に一色月庵《げつあん》が参上して剣を進上、二十五日に御乳人《めのと》が酒肴・強飯を進上したほか、一色義直が馬を進上した。二十六日には北条氏照の代官が太刀・馬などを持ち参上し、二十八日には奉公衆梶原美作守《かじわらみまさかのかみ》や鎌倉月輪院《げつりんいん》らが参上、御祝を申し上げた。

二十九日は六旦の祝い（七夜の祝いと同義語か）として義氏は奥へ向かい、表へ戻ってから酒宴となった。この日宿老の簗田持助《もちすけ》をはじめ、皆川広照《みながわひろてる》や義氏の奉行人らが代官を参上させるか祝儀進上を行っている。翌十月になると、壬生義雄《みぶよしかつ》や結城晴朝《はるとも》らが代官を派遣してきた。六旦から生後三十三日まで、一色氏久《うじひさ》が蟇《ひき》目役《めやく》を務めている。家中からは若君誕生に合わせ官途受領名の申請がなされ、十月十三日に義氏の官途状が出されている。同二十三日には生誕一カ月ということか、御誕生初の祝いが行われ、一色月庵が取りしきった。

三十三日の祝儀は十月二十六日に行われたようである。御台様、つまり浄光院殿はこの日に御産所を出た。義氏は奥へ赴き、表へ祗候《しこう》した者は酒宴を行っている。義氏夫妻が再び同居するのもこの日からであった。蟇目役の一色氏久は昼夜祗候していたが、役目が終了して義氏より太刀・馬を授与された。さらに、奥より金襴《きんらん》三巻が与えられたほか、対面はないものの御台様より盃が下されている。氏久は、邪気を祓うため若君誕生より六日までは昼夜三回ずつ、六日より三十三日までは夜中に三回、蟇目矢を射たのである。

さらに、この日は北条氏政より同氏照を代官として太刀・剣と馬、ならびに酒肴等が進上された。義氏は氏照と対面して食事と酒におよび、その後簗田持助・季龍周興ら義氏家臣が相伴して砂糖餅が与えられた。氏照も、晴助を仲介して太刀を進上している。右の記述により、梅千代王丸は浄光院殿の実子だということがわかるので、公方家を後見する氏照は実の甥が義氏の後継者になることを喜んだであろう。

また祝儀次第により、古河城の御殿は表と奥に分かれており、浄光院殿は産後三十三日で産所を出たこと、その日まで義氏への対面はあっても同居しないこと、蟇目役の者らに対して浄光院殿自ら褒賞していたことなどが明らかになった。これは古河公方家の儀礼なので、他家の例とすべて同様とは思えないが、共通する点は少なくないと思われる。浄光院殿姉妹の婚姻先における儀礼関係を調べる時に、参考になるだろう。

次に、天正七年のものと思われる一連の史料を紹介したい。二月十日、義氏は上野の由良国繁《ゆらくにしげ》が祝儀を言上したことを喜び、官途の昇進を伝えた(「安川繁成氏所蔵由良文書」『戦国遺文』古河公方編)。国繁は刑部大輔《ぎょうぶたいふ》から信濃守《しなののかみ》になっている。これを取り次いだのは季龍周興で、副状《そえじょう》を発して国繁が祝言を言上し代官を派遣したことにより、義氏から受領名を授与する御書が出たことを国繁へ伝えている(「東京大学文学部所蔵由良文書」『戦国遺文』古河公方編)。そして、もう一通副状を出し、国繁が御台様へ金襴一巻と銭三〇〇疋(三貫文)を進上したことに対して、御台様はめでたく思っていること、礼として金襴一巻を遣わすことを伝えている(「安川繁成氏所蔵由良文書」『戦国遺文』古河公方編)。

国繁の祝儀言上は、何を祝してのものだったのだろうか。正月の祝儀言上にしては、やや遅いように思える。毎年、由良氏は年頭祝儀の言上を正月中に済ませており、二月に行ったことはない。また、この前後に公方家内では婚姻などの祝事は行われていない。ひとつだけ思い当たるのは、天正七年ならば前述のように義氏の次女が生まれたと推定できることである。家督継承者でもなく、長女でもない女子の誕生祝儀は、梅千代王丸とは比較できないほど質素なはずである。義氏次女は、正月末頃に生まれたと推定しておきたい。もちろん、正室に祝儀言上を行っているから実子とは限らないが、今のところ次女は浄光院殿の実子である可能性がかなり高いとはいえよう。

この後、浄光院殿が登場するのは最晩年である。六月七日付で書かれた義氏の書状で、一色月庵へ宛てて奥方の病気が日ごとに増していることを伝え、月輪院へ祈念するよう命じている。文末の様式と花押がないことから、義氏の自筆だったことがわかる（「寺院証文」『戦国遺文』古河公方編）。危篤状態が続く状況を述べているので、浄光院殿が没した天正九年の書状なのだろう。義氏が正室を気遣っている様子が見えるようである。彼女の死去は、それから八日後の六月十五日。義氏が死亡する一年半前のことであった。

五、編纂物の中の浄光院殿

古文書などの一等史料に現れる浄光院殿の姿は右のようなものだが、それ以外でも浄光院殿が関わったと思われる情報を載せる史料があるので紹介しておきたい。それは、『異本小田原記』（原題は『小田原記』）に掲載された古河大聖院《だいしょういん》創建に関する逸話である。

元亀元年（一五七〇）十月三日に北条氏康が死去する。二日後に葬儀が行われ、氏康の法名は東陽岱公《とうようたいこう》（東陽□岱の敬称）と決まり、大聖院と称された。菩提寺は小田原へ置くことが遺言されていたが、同地には早雲寺など多くの寺院があるため、妹婿の古河御所の望みにより古河城下へ会下寺《えげ》（修行のための禅寺）として大聖院を建立し、位牌を立てたというのである。『異本小田原記』の中には、秋田県立図書館本のように文禄二年（一五九三）の奥書を持つ写本があるので、この逸話は小田原合戦直後には一般的に知られていたようである。文化五年（一八〇八）に完成した地誌「許我志《こがし》」（『古河市史』資料別巻）には、氏康の妹で足利晴氏室の高林院が建立したと記されている。

ただし、誤りがいくつかある。氏康が死去したのは元亀元年ではなく翌二年の十月三日であり、法名も高野山高室院の過去帳によると大聖寺殿東陽宗岱《だいしょうじでんとうようそうたい》であり、大聖院とは記していない（杉山一九七六）。また氏康の妹婿は晴氏になるが、氏康よりも早く永禄三年（一五六〇）に死去している。妹の高林院は芳春院殿にあたる人物だが、前述のように彼女も同四年に死去している。つまり二人とも氏康の菩提を弔うことはできないのである。それに、小田原に寺社が多いために、北条家当主の菩提所をゆかりのない地へ建立するというのも考えがたい。大聖寺は早雲寺の寺域かその周辺、もしくは小田原に建てるはずであろう。古河御所は、世代という点から考えると氏康の婿である義氏になる。したがって、妹というのは娘である浄光院殿になる。

また、「許我志」より新しく文政十三年（一八三〇）の序文を持つ地誌「古河志《こがし》」（『古河市史』資料別巻）には、晴氏や簗田氏、下野佐野氏などに関する雑多な記録・伝承があったことが記されている。「古河志」の大聖院に関する由緒類は一貫性がなく、大聖院の歴史を詳しく探ることはできない。それでも、大聖院の前名は永昌寺《えいしょうじ》といったこと、開山は大朝宗賀《だいちょうそうが》（?～一五二八）だったことは注目しておくべきである。宗賀の法系が後世にまで伝わっていないのは、永昌寺が荒廃したのが原因だろうから、浄光院殿は父氏康の菩提を弔うため、衰退した永昌寺を再興して大聖院と号し、氏康の位牌寺としたと思われる。義氏は、浄光院殿の依頼により、古河での建立を許可したのだろう。

ただ、浄光院殿が大聖院を建立したと考えると、気になることがある。北条氏の菩提寺は、早雲寺をはじめ林下《りんか》の禅宗大徳寺派に属している。しかし、大聖院は林下ではあるが曹洞系寺院であり、本寺も龍淵寺（埼玉県熊谷市）と伝えられている。氏康の墓所ならば、通常大徳寺派寺院になるはずである。そうでなければ、古河公方家の菩提寺に準じて叢林《そうりん》たる五山派寺院になるのが穏当かと思われる。そうならないのは、法系は衰退しても永昌寺を支持する基盤が強固に残っていたか、浄光院殿には大徳寺派へ変更するほどの権力がなく、足利ないしは北条本宗家からの強力な支援も受けられなかったことが原因と思われる。大聖院は氏康の菩提寺ではなく、あくまでも位牌寺ということだろう。

　これは、政治的な問題だけではなく、浄光院殿の出自にも関連するかもしれない。氏康の正室瑞渓寺殿は今川氏の出身なので、菩提寺の関係から幼少期には林下である妙心寺派の僧侶に接していただろう。浄光院殿が瑞渓寺殿の実子ならば、大徳寺派か妙心寺派の影響を受けるはずである。そのような雰囲気がないということは、浄光院殿の母は瑞渓寺殿ではなく、氏康の側室か女房衆ということになろう。想像をたくましくすれば、母方の実家は曹洞宗を信仰する北条家臣か、一門に準じる家ではないだろうか。そういえば、叔母であり義理の母にあたる芳春院殿も、曹洞宗寺院である江戸の吉祥寺（東京都文京区）が位牌寺とされた（「義氏様御代之中御書案之書留」『喜連川町史』第五巻）。これは、芳春院殿の母方に曹洞宗とのつながりがあるのか、そうでなければ浄光院殿の意向により位牌寺として選ばれたか、どちらかの可能性がある。今後検討していくべき問題だろう。

むすびにかえて

以上、簡単ながら浄光院殿に関連する史料を紹介し、その概要を検討してみた。浄光院殿は、天文十九年から永禄三年までの生まれ、特に天文期の出生と推定される女性であった。母親は氏康正室ではなく、北条家臣か一門の出身と想像された。そして、永禄七年以降天正元年以前に古河公方足利義氏と婚姻したと思われる。

子女は、確認できる限りでは一男二女があり、天正四年生まれの長男梅千代王丸は確実に実子、同七年生まれの次女については実子らしいことが判明した。梅千代王丸は早世、次女は天正十年には健在だったが、やがて死去したと見られる。公方家を継承したのは、実子の可能性がある天正二年生まれの長女徳源院殿であった(佐藤一九八一)。浄光院殿が死去したのは天正九年六月十五日、年齢は二十二歳から三十二歳までの間、おそらく三十歳に近かったと考えられよう。

最後に、同じく古河公方と婚姻した芳春院殿と比較しておきたい。前述したように、芳春院殿は独自に文書を発給しているが、浄光院殿にはそのような行為が確認されていない。芳春院殿の文書は、天文二十三年末から見られるので、晴氏失脚が契機となっていることがわかる。芳春院殿の行動は、公方家当主の代行というべきものであった。そして義氏が元服することにより芳春院殿の文書はなくなり、代わりに季龍周興が義氏の側近となり、また芳春院殿との間を取り次ぐようになった。

浄光院殿が婚姻した段階では、芳春院殿はすでに死去していたものの、義氏が健在である以上、代行は不要だったのである。また上総国内での知行をめぐり、芳春院殿が氏康と交渉することもあったが、義氏段階では北条三郎や江戸衆、そして北条氏照が氏康・氏政・氏直との間を取り次ぐようになり、浄光院殿とその側近らが積極的に行動する余地はもはやなかった。もちろん、母親およびその実家の立場・一門内での本人の位置・婚姻先の状況と政治状況などが異なっているのだから、両者を簡単に比較することはできない。しかし、相違点を確認することにより、反対に共通点とは何かを検討できる可能性もあると考える。公方と婚姻した二人に関する研究は、これからなのである。

〈参考文献〉

久保賢司「足利義氏の子供について―新出の贈答文書から―」（『戦国史研究』四四　二〇〇二）
黒田基樹「北条氏康息女円桂宗明について」（同『古河公方と北条氏』岩田書院　二〇一二　初出一九八七）
黒田基樹編『北条氏年表』（古志書院　二〇一三）
佐藤博信「古河氏姫に関する考察」（同『古河公方足利氏の研究』校倉書房　一九八九　初出一九八一）
杉山　博『北条早雲』（名著出版　一九七六）
長塚　孝「古河公方足利氏の古河支配権をめぐって」（『史報』八　一九八七）
長塚　孝「鎌倉御所に関する基礎的考察」（広瀬良弘編『禅と地域社会』吉川弘文館　二〇〇九）
『新版禅学大辞典』（大修館書店　一九八五）
『戦国人名辞典』（吉川弘文館　二〇〇六）
『北区史』資料編古代中世２（北区　一九九五）
『喜連川町史』第五巻資料編５　喜連川文書上下（さくら市　二〇〇七）
『古河市史』資料別巻（古河市　一九七三）
『古河市史』資料中世篇（古河市　一九八一）
『埼玉県史料叢書』12　中世新出重要史料二（埼玉県　二〇一四）
『戦国遺文』古河公方編（東京堂出版　二〇〇六）
『戦国遺文』後北条氏編第一巻～第六巻（東京堂出版　一九八九～九五）
『曹洞宗全書』史伝上（曹洞宗宗務庁　一九七〇　初版一九二九）

桂林院殿――武田勝頼の室

丸島和洋

一、甲斐の武田勝頼に嫁ぐ

桂林院殿《けいりんいんでん》は北条氏政の妹で、永禄七年（一五六四）に生まれ、武田勝頼の継室として嫁いだ。その時期については、各書とも天正五年（一五七七）で一致しており（『北条五代記《ほうじょうごだいき》』『甲陽軍鑑《こうようぐんかん》』）、なかでも『小田原編年録《おだわらへんねんろく》』は同年一月二十二日と詳しい日付けまで記している。

ただし、より信頼性の高い軍記物である『甲乱記《こうらんき》』を読むと婚姻の年が異なる。同書は天正十年（一五八二）三月に滅んだ武田氏の滅亡記で、同年八月に小田原で書かれたという。後で述べるように、桂林院殿の付家臣が小田原に脱出しているから、正確な情報を書き記している可能性が高い。同書には、勝頼のもとに嫁いで「今年早七年」とある。足かけ七年で計算すると天正四年になり、一年早い結婚となる。

婚姻の理由は、天正三年の長篠合戦で大敗を喫し、武田氏の国力が衰えたことにある。武田方の軍記である『甲陽軍鑑』によると、重臣春日虎綱（いわゆる高坂弾正）が駿河・遠江を北条氏政に差し出して、北条氏に従属し、氏政の妹婿になるのがよいと提案したという。前半は滅茶苦茶な話だが、『北条五代記』にも「いま甲斐に攻め込めば武田氏を滅ぼせることは間違いないと思っていたところ、甲斐から従属するので妹が欲しいとたって願い出たので」とある。武田側が同盟相手の北条氏に頭を下げるかたちの婚姻と考えられていたのは事実なのだろう。

『甲陽軍鑑』によると、婚姻成立を聞いた春日虎綱は「長篠合戦以来、三年ぶりに安心して眠れる」と述懐したという。それだけ、武田氏にとって重要な婚姻であった。

婚姻にあたっては、早野内匠助《たくみのすけ》を筆頭に、剣持但馬守・清六左衛門尉・清又七郎が供奉《ぐぶ》した。このうち、又七郎は六左衛門尉の弟である。

武田勝頼妻子像（高野山持明院蔵）
桃山時代。絹本着色。上半部に勝頼、下に夫人の桂林院殿と勝頼嫡男の信勝が描かれる（口絵参照）。

天正五年三月三日、武田勝頼が信濃諏訪大社下社に奉納した棟札に「御前様」と桂林院殿を指す文言がみえる。武田勝頼はもともと高遠諏方《すわ》氏の名跡を嗣いでおり、諏方家の惣領となっていた（なお、中世では諏訪は諏方と書く）。父である信玄も信濃国一宮である諏訪大社を深く崇敬していたが、勝頼の信仰は格別なものであったのだろう。この棟札には、勝頼の名は直接はないが、勝頼の叔父逍遥軒信綱（信廉）、勝頼従兄弟の信豊、そして勝頼の長女（御料人様）の名が記されており、勝頼の家族という桂林院殿の姿が浮かんでくる。

二、実家・北条氏との対立

ところが、天正六年に越後で上杉謙信が急逝したことで事態が一変した。家督は、上杉謙信の養子で甥の上杉景勝が嗣いだが、反対派の勢力がもうひとりの養子上杉景虎を担いで御家騒動を起こしたのである。景虎は、北条氏政の弟で、北条氏と上杉氏が同盟した際に謙信の養子となった人物である。つまり、桂林院殿にとっても兄弟にあたる。

当時、北条氏政は関東で佐竹義重と対陣しており、身動きをとることができなかった。そこで妹婿であり、同盟相手でもある武田勝頼に景虎を支援するよう要請した。勝頼はこれを快諾し、信濃を北上して越後を目指した。しかしその途上、上杉景勝から和睦要請を受けたのである。勝頼は、これを受諾しつつ、北上を続けて上杉氏の本拠春日山城の城下に布陣した。

勝頼の目的は、どうも上杉景勝と景虎を和睦させることにあったらしい。おそらく勝頼は、自分が長期間越後に在陣することで、織田信長・徳川家康に背後を突かれることを懸念したのだろう。勝頼は何とか和睦をとりまとめ、早々に帰陣した。ところがこの和睦はあっさりと瓦解し、結果的に翌天正七年三月に景虎は自害に追い込まれた。

実は勝頼はこの間、基本的に中立を保っていた。勝頼自身は、苦戦する上杉景勝から北信濃を割譲され、念願の信濃統一を果たしたばかりか、越後でも領土割譲を受けた。ところが度重なる上杉景勝からの援軍要請はのらりくらりとかわしており、せいぜい鉄砲の玉薬を補給するに留めたのである。もちろん、これは立派な軍事支援ではあるが。

しかし北条氏政の眼には勝頼の行動は裏切りにしかみえなかった。氏政にとって勝頼は「弟を見殺しにした男」だったのである。もっとも、氏政がそう考えるのも無理はない。氏政が勝頼に求めたのは「景虎支援」であり、「和睦仲介と中立」ではなかったからである。

天正七年九月、北条・武田両氏は正式に同盟を破棄し、駿河・伊豆、および上野で戦争状態となった。こうした場合、桂林院殿には離縁して帰国という選択肢もありえただろう。しかし勝頼も桂林院殿も、それを望まなかったようである。夫婦の絆の強さがうかがえるのではないだろうか。もっとも、それを聞いた氏政がどう考えたかは定かではない。

勝頼の子女としては、三男三女が確認できるが、いずれも桂林院殿の子ではなかった。『甲乱記』は、「年を重ねても男子にせよ女子にせよ、ひとりの子もないことを私も人も悲しんで、神や仏に祈ったのだけれど、今になっても子は生まれなかった」と桂林院殿が詠嘆する場面を記している。この時、桂林院殿の付家臣はまだ側に侍っていたから、この発言を小田原に帰って伝えた可能性はある。

天正九年十二月二十四日、桂林院殿は勝頼に従って甲府を離れ、武田氏の新しい本拠地である新府城（山梨県韮崎市）に入った。しかし、ここで運命は急転する。武田氏が滅亡の時を迎えるのである。

武田氏滅亡を間近に控えた天正十年二月十九日、桂林院殿は「ミなもとのかつ（勝）頼うち（内）」という署判で、願文を新府城の近くにある武田八幡宮に奉納したとされる（口絵参照）。武田八幡宮はその名の通り武田氏の氏神であり、弘仁十三年（八二二）に宇佐八幡宮を勧請して成立したという由緒を持つ。神宮寺の法善寺は武田氏初代信義の弟にあたる加賀美遠光が承久三年（一二二一）に再興したと伝わる（神仏習合の時代なので寺と神社が共存している）。なお、「武田八幡宮」というと甲府にある「武田神社」を連想する方も多いと思うが、同社は大正年間に武田氏の躑躅《つつじ》ヶ崎《さき》館跡に建てられたまったく別の神社である。

この願文に桂林院殿は、次のように記す（一部意訳した）。

敬って申す、祈願の事。

南無帰命頂礼。八幡大菩薩は、甲斐国の本主として、武田太郎と号するようになってこのかた、代々武田家を護ってくださいました。ここに思いがけない逆臣が現れて、国家を悩ましております。そこで勝頼は天道に任せ（運を天に任せ）、命を軽んじて敵陣に向かいました。しかしながら軍勢は勝利を得なかったために、その心はばらばらとなっています。どうしてか木曽義昌（謀叛の張本人）は多くの神慮をむなしくして、あわれ身の父母を捨てて奇兵を起こしました。これはみずから（人質となっていた）母を害したも同然です。そのうえ勝頼に累代仕えた重恩の者たちが、逆臣に同心してたちまち寝返ろうとしています。これは万民の悩み、仏法の妨げではないでしょうか。そもそも勝頼はどうして悪心などできましょうか。その思いの炎は天までのぼり、神意はなお深いはずです。私もここでともに哀しんでおります。涙はまた欄干《らんかん》を流れ落ちるかのようです。神慮・天命が真実であれば、五逆十逆たる者たちを天はかりそめにも加護することはないはずです。今この時になって神への思いは私心ではなく、深く仏を信じることを肝に命じます。哀しいかな、神慮に誠があるならば、運命がこの時にいたろうとも、願わくば霊神力を合わせ、勝利を勝頼一身に付けてください。（そうすれば）仇を四方に退けるはずです。兵乱がかえって道を開き、寿命重恩子孫繁盛のこと。

右の大願が成就したならば、勝頼と私がともに、社壇御垣を建て、廻廊を建立いたします。

敬って申す

天正十ねん二月十九日　ミなもとのかつ頼うち

この年一月に木曽義昌が謀叛し、織田信長に寝返った。武田勝頼は直ちに謀叛討伐に出陣するが、信長の動きは迅速で、信濃南部の諸城は次々と降伏してしまう。勝頼が派遣した先鋒は二月十六日に木曽義昌と交戦するが敗北した。この願文はその直後のものということになる。

ほぼ全文がひらがな書きで、悲哀に満ちた美文となっている。かな書きなのは、女性が記す文書の特徴で、これ自体は問題はない。ただし木曽義昌人質（母・娘・息子）の処刑は三月一日であり（『甲斐国志《かいこくし》』）、この願文の中で義昌が母親を殺したも同然と述べているのは、多少疑問が残る。このため、桂林院殿に仮託して後から作られたのではないかという説も有力である。

三、新府城を出ての逃避行

勝頼は二月二十八日に新府城に帰還し、戦線の再構築をはかる。勝頼の期待は、実弟仁科信盛（盛信）が守る信濃伊那郡高遠城（長野県伊那市高遠町）が、しばらく敵を防いでくれるだろうというものであった。ところが三月二日、高遠城は壮烈な戦闘の末にわずか一日で落城し、勝頼をはじめ武田氏重臣は動揺を隠せなくなった。

当初の目論見は、未完成であった新府城を完成させて守りを固め、織田勢を迎え撃とうというものだった。しかし、高遠城が一日で落城したことでその希望は絶たれた。三月三日、勝頼は抗戦を断念することを決定する。

この時開かれた軍議について、『甲陽軍鑑』は次のように記す。まず勝頼の嫡男信勝がいさぎよく新府城で討死すべきと主張した。一方、家老の真田昌幸は居城である上野岩櫃城（群馬県東吾妻町）への避難を勧め、勝頼はこれを受け入れた。ところが他の家老たちが、真田は新参者で信頼できないと諌め、譜代家老小山田信茂の持ち城である甲斐都留郡岩殿城（山梨県大月市）を目指すこととなる。この日、勝頼は新府城に火を放ち、桂林院殿をはじめとする女子どもを連れて岩殿城を目指すことになる。

その旅程は悲惨なものであったらしい。以下、『甲乱記』によってその道程を追ってみたい。勝頼は馬三〇〇匹、人夫五〇〇人を出すように触れ回らせたが、国中は大混乱で、百姓たちは山野に逃げ込んでしまい、馬一匹・人夫一人も集まらなかった。狼狽《ろうばい》した家臣たちは、何とか桂林院殿のための輿《こし》を用意しようとしたものの、輿を担ぐ人夫が姿を現さない。やむをえず怪しげな農耕馬一匹を召し出して、草で作った即席の鞍を置いて、これに乗ってもらうこととなった。昨日までは物詣でに行くだけでも、十丁二十丁の輿を並べて、百騎二百騎の御供がついたというのに、まるで夢でも見ているかのようだ、その心中は察するに余りある、と『甲乱記』の記主は慨嘆している。

そもそも女性なのだから、桂林院殿が馬に乗り慣れているとは思えない。しかしそれでも恵まれた待遇であった。桂林院殿に従う数百人の女房たちは、履き慣れない草鞋《わらじ》を履いて、徒歩で付き従ったのだから。敵が迫ってくるとの恐怖におびえて必死に歩き、振り返れば火をかけられた新府城の煙が見え、かつて住み慣れた古府中（甲府）の屋敷を脇に見なければならない。その途上、桂林院殿は新府城の火の手を振り返り、「うつゝには／おもほへかたき／このところ／あたにさめぬる／はるのよのゆめ」と詠んだとされる。

ふたたび『甲乱記』の記述に戻ろう。甲斐善光寺（山梨県甲府市）の前を通る時には、御供の男女は手を合わせ、南無阿弥陀仏と十万億土への迎えを祈ったというから、既に死を覚悟していたのだろう。しかしながら、女性たちは敵襲という声におびえては、まるで夢でも見ているかのような心地になってしまう。慣れない山道を徒歩で歩く女性の足は血で染まり、たとえ敵に捕まっても、もう歩くことはできないと、倒れてしまう者が続出した。

馬上でこの叫びを聞いた桂林院殿の心は張り裂けそうなものであったのではないか。この日は柏尾《かしお》（山梨県甲州市勝沼町）に宿し、武田一門の女性理慶尼に迎えられている（『理慶尼記《りけいにき》』）。『甲乱記』の記述をそのまま信じれば、初日からこのような有様であったことになる。おそらく話をわかりやすくするために、数日の記録をまとめ、かつ詠嘆調に話を膨らませた部分もあるのだろう。ただし勝頼一行は、この翌日に駒飼宿に入り、そこで七日間小山田信茂の迎えを待ったというから、移動したのは実質二日間である。要するに、初日の旅程が徒歩の女性にとっては非常に厳しいものであったのではないか。

四、桂林院殿の最期

ところがここで、小山田信茂が謀叛を起こし、岩殿へ続く笹子峠を封鎖してしまうのである。勝頼は田野《たの》（山梨県甲州市）に入り、少数の側近とともに追撃してきた織田勢を前に奮戦することになる。しかしもはや助かるすべはなく、自害と決した。勝頼は重臣安西有味《あんざいありみ》・秋山紀伊守を桂林院殿のところに遣わし、「武田一門の運命は今日限りと決まった。しかし貴方は女房の御身なので御自害するには及ばない。幸いここから故郷小田原へは道もよい。何としても送り届ける。ともに過ごした日々を忘れなければ、勝頼の後世菩提を弔って、貞女の心を失わないでほしい」と言ったという。

桂林院殿はこれを聞いて、「何とひどいことを聞いたのでしょうか。前世の縁が浅くないからこそ、夫婦の契りは深いのです。同じ木陰に宿り、同じ流れを汲むだけでも、他生の縁と申すと聞きます。篠を屋根にした一夜の情けであっても、命を捨て、捨てられるのですから、夫婦の仲ではましてや言うまでもありません。夫婦が一緒になって、今年で早七年になります。たとえ小田原へ赴こうとも、後を追うのが世の習いなのです。貴方の御身が露と消えようとしている時に、自らは元の雫に残ってどうしようというのでしょう。元来夫婦は二世の契りというのですから、ここでともに自害して、死出の山・三途の川などもただに手に手を取り組んで渡り、後の世まで契りを籠めることこそ私の本意です」と一歩も引かなかったという。

その後に側女房に言ったのが、前述した子宝に恵まれなかったという話だが、これには続きがある。桂林院殿は「幼い子どもがいたのであればひとしお思い悩むこともあったけれど」と呟《つぶや》いたという。子どもがいなかったからこそ、思い切れたというのである。

続けて桂林院殿は「たとえ子どもがないといっても、きっと小田原で弔ってくれるだろう。何とかして故郷に文を送りたいと思う」と言って剣持但馬守ら小田原からの付家臣四人を呼び寄せた。「皆ちりぢりになって逃げるはずのところ、これまで供をしてくれて、本当に嬉しく思う。とは言いながら小田原に文を送りたい。何とかして届けてほしい。最後まで供をしてくれるよりは、そちらのほうが何よりも嬉しく思うのだ」と頼んだ。

付家臣が必死に涙を抑えて、「妻子を捨て、ここまで御供をいたしましたのは、御最期を御見届けするためでございます。ここから（小田原へ）帰るなど決してできはしません」としきりに訴えた。

すると桂林院殿は「ここから小田原へお前たちを返すことは他でもない。私は女の身なれば、どのようなところで、どのようなかたちで、むなしく命を落とすこともあるかも知れない。なので最期の様子を知らせるため、早雲寺（伊勢宗瑞）より代々弓矢の家なのだから、女であっても惨めな自害はしなかったと、皆々へよくよく申し上げよ」と言って、文をしたため、渡したという。これにはさすがに四人の付家臣も言葉を失ったらしい。彼らが文を受け取ると、桂林院殿はこの文の封とするために髪を少し切って巻き、歌を添えた。「黒髪ノ／乱タル世ソ／ハテシナキ／思ヒニ消ル／露ノ玉ノ緒」。桂林院殿辞世の歌である。

こうしたところ、四人のうち剣持但馬守は「おのおのは（桂林院殿の）御意に従って御文を小田原へ御届けせよ。私は御最期の御供をする。せめて一人なりとも御供をしなければ、相模への聞こえも余りに不甲斐ない。但馬守こそよくよく御供をするが、妻子に語り伝えてほしい」と言ったとされる。

少なくとも、『甲乱記』のこの記述までは、一定の事実を反映しているのではないだろうか。残る付家臣三人が小田原へ落ちのびているからである。『甲乱記』は、武田氏滅亡の五ヶ月後に小田原で書かれている。

そういう会話を交わしていたところ、桂林院殿のところに鉄砲が飛んでくるようになった。勝頼は少し下がって岩陰に隠れよと命じたが、桂林院殿は「身を惜しみ、命を惜しむ時であれば、弓矢鉄砲を避けるもの。ですが今は一時も早く消えようと思っている露の身であれば、岩陰に隠れて何としましょう」と毅然として身を隠そうとはしなかったという。

その後、戦が激しくなると、西に向かって念仏を高らかに百遍唱え、「勝頼はどこにおわしますか。私ははや自害いたします。お急ぎください。お待ちしております」という言葉を最後にして、脇指を抜き、胸に突き立てて突っ伏して自害した。もはや、一言も声を発しなかったという。桂林院殿に付き従う上臈《じょうろう》も御供をしようと喉に脇指を突き立て、桂林院殿の足下にとりついて後を追った。

桂林院殿自害を知った勝頼は、急いでその場に駆けつけたという。その亡骸を見て涙を流し、「不運な者に嫁いだばかりに、悪縁にひかれてしまったが、これは（勝頼の）前世の宿業であれば力及ばず。しばらくお待ちあれ、死出・三途をば手を取ってともに参ろう」と言って桂林院殿の体から脇指を抜き取って、切腹し

武田勝頼・桂林院殿墓
（山梨県甲州市景徳院）

て果てたという。

『甲乱記』の記す桂林院殿・勝頼自害のさまは、極めて美化されたもので、事実ではなかろう。『甲乱記』のうち桂林院殿関係の記述で、ある程度信頼できるのは、剣持但馬守以外の付家臣が小田原へ落ちのびる以前の部分と思われる。

いずれにせよ、『甲乱記』の記主は、桂林院殿を気丈で気高い女性として描いている。小田原へ落ちのびた桂林院殿付家臣や武田遺臣の回想が『甲乱記』に反映されているとすれば、桂林院殿とはそのような凜とした女性であったのだろう。

桂林院殿は享年十九。翌天正十一年、兄北条氏規の手によって、高野山高室院（北条氏菩提所）で供養がなされ、桂林院殿本渓宗光と法名が付された。日牌供養で、奥之院に卵塔・石塔が建立されたとあるが、残念ながら現存していない。

甲府の法泉寺（勝頼の菩提所）の位牌には法名陽林院殿華庵妙温大姉、天正十六年に徳川家康の命で建立された景徳院の位牌には北条院殿模安妙相大禅定尼とある。高野山における武田氏の菩提所である引導院（現持明院）には、勝頼およびその子信勝とともに描かれた寿像（生前像）が奉納され、現在に伝わっている（口絵および２４７頁参照）。

〈参考文献〉

丸島和洋「色川三中旧蔵本『甲乱記』の紹介と史料的検討」（『武田氏研究』四八　二〇一三）
『武田氏家臣団人名辞典』（東京堂出版　二〇一五）

第三章　戦国北条氏の居城

小田原城——小田原北条氏一〇〇年の本拠

佐々木健策

はじめに——小田原城の立地と概略

小田原城は、箱根山塊より続く丘陵先端部に位置している。北に丹沢山塊、西に箱根の山並みを望み、東には肥沃な足柄平野、南には相模湾が広がる風光明媚な城郭である。小田原市のシンボルとして聳《そび》える昭和三十五年（一九六〇）復興の天守閣に登ると、遠く沖合には伊豆大島や利島の島影が望め、東には江ノ島や三浦半島、時に房総半島までを見渡すことができる。

二代伊勢（北条）氏綱以降、小田原城は小田原北条氏（以下、本稿内で「北条氏」とあるのは小田原北条氏のことを指す）の本城となるが、いつ築城された城郭であるのかは定かではない。今のところ、『鎌倉大草紙《かまくらおおぞうし》』の康正二年（一四五六）頃の記事に「大森安楽斎入道父子は竹の下（静岡県小山町）より起て小田原の城をとり立近郷を押領」（『小田原市史』史料編〈以下、市史と略す〉中世Ⅰ 二〇七）とあり、これを小田原城の史料上の初見と位置づけている。

しかし、それ以前にも小田原城が位置する場所を要害として利用していたことは間違いない。『鎌倉大草紙』の記述から遡ることおよそ一二〇年前、建武二年（一三三五）に、北条時行追討のために鎌倉へと向かう足利尊氏・直義兄弟は、途中「小田原上山野宿」と小田原の上の山で野営している（市史中世Ⅰ 二六八）。この「小田原」の場所がどこかが問題となるが、箱根（箱根町）から十間酒屋（茅ヶ崎市）への東海道の途上に位置することから、現在の小田原市南町から本町のあたりと想定され、その上の山とは、天神山もしくは八幡山と呼ばれる後の小田原城の一角を形成する場所であったと推察される（図1）。

小田原城を取り立てた（整備して利用した）大森氏は、扇谷上杉《おうぎがやつうえすぎ》氏の勢力として小田原城に拠っており、明応五年（一四九六）には同じ扇谷上杉氏に与《くみ》する伊勢弥次郎も小田原城に籠城している。しかし、大森氏が山内上杉氏へと転じたため、文亀元年（一五〇一）三月までに弥次郎の兄である伊勢《いせ》宗瑞《そうずい》（北条早雲）が小田原城へと進出することとなる。宗瑞は、小田原城攻略後も韮山《にらやま》城（静岡県伊豆の国市）を本城とし、小田原城には嫡子氏綱を置いたが、『異本北条記』には「小田原ヲ乗取新ニ築処也」とあることから（市史中世Ⅱ 三十四）、宗瑞が相模進出後に大森氏時代の小田原城を大幅に改修し、新たな小田原城を築いた可能性も想定できよう。

そして、氏綱の家督継承とともに小田原城は本城として位置づけられたとされる。ただし、宗瑞存命中から小田原城が本拠として認識されていた可能性がある。それは、永正《えいしょう》三年（一五〇六）に死去した氏綱母の菩提を弔うための伝心庵が小田原に建立されている点や、永正十六年（一五一九）六月に、宗瑞が雲見（静岡県松崎町）の土豪高橋氏に出産を雲見と小田原のどちらで行うかを問い合わせている事例（市史中世Ⅱ 三十四）などから推測し得る。これらは宗瑞存命中における小田原の優位性を物語る事例であり、宗瑞が没する永正十六年八月以前から小田原の本拠化は進められていたものと考えることができよう。

これ以降、天正十八年（一五九〇）の小田原合戦で豊臣秀吉率いる軍勢の前に城を明け渡すまでの間、小田原は北条氏の本拠地として位置づけられることとなる。

図１　小田原城 城域図

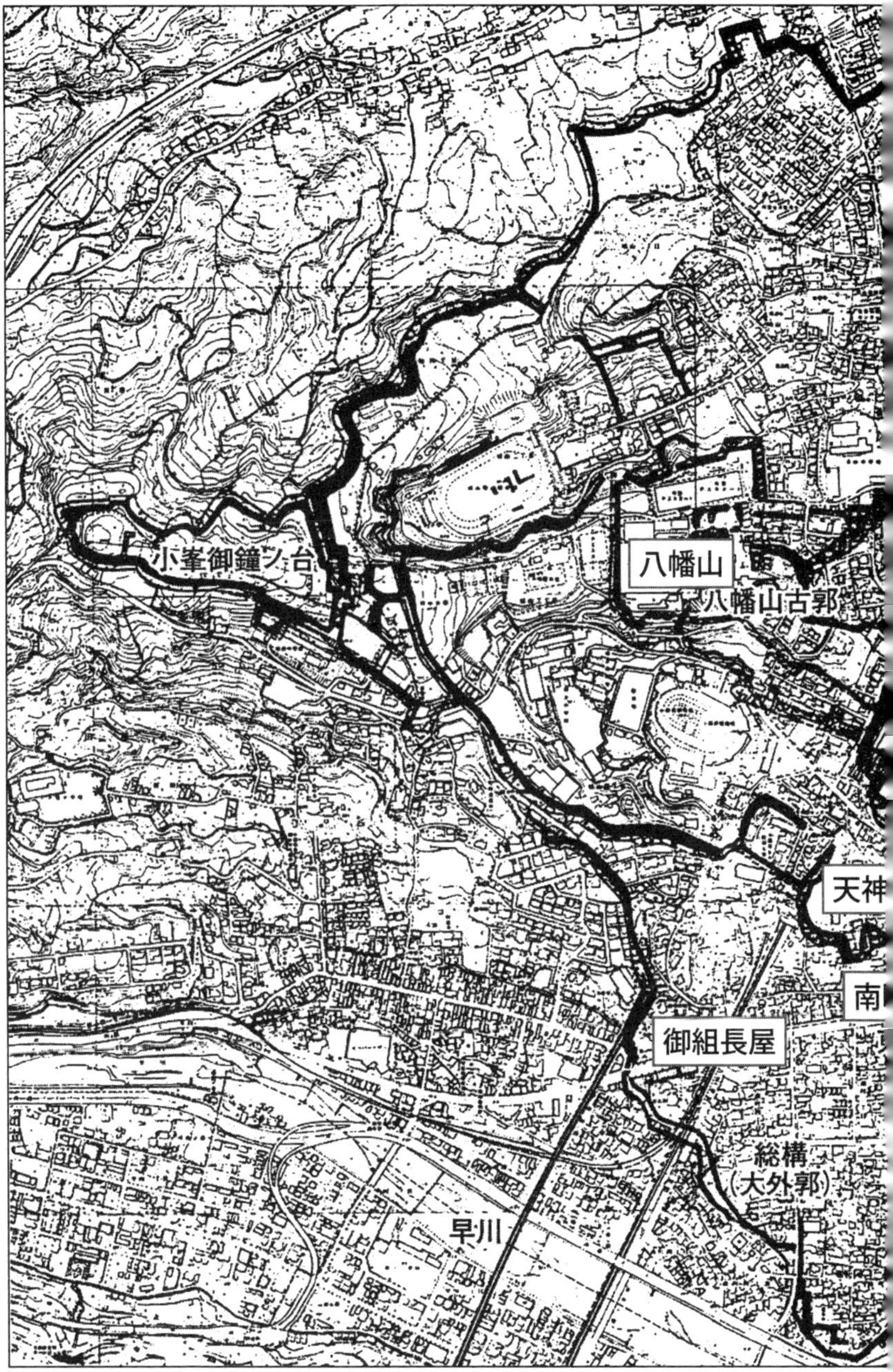
小峯御鐘ノ台
八幡山
八幡山古郭
天神
南
御組長屋
総構
(大外郭)
早川

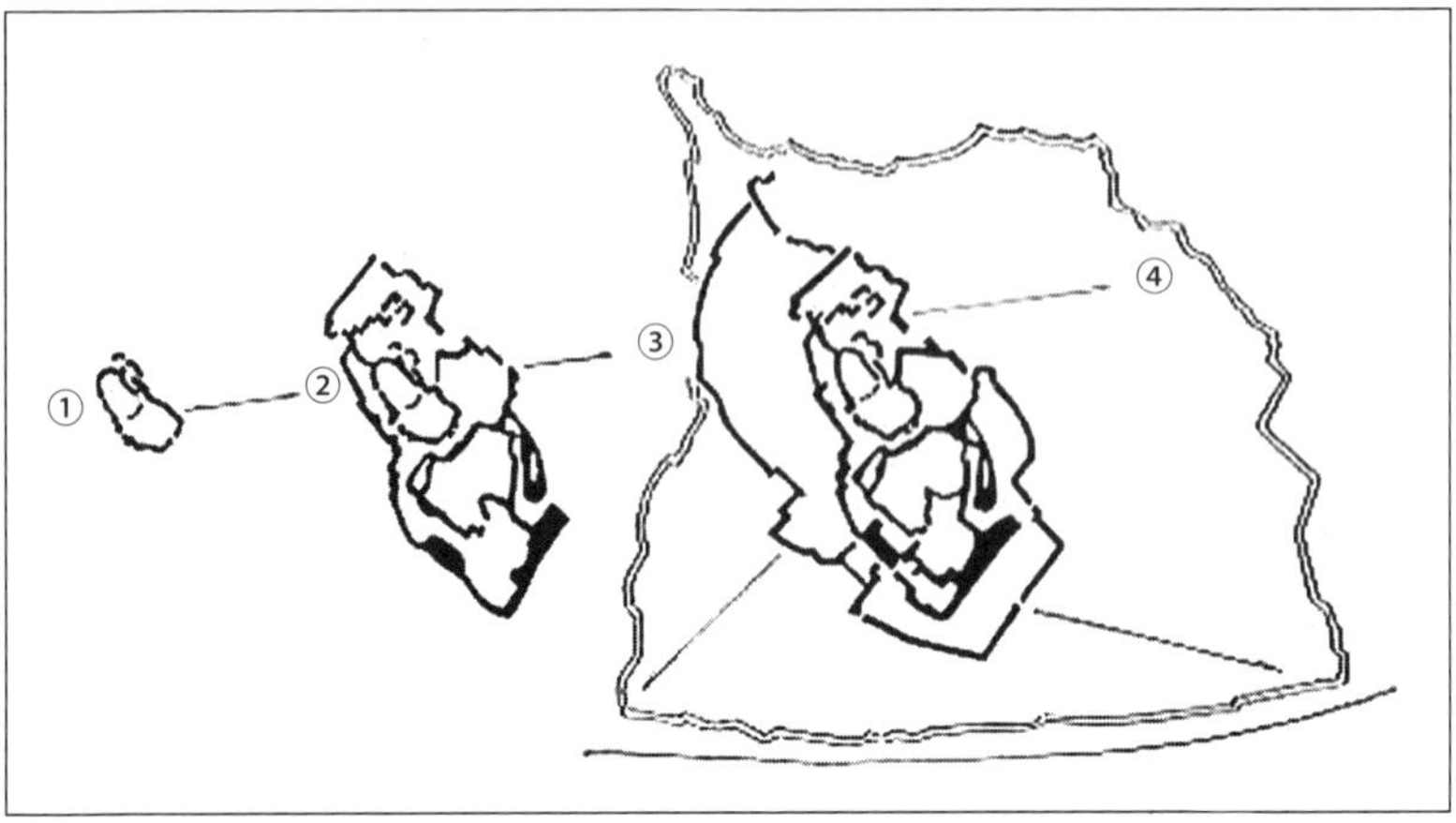

図2　小田原城発展模式図 ①八幡山本丸時代／②二の丸大外郭の時代／③三の丸外郭の時代／④大外郭の時代（田代1993より）

一、変わりつつある戦国期小田原城のイメージ

「戦国期最大」「難攻不落」「関東の巨城」などといえば、小田原城の枕詞としてよく用いられる言葉であり、城下までを囲む「総構《そうがまえ》（大構）」や、堀底に障壁を掘り残した「障子堀《しょうじぼり》」といえば、小田原城の代名詞ともいえる城郭遺構である。小田原城とは、そのような城郭であったとのイメージが強いであろう。果たして、戦国期の小田原城の実態とはどのようなものであったのだろうか。

小田原城の縄張については、長らく八幡山古郭を中心に同心円状に拡大した輪郭式城郭プランであると説明されていた（図2）（田代一九九三）。永禄四年（一五六一）の上杉景虎（上杉謙信）、同十二年の武田信玄の来攻を籠城戦で退け、それを契機に城郭を拡張整備し、天正十八年に豊臣秀吉を迎え撃つまでに小田原城をキロメートルにおよぶ総構で城と城下を囲うことで周囲九防御し、小田原合戦に備えたというものである。図2を見ても明らかなように、わかりやすく的確な指摘であり、これまでは各分野ともにそのような小田原城の姿をベースに論を展開してきている。

しかし、上杉謙信・武田信玄のその後の行動を見ると、二度の籠城戦はいずれも小田原城落城を目的とした来攻ではなかったことは明らかである。また、文献史料を分析すると、上杉・武田の来攻以後に小田原城の普請を行った事実は確認できるものの（佐々木二〇一〇a・二〇一四）、普請箇所が明らかな事例はなく、城郭を拡張したという論拠を得ることはできない。大外郭となる総構についても、天正十五年（一五八七）三月の「相府大普請」以降に構築されたとする見方が有力であり（森二〇〇九）、天正十五年六月の時点では総構の存在を確認できない部分もあることから（佐々木二〇〇五・二〇一〇b）、北条氏約一〇〇年の小田原在城期間の中で、広く総構に囲まれた小田原城の姿とは、わずか三年あまりの姿にほかならないことになる。

写真１　山本内蔵邸跡の障子堀（小田原市教育委員会提供）

そして近年の発掘調査では、同心円状発展論では説明できない遺構も数多く確認されている。小田原城の中心とされる八幡山古郭の調査では、十六世紀前葉に遡る遺構・遺物の検出例がない一方で、低地部に位置する山本内蔵邸跡第Ⅳ・Ⅷ・Ⅺ地点ではそれぞれ障子堀が検出されている（写真１）。出土遺物から、堀の存続年代は十六世紀前葉から十七世紀初頭までと考えられており、小田原合戦以後も存続していた堀である。堀の規模や構造、出土遺物の年代観が共通する点を考慮すると、山本内蔵邸跡各地点で検出された堀は同一の遺構である可能性が高く、それらをつなぐと図３のような配置になることがわかる。図３を見て明確なように、小田原城三の丸堀とは北側が重複する位

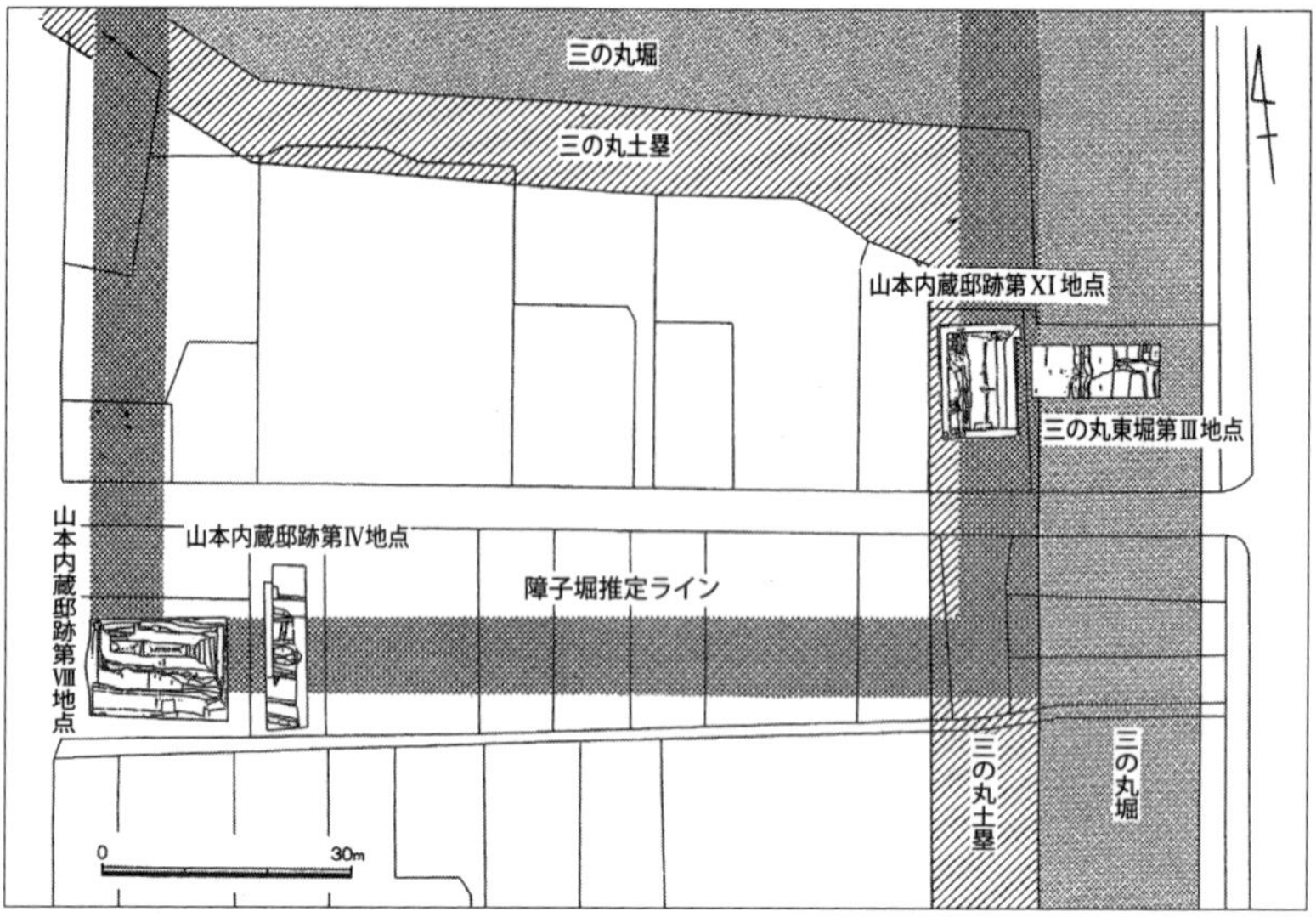

図３　山本内蔵邸跡周辺の障子堀 想定図

置関係にあることから、共存したとは考えられない。つまり、北条氏の時代には、この部分に小田原城三の丸堀は存在していなかったということになる。

さらに、図３のように囲郭《いかく》するプランの堀であるとすれば、この堀が小田原城に伴う堀である可能性は低い。天正十二年（一五八四）とされる北条家虎朱印状を参考にすると、小田原城下にある北条氏照の屋敷は「堀よりも内之分之地形」などと表現されていることから（市史中世Ⅲ一五七七）、堀に囲まれた構造であることが明らかである。山本内蔵《くら》邸跡で検出された堀についても某氏屋敷を囲郭していた堀であった可能性が高いといえよう。

他にも本町遺跡第Ⅲ地点や同第Ⅳ地点などで、十六世紀前葉に遡る大規模な障子堀が確認されている。両地点は国道一号（旧東海道）を挟んで立地しているため、一連の堀とは考え難く、同心円状発展論では城域化が遅れるはずの低地部に、十六世紀前葉の堀が点在していることとなる。このように発掘調査の成果は、小田原城が単純に八幡山古郭を中心とした同心円状の縄張や都市プランで構築されていたわけではないことを示している。

縄張研究の視点では、近世以降に改変・上書きされた小田原城を経て、現状確認し得る遺構プランから戦国期の城郭プランを考える側面がある。そのため、埋没して確認できない遺構までを評価しきれていないという点は否めない。つまり、縄張研究では江戸時代以降「お留め山」として保持されていた八幡山に残った戦国期小田原城の面影は考慮されるものの、近世以降に大きく改変された低地部のプランについては近世幕末期以降の小田原城最後の姿から遡って解釈されている部分があり、その結果として考察されたのが同心円状発展論なのである。

縄張を軸にした城郭研究は、小田原城のみならず城郭研究を支えるものであった。しかし現在、考古学的な新出成果の蓄積や文献史料の検証など、さまざまな視点による新たな研究の推進を受け、時間軸が明確ではないという縄張研究の齟齬《そご》が垣間見えてきている。そのような中で、戦国期の小田原城およびその城下のイメージも、今まさに大きく変わりつつあるのである。

二、発掘調査でみえた戦国期の小田原

（1）発掘調査による成果

これまでに小田原城周辺では、五〇〇箇所以上の発掘調査が行われている。

小田原城は、天正十八年（一五九〇）の小田原合戦に際しては開城というかたちで終戦を迎えているため、その全容は江戸時代へも引き継がれたと考えられる。これは、天正十九年閏正月に小田原城を見聞した伊達政宗が「要害普請ノ体、言句ヲ絶シ玉フ、（中略）箇様ノ要害、俵粮兵具ノ庫蔵際限ナク、何事ニモ不足無シテ、（中略）驚嘆スベキ事ノミナリ」（市史中世Ⅰ　六八〇）と小田原城の様子を評していることからもうかがうこと

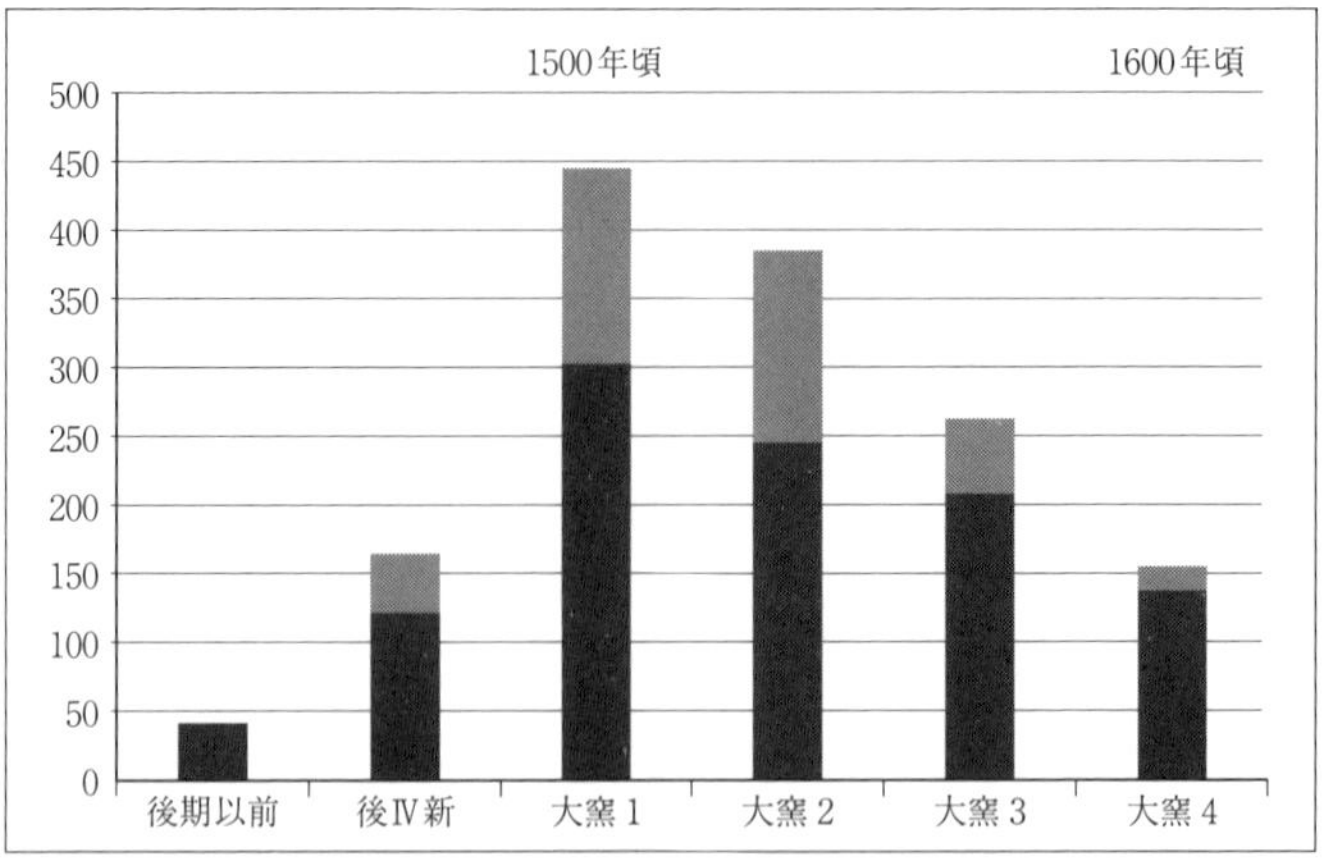

図表1　小田原城下における瀬戸・美濃製品の消長（佐々木2010c）
棒グラフの薄い網がけ部分は、前後どちらかに位置づけられるものを案分

ができる。

しかし、近世以降の度重なる災害とその復旧・改修により、戦国時代の小田原城の姿が現在まで継承されている部分は少ない。戦国時代の小田原城は、江戸時代の小田原城によってほぼ完全に上書きされてしまっているのである（佐々木二〇〇五）。

そのため、戦国期の小田原城の姿を明らかにするには、発掘調査成果に拠るところが大きい。たとえば、前章で述べた同心円状発展論を否定し得る成果もその一つであるが、二代目氏綱以降に、小田原城が確実に北条氏の本拠地となることを裏付ける成果もその一つといえる。

最近の発掘調査成果の分析によれば、遺構・遺物ともに、十六世紀前半の二代目氏綱の頃から増加する傾向にあるのは間違いない（図表1）（佐々木二〇一〇c）。また、文献史料からは氏綱以降京都との交流を密にしてさまざまな文物を小田原へと移入している様子が確認されるが（佐々木二〇〇九a）、遺跡から京都系といわれる手づくね成形のかわらけが出土するのも、十六世紀前半の氏綱期からである。

このように、最新の発掘調査成果を分析することにより、文献史料を補完するだけでなく、不透明であった戦国期小田原城の様相が少しずつ明らかになってきている。そこで、出土遺物・検出遺構から垣間見えた戦国期小田原城および城下の一例を紹介したい。

（2）出土遺物にみる小田原城下

小田原城周辺の発掘調査で出土した遺物は莫大な量となっているが、図表2は集計を行った小田原城下一八地点の発掘調査で出土した戦国時代の土器・陶磁器六六七八点を分類し、円グラフにしたものである（佐々木二〇〇九ｂ）。

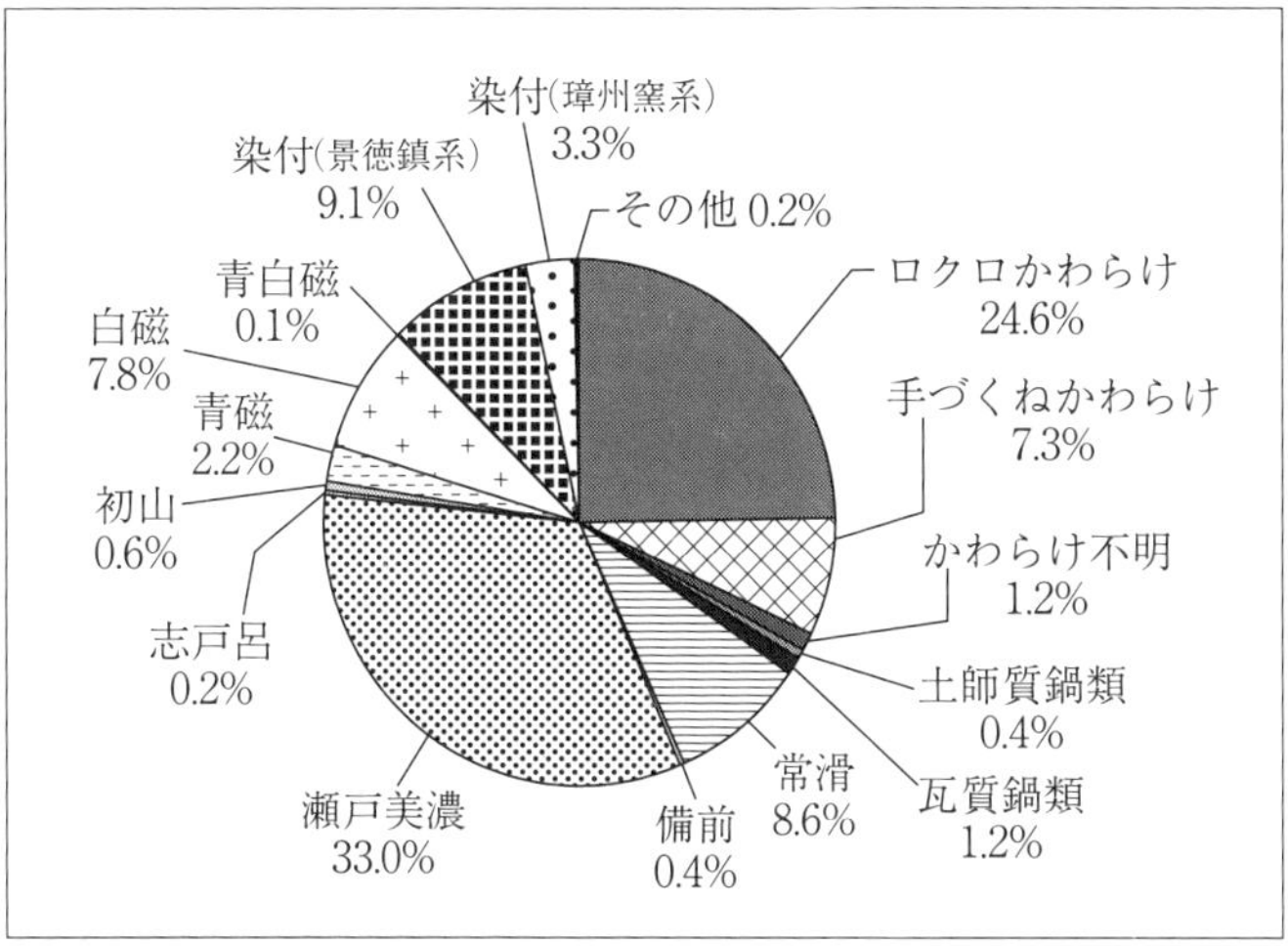

図表2　小田原城下における遺物出土比率（佐々木2009b）

これを見ると、瀬戸・美濃窯（愛知県・岐阜県）や常滑窯（愛知県）、初山・志戸呂窯（静岡県）で焼かれたものを中心とした国産陶器が全体の約四二パーセントを占め、次いでかわらけと呼ぶ在地で焼かれた素焼きの土器が三三パーセント、中国などからの輸入品である貿易陶磁が約二三パーセントとなっている。

一方、図表3は上野国箕輪城（群馬県高崎市）、図表4は武蔵国北部に位置する深谷城（埼玉県深谷市）・松山城（埼玉県東松山市）・菖蒲城（埼玉県久喜市）・花崎城（埼玉県加須市）・私市城（同）・岩付城（埼玉県さいたま市）の調査で出土した遺物をまとめたものである（佐々木二〇〇九ｂ）。これを見ると、出土遺物の約九三パーセントを地元で作られたかわらけと在地系土器が占めていることがわかる。上野・北武蔵の事例が城郭内部の出土遺物に限られているという点は考慮すべきであるが、小田原城下にはさまざまな地域から多くの品物が流入し、豊富な物量を誇っていたことがわかる。

このことを示すように、文献史料からは北条氏がこのような豊富な物量を活かした領国経営を行っている様子が垣間見える。

図表3・4を見ると、上野国では貿易陶磁は二・二パーセント、北武蔵では一・三パーセントしか出土していない。そのような地域にある上野国小泉城主（群馬県大泉町）の富岡氏や武蔵国鉢形城主（埼玉県寄居町）の北条氏邦に対し「雖不珍候、現来之間、青磁皿百、砂糖幷茶碗卅、進之候」「其方へも青磁皿二筒、茶碗卅、進之候」として、貿易陶磁（青磁皿など）を贈答品として用いている様子がうかがえる（市史Ⅲ

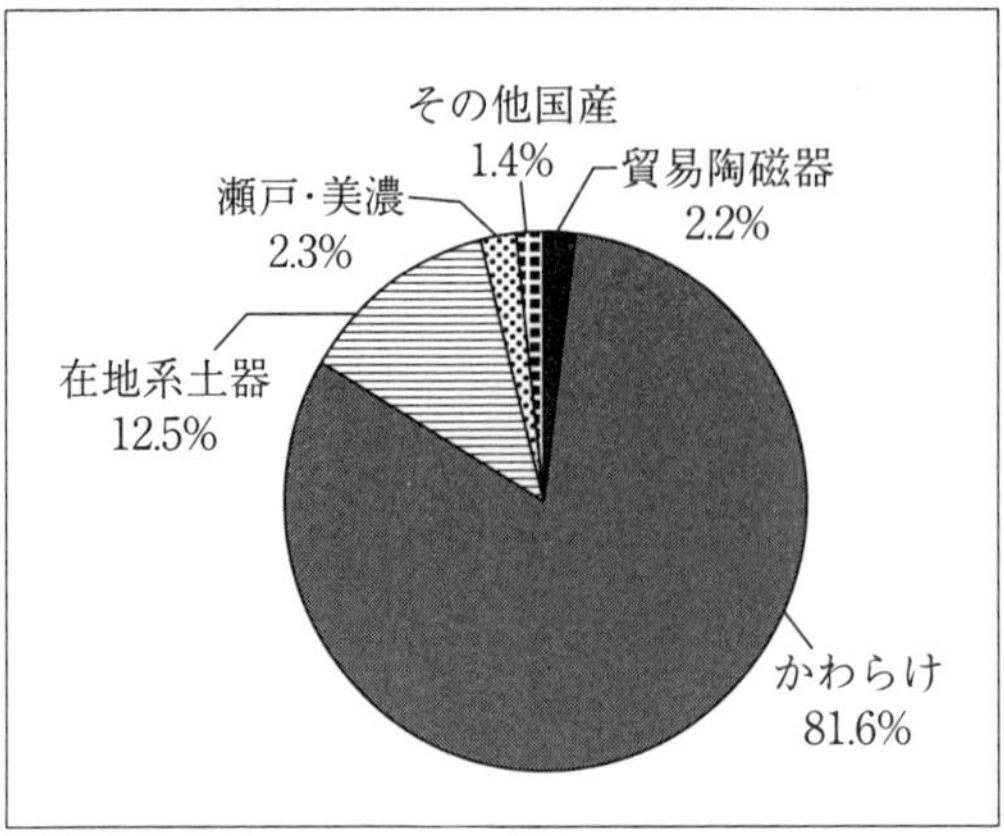

図表3　上野国における遺物出土比率（佐々木2009b）

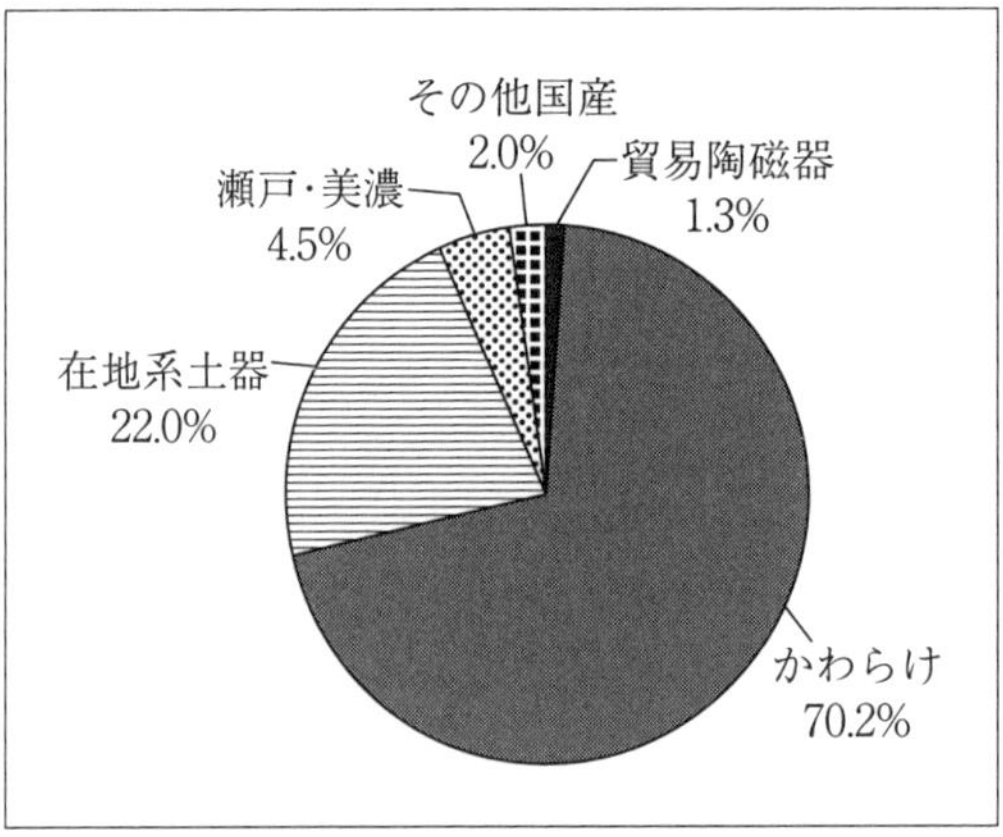

図表4　北武蔵における遺物出土比率（佐々木2009b）

二二一八・二二一九）。わざわざ「雖不珍候」と珍しくないものであると付記しているところに、文書発給者である北条氏政の自負がうかがえよう。

さらに、北条氏は京都系の手づくねかわらけを特殊なかわらけとして位置づけ、領国内で用いていたと考えられる。かわらけについては後述するが、このことは八王子城（東京都八王子市）および城下で出土するかわらけや、本佐倉城（千葉県酒々井町・佐倉市）で出土する手づくねかわらけの分析などから確認されている（服部一九九八）。

このように、北条氏は独自に「モノ」に付加価値を付け、アイデンティティーを創出して領国経営に利用していたと考えられる（佐々木二〇〇九a・二〇一三a）。小田原城および城下の発掘調査で得られた「モノ」＝遺物の分析からは、北条氏の領国経営の一端を追究することができるのである。

（3）検出遺構にみる小田原城下

そして、発掘調査で検出した戦国時代の遺構の分析を通じて明確になったことに、戦国期小田原の都市計画が挙げられる。発掘調査で確認されている道路状遺構や溝状遺構、堀などの「線」を構成する遺構を抽出すると、その大半が正方位を基軸としていることが確認できる。図表5に示した円グラフは、図表5の表にある道路状遺構および堀・溝状遺構の軸方向をまとめたものだが、軸線の方向を見ると、その様相がほぼ正方位に限られていることは明確であろう（佐々木二〇〇五）。

さらに、十七世紀初頭に描かれたとされる「相州小田原古絵図」（通称「加藤図」）（図4）に描かれた道を現地比定しながら抽出すると、図5のような位置に道路をプロットすることができる。図4の絵図と同じように、南側を中心に正方位に配置された道路の存在が確認される。さらにこれを基準に桝目を組むと、約一一〇メートル間隔およびその半分で区画が設定でき、この桝目には図表5で示した道路状遺構も当てはめることができる。図表5に示した遺構は、出土遺物の様相や層位的な検証から、すべて戦国時代の遺構であることが確実であるため、この区画配置が戦国時代のものであることは間違いない。

このような正方位を基軸とした町割は現在でも確認することができ、京都・駿府を経て小田原へと入った北条氏は、小田原に方格地割を基軸とした都市を創生していたと考えられる。

では、そのような都市・小田原の中心である小田原城の当主居館はどこにあったのであろうか。森幸夫氏は文献史料の分析から、代々の北条氏当主は居所を移していたことを論証されており（森二〇〇九）、この点からも小田原城が単純な構造の城郭ではなかったことをうかがい知ることができる。

連歌師宗牧は、小田原の北条氏康の館を訪れた際のことを「東国紀行」天文十四年（一五四五）二月二十五日の記事に、「君卓のかざられ庭籠の鳥、かずか

<table>
<tr><th>道幅</th><th>廃絶年代</th></tr>
<tr><td>2.0m以上</td><td>17世紀初</td></tr>
<tr><td>2.0m以上</td><td>16世紀前</td></tr>
<tr><td>5.6m以上</td><td>16世紀後</td></tr>
<tr><td>2.0m以上</td><td>17世紀前</td></tr>
<tr><td>溝間は5.5m</td><td>16世紀中</td></tr>
<tr><td>溝間は5～7.2m</td><td>16世紀前</td></tr>
<tr><td>溝間は5.7m</td><td>16世紀代</td></tr>
<tr><td>溝間は2.7m</td><td>16世紀代</td></tr>
<tr><td rowspan="2">5m以上</td><td>16世紀後</td></tr>
<tr><td>17世紀前</td></tr>
<tr><td rowspan="2">2.6m以上</td><td>16世紀後</td></tr>
<tr><td>17世紀前</td></tr>
<tr><td>溝の間は6m</td><td>16世紀後</td></tr>
<tr><td>2m以上</td><td>16世紀中</td></tr>
<tr><td>8m以上</td><td>17世紀前</td></tr>
<tr><td>5.6m以上</td><td>17世紀前</td></tr>
<tr><td>6m以上</td><td>16世紀後</td></tr>
<tr><td>5.6m</td><td>16世紀</td></tr>
<tr><td>5.9m</td><td>16世紀</td></tr>
<tr><td>3.7m</td><td>16世紀</td></tr>
<tr><td>1.9m</td><td>16世紀</td></tr>
<tr><td>3.1m</td><td>16世紀</td></tr>
<tr><td>3.2m</td><td>16世紀</td></tr>
<tr><td>7m以上</td><td>17世紀初頭</td></tr>
<tr><td>0.96m</td><td>16世紀後</td></tr>
</table>

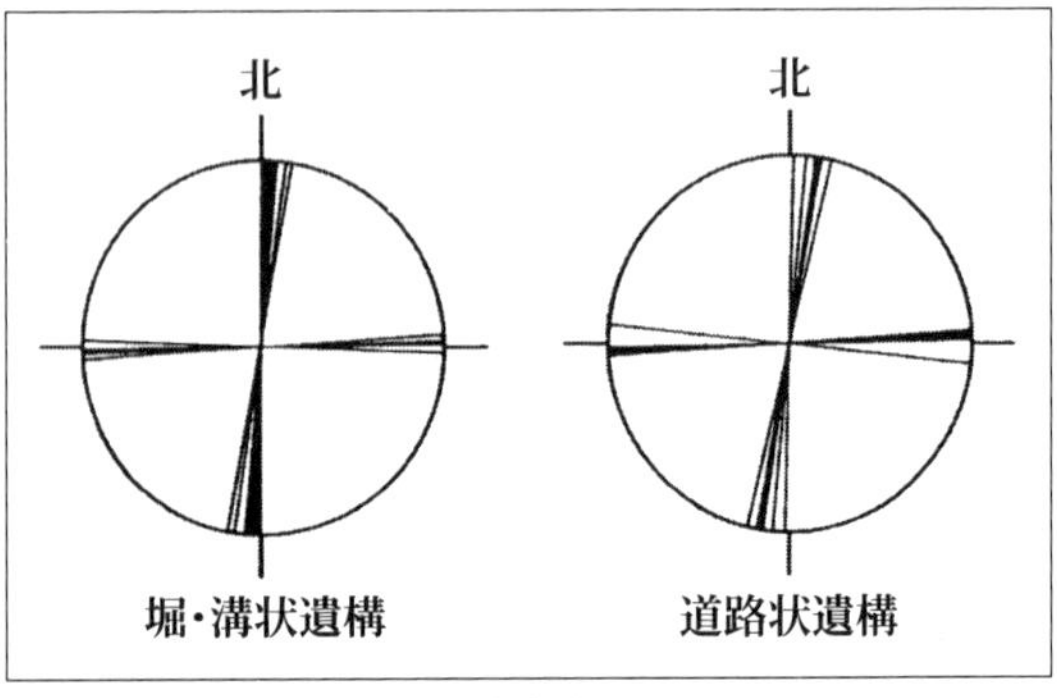

図表5　小田原城下検出のおもな道路状遺構の軸方向（佐々木2005を改変）

No.	遺跡名	遺構名	付属施設	軸方向	厚さ(路盤)	路盤
1	小田原城三の丸 大久保雅楽介邸跡第Ⅱ地点	3号道路面	—	W-3°-S	32cm	粗砂・細砂・粘土で版築
2		4号道路面	—	W-3°-S	28cm	粗砂・粘土などで版築
3	小田原城三の丸 大久保雅楽介邸跡第Ⅶ地点	80号遺構（道路）	側溝・柱穴	N-9°-E	20cm	粘質土と砂質土を交互に版築
4	小田原城三の丸 大久保雅楽介邸跡第Ⅹ地点	道路状遺構	—	W-3°-S	90cm	粘質土と砂質土を交互に版築
5	小田原城三の丸 藩校集成館跡第Ⅲ・Ⅳ地点	2号溝	側溝	N-8°-E	—	—
		3号溝				
6		30号溝	側溝	N-1°-E	—	—
		33号溝				
7		28号溝	側溝	N-5°-E	—	—
		29号溝				
8		35・36号溝	側溝	W-2°-S	—	—
		37・40号溝				
9	小田原城三の丸 御長屋跡第Ⅰ地点	1号道路遺構第1道路面	側溝	N-13°-E	45cm	玉砂利を全体に含む
10		1号道路遺構第2道路面	石組側溝	N-10°-E	25cm	砂質土と粘質土を交互に版築
11		1号道路遺構第3道路面	—	（南北方向）	5cm	砂質土を版築
12	小田原城三の丸 御長屋跡第Ⅱ地点	1号道路遺構第1道路面	—	（南北方向）	34cm	円礫上に砂・シルト・粘土で版築
13		1号道路遺構第2道路面	—	（南北方向）	40cm	砂・シルト・粘土で細かく版築
14	小田原城下 中宿町遺跡第Ⅱ地点	1号水路	石組側溝	W-6°-S	—	—
		2号水路				
15	小田原城下 中宿町遺跡第Ⅳ地点	砂利敷遺構	石組水路	（コーナー部）	10cm	砂利とシルトで硬化面を形成
16		道路遺構	—	不明 （南北方向？）	60cm	砂・シルト・砂利を交互に版築
17	小田原城下 筋違橋町遺跡第Ⅲ地点	道路状遺構	石組側溝	W-4°-S	70cm	砂利を叩き締め、硬く版築
18	小田原城下 御組長屋遺跡第Ⅰ地点	1号砂利敷遺構	1号溝	W-1°-S	35cm	玉砂利・砂質土を三回に分けて版築
19	小田原城三の丸 杉浦平太夫邸跡第Ⅳ地点 大久保弥六郎邸跡第Ⅲ地点	1号石積側溝付き道路	側溝A	W-0°-S	—	—
			側溝B			
20		93・100号溝	側溝	N-2°-E	—	—
		35・107号溝		N-1°-E		
21		69・73・71号溝	側溝	W-1°-S	—	—
		70号溝		W-0°-S		
22		62号溝	側溝	N-0°-E	—	—
		63号溝		N-0°-E		
23		59・66号溝	側溝	N-0°-E	—	—
		67号溝		N-0°-E		
24		60号溝	側溝	N-1°-E	—	—
		81・90号溝		N-1°-E		
25	小田原城下 筋違橋町遺跡第Ⅴ地点	道路状遺構	側溝	W-9°-N	70cm	砂利を叩き締め、硬く版築
26	小田原城下 天神下跡第Ⅲ地点	29・31・32・33・37号ピット	橋脚	N-4°-E	—	—

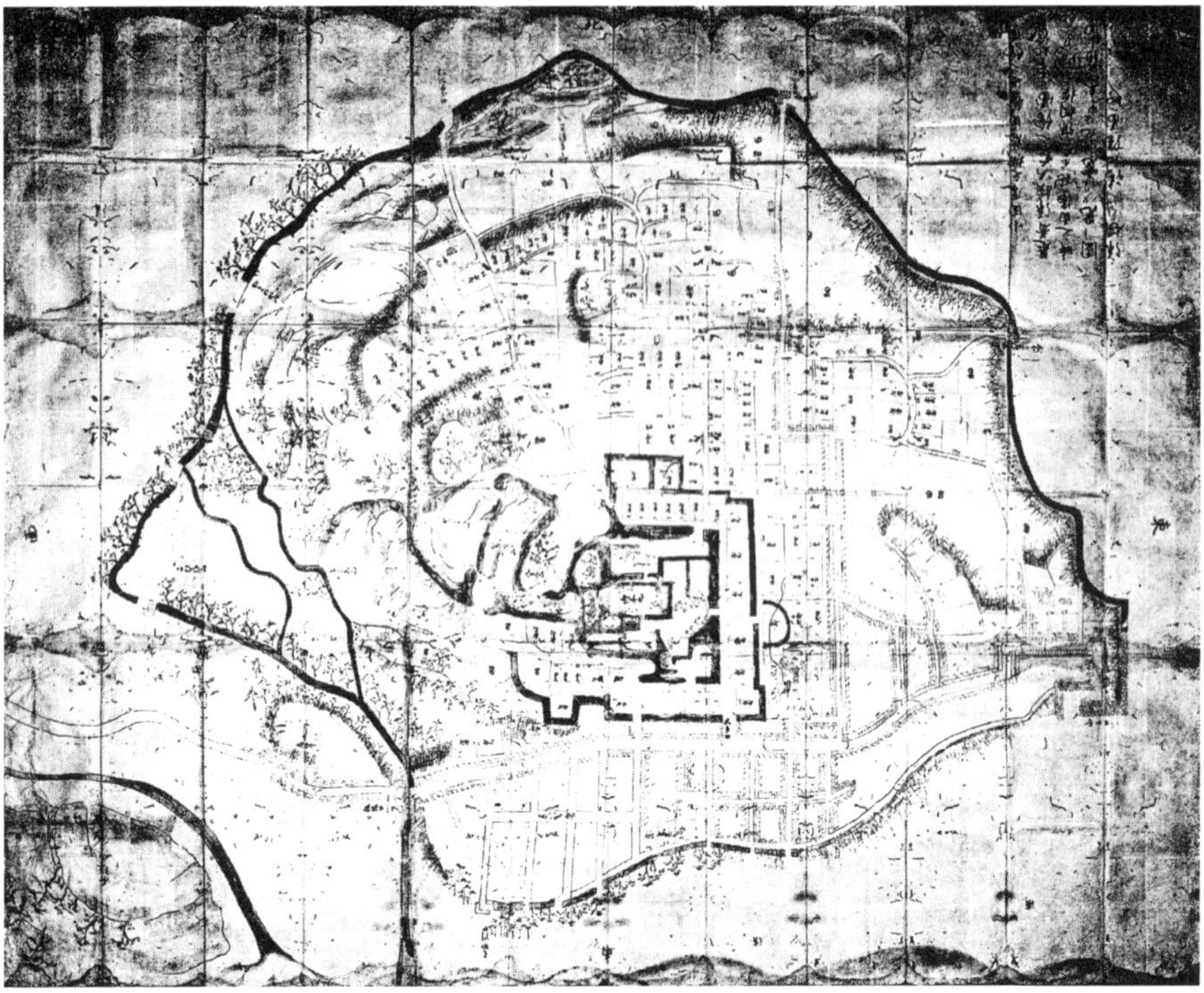

図4　相州小田原古絵図（通称「加藤図」・小田原市立図書館蔵）

ずのおもしろさ、やり水のかけひ雨にまがはず、水上は箱根の水海よりなどきゝ侍りて、驚ばかりなり」と記している（市史中世I　五五二）。つまり、氏康の館の庭には、箱根の水海（芦ノ湖）から流れる早川から引いた水が用いられているということであり、早川から水を引くことができる氏康の館の位置は当然ながら丘陵上ではあり得ず、小田原城の中心といわれていた八幡山丘陵上に位置しないことは明白である。

氏康の居館は、永禄元年（一五五八）に古河公方足利義氏を小田原に迎えた際の「鶴岡八幡宮社参記」の記述から（『北区史資料編古代中世』2　七十六）、「会所」「寝殿」を備えたものであることがわかる。北条氏康は足利義氏を自身の館の「会所」「寝殿」で接待しており、小田原には「会所」「寝殿」を備えた居館を用いる「文化」

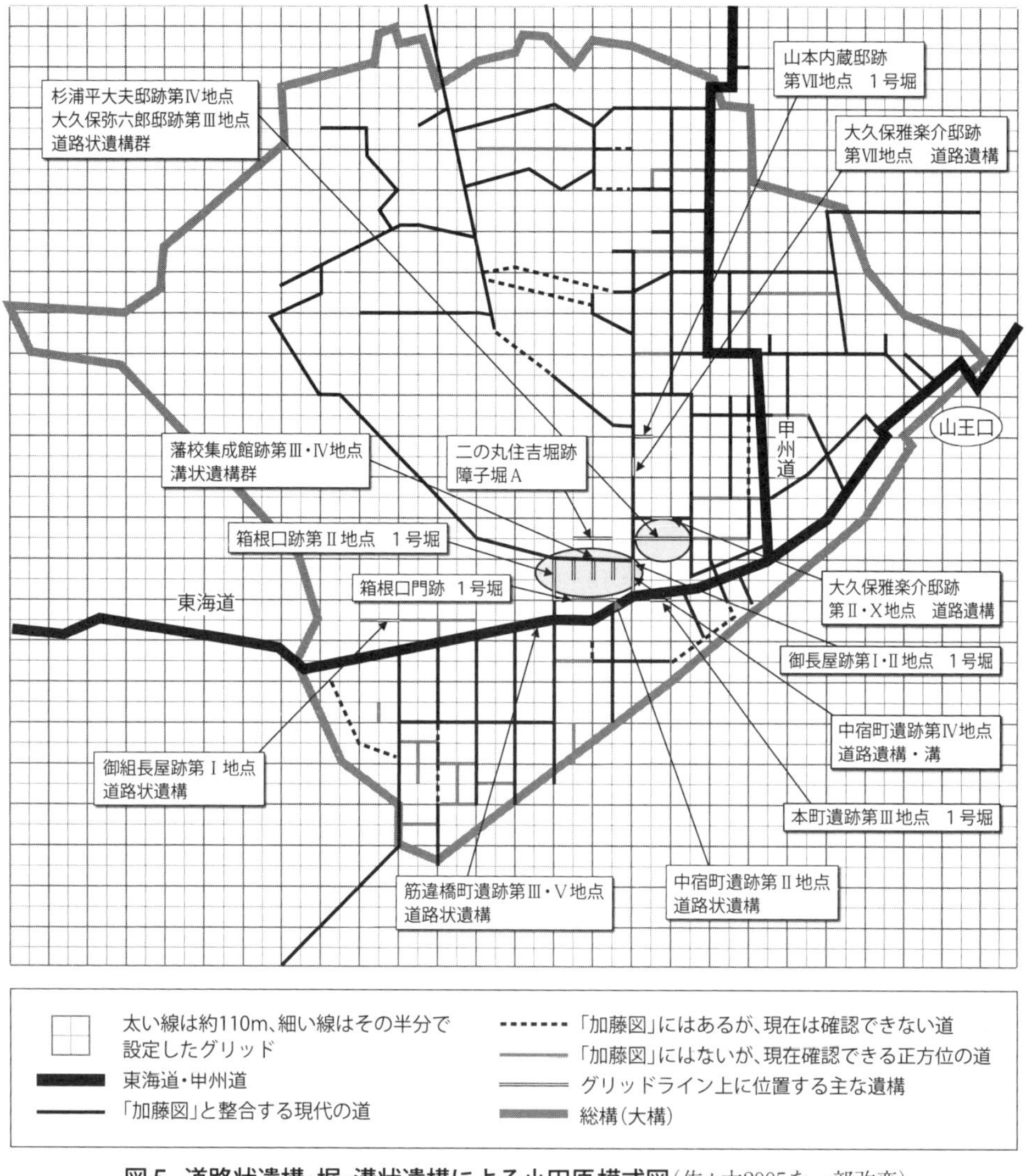

図５　道路状遺構・堀・溝状遺構による小田原模式図（佐々木2005を一部改変）

が存在し、京都の「花の御所」的な要素を持つ居館を小田原城下に構えていたと考えることができる（仁木二〇〇六・佐々木二〇〇八）。

小田原城の中心たる当主の居館の位置については、『異本小田原記』「浅草沙汰の事」の記事に、蓮池弁財天（現・小田原城敷地内）の由緒として、小田原城の鎮守とするために江ノ島弁財天を移したとのエピソードがあり、その場所を「御城北の堀の内」と記している。同心円状発展論の中心となる八幡山丘陵からの視点では弁財天を祀ったとされる蓮池は東方となるため、「御城」が八幡山丘陵上にある要害を示しているのではないことがわかる。この「御城」が低地部の居館を指していると捉えると、蓮池を北側に見る場所は、近世小田原城の御用米曲輪《ごようまいくるわ》や二ノ丸の位置に該当することとなり、居館が低地部に位置する近世の城内地区に所在していた可能性は高いといえよう。

そして、このような居館の様相を示す遺跡が、近年発掘調査で確認されている。史跡小田原城跡の御用米曲輪で確認された遺跡がそれである。

三、御用米曲輪の調査成果

御用米曲輪では、これまでに六次の調査が行われている。戦国期の遺構は、昭和五十七年（一九八二）に実施した第一次調査でも確認されていたことから、江戸時代の遺跡である御用米曲輪の下層に戦国期の遺跡が展開していることは想定されていた。しかし、国指定史跡であることから、近世小田原城の遺構を掘り下げて戦国期の遺構を調査することはできないため、江戸時代の遺構が削平などにより失われている部分を中心

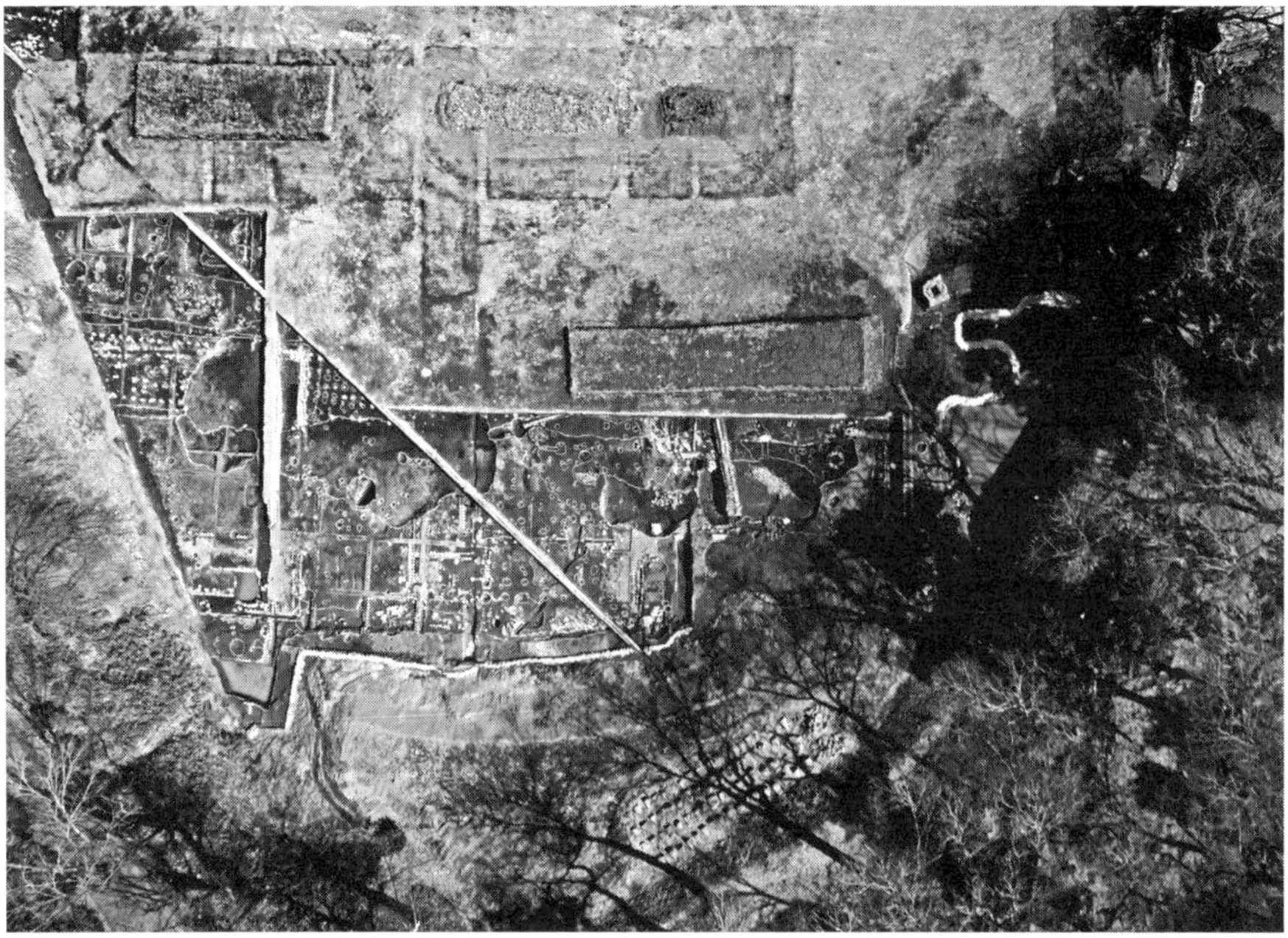

写真２　御用米曲輪 第五次調査範囲全景―南から（小田原市教育委員会提供）

に確認作業を行った。そのため、調査結果は断片的なものとなってはいるが、十六世紀後半の複数の建物群や庭園の跡と考えられる遺構が検出されている。

現在も調査途中であり、紙幅の問題もあることからここで調査成果のすべてを紹介することはできないが、おもな遺構をそれらが伴う空間構成から「二つの池を伴う庭園」「切石敷庭園」「礎石建物と掘立柱建物群」「かわらけ廃棄土坑群」の四つに分けて述べていきたい（写真２）。

（１）二つの池を伴う庭園

池は上下の位置関係で二箇所確認されている。上段の池は八・五平方メートル程度の小規模なものであり、下段の池は検出範囲だけでも約二〇〇平方メートルを上回る大きな池である（写真３）。いずれも大きな改変を伴う画期があり、埋没までの過程では少なくとも三回の変遷があると考えられる。

上段の池（1号池）は、箱根安山岩《あんざんがん》製の石塔（五輪塔・宝篋印塔《ほうきょういんとう》・宝塔）の四角い部位や「風祭石《かざまつりいし》」と呼称される箱根凝灰岩《ぎょうかいがん》、「鎌倉石《かまくらいし》」と呼称する三浦層群の凝灰岩を用いて底面を作っており、中央は楕円形に一段下げて一〇センチ弱の円礫《えんれき》と砂利を敷き詰めている。側面には、「根府川石《ねぶかわいし》」と呼称している板状節理する箱根安山岩の板石が用いられ、「風祭石」の巨石や箱根安山岩を配置している（写真4）。

南側の背面には、「風祭石」の切石で擁壁《ようへき》が構築され、戦国期に存在した法面《のりめん》の裾を押さえる役割を果たしている。この法面は十七世紀前葉に削平されたと考えられるが、削られた地山《じやま》の状況から、本来はこの上に二〇メートル以上の高さでローム層が存在したと想定されている。1号池西側には、法面より張り出す形で切石の石組みが構築されており、この石組みで水を受けて1号池へと導水し、1号池をオーバーフローした水が滝のように

写真3　2号池全景―東から（小田原市教育委員会提供）

写真4　1号池全景―南東から（小田原市教育委員会提供）

下段の池（2号池）へと落ちる構造となっている。

2号池は、東側が調査区外へと広がっているが、未検出部を含めた外周は少なくとも九〇メートルを超える規模となる。構築時には約一七〇センチの深さがあり、護岸には箱根安山岩製の石塔（五輪塔・宝篋印塔・宝塔）部材が二次加工を加えられて用いられている。近世以降に攪乱《かくらん》され、崩落していた護岸石材三七二点のほぼすべてが石塔部材であったことを考えると、護岸として残る石材も石塔部材であろうと想定され、その数は千二百点を超えることとなる。

なお、この池に臨んだ建物は北側に位置したと想定されるが、すでに近世段階に攪乱されており、確認することはできなかった。しかし、池の西側には二間×四間以上の掘立柱建物が建てられている。掘立柱建物跡の裏手には石組井戸が伴っており、砂利が敷かれた空間が形成されている。井戸の脇からは、建物の下を潜って2号池へとつながる暗渠《あんきょ》水路も存在している。このことから、この掘立柱建物は池に付随した「泉殿」あるいは「茶室」である可能性が指摘される。

（2）切石敷庭園

池に面した砂利敷空間の西側には、切石を用いた空間が広がっている（写真5）。残念ながら中央部は攪乱されていたが、近世に削平された南側法面を背景にした切石敷きの庭園であったと考えられる。

切石敷庭園は、黄色（「鎌倉石」）と黒色（「風祭石」）の凝灰岩を幾何学的に切り出し、モザイク状に組み合わせたものを敷き詰めたものであり、要所には安山岩の巨石を配置して景観を作り出している。すでに見た1・2号池のような石塔部材の転用は少なく、敷石には凝灰岩の柔らかさを利用した立体的な加工が施されている。中央には、深さ約一メートルの井戸状の円形坑があり、泉のような機能を有していたのではないかと

写真５　切石敷庭園―北から（小田原市教育委員会提供）

想定される。また、検出時に倒れていた巨石は、抜き穴の存在から立石として用いられていたことは間違いない。石面には梵字や文字等が刻まれており、本来は板碑であったものを転用したものと考えられるが、刻線は丁寧に削り取られている。

（3）礎石建物と掘立柱建物群

切石敷庭園西側には、多くの建物が展開している（写真6）。現在までのところ、礎石建物跡十六棟以上、掘立柱建物跡七棟を確認している。

礎石建物は、一間の長さが六尺二寸五分（約一八九センチ）のものを主体としており、六尺（約一八二センチ）のものも数棟確認できる。掘立柱建物跡も大半が六尺二寸五分の柱間であることから、小田原における十六世紀後葉の基準尺は六尺二寸五分であったのではないかと考えられる。最大の建物は七間以上の規模があり、荘厳な建物の存在が想定される。

また、大型の礎石建物に付随する形で「湯屋」ではないかとの指摘を受けている建物も確認されている。

写真６　大型の礎石建物と湯屋（左下）―南西から（小田原市教育委員会提供）

柱間の異なる二間四方の総柱の礎石建物で、切石を用いた排水施設とそこからつながる板石敷きの溝を伴っている（写真６）。北側および西側には石組水路を伴っており、建物が想定される位置の外側には拳大の玉石と砂利が敷かれている。また、隣接して「風祭石」「鎌倉石」の切石で化粧をした石組の井戸も所在している。このように上面を化粧した切石敷きの井戸は希有であり、井戸の特異性がうかがわれるとともに、この井戸の水の使われ方として、「湯屋」と想定される建物が隣接して所在している点は興味深い。

（４）かわらけ廃棄土坑群

建物群西側には、かわらけを多量に含む土坑が多数分布している。一基の土坑からのかわらけ出土点数が五〇〇〇点を超えるものもあり（写真７）、墨書かわらけや金箔かわらけなども出土している。このような土坑群が西側に集中していることから、戦国期の空間構成としては、西側が奥・裏手に相当すると考えられる。

戦国期の小田原には、在地系譜のロクロ右回転のかわらけのほか、ロクロ左回転のものや京都系といわれる手づくね成形のかわらけが存在する。北条氏領国におけるかわらけの特徴とその分布については多くの研

写真7　かわらけ出土状況―北から
（小田原市教育委員会提供）

究蓄積があるが、手づくね成形を頂点として、ロクロ左回転、ロクロ右回転というヒエラルキーが存在していたと考えられている（佐々木二〇一〇d）。ここで出土するかわらけの大半は手づくね成形のかわらけであり、ロクロ成形のものでは左回転のものが多いという点は、この空間の格の高さ、特異性を表しているといえよう。

現在も整理作業の途中であるため、かわらけの正確な数値化はできていないが、御用米曲輪全体におけるかわらけの出土量は一万点を優に超えよう。それに対する陶磁器の出土量は極めて少ない。前項で述べた小田原城下における出土比率とは大きな違いであり、九九パーセント近くをかわらけが占めるという状況も、御用米曲輪の空間がかわらけを多用する特別な空間であったことを物語っている。

四、まとめにかえて―御用米曲輪の調査からみる小田原城

近年の研究では、小田原城が丘陵部から発展してきたとの解釈には疑義が投げかけられていた。そのような中で、御用米曲輪で礎石建物および池や切石敷きの庭園が確認されたということは、戦国期小田原城の中

枢の一つが低地部にあった可能性を裏付けるものであり、小田原城研究に極めて重要な成果を提示したと言える。

調査結果からは多くの課題を抽出することができるが、御用米曲輪の空間が戦国時代にどのような役割を有する空間であったのかという点は、大きな課題の一つである。

礎石建物自体の検出も小田原城周辺では初めての事例であるが、近世以降に本丸となる小田原城の中心域で戦国期の建物群が濃密に検出されたという点は注目に値する。今後の整理作業を経て詳しく分析していく必要があるが、「湯屋」と考えられる建物や庭園に面した大型の礎石建物の存在は、「鶴岡八幡宮社参記」に記された「会所」・「寝殿」といった居館の中心建物の存在を想定させよう。一万点を超えるかわらけの存在も、この建物群が「会所」・「寝殿」に相当する儀式空間であることを示唆していよう。

そしてもう一つの問題は、御用米曲輪で検出された庭園の特色ともいえる切石を多用した遺構の存在についてである。全国的に例を見ない切石を用いた庭園の存在は、北条氏の技術や文化、志向性を考えるうえでも重要な発見と言える。

石の加工については、小田原に「関八州石切棟梁」と称する石切（石工）が存在したことが知られている。石切棟梁を継承する青木家の「由緒書覚」には、戦国期には「御組長屋」に居住したと記されており（市史近世Ⅲ82）、「御組長屋」周辺では石製未成品が多量に出土している（佐々木二〇一三b）。池の護岸に用いられていた石塔部材にも未成品が含まれていることから、流通前の石塔が利用された可能性が指摘できる。このような点から、御用米曲輪検出の切石の加工に彼ら石切集団の技術が用いられたことは間違いないと言えよう。

御用米曲輪で検出した切石の遺構は、箱根火山の恵みである石材という資源とそれらを加工する技術者集団の存在、そこに北条氏が持つ文化や趣向性が加わって初めて構築し得たものといえる。しかし、全国的にも類例のないこのような形態の池や切石敷きの庭園を北条氏が構築するに至った発想の起源や系譜は大きな謎である。

御用米曲輪の調査成果は、小田原城の新たな側面を明らかにしてくれるとともに多くの謎を提示している。現在も調査は進行中であるため、ここで紹介した調査成果は途中経過に過ぎないが、引き続き調査を進めることで、さらに戦国期小田原城の構造や歴史を解明していく手掛かりが得られることに期待したい。

〈参考文献〉

佐々木健策「中世小田原の町割と景観」（藤原良章編『中世のみちと橋』高志書院　二〇〇五）

佐々木健策「相模府中小田原の構造―小田原城にみる本拠地と大名権力」（浅野晴樹ほか編『中世東国の世界3　戦国大名北条氏』高志書院　二〇〇八）

佐々木健策「小田原北条氏の威信―文化の移入と創造―」（橋本澄朗ほか編『東国の中世遺跡―遺跡と遺物の様相―』随想舎　二〇〇九a）

佐々木健策「関東の城館研究と貿易陶磁器」（『貿易陶磁研究会』二九　日本貿易陶磁研究会　二〇〇九b）

佐々木健策「小田原本城にみる築城技術」（『小田原北条氏の築城技術―発掘調査にみるその築城技術―』東国中世考古学研究会　二〇一〇a）

佐々木健策「戦国期城下町の区画―相模国小田原を例に」（五味文彦ほか編『都市を区切る』山川出版社　二〇一〇b）

佐々木健策「小田原北条氏の本拠地小田原」（『多摩のあゆみ』一三九　特集戦国大名北条氏　たましん地域文化財団　二〇一〇c）

佐々木健策「小田原のかわらけと漆器」（葛飾区郷土と天文の博物館編『葛西城と古河公方足利義氏』雄山閣　二〇一〇d）

佐々木健策「権力と技術」（企画展示「時代を作った技術―中世の生産革命―」展示図録　国立歴史民俗博物館　二〇一三a）

佐々木健策「石製品の生産」（企画展示「時代を作った技術―中世の生産革命―」展示図録　国立歴史民俗博物館　二〇一三b）

佐々木健策「城郭を囲うもの」（中井　均編『中世城館の考古学』高志書院　二〇一四）

田代道彌「小田原城とその城下の移りかわり」（『小田原城とその城下』小田原市教育委員会　一九九三）
仁木　宏「室町・戦国時代の社会構造と守護所・城下町」（内堀信雄ほか編『守護所と戦国城下町』高志書院　二〇〇六）
服部実喜「土器・陶磁器の流通と消費」（『小田原市史』通史編原始古代中世　小田原市　一九九八）
森　幸夫「戦国期小田原城―北条氏歴代当主はどこにいたのか―」（『小田原市郷土文化館報』四五　小田原市郷土文化館　二〇〇九）
『小田原市史』資料編　原始古代中世Ⅰ小田原市　一九九五）
『小田原市史』資料編　原始古代中世Ⅱ・小田原北条1　小田原市　一九九一）
『小田原市史』資料編　原始古代中世Ⅲ・小田原北条2　小田原市　一九九三）
『北区史』資料編　古代中世2（北区史編纂調査会ほか　一九九五）

韮山城跡

池谷初恵

一、北条氏のはじまりと終わりを語る城

韮山《にらやま》城（静岡県伊豆の国市）は、北条氏初代伊勢宗瑞《いせそうずい》（新九郎盛時）が、はじめて自らの領地に築いた城である。正確な築城時期は特定できないが、伊豆を平定した一五〇〇年頃のことといわれている。宗瑞が相模国、武蔵国へ次第に勢力をのばすにしたがって、本拠地は小田原に移っていくが、韮山城は、伊豆国の拠点として、また今川氏・武田氏に対する西方の守りの要として、重要な位置づけがなされていた。

宗瑞の築城から約九十年後の天正十八年（一五九〇）六月二十四日、伊豆の韮山城は豊臣秀吉軍に降伏し開城した。三月二十九日から、四万四千とも伝えられる大軍に囲まれ約三ヶ月、北条家のルーツともいえる韮山城の幕引きをしたのは、北条氏政の弟、氏規《うじのり》であった。氏規は、相模国三浦半島の三崎城主であったが、領国の西方を堅守する将として、韮山城の守りを任され、豊臣軍を迎え撃つこととなったのである。

二、韮山城跡の位置と地形

韮山城跡は伊豆半島北部、伊豆の国市の北東部に位置し、多賀火山から分岐した天ヶ岳《てんがたけ》とそれに続く尾根上に築かれている。天ヶ岳は南北約一一〇〇メートル、東西約七〇〇メートルの山体で、ほぼ中央にある標高一二八メートルの山頂部から星形に尾根が広がり、山頂部と三本の尾根の先端に曲輪《くるわ》が残る（第1図）。天ヶ岳山頂には「天ヶ岳遺構群」、北東部の尾根には「江川遺構群」、西側の尾根には「土手和田遺構群」があり、中心となる「本城」は、北西に派生する龍城山《りゅうじょうさん》と呼ばれる尾根上に築かれている。山頂部と遺構群のある尾根の間は、本城を除き深い堀切で切断されている。

本城のある龍城山は南北約四〇〇メートル、東西約一〇〇メートルの細長い尾根で、直線的に五つの曲輪が配置されている（第2図）。北から「三ノ丸」、「権現曲輪」、「二ノ丸」、「本丸」、「塩蔵址（南曲輪）」と呼称しているが、これは寛政五年（一七九三）に描かれた「伊豆國田方郡韮山古城図」（江川文庫蔵、以下「韮山古城図」と略記）の名称を仮称として用いたものである。いずれの曲輪も土塁が明瞭に残り、曲輪間に堀が確認されている。

龍城山の周辺は標高一六メートルほどの低地に囲まれているが、現在高校や中学校が建っている北西部の低地は、「御座敷」「大手」「外池」などの小字《こあざ》が残っており、また後述するように、発掘調査で多くの遺構が確認されている。

韮山城跡は、本城、天ヶ岳の遺構群、周辺の低地部から構成されており、これらをあわせた城域の総面積は約九四万平方メートルに及ぶ。

第１図　韮山城跡 地形縄張図（「韮山城跡百年の計」より）

三、発掘調査で明らかになった韮山城

（一）堀の配置と変遷

韮山城では、これまで二十二ヶ所で発掘調査が行われている。このうち最も多く検出されているのは堀の跡で、現在まで十一ヶ所の調査地点で確認されている。第2図に韮山城の発掘調査地点と検出した主な堀を示した。完掘している堀は皆無ですべて部分的な調査であるが、「韮山古城図」と対比すると、検出された堀の連続性が推測できる。

本城西側の高校敷地内では、二本の堀が検出されている。御座敷第1地点の東側の堀（堀1）は、高校グランド南の地点でも検出され、本城南側の芳池第5地点に続いている。御座敷第1地点での堀幅は一五メートル、深さ二・五メートルであった。東側の法面《のりめん》上段から底部近くまで杭列が並び、同様の造作は芳池第5地点でも確認された。さらに、芳池第5地点では堀底に二列の障壁区画があり、障子堀であることが確認され、法面には「しがら」（土留めの柵）が組まれている様子も見られた。堀1は地盤の軟弱な低地に掘られているため、法面を維持するために様々な造作を施したのであろう。

御座敷第1地点の西側の堀（堀2）は、その後の外池第1地点の発掘調査により、三段階にわたって構築されていることが確認された。最も古い段階と次段階の堀は障子堀で、最終段階の堀はこれらを壊して新たに構築されている。最終段階の堀幅は、西側が未確認で正確な規模は不明であるが、一七メートル以上の大規模な堀である。深さは後世の造成によりわからないが、現地表面より二・二メートルを測る。このように、本城西側の堀は時代を経るにしたがって位置を若干変えながら大規模に改築されていったと理解できる。この堀が「韮山古城図」に「昔ハ深田ナルベシ」と記された部分に相当するであろう。

堀1の構築時期は、御座敷第1地点で出土したかわらけの年代や、後述する芳池第5地点の石敷き道を壊していることから、十六世紀中頃以降と思われる。堀2は時期を確定できる遺物がなく特定できないが、最終段階の堀は十六世紀末と想定している。

芳池第5地点の東側、第2地点では東西方向の堀（堀3）が確認された。この延長部分と思われる堀が第6地点でも確認されている。第2地点で確認した幅は約五メートル、深さは約二メートルである。堀1と直交するが、連続性や新旧関係などは明らかではない。

本城東側の大手第1地点でも堀（堀4）と土塁状遺構が確認された。トレンチ調査のため、土層断面で確認したのみであるが、堀幅は約五メートル、土塁状遺構との比高差は約二メートルであった。また、土層の観察から、この堀4は意図的に埋められて平坦面が造成されていることがわかる。造成面上では大量のかわらけを廃棄した土坑が検出されており、十六世紀中頃の瀬戸美濃製品が共伴していることから、堀4を埋め立てて造成した時期は十六世紀前半〜中頃と推定できる。

御座敷第2地点でも調査区の北東隅で堀の落ち込みと思われる傾斜面を確認した（堀5）。幅や深さは確認できなかったが、同地点では、石敷き道や石積み遺構が検出されていることも注目される。

「韮山古城図」には描かれていない堀が見つかった例もある。山木遺跡第十七次調査地点では、東西方向に走る堀（堀6）が検出されている。上部が削平されていて本来の幅は不明であるが、調査時に確認した幅は約六メートル、深さは現地表面から約二メートルである。底には二本の障壁があり、少なくとも三区画の障子堀であることを確認している。

なお、本城北東部の山裾には凹地が廻っており、現在でも堀の痕跡をとどめている。また、北側の堀の一部は高校の池として残存している。

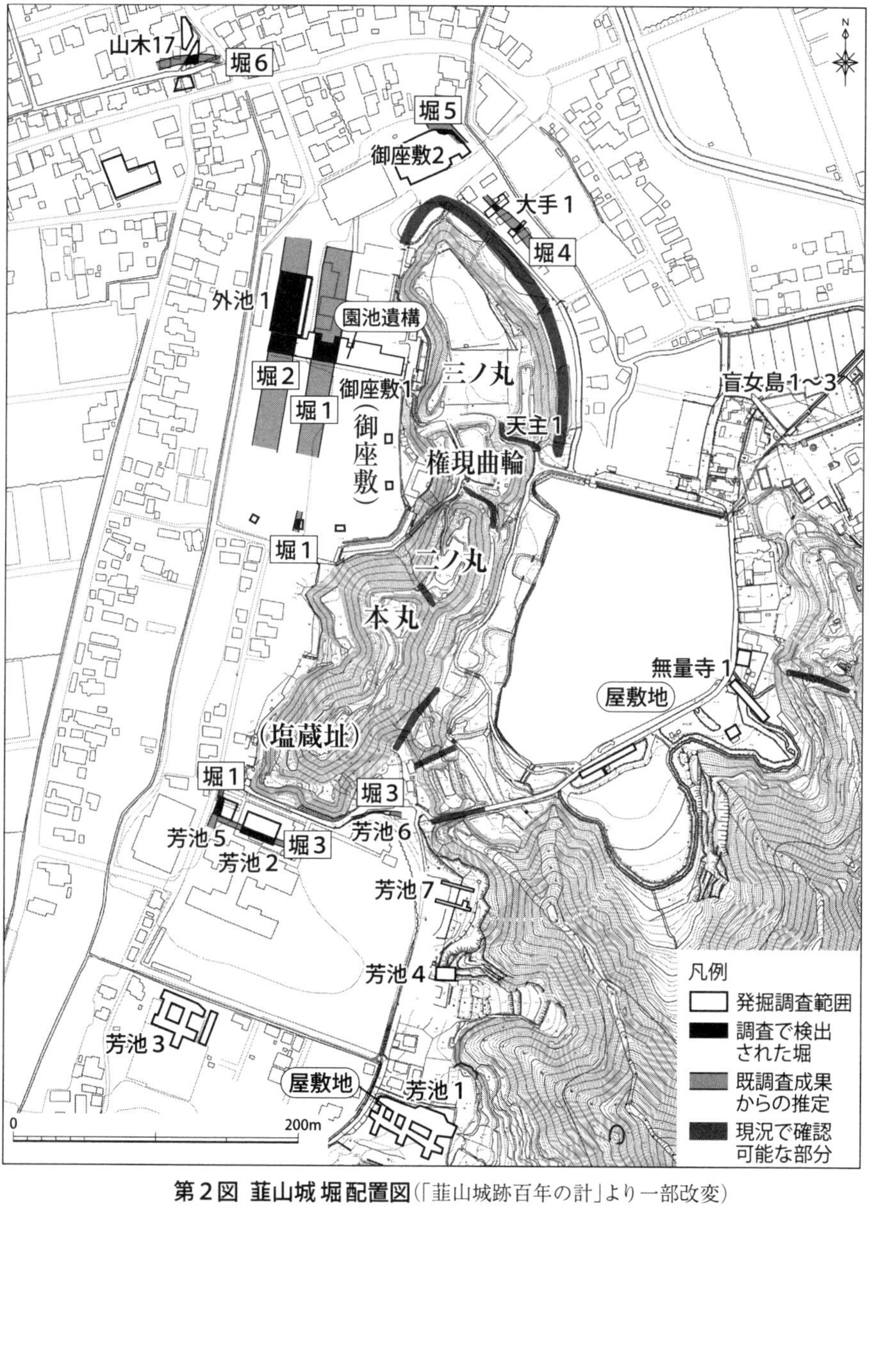

第2図 韮山城 堀配置図（「韮山城跡百年の計」より一部改変）

以上のように、韮山城本城は二～三重の堀で囲まれていたことが明らかとなった。さらに時期によって位置・規模・構造を変えながら、最終段階に向けて次第に大規模化が進んでいったことも想定できる。

(二)その他の遺構

本城南側の芳池第1地点では屋敷跡が検出されている。トレンチ調査であったため、面的な広がりはわからないが、七〇×五〇メートルの範囲に十区画程度の屋敷が存在したと推定される。ほぼ全体を調査した一つの区画を見ると、区画の大きさは一三×九メートルで、四×二間の掘立柱建物跡が建ち、井戸やかまど跡も確認された。これらの屋敷は石積みの水路や石積みで区画され、道路とは塀で仕切られていた。このように小規模な屋敷が立ち並ぶこの地区は、家臣団や職人集団の居住域と推測できる。また、本城東側の無量寺第1地点でも、掘立柱建物跡や溝の一部が見つかっており、芳池第1地点同様の屋敷地があったと推定される。

芳池第5地点では、先述の堀1と直交する石敷き道が検出されている。調査区内で確認された長さは九・六メートル、幅は南側が調査区外にあるため明確ではないが、四・四メートル以上になる。拳～人頭大の石が全面に敷き詰められ、道の中央には幅一・二メートル、深さ一五～二〇センチの溝が走り、両側には杭列が検出された。暗渠《あんきょ》水路であったと推測される。水路からは、十六世紀前半のかわらけが折敷《おしき》や箸とともに出土した。出土遺物の年代から、この石敷き道を廃して堀1が築かれたのは十六世紀中頃以降と推定できる。石敷き道は芳池第1地点の屋敷跡に通じる城内の主要な道であったと思われ、その道筋を変更して堀を築いたということは、城全体の大きな改修があったと考えられよう。

御座敷第1地点の堀1の東側では、園池遺構が検出された。池は東西一六・五メートル、南北一〇メートルの不整形を呈し、深さは最深部で五〇センチである。底面直上には、白い玉石の集石や偏平な川原石などが認められ、整備された池であったことがわかる。しかし、覆土の中〜上層からは陶磁器や大量のかわらけ、箸、下駄、漆椀、板材、木屑などが出土し、最終的にゴミ捨て場のような状況に至って廃棄されたと考えられる。出土したかわらけは、十六世紀前半〜中葉頃までのものが主体であり、園池遺構の廃絶が堀1の構築によるものとすれば、堀1の構築時期を十六世紀中頃と考えることが可能となり、芳池第5地点での所見と一致する。

四、天正十八年の攻防をめぐる遺構

昭和二十三年、米軍によって撮影された航空写真には、韮山城とその周辺が写っている。その中に周囲と異なった方向を示す区画の田が弧状に現れている。位置は天ヶ岳南端から南に約五〇〇メートル、本城西側の堀から約七〇〇メートルあたりを通り、北側はやや不鮮明になるが、城域より約一キロメートル付近で山に接している。つまり、韮山城跡の北・西・南を半円状に囲んでいるのである。旧河道、あるいは後世の水路という見方もできるが、北東のラインは地形からみて河道や水路としては不自然な流れであり、別の目的で作られた人工物である可能性が高い。なお、圃場整備が行われた後の昭和三十七年の航空写真では、その痕跡は消えてしまい、現在は見ることはできない。

また、この線に沿って「木戸下」「土手内」「丸ノ内」「東土手」「堀合」「水深」など、城や堀に関連する小字が残されていることは、すでに有光友學氏が指摘し、韮山城の総構を想定している（有光一九九八）。下田街道

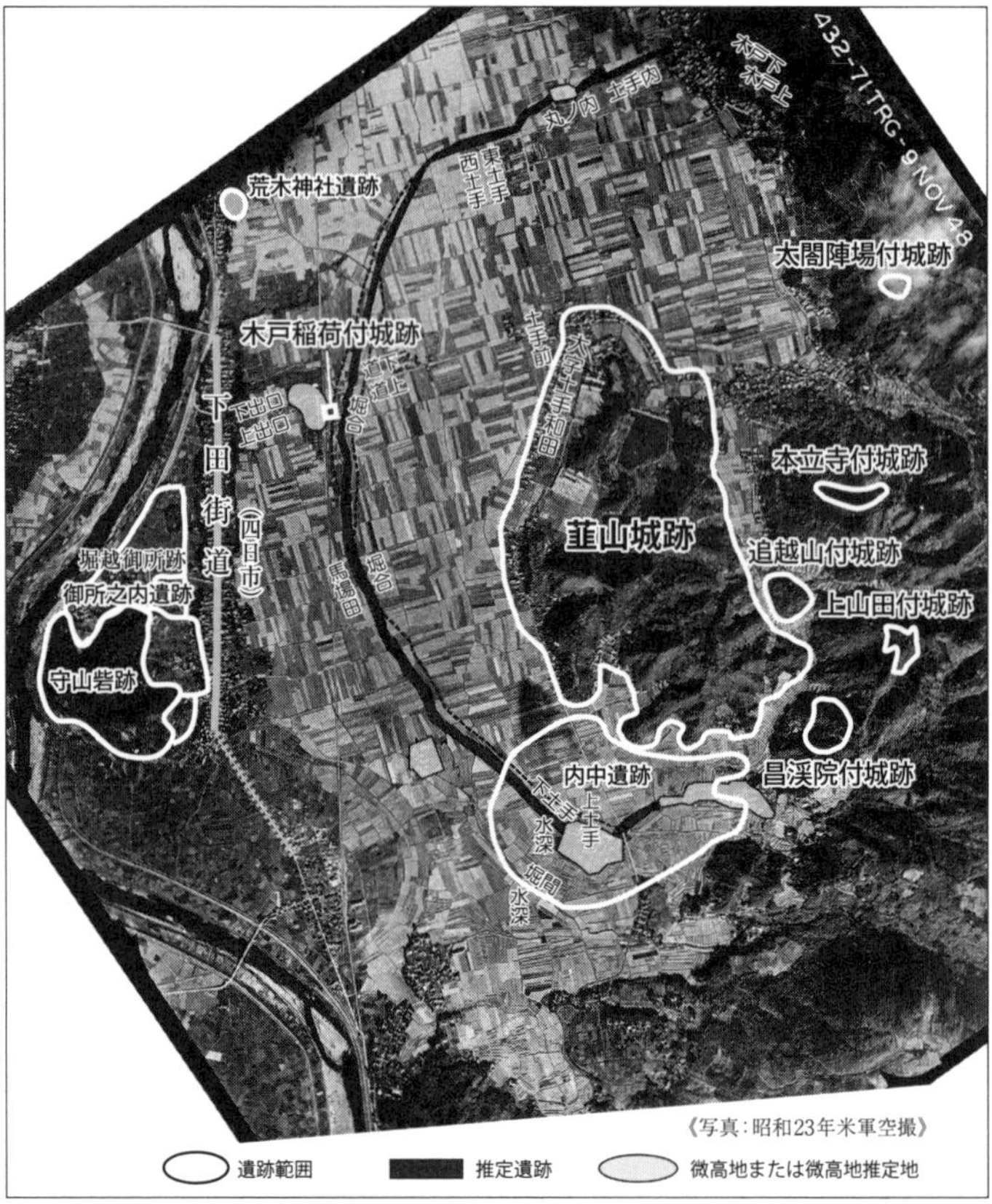

第3図　韮山城包囲状況（「韮山城跡百年の計」より一部改変）

から韮山城に通じる県道周辺には、「道下」「道上」「上出口」「下出口」などの小字が残り、この道が城へ通じる当時の道であったことも推測される。

視点を東側に移すと、山側には豊臣軍の付城跡が並ぶ。現在明瞭に遺構が確認されているのは、北から「太閤《たいこう》陣《じん》場《ば》付城跡《つけじろあと》」、「本立寺《ほんりゅうじ》付城跡《つけじろあと》」、「追越山《おっこしやま》付城《つけじろ》跡《あと》」、「上山《かみやま》田《だ》付城跡《つけじろあと》」、「昌渓院《しょうけいいん》付城跡《つけじろあと》」の五遺跡である。また、城から下田街道に通じる道には「木戸《きど》稲荷《いなり》付城跡《つけじろあと》」がある。これらと先ほどの弧状のラインをつなぐと、あたかも韮山城を囲い込む包囲網のような姿が現れる（第3図）。

天正十八年、豊臣軍が韮山城を包囲した際に作成された絵図には、東側の山の陣と、西側の平地部の陣が、福島（正則）・蜂須賀（家政）ら豊臣方の著名な武将の名とともに描かれている（「毛利家文書」小田原陣之時韮山城仕寄陣取図、山口県文書館蔵）。また、豊臣秀吉が鍋島直茂に宛てた朱印状には、「堀をほりまわし、堀柵を丈夫に相付け、鳥も通わぬように」と記されている（「鍋島文書」豊臣秀吉朱印状、『静岡県史』資料編八中世四　二四〇四号文書）。豊臣軍四万四千、対する韮山城の軍勢は四千とも伝えられているが、文書等からは豊臣軍が完全な包囲網をつくり、戦いを行ったことがわかる。以上のことから、昭和二十三年の航空写真に写し出されたラインは、豊臣軍が築いた堀の痕跡である可能性が高いと考えられる。

豊臣軍の付城跡や堀と推定される場所は、まだ発掘調査等の詳細な調査は行われていないが、今後の調査・研究によって新たな遺構・資料が見出され、天正十八年の攻防の姿が明らかになることが期待できる。

〈参考文献〉

有光友學「韮山城砦と総構・内宿」（大阪大学文学部日本史研究室編『古代中世の社会と国家』清文堂出版　一九九八）
池谷初恵「北条早雲と韮山城」（同著『鎌倉幕府草創の地―伊豆韮山の中世遺跡群―』新泉社　二〇一〇）
池谷初恵「韮山城跡の発掘調査概要」（『韮山城跡　百年の計』伊豆の国市　二〇一四）
伊禮正雄「韮山城をめぐる若干の問題」（『韮山町史』第三巻下　韮山町　一九八七）
齋藤慎一「韮山城跡の構造と変遷」（『韮山城跡　百年の計』伊豆の国市　二〇一四）
中井　均「韮山城攻めの付城について」（『韮山城跡　百年の計』伊豆の国市　二〇一四）
望月保宏「韮山城大手曲輪（韮山高校職員住宅跡地）の発掘調査について」（『龍城論叢』二三　二〇〇四）
望月保宏「韮山城における障子堀遺構について」（『古城』五三　二〇〇八）
『韮山城跡　外池第1地点発掘調査報告書』（伊豆の国市教育委員会　二〇〇六）
『韮山城跡』（静岡県埋蔵文化財調査研究所　一九九二）
『韮山城跡・韮山城内遺跡』（静岡県埋蔵文化財調査研究所　一九九七）
『韮山城跡Ⅱ』（静岡県埋蔵文化財調査研究所　二〇〇六）
『平成七年度町内発掘調査報告書』（韮山町教育委員会　一九九六）
『山木遺跡―県道函南停車場反射炉線改築工事に伴う埋蔵文化財発掘調査報告書―』（韮山町教育委員会　二〇〇一）
『静岡県史』資料編八中世四（静岡県　一九九六）

鉢形城跡

石塚三夫

はじめに

鉢形《はちがた》城跡は、埼玉県大里郡寄居町大字鉢形に所在する関東の戦国時代を代表する城郭で、その歴史的な価値と遺構の良好な遺存状況から、面積約二四ヘクタールの縄張りが、昭和七年四月十九日に国の史跡として指定された。寄居町の中心を東流する荒川の右岸に築城され、荒川の支流である深沢川がつくりだす渓谷を城域に取り込みながら崖上に複雑に曲輪を配置し、天然の要害を成している。

鉢形城は、鎌倉街道・秩父往還などの交通の要所を抑える位置にあり、文明八年(一四七六)に山内上杉氏の家臣長尾景春が叛乱を起こす拠点として整備されたことに始まり、後北条氏の北関東進出に伴い、氏康の四男氏邦入城により現在の縄張りとなったとされている。豊臣秀吉の小田原征伐の際、前田利家・上杉景勝軍に包囲され、天正十八年(一五九〇)六月十四日に落城した。

史跡整備に伴う発掘調査は、平成九年度に二の曲輪、平成十年度から三の曲輪に位置する伝秩父曲輪や伝御金蔵曲輪などを中心に行われた。

二の曲輪の一部の調査では、掘立柱建物跡・工房跡・土坑・溝などが検出された。柱穴は全掘せず、位置

鉢形城跡全景（北から空撮）

の確認だけを行い、工房跡や土坑の一部、溝などの調査を実施した。特徴的な遺構としては、河原石を南面のみ貼り付けた一辺約一・四メートル×深さ二メートルの方形の井戸がある。また、円形の素掘り井戸を伴う方形の石組みが確認され、覆土は遺物や石が一括投棄された状態で確認された。遺構の性格は「流し」の機能を有するものと想定する。また工房跡が三軒確認されたが、覆土中の炭や鉄滓、鞴《ふいご》の羽口の出土から、鍛冶工房と判断した。

二の曲輪の土塁は、荒川崖寄りに残存する土塁のほかに、調査によって三の曲輪との堀に沿って土塁の基底部の残りが確認された。前者は地山を掘り残した形態で、後者は盛土で造成された土塁である。また、堀と土塁の間に犬走りと思われる空間が確認されている。

出土遺物には、在地土器（かわらけ、ほうろく、すり鉢）、中国陶磁器（青磁碗、青磁香炉、白磁、染付）、瀬戸（天目茶碗、小皿、すり鉢）や鞴（浅鉢、小皿）といった国内産陶磁器、小刀、板碑、砥石、数珠玉などがある。

三の曲輪の調査は、平成十年から継続的に調査が行われた。伝承では、秩父孫二郎が守備を請け負ったとされる秩父曲輪や伝御金蔵曲輪が存在していたといわれている。

特筆すべき遺構としては、後北条氏系城郭の特徴であるといわれる「角馬出」や「畝堀」などが発見されているほか、土塁の

鉢形城跡三の曲輪　石積み土塁（北から）

内側に河原石を三～四段の階段状に貼り付けていることが確認された。また、土塁には雁木と呼ばれる階段も付設されており、土塁の前には池と思われる遺構や数棟の掘立柱建物も確認され、秩父曲輪の居住空間の実態が明らかになってきた。

さらに、平成十三年度の調査では、秩父曲輪の南に一段下がった曲輪からの階段や門に伴う施設と思われる石列が確認され、三の曲輪から諏訪神社曲輪（馬出）への虎口付近に石積み土塁が検出された。この石積土塁は、上段を削平した土砂により深いところでは一・五メートルほどの後世の盛土が施されており、下から二段までが残存していた。

出土した遺物は、かわらけ、瀬戸天目茶碗、茶入れ、緑釉皿、中国製陶磁器、古銭、板碑、鉄砲玉等で、十五世紀後半から十六世紀末までの遺物が中心である。

この約五年間にわたる発掘調査で得られた成果から、その曲輪構成の一端が明らかになりつつある。二・三の曲輪間堀の規模は三の曲輪肩上から一二メートルと深く、畝状の掘り残し部分も確認できた。また、御金蔵曲輪から二の曲輪に繋がっている土橋は、後世の盛り土がほとんどで、地山の掘り残しが認められる。伝御金蔵曲輪は、城兵の出入りを確保し虎口を守る「馬出し」であり、天正十四年（一五八六）三月、秩父孫次郎に宛てた氏邦印判状「定掃除庭」にある「左右馬出」のどちらかにあたるものと想定される。

さらに、三の曲輪石積土塁は、西側と南側の二箇所で確認され、馬出しでも石積土塁が確認されている。

織豊系城郭とはその規模・技法等において見劣りするものの、在地の石積形態と工人の存在を解明するには良好な資料で極めて意義深い。

現在、鉢形城は史跡公園として整備がすすめられ、ガイダンス施設である鉢形城歴史館では、様々な講演会や企画展示を実施してきた。これらの成果をもとに、現時点での鉢形城の歴史について次に記してみたい。

一、後北条氏以前の鉢形城

鉢形城が確かな史料に登場するのは、扇谷上杉氏の家宰であった太田道灌《おおたどうかん》が記したとされる書状（「太田道灌状」、「道灌状」、『新編埼玉県史』資料編五中世一、以後埼史資5と略す）が初見となる。

そのころ鎌倉公方であった足利成氏は、関東管領上杉氏と対立し、自らは古河に拠点を置き（これを古河公方と呼ぶ）、利根川を挟んで、五十子《いかっこ》（本庄市）に張陣していた上杉氏勢と対陣していた（享徳の乱）。そうしたなか、山内上杉氏の家宰職をめぐり、長尾景春の乱が勃発《ぼっぱつ》した。白井長尾氏の当主景春は、父・祖父が二代にわたって拝命してきた家宰職を継承できず、叔父である総社長尾氏の忠景が家宰職となったことから、主家山内上杉氏に対し不満をつのらせていた。さらに、白井長尾氏の一族・傍輩らの反発もあり、その既得権益を保護する必要から反乱に至った（『新編埼玉県史』通史編二中世、一九八八）。

この乱の動向については、末尾参考文献にゆずり、ここでは鉢形城を中心に記していく。なお、「道灌状」の条数は、黒田基樹氏の著作である『図説太田道灌』によっている。

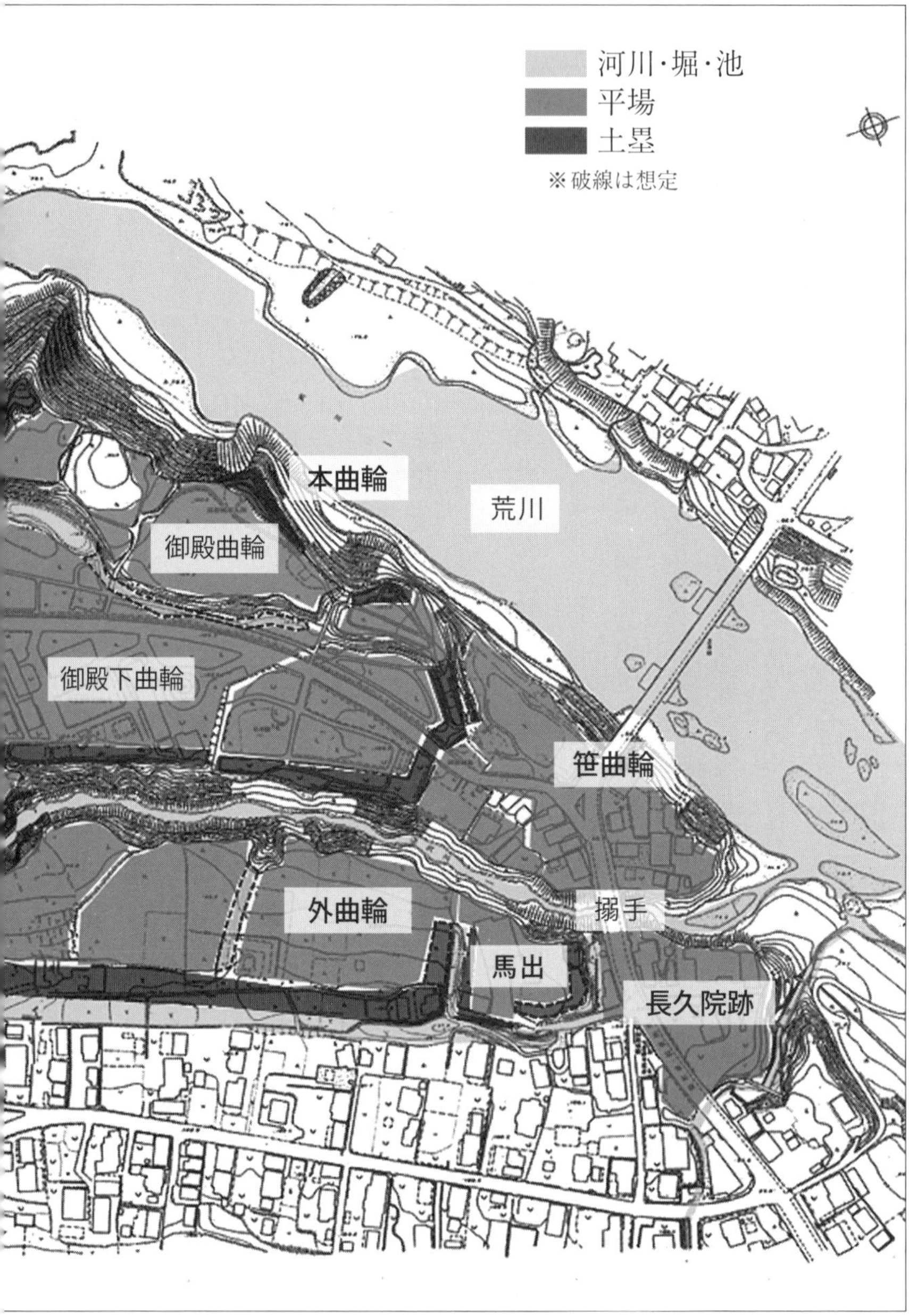

鉢形城 縄張り図

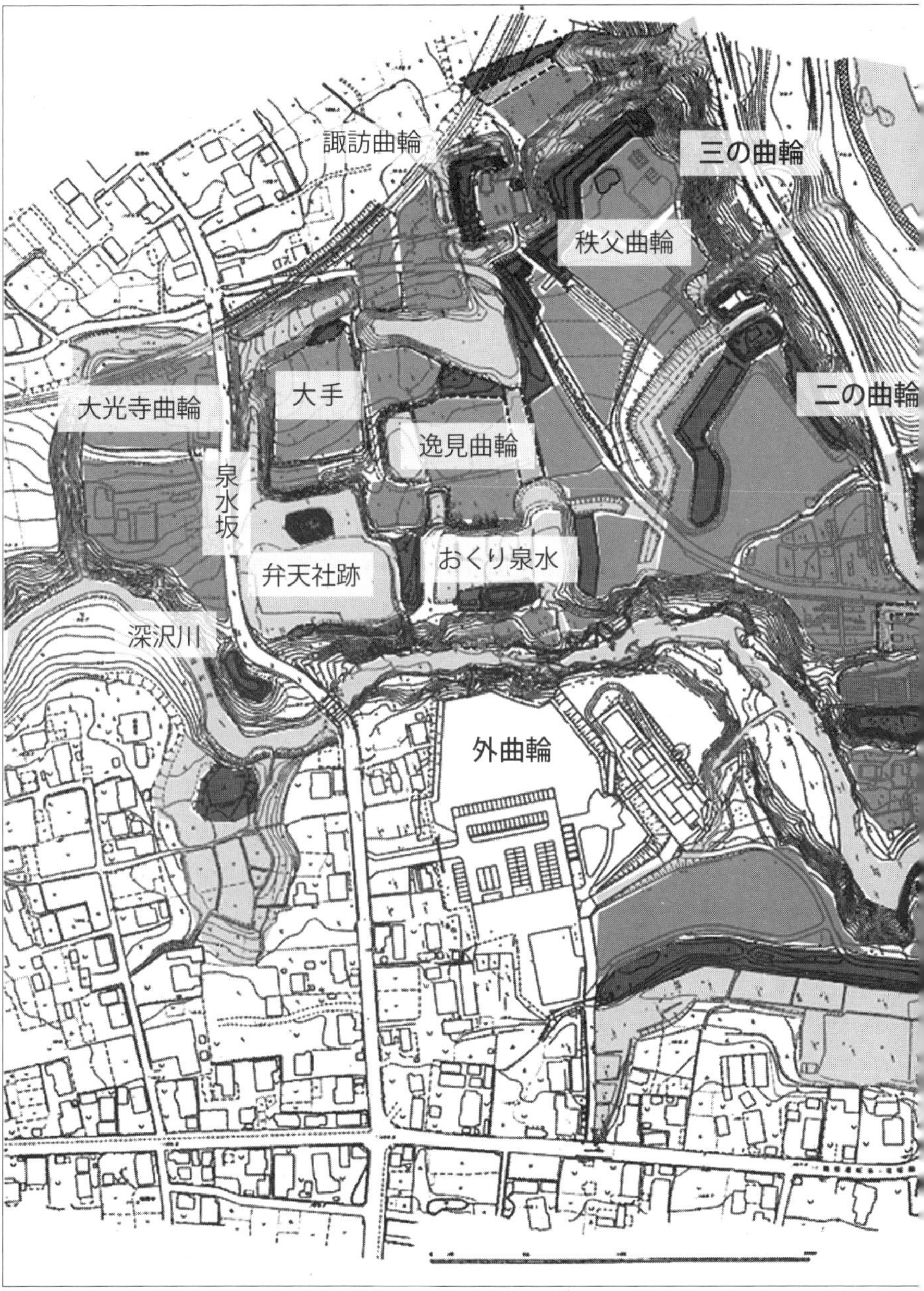
諏訪曲輪
三の曲輪
秩父曲輪
大手
大光寺曲輪
二の曲輪
逸見曲輪
泉水坂
おくり泉水
弁天社跡
深沢川
外曲輪

七条目で道灌は、「其後景春鉢形江罷移、深根成広枝葉候時者、既御手余見候之間」と景春が鉢形城に拠って勢力を張ってしまうと容易ならざる状況になることを憂えているが、ここに城郭としての「鉢形城」が登場している。景春が鉢形城に拠って主家上杉氏の五十子陣を襲撃するのが、文明九年（一四七七）正月十八日であるから（『松陰私語』）、文明八年には、鉢形城に入ったと思われる。

道灌は各地の景春党を平定し、同二十一条目では、「十七日越荒河、鉢形与成田間張陣候之処（中略）未明打立道灌景春陣江馳向候処令退散候」と景春軍を打ち破り、景春は秩父へと落ち延びたことを記している。また、同条では関東管領の陣所を決定するにあたり「道灌如申者鉢形要害可然存候（中略）相兼武・上地簡要之由候処」と進言し、関東管領上杉顕定が鉢形城に入城することとなった。

文明十年（一四七八）、長尾景春が鉢形城から退去した後、関東管領山内上杉顕定が入城し、五十子陣から「天子の御旗」を移し立てた。古河公方と対立していた管領上杉氏は、古河公方にとって本家にあたる室町幕府からの目付役でもある。また、「御旗」は御花園天皇から成氏追討の綸旨《りんじ》とともに下賜された旗であり、古河公方を追討するに際して、自らを正当化するための象徴でもあった。顕定がこの「御旗」を鉢形城に立てたことは、五十子陣を廃し、鉢形城を幕府から軍事指揮権をゆだねられた関東管領上杉氏の本陣とすることを意味した（黒田二〇一四ａ）。

鉢形城に入城した上杉顕定は、文明十二年六月扇谷上杉定正・太田道灌らの活躍により、ついに長尾景春が本拠として抵抗を続けた秩父日野城を攻略することに成功し、乱はようやく終息した（「道灌状」二十六条目）。

その後、文明十八年（一四八六）の太田道灌謀殺（「北条記」・「梅花無尽蔵」他）や長享元年（一四八七）からの山内・扇谷上杉氏の内乱である「長享の大乱」（鎌倉公方九代記）といった騒乱の期間が続いた。

その間も、鉢形城は上杉顕定の本陣として機能している。「松陰私語」によると、金山城主岩松家純と対立していた家純の子明純は顕定に庇護されていたが、長享元年に家純方代官横瀬国繁は、家純の嫡孫尚純を鉢形城から金山城へ帰参させたことが記されており、このことは鉢形城が顕定の本拠地であったことを傍証している。

また、禅僧で歌人である万里集九は、長享二年九月顕定から鉢形城に招かれ、著書「梅花無尽蔵」(『群書類従』埼史資8)に鉢形城は管領の城であること、また「鉢形城壁鳥難窺」の詩を作ったことを記している。

顕定は実家にあたる越後上杉氏の援軍を頼み、永正二年(一五〇五)には扇谷上杉氏の拠点であった河越城を包囲した。顕定が、扇谷方からの和議を入れることにより、長享の大乱はようやく終焉した。

永正六年八月十五日、連歌師宗長が鉢形の長尾孫太郎顕方の館に到着したが、関東管領上杉顕定の実弟越後守護上杉房能が守護代長尾為景(上杉謙信の父)に討たれたため、顕定はその報復のために越後へ出陣しており、城内が騒然としていた。また、城内には「随意軒」と呼ばれる旅宿があったことが記されている(「東路の津登」前掲『群書類従』)。

翌年、顕定は、越後の為景と同調して行動する長尾景春・伊勢宗瑞らにより関東の情勢が悪化している状況を踏まえつつ、足利長尾氏の景長に対し、「鉢形忍両城堅固専一之由ニ候此一儀専申遣候」と指示している(「歴代古案三」上杉可諄書状写、埼史資6・六三)。これは顕定の最後の書状で、顕定は同二十日越後長森原(南魚沼市)で討死してしまった。

顕定の死後、養子で、鉢形城を居城としていた顕実(古河公方足利政氏の弟、または子)と、同じく顕定の養子であり、顕定の前の管領房顕の甥である憲房とが後継者を巡り争った。この後継者争いは、古河公方足利政氏と高基の争いと相まって、騒乱が拡大した(永正の乱)(『鎌倉公方九代記・鎌倉九代後記』)。

永正九年（一五一二）六月十九日付上杉建芳（朝良）書状（「堀内文書」埼史資6・六九）では、扇谷上杉朝良が顕実と憲房を調停したが成立しなかったこと、三日持たずに顕実方の鉢形城は落城したことが伝えられている。これ以後、憲房の子憲政まで本拠を平井城とし、鉢形城は関東管領の本陣という役割を喪失した（里田二〇一四a）。

二、北条氏邦と鉢形城

小田原城を本拠とする後北条氏は、大永四年（一五二四）の江戸城奪取を足掛かりに、武蔵国へ侵攻した。天文十五年（一五四六）の河越夜戦以降、関東管領は北武蔵における威勢を喪失し、山内上杉氏の有力な家臣であった花園城主藤田泰邦らは後北条氏に臣従した（「関東古戦録」「北条記」）。

藤田氏に氏康の四男氏邦（幼名乙千代）が入婿することとなったのは、永禄元年（一五五八）頃と想定され、後北条氏に仕えていた秩父出身の三山綱定の活躍によることが浅倉直美氏によって指摘されている（浅倉二〇一四）。

氏邦が鉢形城を再興し入城した時期を明確に伝える史料は、現在確認されていない。『寄居町史』通史編（一九八六）では永禄三年説の存在を指摘しつつ不明としながらも、最古の氏邦発給文書が永禄七年（一五六四）六月十八日付（「久米文書」『戦国遺文』後北条氏編八五六・「齋藤文書」同八五七、以降戦北と略す）であることから、それ以前としている。

浅倉氏は、永禄十一年十月二十三日付北条氏邦朱印状（「井上文書」戦北一一〇二）の「小屋之義者金尾風夫

鉢形西之入相定候」に着目し、小屋を兵粮小屋と解し（浅倉一九九七）、鉢形に城を構えていた場合、別に小屋を設ける必要性に疑問があるとし、その位置関係から、この時点で氏邦は天神山城（のちに花園城に訂正、浅倉二〇一〇）を居城とし、武田軍侵攻の永禄十二年九月までの間に入城したと指摘した。また、黒田基樹氏も、永禄十二年二月二十四日付北条氏康書状に「鉢形衆」とあることから、入城はそれ以前とし、先の永禄十一年十月時点では、「領国内地下人が小屋に入る対象」となっており、鉢形城が整備されていれば、そこに地下人が集められるべきとの見解から、浅倉説を補足している（黒田一九九六）。

これに対し梅沢太久夫氏は、鉢形城下周辺の交通路に着目し、「小屋」を監視する「番小屋」と解釈し、さらに氏邦名朱印状の発給は永禄七年からで、秩父・児玉地域の鉢形領国化にともない、その頃に鉢形城を居城としたと指摘している（梅沢二〇〇六）。

氏邦文書中で、「鉢形」の名が記される初見は、永禄十二年九月一日付氏邦朱印状写（「武州文書」戦北一三〇七）である。

しかし、「長楽寺永禄日記」（埼史資8）では、永禄八年（一五六五）八月十九日に氏邦が「関山」で深谷上杉氏と談合との記事があり、八月二十五日には御嶽城攻略のため氏康が鉢形に着陣したことが記されている。さらに、「新田金山伝記」（国立公文書館内閣文庫所蔵）によれば、氏邦が深谷上杉氏と関山で談合し、金山城（太田市）へ進軍してきたこと、金山城方の奮戦で氏邦が関山へ陣を引いたことが記されている。

このことから、関山は陣の役割を果たしていたことが考えられる。関山は鉢形城周辺の小路名のある場所で、荒川の渡しに連なる交通の要所となっている。この時点で、花園城が氏邦の居城であった場合、荒川を越えた対岸となる関山で陣を張る必要性に疑問が生じる。また、氏康の鉢形着陣は、鉢形城が城郭として整備されていたことを示しているのではなかろうか。

後北条氏は、永禄十二年六月に越後上杉氏と同盟（越相一和）を結んだ。これは、甲斐武田氏に対抗するためであったが、その調整役として氏邦が活躍した（黒田二〇一四b）。武田信玄は、同年九月武蔵に侵攻し、御嶽城（神川町）を攻めた次の日に鉢形城を攻撃した。氏邦は上杉方山吉豊守宛書状で「然者今日十日当地鉢形へ相働候之処於外曲輪及仕合手負死人無際限候」と鉢形城での激戦を報《しら》せ、なおかつ謙信の援軍を要請している（「上杉家文書」北條氏邦書状、戦北一三二二）。

元亀二年（一五七一）十月に氏康が死去すると、四代氏政は武田氏との同盟再締結へと外交方針を転換し、越相同盟を解消した（「由良文書」戦北一五七二）。それまでの間、鉢形城は、上杉方の使節団の応対や武田軍の領内侵攻への対処と、北条氏にとって最も重要な役割を果たしていた。氏政は、氏邦の力量を評価し、越相同盟で協力者であった上野金山城主由良氏とともに、氏邦を上野侵攻の責任者として抜擢するのである（黒田二〇一四b）。

鉢形城は、上杉氏との手切れ以降、武田氏の侵攻の代わりに、謙信の進軍を受けることとなった。天正二年（一五七四）十一月、謙信は、「去七日利根越河鉢形城下成田上田領悉放火」して越後へ帰国したが（「那須文書」上杉謙信書状、『金山城と由良氏』史料二六一）、これが最後の武蔵侵攻であった（花ヶ前二〇〇八・黒田二〇一三a）。これ以後、武田勝頼の秩父侵攻など鉢形領国が侵犯されることがあっても、天正十八年（一五九〇）豊臣秀吉の小田原合戦までの約十五年の間、鉢形城下は戦禍にさらされることはなかった（黒田二〇一四b）。

元亀末～天正初年以後、鉢形に関わる氏邦の史料は、伝馬手形・高札・定書などの比率が増え、氏邦の鉢形領国経営が軌道に乗っていることがうかがえる（浅倉一九九七）。天正六年（一五七八）三月、上杉謙信が突如死去し、後継者争いから「御館の乱」が勃発した。氏邦は、越相同盟で上杉家の養子となった末弟景虎を支援するため越後へ出陣したが（「富岡家古文書」戦北二〇一八）、対抗した景勝が勝利した。景勝は武田勝頼と同盟を結び、元亀二年末以来の甲相同盟は再び破棄された。

天正七年以降上野・下野をめぐり武田・佐竹両氏との対立が激しさを増し、北条方の戦況は好転しなかった（黒田二〇一二）。同年十一月付梶原政景書状写には、「上州之儀者信州衆箕輪在城之衆以談合鉢形へ相働出城ニ打散候（中略）一北安那波方事も甲へ一味日々向沼田懸引候倉内之儀者従鉢形以番手被抱候」と、武田方の信州・箕輪衆が鉢形方面に侵攻し、出城を攻撃したとあり、これは「関東古戦録」にある広木大仏の砦での会戦を指すものと思われる。

この劣勢な状況を打破するため、氏政は織田信長に臣従することを決し（黒田二〇一二）、信長の武田領侵攻が決定した（「信長公記」）。天正十年（一五八二）三月武田氏が滅亡すると、信長はそれまで北条氏の取次役であった家臣滝川一益を「関東八州警固」・「東国取次役」として上野一国を与えた。

関東及び東北方面の惣無事を果たしつつあった一益であったが、同年六月の本能寺の変により、事態は急変した。織田政権の裁定により、領国を削られた北条氏は、この機会をとらえて「手切」を一益に通告し、これにより神流川合戦が勃発した。先鋒は氏邦配下の鉢形衆であった。鉢形衆は初戦で敗れはしたものの、北条氏五代当主氏直の出陣があり、勝利を収めた（埼史通二）。

後北条氏は、勝利の勢いを得て、上野・信濃・甲斐に進出し、旧武田領の切り取りを始める。これに越後の上杉景勝や三河の徳川家康も加わり、「天正壬午の乱」と呼ばれる旧武田領の争奪戦が繰り広げられた。

氏邦の箕輪城入城はこの頃と思われ（「藩中古文書一二」倉賀野家吉書状写、戦北四四九一）、以後箕輪領を経営していく。氏邦の本拠はあくまでも鉢形城であり、西上野支配の拠点として箕輪城を取り立て、箕輪領は境目としての性格を有した。本拠が鉢形城であったことは、西国との関係が悪化する中で書かれた天正十四年十一月四日付北条家定書（「武州文書」戦北三〇二一）で、氏政は氏邦に対し、「定　一万一西表有相違之筋目出馬候共先上州表為備鉢形ニ可有御在留事（中略）一鉢形御在留之間者西上州東上州共ニ城々へ者節々被立使何も万端無油断様ニ無遠慮御指引肝要候事」と上州方面防備のために、鉢形城に在城するよう指示していたことからもわかる。さらに、この定書では上野諸城の総指揮にあたることも併せて命令されている。

上野での沼田城をめぐる真田昌幸との抗争は、やがて豊臣秀吉による小田原合戦への端緒となった。天正十四年には、秀吉との対戦に向けての準備が盛んに行われ、その中で三月十三日付秩父衆宛の「庭掃除定書」（「諸州古文書十二」戦北二九三五）が発せられており、この定書は、鉢形城内部の様相を伝えている史料である。またこれは、秩父衆に対する賦役を示す史料としてよく知られ、杉山博氏は軍役と分担間数の比率がほぼ同じであることに注目している（杉山一九六四）。この定書には、秩父曲輪内に百七十四間の土塁と左右の馬出があり、南二階御門・北後平御門・後馬出平御門・二階矢倉という建物が存在していたことが記されている。

後北条氏は沼田城の帰属に関して、豊臣秀吉による裁定を受け入れ、氏政・氏直のどちらかの上洛を条件に、沼田領を自領とし、氏邦が同城主となった。氏邦は、重臣である猪俣邦憲を城代としたが、天正十七年（一五八九）十一月、邦憲は近接する真田方の名胡桃城を奪取する事件を起こしてしまう。このため秀吉は北条征伐の軍を起こし、小田原合戦が勃発する。

小田原合戦における氏邦の行動を知る良好な史料は残っておらず、鉢形城の状況も詳細にはわからない。しかし、豊臣方の「北条家人数覚書」（「毛利家文書」埼史資8）には、氏邦について「一　同安房守　はちかたの城　くらかね城　ふかやの城　前はしの城　みのわ城　沼田城　五千騎」とあり、後北条一門で最大の軍勢を誇っている。これは、同じく「関東八州城之覚」（「毛利家文書」埼史資8）に記された佐竹義重の軍勢と同等であったことは注目される。

鉢形城は、東山道を進軍してきた前田利家・上杉景勝らの北国勢軍に包囲された。さらに、岩付城を攻略

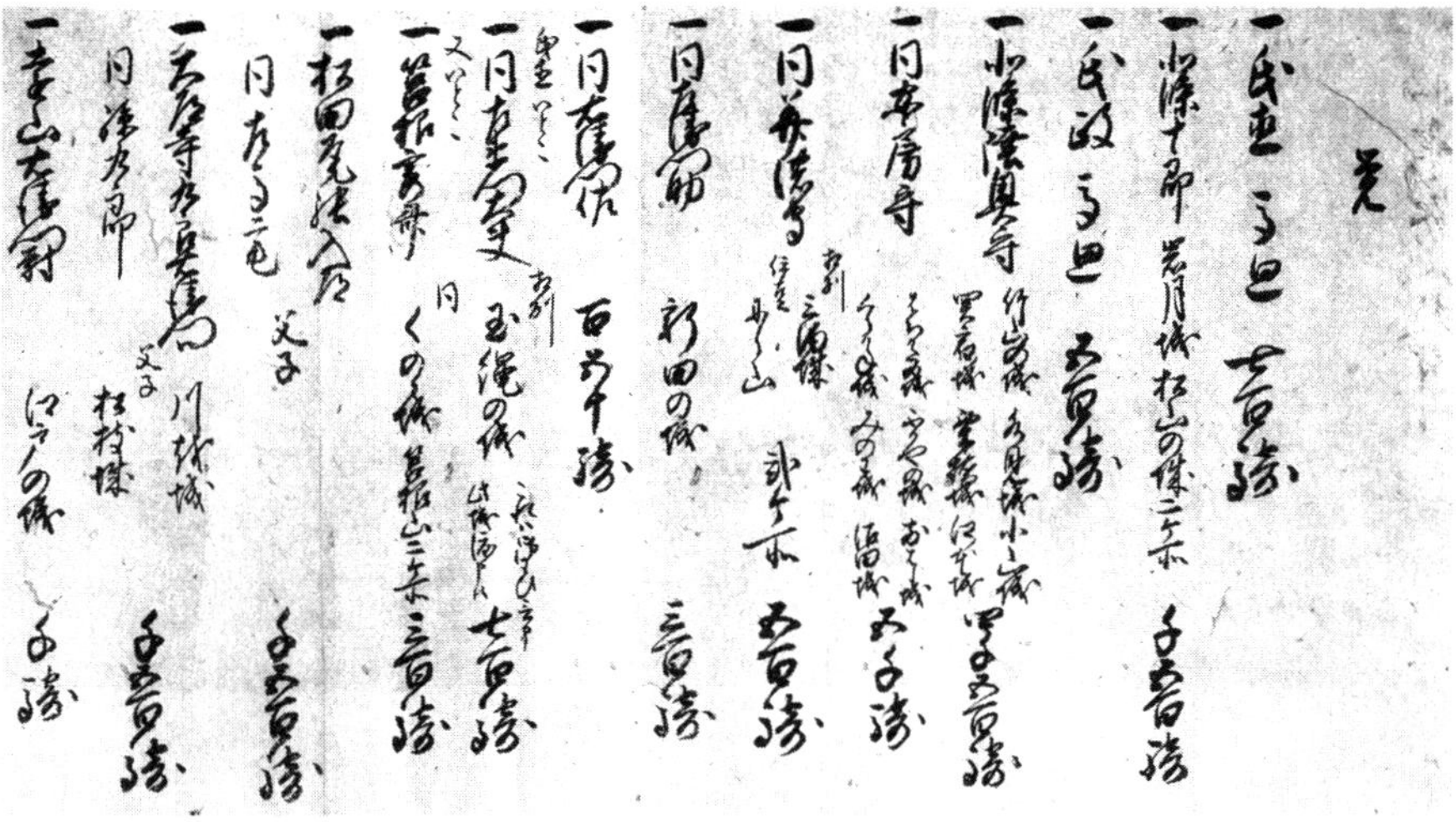

北条家人数覚書（毛利家文書・毛利博物館蔵）
小田原攻めに際して、秀吉が北条氏の勢力を調べ各大名に配布した文書。3行目の氏政に続き、北条陸奥守（氏照）、同安房守（氏邦）、同美濃守（氏規）などの名が並ぶ。

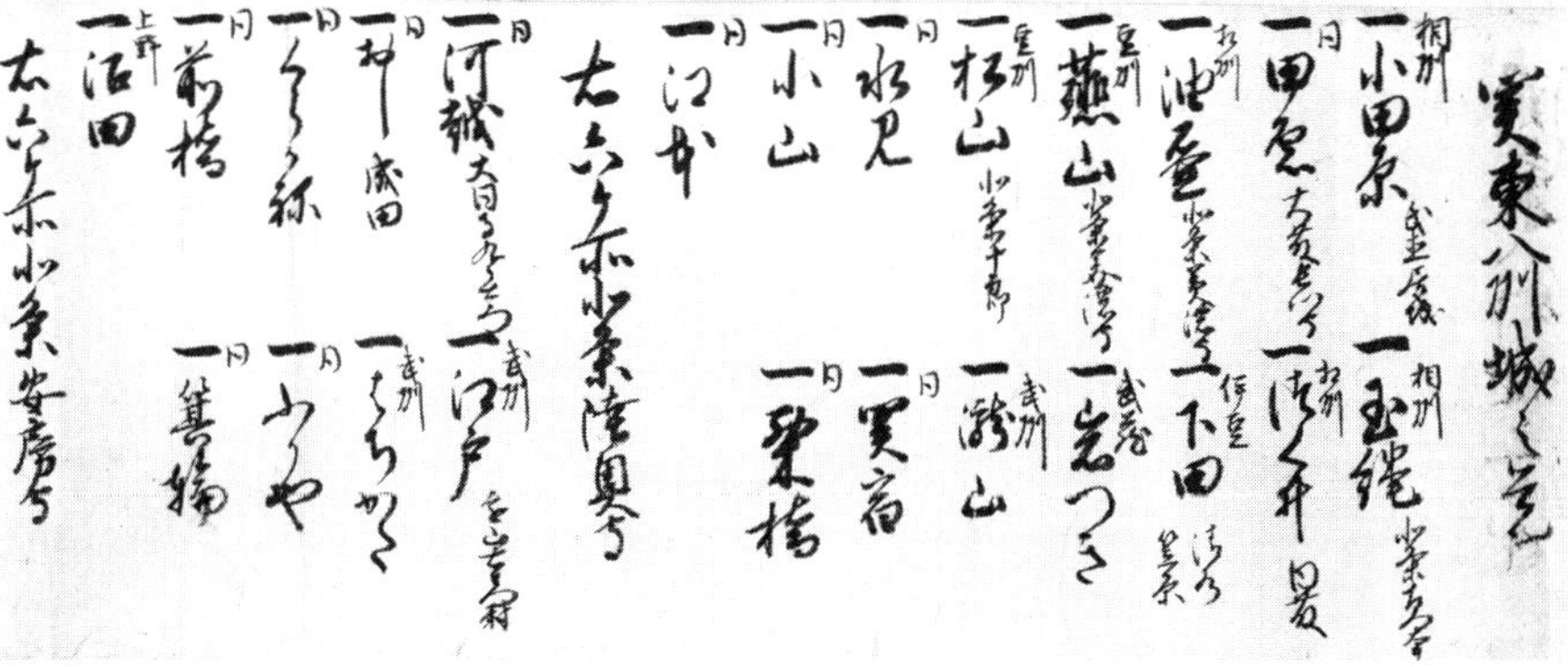

関東八州城之覚（毛利家文書・毛利博物館蔵）
秀吉が、小田原攻めに際して北条氏の勢力を調べて各大名に配布した文書。小田原城以下の北条氏の支城の記載から、北条氏の関東支配の一端をうかがうことができる。

した浅野長吉・木村一らの軍勢が合流し、総勢五万の軍勢に包囲された。

氏邦は、助命嘆願し剃髪して菩提寺である正龍寺に蟄居《ちっきょ》し、天正十八年（一五九〇）六月十四日開城した。

氏邦は、前田利家に御預けの身となり、政治・軍事手腕を評価され、のち千俵（五百石）取の家臣待遇となった。知行地は、能登国鹿島郡佐味村内太田・万行村（石川県七尾市）であった。近年確認された「御師関係文書断簡」中の「京大坂之御道者之賦日記」（『中世新出重要史料』参二八）に「只今ハのと二ノ宮と申所ニ御座候北条房州入道殿様」とあり、表書の「文禄四きのとひつち」当時は二宮（中能登町）に在住していたと思われる。『能登志徴』（『森田文庫目録』）では住まい跡は津向村（七尾市）としており、能登国での氏邦の足跡については、今後の課題となろう。氏邦は、慶長二年（一五九七）金沢城内で死去したといわれている。

氏邦退城後の鉢形城の状況を知る史料はほとんどない。天正十八年八月一日に徳川家康が江戸城に入城し、関東経営に乗り出す。家康は武田氏滅亡後の甲斐支配に功績のあった成瀬正一・日下部定好を代官とし、甲斐の土豪衆であった武川衆を付属させて鉢形領を支配した。

鉢形城が開城した後、前田らの軍勢に接収され、早々に破城したのか、成瀬ら徳川家臣が維持していたのか、それを示す史料は残っていない。しかし、成瀬正一が、江戸城修復のために秩父からの建材供給を担当し、天正二十年に秩父神社の社殿再建を果たしていたことなどを考えると、城としての機能を温存していた可能性があるのではないだろうか。また、慶長三年（一五九八）四月二日付の伊奈忠次から武川衆へ宛てた「鉢形城廻替知行之覚」（『田中晴二家文書』『寄居町史』通史編）では、武川衆に与えていた鉢形城周辺の知行地を城から離れた村に替えたことが知られる。

この時まで、鉢形城周辺を武川衆が警護しており、またこの覚に、「一　九百拾五石六斗八升五合　折原郷　成吉（成瀬吉右衛門正一）日下兵（日下部兵右衛門定好）へ市宿之替ニ渡　武川衆分」とあって、成瀬の知行地も替わったことから、この時点で破城となったと考えるほうが妥当と思える。また、この年は北条氏邦が北陸で没した翌年にあたり、鉢形領域の軍事的警戒の必要がなくなったことと連動しているものと思われる（『寄居町史』通史編）。

三、まとめ

以上のように鉢形城の歴史は、関東の戦国史をほぼ概観できることがわかる。戦国時代前期にあたる長尾景春・上杉顕定時代には、上野・武蔵両国の戦況に対応するために利用され、関東管領の本陣として機能していた。

その約五十年後の永禄年間、北条氏邦により鉢形城は再度取り立てられる。その理由は、かつて太田道灌が記した通り（「道灌状」二十一条）、上野・武蔵両国を治めるために最適な立地条件であることと、関東管領の居城であった鉢形城に入城し、上杉氏から北条氏に取って替わったことを誇示する必要があったことが、有力視される。また氏邦は越後上杉氏との同盟（越相一和）を成立させるため、使者の中継地点として鉢形城を整備したものと推定される。

浅倉・黒田両氏の指摘のように（浅倉二〇一四・黒田二〇一四b）、氏政の兄弟中における氏邦の序列は当初低いものであったが、この越相同盟の成立、鉢形城を中心とした北武蔵の経営などの手腕が評価され、上野一国の総指揮を任されるに至り、氏照に次ぐ地位を得るのである。兄弟間の序列が上がるたびに、段階的に鉢形城とその城下を整備していったことは想像に難くない。城下の領民も、天正年間初期から小田原合戦までは小田原城下のごとく平和な年月を過ごすことができていたものと思われる。

天正十八年豊臣秀吉の小田原合戦により、氏邦が鉢形城を明け渡すが、城自体は戦後処理と徳川氏支配が安定するまでの期間、存続させていたものと思われる。

現在、鉢形城整備再開に向け、準備を進めているが、鉢形城内の各曲輪の役割や、曲輪内部の縄張など解明すべき問題点は山積している。今後の発掘調査成果や文献調査等で、より明確な鉢形城の実態が解明されることに期待が寄せられる。

〈参考文献〉

浅倉直美『後北条領国の地域的展開』（岩田書院　一九九七）
浅倉直美編『北条氏邦と猪俣邦憲』（岩田書院　二〇一〇）
浅倉直美『関東三国志―越相同盟と北条氏邦』所収コラム（鉢形城歴史館　二〇一四）
池　享『東国の戦国争乱と織豊権力』（吉川弘文館　二〇一二）
梅沢太久夫「北条氏邦の鉢形城入城をめぐって」（『さいたま川の博物館紀要』六　二〇〇六）
梅沢太久夫『戦国の境目―秩父谷の城と武将―』（まつやま書房　二〇一三）
黒田基樹「後北条・上杉・武田三氏の攻防と加美郡」（『上里町史』通史編上　一九九六）
黒田基樹『図説 太田道灌』（戎光祥出版　二〇〇九）
黒田基樹「長尾景春論」（同編著『長尾景春』戎光祥出版　二〇一〇）
黒田基樹『小田原合戦と北条氏（敗者の日本史10）』（吉川弘文館　二〇一二）
黒田基樹編『北条氏年表』（高志書院　二〇一三a）
黒田基樹編著『扇谷上杉氏』（戎光祥出版　二〇一三）
黒田基樹『戦国期山内上杉氏の研究』（岩田書院　二〇一三）
黒田基樹「長尾景春と鉢形城」「上杉顕定と鉢形城」「北条氏邦と鉢形城」（鉢形城歴史館開館十周年記念歴史講演会「鉢形城と戦国武将」資料　二〇一四a）

黒田基樹『関東三国志―越相同盟と北条氏邦』所収コラム（鉢形城歴史館 二〇一四b）
黒田基樹・浅倉直美編『北条氏邦と武蔵藤田氏』（岩田書院 二〇一〇）
菖蒲龍兆「鉢形城の由来」（『郷土のあゆみ』第二八輯 寄居町郷土文化会 一九九一）
杉山　博「武州鉢形城主北条氏邦」（浅倉直美編『北条氏邦と猪俣邦憲』岩田書院 二〇一〇 初出一九六四）
瀬戸　薫「前田利家と北条氏邦」（『鉢形城開城―北条氏邦とその時代』鉢形城歴史館 二〇〇四）
千野原靖方『関東戦国史 全』（崙書房出版 二〇〇六）
則竹雄一『動乱の東国史6 古河公方と伊勢宗瑞』（吉川弘文館 二〇一三）
花ヶ前盛明「上杉謙信合戦事典」（花ヶ前盛明編『新編上杉謙信のすべて』新人物往来社 二〇〇八）
峰岸純夫「東国における十五世紀後半の内乱の意義―「享徳の乱」を中心に―」（黒田基樹編著『長尾景春』戎光祥出版 二〇一〇 初出一九六三）
『新編埼玉県史』（埼玉県 一九七九〜一九九三）
『寄居町史』通史編（寄居町教育委員会 一九八六）
『中世新出重要史料』（埼玉県 二〇一四）
『史跡鉢形城跡保存管理計画書』（埼玉県教育委員会 一九八二）
『松陰私語』（『史料纂集』八木書店 二〇一一）
『鎌倉公方九代記・鎌倉九代後記』（『国史叢書』国史研究会 一九一四）
『金山城と由良氏』（太田市教育委員会 一九九六）
『森田文庫目録』（石川県立図書館 一九九四）
『関東古戦録』（国立公文書館所蔵内閣文庫）
『北条記』（『北条史料集』人物往来社 一九六六）

唐沢山城

出居　博

一、唐沢山城を築いた佐野氏

唐沢山城《からさわやま》（栃木県佐野市）は、東国には珍しく近世初頭の高石垣を備えた城として一般に知られる。しかしながら、この城の歴史は少なくとも十五世紀まで遡《さかのぼ》り、伝承では鎌倉期、さらには平安期の藤原秀郷《ふじわらひでさと》にまで遡るとの言い伝えが地元に残る。今日にみる大規模な城跡は、長い年月をかけて築き上げ攻防を繰り返してきた最後の姿で、武士《もののふ》たちの夢の跡といえる。唐沢山城を知るためには、佐野氏の系譜から見ていく必要があろう。

唐沢山城を築いた佐野氏は、平安から南北朝期にかけての系図を集成した『尊卑分脈』によると、藤原秀郷の系譜を引く地方豪族に位置付けられる。秀郷の曽祖父は藤原藤成で、中央貴族の一員でありながらすでに下野で官職を得ていた。藤成の子豊沢は下野少掾《しょうじょう》、次の村雄は下野大掾《だいじょう》となり、地域の有力者の娘と婚姻関係を結びつつ着実に勢力を伸ばし、基盤を秀郷へと引き継いでいったものとみられる。秀郷は、奥州藤原氏など下野以外にも各地に勢力を派生させたが、下野においては系譜が藤姓足利氏と小山氏の二派に分かれた。そして、「小山と足利と一流の好ありといへども、一国の竜虎たるによって権威を争ふ」（『吾妻鏡』）と評されるごとく、下野での覇権を競い、両者は絶えず対峙した。佐野氏は、阿曽沼・木村氏などとともに藤姓

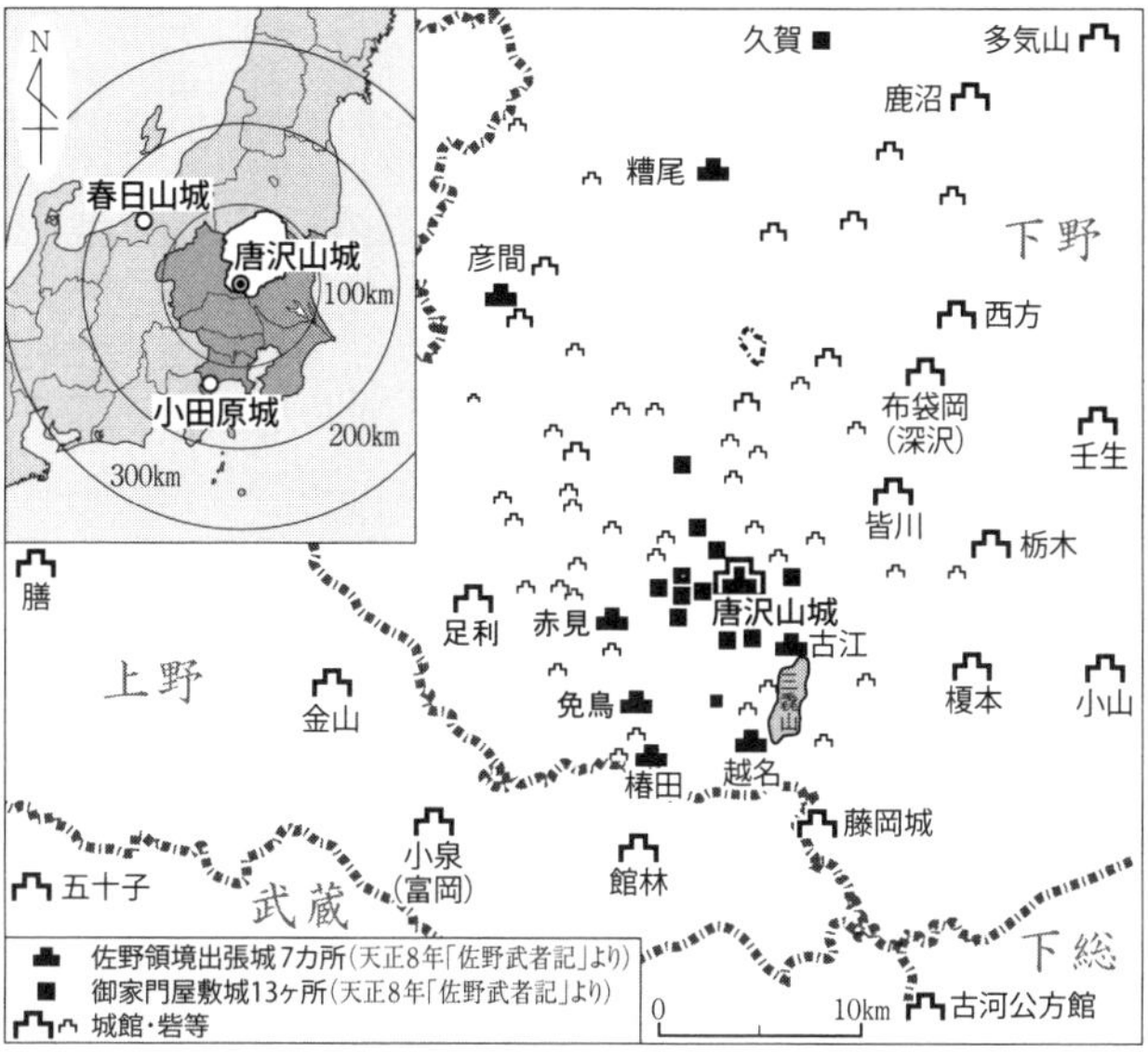

第１図　佐野領（唐沢山城）**周辺の戦国期城館**

足利氏の系譜を引き、また、足利氏に古来伝わる家宝の大鎧・号「避来矢《ひらいし》」を受け継ぐ有力な氏族でもあった。

「佐野」の地名は、今のところ『兵範記』保元二年（一一五七）三月二十五日条「下野国壱処　佐野庄」が初見である。現在の栃木県佐野市は、概ねその範囲を元に構成されている。記録によると、佐野庄はそれまで左大臣藤原頼長側の所領だったが、保元の乱での敗北により後白河天皇側へ没収されている。佐野氏の登場は、藤姓足利氏の嫡流成行の子孫成俊が佐野庄司となり、その領地を受け継いだ基綱《もとつな》が、平安末期に佐野氏を名乗ったことに始まる。以来、幾多の変遷を経、戦国後期には上杉氏や小田原北条氏に降《くだ》り存続の危機に瀕《ひん》したが、結果的に命脈を保ちつつ、佐野氏による地域支配が慶長末期まで四百年以上続いた（第1図）。

二、佐野氏の拠点と地域

基綱を祖とする佐野氏は、当初、地域支配の拠点を唐沢山西方（第3図）の吉水（清水）に設けたとみられるが、初期城館の遺構は現在のところ確認されていない。吉水に今日残る城館跡は、周囲に大規模な堀と土塁を伴う東西一一六×南北一三三メートルの方形居館で、十五世紀以降の所産と考えられる。橋口定志氏は、「東国の在地社会における中世前期の武士の屋敷地は基本的に堀・土塁といった防御系施設をもたない」としているが（橋口二〇〇四）、浅野晴樹氏が「中世前期以来の方形居館と同じ場所に土塁、堀を造成し利用する例は多々ある」と指摘しているように（浅野二〇一三）、現在の清水城跡は、佐野氏の初期屋敷地が立地する地区で発展的に形成された館であった可能性が高い。

唐沢山城は、『松陰私語』の文明三年（一四七一）四月もしくは五月頃とみられる条に、「佐野一党、児玉陣引分而、天命之上之山内、佐野城取籠」とあることから、当時「佐野城」と呼ばれており、十五世紀後半の享徳の乱期にはすでに築城され、戦の際に籠城するなど、防御施設として利用されていたことがわかる。

これらのことから、佐野氏は、居館を吉水地区に設け領域支配を展開しつつ、一方で唐沢山に防御施設を築いていったものと考えられる。唐沢山城が当初から平野部の居館と併存して設置されていたかどうかは不明であるが、唐沢山付近での活動を考察していく上で、山麓《さんろく》で実施してきた調査成果は重要である。

唐沢山西麓栃本側からは、過去に公園整備に先立つ大沢口の調査や、史跡化を図るため御台所《おだいどころ》・隼人《はやと》屋敷・家中《かちゅう》屋敷・御堂道下《みどうみちした》（第5図参照）で実施した遺構確認調査によって遺物が多数出土している。その中には、時期推定が可能な陶磁器類も含まれており、根小屋地区での活動期間を推察することができる（第2図）。

唐沢山城は、先に触れたが文明三年（一四七一）の時期にはすでに機能していた。グラフに示したとおり、十五世紀中頃の所産と推定できる陶磁器も数点確認できるが、後半以降になると出土点数が急速に増加している。陶磁器の場合、伝世品も存在するため、器種によっては使用期間にある程度の幅を持たせる必要があるが、遺物の出土状況からは、十五世紀中頃以降、唐沢山麓での活動が活発化したことを想定することが可能である。

十五世紀中頃の出来事としては、享徳三年（一四五五）十二月に勃発し、佐野氏の動向にも大きな影響を及ぼした享徳の乱が知られる。この歴史的事象に鑑《かんが》みた場合、唐沢山麓出土の遺物は、享徳の乱の勃発を契機に佐野氏の防御施設として唐沢山城を整備していった可能性を示唆《しさ》する。橋口氏が指摘するように、「恒常的な城郭を構える必要性を認識した十五世紀後半の時期」（橋口二〇〇四）には、佐野地域でも戦に備え同様な動きがあったのかもしれない。

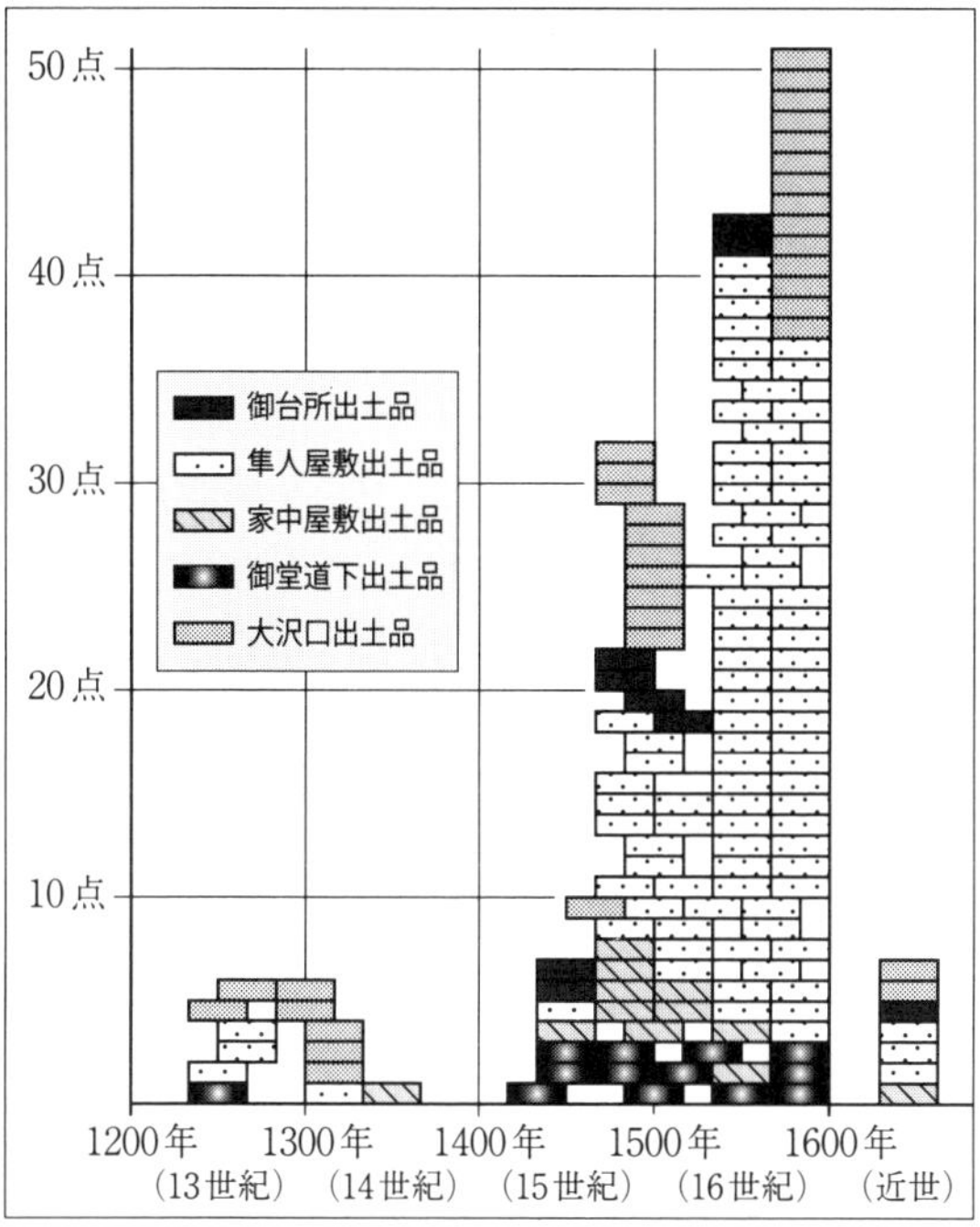

第２図　根小屋地区出土遺物グラフ

一方で、栃本の根小屋地区は、城郭としての機能とは別に、日常空間としての居館が営まれていた可能性についても考慮する必要がある。永正六年（一五〇九）に記された連歌師宗長《そうちょう》の旅日記『東路《あずまじ》の津登《つと》』には、佐野泰綱亭と越前守亭が記され、越前守亭については「此館の山もと、深き林続き」と説明があり、この館が唐沢山麓付近に設けられていた可能性がある。また、近世前期に成立した覚書の断簡ではあるが、文明年間のことを記した「永島不伝内録」には、「佐野越前守居城下野佐野根古屋大明山下西谷居住」(1)の記述が見られ、佐野氏嫡流の越前守が唐沢山（大明山）に城を構え、西麓の谷部に居住していたとする。この谷部は、御台所や隼人屋敷が立地する一帯で、中でも当時の居館としては隼人屋敷付近が有力である。隼人屋敷は、現在、東西七〇×南北九〇メートルの方形を呈し堀が廻るが、地下には戦国期の遺構が存在する。調査により、地下の旧法面《のりめん》に廃棄された多量のかわらけや戦国時代の石垣などが検出されており、根小屋地区の性格や変遷を探る上で貴重な発見といえる。

千田嘉博氏は、かねてより室町期から近世初頭にかけての館と山城の関係を五段階に区分しているが、唐沢山城に関しては宗長の『東路の津登』に注目し、「この頃（十六世紀初め）までにはいわゆる根古屋式の、城と館が隣接した形態になっていた」との見解を示した（千田二〇一三）。この城館形態は、千田氏によると五段階区分のうち「山城山麓への移動＋臨時の籠城の場としての山城の保持」である第Ⅱ段階に位置付けられている。

唐沢山麓での営みを考える上で看過できないのが、根小屋地区から十三～十四世紀の所産とみられる陶磁器が一〇点余出土していることである。国産品は、十三世紀中～後葉の常滑甕と十四世紀前葉の古瀬戸鉄釉広口壺で、舶載品は、十三～十四世紀の青磁綾花皿・蓮弁碗・梅瓶・大盤、青白磁四耳壺などである。いずれも破片であるが、当時としても貴重な磁器類が含まれており、唐沢山麓で鎌倉から南北朝にかけての時期、有力氏族による営みがあった可能性がある。『吾妻鏡』正嘉二年（一二五八）七月十日条によると「下野国栃木郷」の土地に関する相論があり、当事者に「安房四郎頼綱」の名が見える。この頼綱は、佐野氏惣領吉水太郎国綱の庶子で、「栃木郷」は唐沢山西麓一帯に広がる栃本郷の誤記と考えられる。当時、栃本郷に佐野氏の所領が存在したことを示す有力な史料である。十三～十四世紀の段階で唐沢山西麓に何があり、如何《いか》なる営みが展開されていたのか大変興味深い。隼人屋敷付近での調査は、これまで史跡化のための遺構確認に終始しており、地中深くの探査にまでは至っていない。史跡整備に伴う今後の調査での、新たな発見に期待したい。

三、唐沢山城の拠点化と整備

当初は、平野部の居館が日常的拠点施設であったのに対し、唐沢山城は、戦時下の臨時的施設としての役割を担っていたと考えられる。そして戦国期後半、小田原北条氏と越後の上杉氏が関東での覇権を争い、北関東域での戦乱が激しさを増すとともに、唐沢山城の拠点化が進められていく。

拠点化が進められた永禄期以降、唐沢山城南方への寺社移動や市場開設が見られるが、この動きは、城構えとともに城下整備を進めた結果であろう（第3図）。

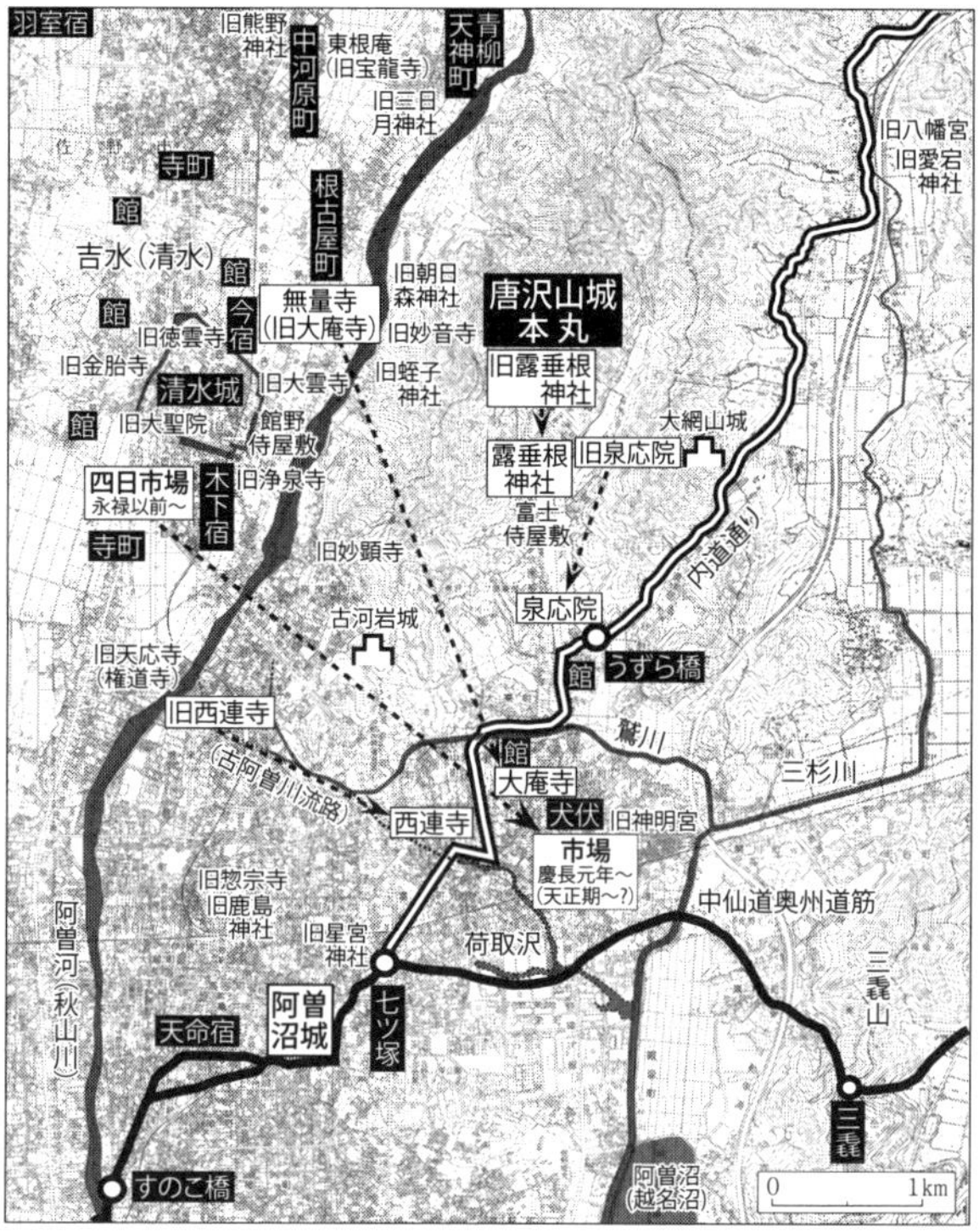

第３図　唐沢山城の拠点化に伴う変化

唐沢山城内の様子は、慶長七年（一六〇二）の廃城の後に記された「佐野絵図」（第7図）や「唐沢城山地形廻り図」に見ることができる。また、これらの図と同様に十七世紀中頃の成立と推測される『唐沢城の間数改め覚』(2)には、城内の施設・曲輪の配置や堀の高さなどが記されている（『唐沢山城跡調査報告書』）。これらは唐沢山城の末期にあたる文禄～慶長初期の様子を記したものと推測される。その記述は、現況の遺構と概ね一致しているが、これらの史料ではすべて西の栃本側に大手が位置している。そのため、これまで唐沢山城は西の栃本側に大手があり、北条氏忠が入部した一時期、南の富士側に大手が移ったとの見方が強かった（京谷一九九五）。

唐沢山城跡の縄張り調査を精力的に進めた渡辺昌樹氏は、本丸南東方面に延びる尾根上に「氏忠時代に築かれたと思われる遺構」の存在を指摘した（渡辺一九九五）。また、斎藤慎一氏は、渡辺氏と同様に南へ延びる尾根上の特徴的な虎口三か所に注目し、「この虎口は、小田原北条氏時代に普請された可能性がある」との見解を示した（斎藤一九九六）。しかし後に、縄張り論からの時期比定に一石を投じたいわゆる「杉山城問題」が顕在化する中、「北条家築城技術の独自性を見出すことは極めて難しい」との見方に変わる[3]（斎藤二〇一〇）。唐沢山城の普請に関する資料が少ない中、斎藤氏らが南東に延びる尾根上の遺構を小田原北条氏に関連付けた背景には、氏も述べているとおり「山麓には北条一族で唐沢山城主であった北条氏忠の屋敷が構えられたと伝わる」点への考慮があったとみられる。

近年、『野州安蘇郡根古屋唐沢丑ケ城東西南北目付』（以下『東西南北目付』）と『唐沢山城三里四方出張改』（以下『三里四方出張改』）が唐澤山神社に伝わっていることを確認した（『唐沢山城跡調査報告書』）。これらには、唐沢山城内の施設の配置や周辺の城館、領域の様子が記されており注目される。これらの史料は、ともに幾度かの改訂や加筆を経て、先の「佐野絵図」他と同様十七世紀中頃までに成立したものと推測できる。

『東西南北目付』の奥書によると、最初天文二十一年（一五五二）段階の城構えを記述し、その後天正二十年（一五九二）と慶長七年（一六〇二）に改めたとある（第6図⑬）。しかし、記事には寛永年中の出来事も記されており、奥書以降の内容も含まれる。内容は、奥書が示すように何時期かのものが混在していると考えられるが、記述は、城が機能していた時代の様子をある程度反映しているとみられる。大手に絡んだ記述も見受

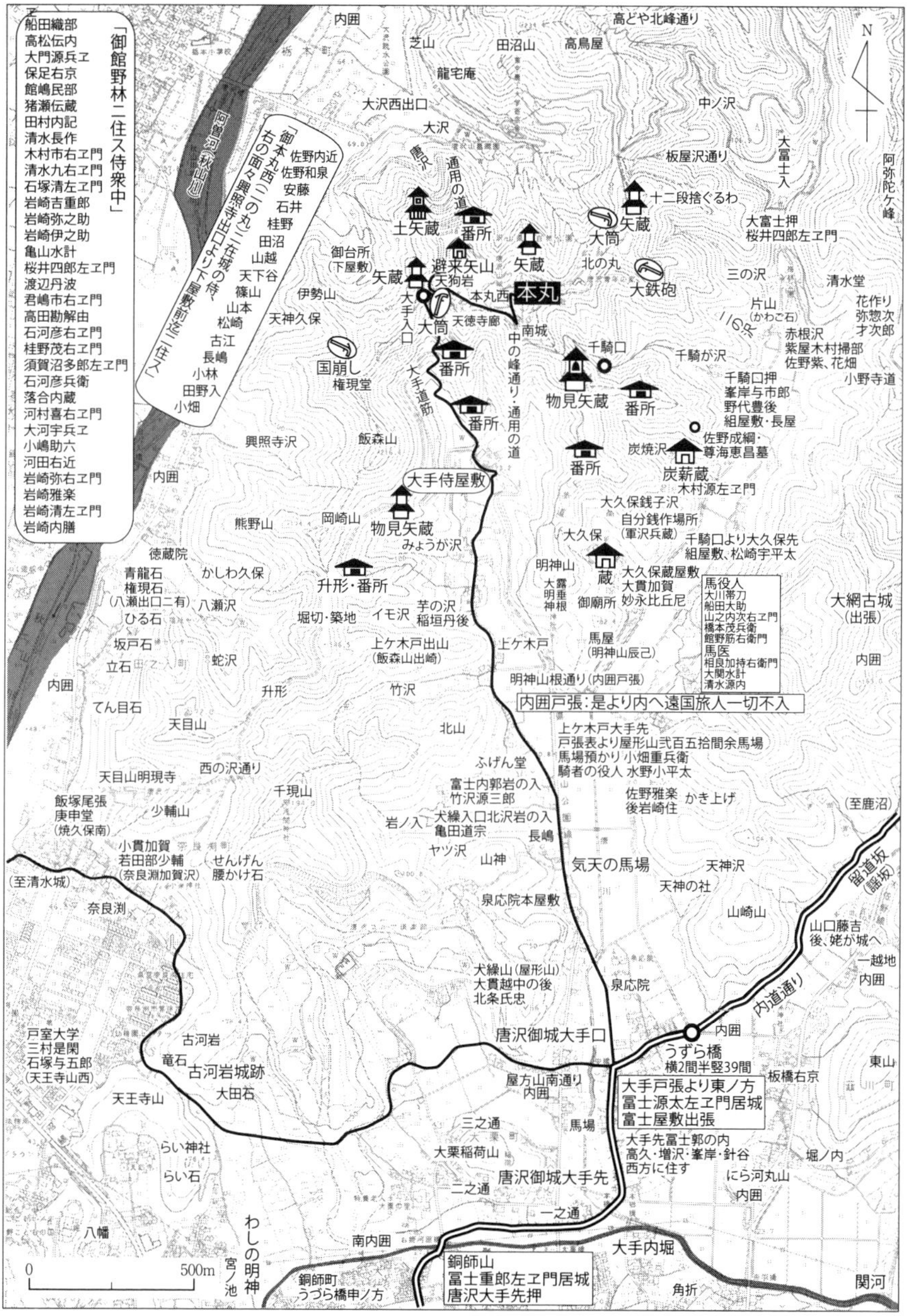

第４図『東西南北目付』等に基づく唐沢山城構え及び地名等推定位置図

けられ、その位置はいずれも城の南側であり、西側を大手とする記述はない。南部の大手周辺には、「手嶋大仁、土淵源左衛門、岩崎弥之助、黒田淡路」などが住む侍屋敷や組屋敷が存在し、さらに南方には馬場が広がっていたとみられる。大手の位置は、『三里四方出張改』でも同様に南側であった。

大手が南側に位置するとの記述は、「佐野絵図」他に描かれた内容と明らかに異なるが、この状況はどう理解すべきであろうか。『東西南北目付』に述べられた大手の状況は佐野昌綱が城主であった時代（永禄〜天正初期）のものであり、「佐野絵図」に描かれた城の時期とはずれがあるので、素直に解釈すれば、昌綱の時代には譜代の富士氏一族が館を構える南方に大手を整備したが、のちの時代に大手を西側に移したものと推察できる。

唐沢山城跡の遺構確認調査は、西山麓の一部で実施したに留まるが、一帯は重臣などの屋敷跡であることが明らかになった。縄張り調査では、西山麓の和泉屋敷、隼人屋敷、家中屋敷などと古くから呼ばれる一帯に、家臣団の屋敷地が南北約八〇〇メートルにわたり広がっていることが改めて確認された。『東西南北目付』には、本丸西に詰めている家臣十六名の屋敷地が西山麓にあることが記述されているが、これら調査結果と整合する内容である。また、「矢蔵」や「番所」などの施設が本丸や特定の場所からの方位や距離によって示されており、地点をある程度絞り込むことが可能である。城の備えとして、国崩し・大筒・大鉄砲などの火器が各所に配置されていることも大変興味深い。なお、場所は特定できなかったが「鉄砲場」も記録されている。

山頂部は、本丸を中心に各尾根筋に堀や土塁を配して曲輪が展開する。石垣は、本丸・二の丸・南城蔵屋敷・帯曲輪・西城に存在する。その他、土矢蔵や鳩の峯にも主郭部より古期の石垣が残る。主郭域は東西に延びる約五〇〇メートルの範囲で、西は避来矢山と天狗岩間の食違い虎口、東は北城の外側に設けられた二重の堀切までと捉えられる。大手道筋は、「佐野絵図」や縄張り調査の結果を踏まえると、富士（南）側・栃本

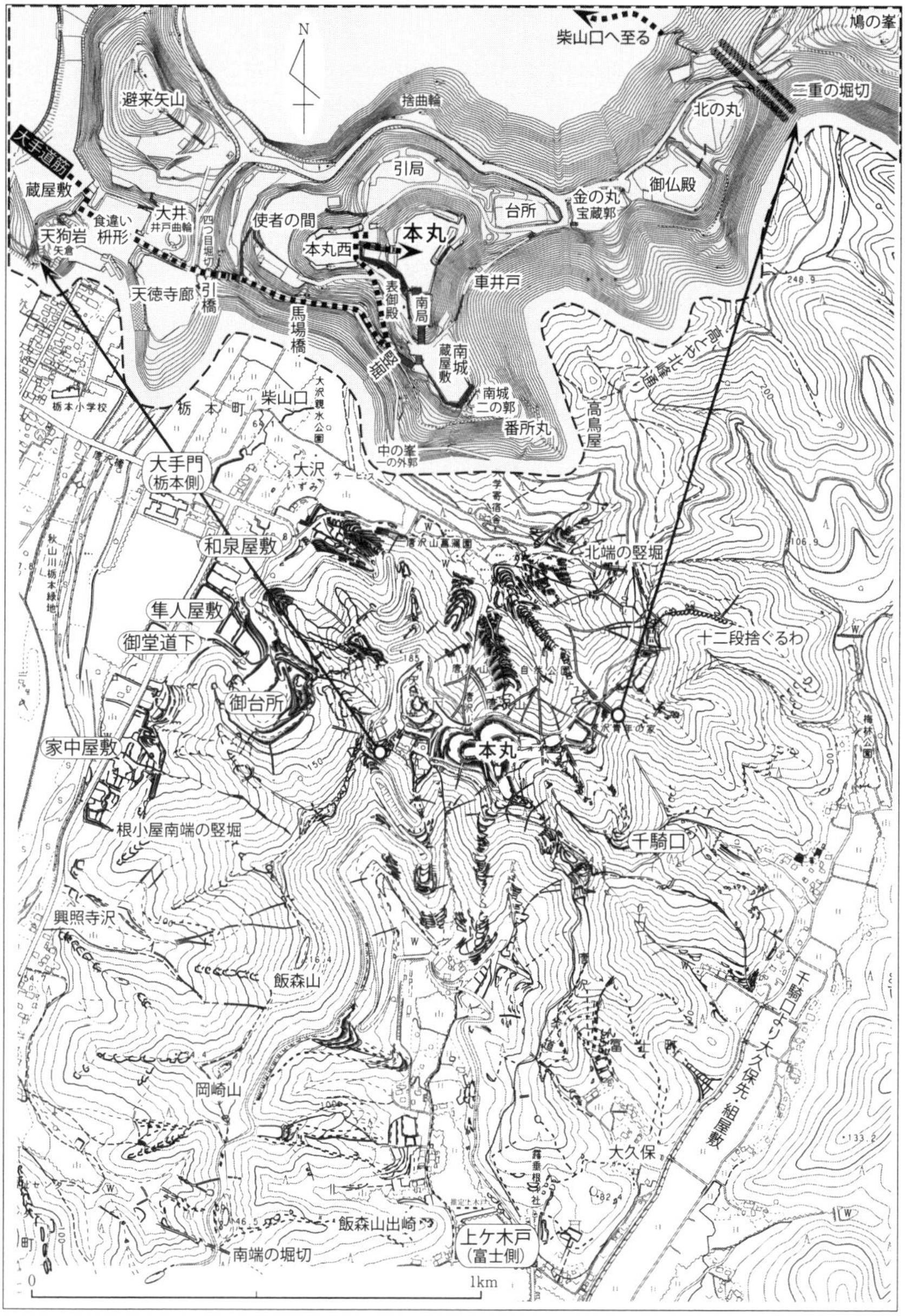

※曲輪名等は「野州案蘇郡根古屋唐沢丑ヶ城東西南北目付」に基づく。

第５図 唐沢山城縄張り図

(西)側いずれから登城する際でも、山頂西部の蔵屋敷前で合流し本丸へ向かったと考えられる(第4・5図)。

四、史料に見る北条氏忠の城普請

天正十四年(一五八六)と目される八月二十六日付「北条殿」宛徳川家康書状に、「去廿二佐野城以御計略被乗取」とあり、また、同年十一月十日付大蘆雅楽助《うたのすけ》宛氏忠判物の「昌綱・宗綱御代ニ不相替、抽忠信可被走廻処」(小曽戸家文書)などから、佐野領はこの時期小田原北条氏配下に組み込まれたとみられる。

小田原北条氏が唐沢山城を乗っ取っていた時期は、天正十四年八月から天正十八年(一五九〇)四月までとみられているが、天正十七年(一五八九)十月に北条の配下が小田原へ引き上げたとする地元史料も残る。いずれにしても、四年に満たない佐野領支配期に北条氏忠はどのような唐沢山城普請を進めたのであろうか。

唐沢山城の普請や構造に関する史料が何点か確認できる(第6図)。普請について、歴代の佐野氏や小田原攻め後に佐野家入りした富田信種(佐野信吉)以外に、上杉謙信と北条氏忠が関わっていたことは明らかである。近世初期の石垣はもとより、上杉氏や小田原北条氏の関与と戦国各期の様相を留める唐沢山城の多様性は特筆すべきことであるが、本項では氏忠の時代を中心に論を進める。

北条氏忠の印判状からは、少なくとも三回にわたり根小屋地区の普請が行われたことがわかる(第6図①～⑤)。氏忠は、栃本側の備えを重視し堀や芝土居を整備していたのである。史料を読む限り、これまで研究者が指摘してきたような本丸南東尾根部の普請については確認することができない。なお、この南東尾根部に残る唐沢山城で最大規模の土橋は、上杉勢が普請した可能性があるが、その時期の色部氏の動向が不明

①北条氏忠 印判状写（部分・年欠）

此普請庭
七間　堀深　二尋
巳上
右可為苦労候得共、根古屋之儀、肝要
之儀候間、申付候、来十四日より三日
之内出来候様に可被相稼者也、仍如件
正月十日
小曽戸丹後守殿　〈小曽戸文書〉

②北条氏忠 印判状（部分・年欠）

壱間　堀深　二尋
右、可為大儀候得共、当城宿構之儀候
間、可走廻、来十四日より三日に出来
候様に、可被申付者也、仍如件
正月十日
高瀬紀伊守殿　〈山崎文書〉

③北条氏忠 印判状（部分・年欠）

此度当城目懸之所一普請可申付由、令
覚悟候へ共、今時分諸士も又地下人も、
作最中之時分ニ候間、諸人ニ為合力、
此度者普請申付候、然者、六月者作之
隙之時分候間、六月十日比より廿日迄、
一普請可申付候、
五月十二日
高瀬紀伊守殿　〈山崎文書〉

④北条氏忠 印判状（年欠）

宿構之芝土居、余見苦候条、一普請可
申付候、少々普請候間、各苦労候共可
被致一普請、今明両日支度、明後より
可被致之者也、仍如件
六月七日
高瀬紀伊守殿　〈山崎文書〉

⑤北条氏忠 印判状（部分・年欠）

雖可為苦労候、能時分候間、当城一普
請可申付候、今日より廿三日迄普請之
有支度、廿三日普請庭請取之、廿四日
より廿八日迄五日可致之、当城之儀候
間、苦労候共、……（後略）……
十月廿一日
高瀬紀伊守殿　〈山崎文書〉

⑥大中寺良慶 書状（部分・永禄九年）

佐野御在陣、急度可申達処、朝夕御普
請取紛、及承令思慮、将亦総州口御出
仲陽吉日　良慶（花押）
山内殿　御幕下　〈上杉文書〉

⑦小山秀綱 書状写（部分・年欠）

越衆佐之筋へ去十二出長以来、無手透
普請及其備候、
二月十八日　苑角斎　小山秀綱御事也
（渋江）や二郎殿　〈渋江文書〉

⑧上杉謙信 書状写（部分・元亀三年）

其地長々在番、苦労無是非候、殊土橋
おも懸、普請以下入精由、喜悦候
壬正月廿九日　謙信（花押）
色部弥三郎殿　〈歴代古案〉

⑨武田信玄 書状（部分・永禄六年）

如来意、今度景虎河内[　]秀綱早々
降参、未練無是非候、然而敵[　]根
小屋へ執懸候処、足軽軍被得勝利、
任誓約之旨、氏康御同意、
四月十四日　信玄（花押）
佐野殿　〈諸国古文書抄〉

⑩上杉年譜（部分・永禄七年五月）

小田原勢既ニ佐野ノ地ニ働キ入一……
……（中略）……
小田原勢一決シテ、先小屋ヲ破却セン
トス、越兵ハ敵ヲ思フ処ニ引此請、城
門ヲ開キ突出テ戦ントス〈越佐史料4〉

⑪上杉輝虎 書状（永禄七年）

野州之内、佐野小太郎事茂、去頃覆味
方、無程翻忠信之條、陣之刻寄馬、雖
肩険難之地候、砕手為攻候之間、外構
押破之処、様々侘言之条、随分之証人
数多取之、小太郎進退令免許候事、
八月七日　藤原輝虎（花押）
謹上　大館陸奥守殿　〈蕪木文書〉

⑫北条氏直 書状（年欠・写）

於佐野根小屋、彼仁黒白見分、数百人
之馬草取、無何事引上候キ、無比類候、
殊敵一人射取事、感悦ニ候
六月十一日　信玄（花押）
佐野殿　〈諸国古文書抄〉

⑬唐沢城 東西南北目付

（城内堀切の項より抽出）
出張、遠囲、内囲、根古屋、
舘野、戸張、大手戸張、大
手入口、大手道筋、通用の
道、北峰通り、西の峰通り、
堀切、木戸、本城、本丸、
二の丸、南城、南城一の廓、
二の廓、金の丸、北ノ丸、
西の城、宝蔵ぐるわ、天徳
寺廓、御台所、御仏殿、引
局、南局、御殿、表御殿、
御侍御そば衆中御休息の間、
御使者の間、大手御侍屋敷、
下御屋敷、御蔵屋敷、御組
屋敷、御組衆屋敷、御長屋、
下御長屋、鉄砲場、御花畑、
御馬場、御馬屋、御馬乗馬
場、大井、車井戸、升形、
くひ違升形、天狗岩、鏡石、
築地、御番所、御土蔵、炭
薪蔵、御矢蔵、物見矢蔵、
土矢蔵、御矢蔵鐘懸ル、御
蔵、武具土蔵、炭焼とや、
つきとや、大鉄砲、大筒、
国くずし、石懸、引橋、
御改ハ　天文弐拾壱年二
月より五月迄ニ相改候　又
其巳後　天正廿年ニ　佐野
天徳寺様御代ニ　不残御改
其巳後慶長七年二月　佐野
修理太夫様御代ニ御改有
〈唐沢山神社文書〉

第６図 唐沢山城の普請と構造に関する史料

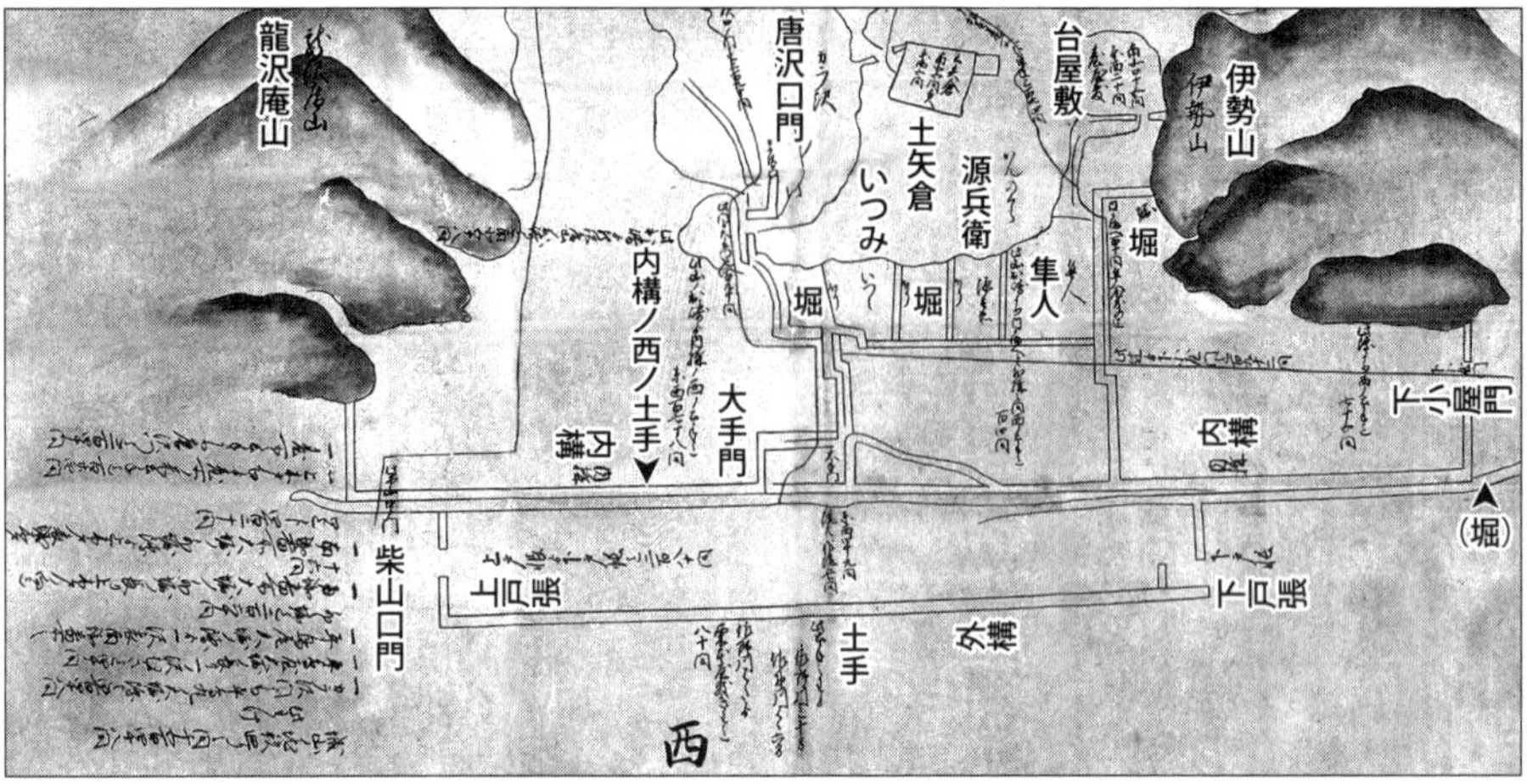

第７図　佐野絵図（国立国会図書館蔵・部分）**に見る大手構え**

なため判然としない（第6図⑧）。

五、栃本側根小屋の構え

栃本側の根小屋について、少なくとも永禄期にはある程度の備えがあったとみられる（第6図⑨）。そこには、「外構」（第6図⑪）を設け、敵から城への攻撃を防いでいたのである。そして、城内には強力な火器を備え、見張りや合図のため鐘を吊るした物見矢蔵などが要所に設置されていた（第4図）。

北条氏忠支配期の栃本側根小屋地区の構造については、ほとんど明らかになっておらず、今後の研究課題といえるが、慶長初期の様子を描いたと推測される古図「佐野絵図」が残されている（第7図）。それによると、栃本側に「大手門」が描かれている。このことは、当時栃本側が大手であった可能性を探る上で大きな手がかりとなる。この「佐野絵図」をもとに、明治時代の地籍図を介在させて現況と照合した結果、同図に見る大手備えが栃本側山麓に存在したことはほぼ間違いないと判断できた。

この「佐野絵図」中で、城構えに関する記述に「外構」と「内構」の文字が見える。この「外構」は、永禄期の上杉輝虎（謙信）書状（第6図⑪）にも記述されており関連性が窺える。城構えについては、その箇所や内容が時間とともに様変わりしている可能性があるものの、永禄期に「外構」が設けられ、唐沢山城末期の慶長初期にも認められる場合、氏忠の支配期にも構えが存在していた可能性は極めて高いと考えられる。また、「佐野絵図」に「内構ノ西ノ土手」の記述が見られるが、この土手は、氏忠が手入れを命じた「宿構之芝土居」（第6図④）であった可能性がある。この土手は、大手門跡地から北側にかけて延び規模も大きい（第8図）。絵図では直線的に延びる土手であるが、実際は屈曲を伴い曲輪状に張りだす一角もある。この場所は、地元で古くからヤグラッタ（矢倉田・第8図手前）と呼ばれている。現在、土手の北端付近には北へ延びる道があるが、この道筋は、「佐野絵図」に「柴山口門」から北城裏手へ通じる道として描かれている。山頂主郭部の東端が北城であろうことは、裏手から栃本へ延びる通用の道からも推測し得る。

その他、絵図では内構の西に土手があり、さらにその西側に水路と思われる水域が南北に延びて描かれている。この水域は、現在の秋山川と捉える解釈もある（江田二〇〇八）が、大手門と秋山川の間に設けた堀であろう。根小屋の堀普請に関しては、氏忠印判状（第6図①②）に「堀」の記述が確認できることから、この堀こそ小田原北条氏が関与していた堀である可能性が高い。

北条氏忠が一時期唐沢山城の支配を進め、城普請を行ったことは確かであるが、史料に見る限り根小屋に関しての記録が残るのみである。渡辺昌

第8図　栃本根小屋に残る土手

樹氏らの研究で注目されてきた尾根部に残る遺構は、「杉山城問題」が提起した縄張り論の基本的見直しの必要性もあり、改めて捉え直すべきであろう。その際、佐野昌綱時代に南部を大手にして城構えを進めたことを考慮すると、それらの遺構は、昌綱・宗綱父子時代に手掛けられた可能性が出てくる。佐野氏自ら手掛けた場合も想定できるが、その時期、越後の上杉氏は城番を置いていたこともあり、北条氏に備え城内整備にも積極的に関与していた（第6図⑥⑦⑧は要検討）。

六、豊臣政権下の唐沢山城とその後

小田原攻め後、唐沢山城は北条方から取り戻され、再び佐野氏の支配下に収まる。奪還後、佐野家の天徳寺宝衍が一時城主を務めるが、ほどなく豊臣側近富田一白の子信種が宝衍の養子となり佐野家を継ぐことになる。この人物が、最後の唐沢山城主佐野信吉である。彼が、秀吉の後ろ盾を得ながら、城郭整備に関してもそれまでの関東とは異なる西国の手法を取り入れたことは想像に難くない。唐沢山城の象徴ともいえる本丸周辺の高石垣は、「佐野名跡之事ハ関白様江奉仕、今来年之間愚老申付候」（三浦文書）と述べている宝衍が手掛けるはずもなく、信吉が西国の石工集団を動員して築いたことは明らかであろう。

その後、天明（天命）の春日岡（現佐野城跡）へ移城し、唐沢山城は慶長七年（一六〇二）に廃城となる。さらに、佐野氏が慶長末期に改易になると幕府直轄になったが、ほどなく彦根藩領の御林山として管理され、城跡は結果的に幕末まで保護された。明治維新後、旧家臣たちにより唐澤山神社が創建され今日に至る。

〈注〉

（1）

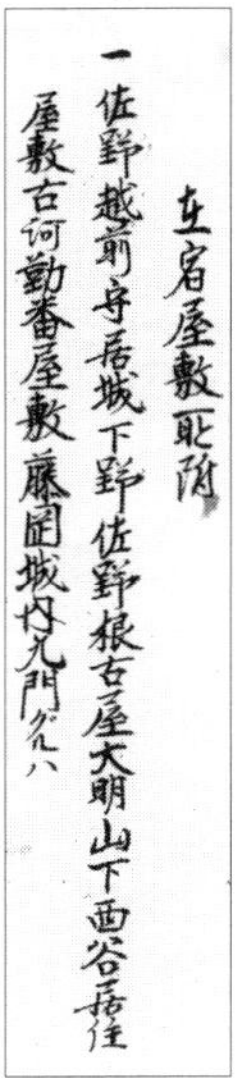
一佐野越前守居城下野佐野根古屋大明山下西谷居住
屋敷古河勤番屋敷藤岡城内

右掲の史料以外に、「佐野越前守居住下野佐野根古屋大明山下西谷居住」の覚書断簡も確認した。

（2）『唐沢山城跡調査報告書』刊行後、承応三年（一六五四）二月十八日付記の「野州唐沢城間数抜書之覚」を確認した。内容は、「唐沢城の間数改め覚」とほぼ同一のものであった。

（3）斎藤氏がこの見解を示した後も、松岡進氏はいわゆる「比企型虎口」に比定し、「すでに渡辺昌樹氏や斎藤慎一氏が指摘されているとおり、これら外縁部の遺構は、形態の類似から見て、天正十四年に北条氏忠が佐野氏の養子となって入城したのに伴って成立したものと見てよい」と述べられている（松岡 二〇一五）。

〈参考文献〉

浅野晴樹「考古学から見た佐野氏拠点の変遷」（『唐沢山城跡調査報告書』佐野市教育委員会 二〇一三）

出居　博「下野佐野―清水城・唐沢山城から佐野城の時代へ―」（中世都市研究会編『中世都市から城下町へ』山川出版社 二〇一三）

出居　博・太田嘉彦「唐沢山城跡などに見る小田原北条氏の関与」（『小田原北条氏の城郭』東国中世考古学研究会 二〇一〇）

江田郁夫「唐沢山城の城下町」（『唐澤山城の重要性を探る』栃木県中世考古学研究会 二〇〇八）

京谷博司「解説」（『唐澤城発端之事』安蘇史談会 一九九五）

斎藤慎一「唐沢山城の構造と変遷」（『史談』一二 安蘇史談会 一九九六）

斎藤慎一『中世東国の道と城館』（東京大学出版会 二〇一〇）

千田嘉博「縄張りから見た唐沢山城」（『唐沢山城跡調査報告書』佐野市教育委員会 二〇一三）

橋口定志「中世前期居館の展開と戦争」（『戦争Ⅰ 中世戦争論の現在』青木書店 二〇〇四）

松岡　進『中世城郭の縄張と空間』（吉川弘文館 二〇一五）

渡辺昌樹「唐沢山城（解説）」（『唐澤城発端之事』安蘇史談会 一九九五）

『唐沢山城跡調査報告書』（佐野市教育委員会 二〇一三）

玉縄城

宇都洋平

はじめに

玉縄城《たまなわ》は神奈川県鎌倉市の北西部にあたる城廻・植木を中心とした地域に築城された平山城である。地形としては多摩丘陵の西限に位置しており、複雑に谷戸が入り込む標高五〇~八〇メートル程の丘陵上に所在している。丘陵周辺には鎌倉時代以来の幹線道路である鎌倉街道の上道《かみつみち》と中道《なかつみち》がはしっている。鎌倉街道は玉縄城から北上すると武蔵国へと通じ、南下すると鎌倉やその先の三浦半島へと続く。ほかにも鎌倉や武蔵方面から小田原へと続く東西にはしる道が城の周辺には複数本存在しており、このような交通の要衝に玉縄城は築かれている。

玉縄城は、十五世紀後半には築かれていたと考えられる扇谷上杉氏の玉縄要害を、伊勢盛時(北条早雲)が永正九年(一五一二)十月に改修したとされ、以降、北条氏時(盛時の次男)、為昌(盛時嫡男氏綱の三男・玉縄北条氏の祖)、綱成(氏綱の女婿・為昌の養子)、康成(のちに氏繁に改名・綱成の嫡男)、氏舜《うじたか》(康成の嫡男)、氏勝(氏舜の弟)と、北条一族が歴代の城主を務めている。また玉縄城主が武蔵国神奈川湊や江戸湾を通行する廻船の支配を行っていたことが記録から確認されており、小田原北条氏の領国経営を支える東相模における重要な拠点であったことが窺える。

一、城郭の構造

玉縄城周辺は複雑にめぐる尾根筋が集合し、周辺より標高の高い城郭東側の「中心部」と、中心部より標高が低いものの複雑に入り組んだ自然地形を活かした西側の「外郭部」とに大別することができる（大河内ほか一九九四）。ただし現在玉縄城周辺は、昭和三十年代から始まった大規模開発により、当時の地形の面影はない。だが幸いにも大規模開発が行われる以前に赤星直忠氏が詳細な踏査記録を残しており、今日の玉縄城研究において欠かすことのできない重要な資料となっている（図1『鎌倉市史』考古編。以降『鎌倉市史』と略す）。本節では赤星氏の成果を基礎とし、玉縄城の城郭構造を紹介したい。

玉縄城の「主郭」は南北約一一〇メートル、東西約六〇メートルを測り、玉縄城内で最も広大な平場《ひらば》を誇る。標高は約六〇メートルで、四周に約一〇メートルの土塁をめぐらせている。このうち東側の土塁上に南北約一〇メートル、東西約六メートルの「諏訪壇《すわだん》」と呼ばれる平場がある。諏訪壇は標高が約八〇メートルあり、玉縄城の中で最も標高が高い。なお諏訪壇の北東部には海抜約七〇メートルを測る平場が築かれており、ここが『新編相模国風土記稿』（以降『風土記稿』と略す）に記述のある「蹴鞠場《まりけば》」と考えられている。なお主郭をめぐる土塁のうち、南北の土塁の中央付近が途切れており、そこが主郭への入り口であったと考えられる。主郭の北側には土塁と堀を隔てて、「お花畑」と呼ばれる場所がある。お花畑は幅約一〇メートルのL字状の高まりとその内側に拡がる一～二メートル低い幅約四〇メートルの平場で構成されており、主郭をとりまく

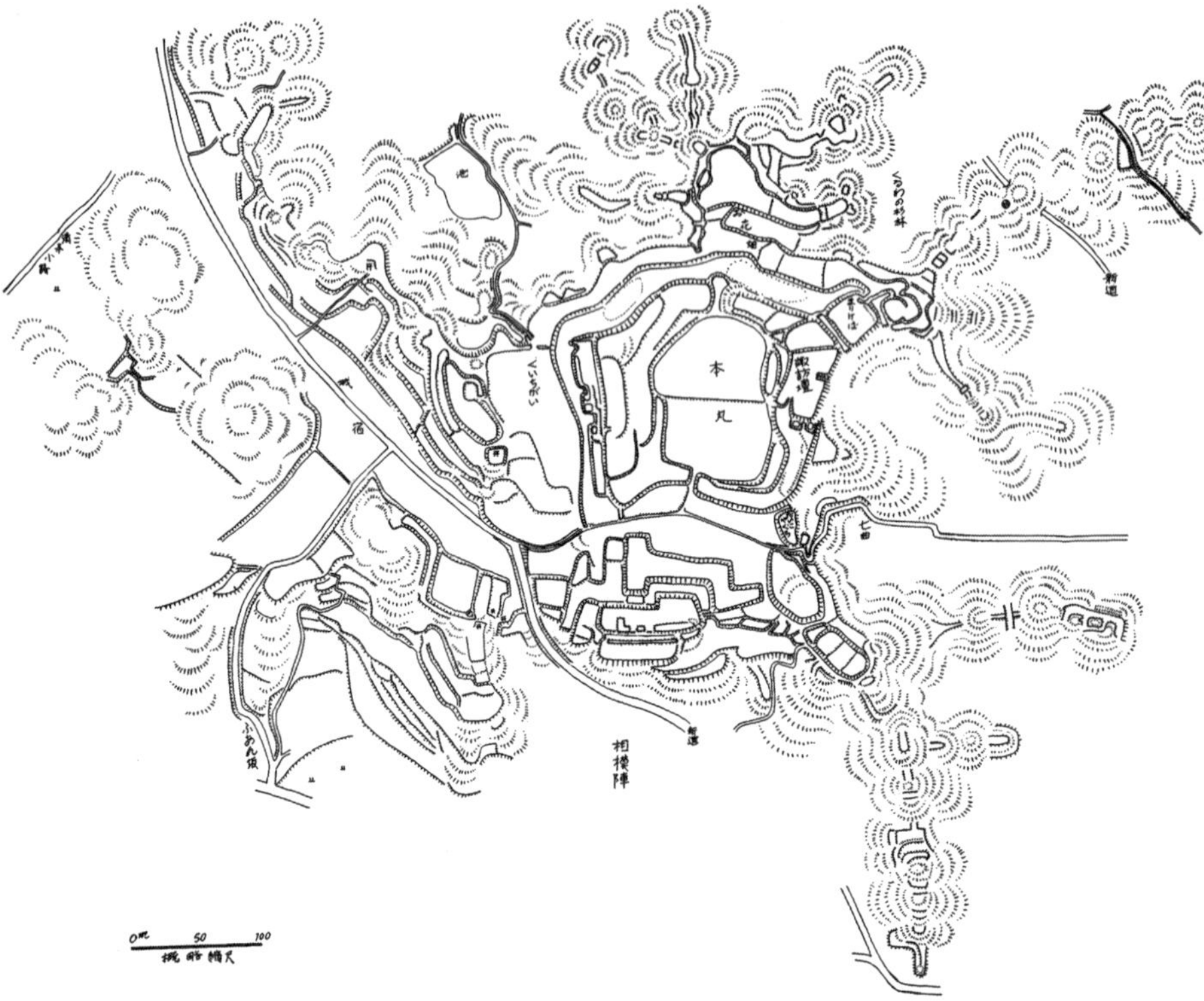

図1　玉縄城の縄張図（『鎌倉市史』より転載・一部改変）

曲輪《くるわ》の一つであったと考えられる。

主郭の南側には「七曲坂《ななまがりざか》」を上り西に向かう東西方向の道がはしっている。坂を上りきった場所は平地になっており、この道を取り込むような形で土塁と堀が廻らされている。平場の規模は東西約九〇メートル×南北約三〇メートルで、長方形をした曲輪状を呈している。この曲輪を『風土記稿』では「御厩曲輪《おんまやくるわ》」と推定しているが、『鎌倉市史』では御厩曲輪はこの場所より西方の別地点と比定しており、ここを「七曲の曲輪」と呼称している（本稿では『風土記稿』に従う）。なおこの曲輪の土塁と堀を隔てた南側には「えんしょうぐら」と呼ばれている平場があり、『鎌倉市史』では「煙硝曲輪」の訛《なま》ったものとしている。御厩曲輪の西方には北条氏時により創建されたと伝わる円光寺の跡地がある。赤星氏が踏査をした段階ですでに建設されていた新道により西側の大部分が破壊されていたため、詳細は不明であるが、このあたりに「円光寺曲輪《えんこうじくるわ》」が所在したと考えられている。

この円光寺曲輪の北側には「くいちがい」と呼ばれる平場があり、この場所も主郭を取り巻く曲輪群の一つと考えられる。東側は主郭の西側を守る土塁と堀に接しており、北側は土塁により区切られている。この土塁には一部切れ目があり、主郭の北側にあるお花畑へ続く細長い平場がある。このため、くいちがいとお花畑は主郭を経由しなくても、このくいちがい北側の平場を通じ、直接移動できたものと思われる。

玉縄城中心部の南側には東に開口する支谷が存在し、入り口付近には「相模陣《さがみじん》」の地名が残っている。この支谷には鎌倉と藤沢を結ぶ東西にはしる道があり、この道からさらに分岐して「二伝寺坂」を上り渡内（藤沢市）に抜ける道や、「ふわん坂」を上り城の中心部の西側に抜ける道がはしっている。この支谷にはしる道が当時最大の往還と考えられており、玉縄城はこの往還を見下ろせる場所にある。なお『北条記』には北条康成がこの周辺で「とや（戸屋）」を造り、鷹を飼育していたという記述があり、また『明叔録』によれば玉縄城の麓《ふもと》に伊勢備中の被官屋敷が存在していたことがわかる。これらの記述から城下の谷戸内には玉縄城に詰める武士団の屋敷地が拡がっていたと考えられる。このほかにも赤星氏の踏査記録を見ると、中心部には名前の伝わっていない平場の存在や、外郭部を含め尾根上には多数の堀切が設けられていた痕跡が確認できる。

二、発掘された玉縄城の遺構

玉縄城周辺ではこれまでに数多くの発掘調査が行われているが、ここでは玉縄城に関連する遺構が検出された調査地点のうち、城郭の特徴を考える上で重要な地点を見ていきたい。主郭内ではこれまでに三度の発掘調査が行われているが、すべて発掘調査報告書が刊行されていないため詳細は不明である。一九七八年に行われた調査では方形に鎌倉石を組み上げた井戸枠を持つ井戸や、底面に畝《うね》を持つ溝（障子堀か）、土坑、柱穴などが検出されている（図2‐①）。出土遺物には十六世紀の舶載磁器、国産陶磁器、かわらけなどがある（前掲大河内ほか）。また二〇〇一年の調査では幅八メートル、残存高一メートルの、主郭を取り巻く土塁の基礎と考えられる盛り土の一部が確認されている（図2‐② 鎌倉市教育委員会二〇一三）。

主郭の南側に位置する植木字相模陣四二五番三外地点では御厩曲輪の南側の土塁が検出されている（図2‐③ 継ほか二〇〇五）。土塁は基礎中心部が破砕泥岩を主体とした土で突き固められており、その上にはローム土を主体とする土、暗褐色土を主体とする土、黒色土を主体とする土で盛土されている。報告書によれば、基礎中心部の破砕泥岩を主体とする土以外にしまりの強い層は確認されていないとのことであり、版築工法は採用されていない。出土遺物に乏しくこの土塁の構築年代を特定するのが難しいとしつつも、玉縄城築城前後の年代観が示唆されている。なお小田原市伝肇西第Ⅰ地点で小田原城の土塁が調査されているが、土層状況から堀を掘った際の土を掻き上げ、それらの土を突き固めて造られたと考えられている（佐々木二〇一〇）。玉縄城の土塁からは版築の痕跡は確認されていないものの、土層堆積状況は小田原城の土塁と相似している点があり、同様の工法が用いられたものと思われる。

また七曲坂を下り谷戸の出口にあたる植木字植谷戸一九二番四外地点では、谷戸の開口部を横断する落ち込みが確認されている（図2‐④ 福田二〇一四）。この遺構の大半は調査がされていないため、全体的な形状は不明だが、堀であった可能性が高い。この七曲坂を通過する道は城の東側から中心部へと続く重要な道筋であり、城郭への入り口部分からこのような防御施設が検出されたことは大変興味深い。

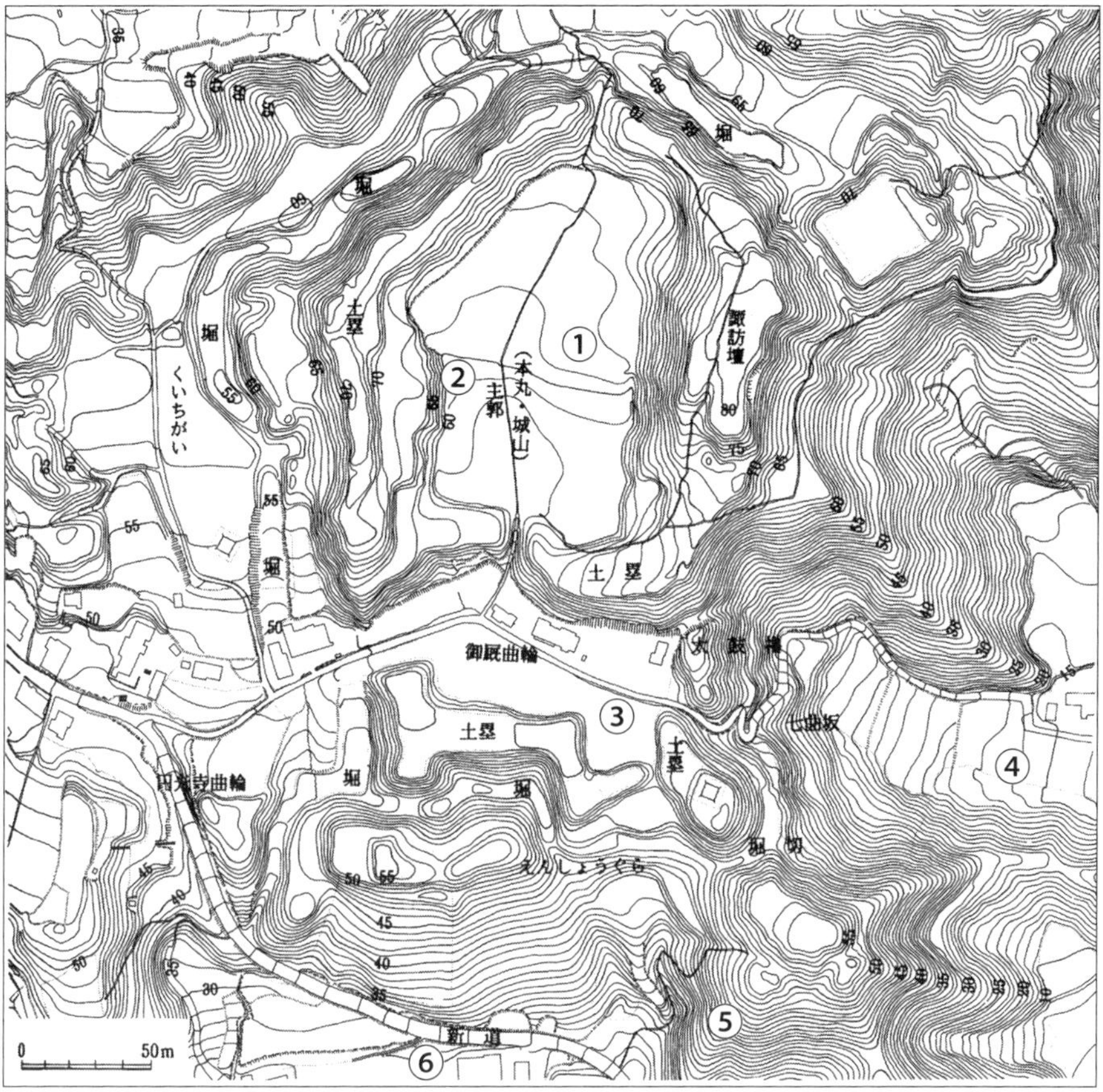

図2 玉縄城の中心部（〈大河内ほか1994〉より転載・一部改変）

①主郭1978年調査地点（未報告）　②主郭2001年調査地点（未報告）
③植木字相模陣425番3外地点（継ほか2005）　④植木字植谷戸192番4外地点（福田2014）
⑤植木字相模陣374他地点（大河内ほか1994）　⑥植木字相模陣370番地点（未報告）

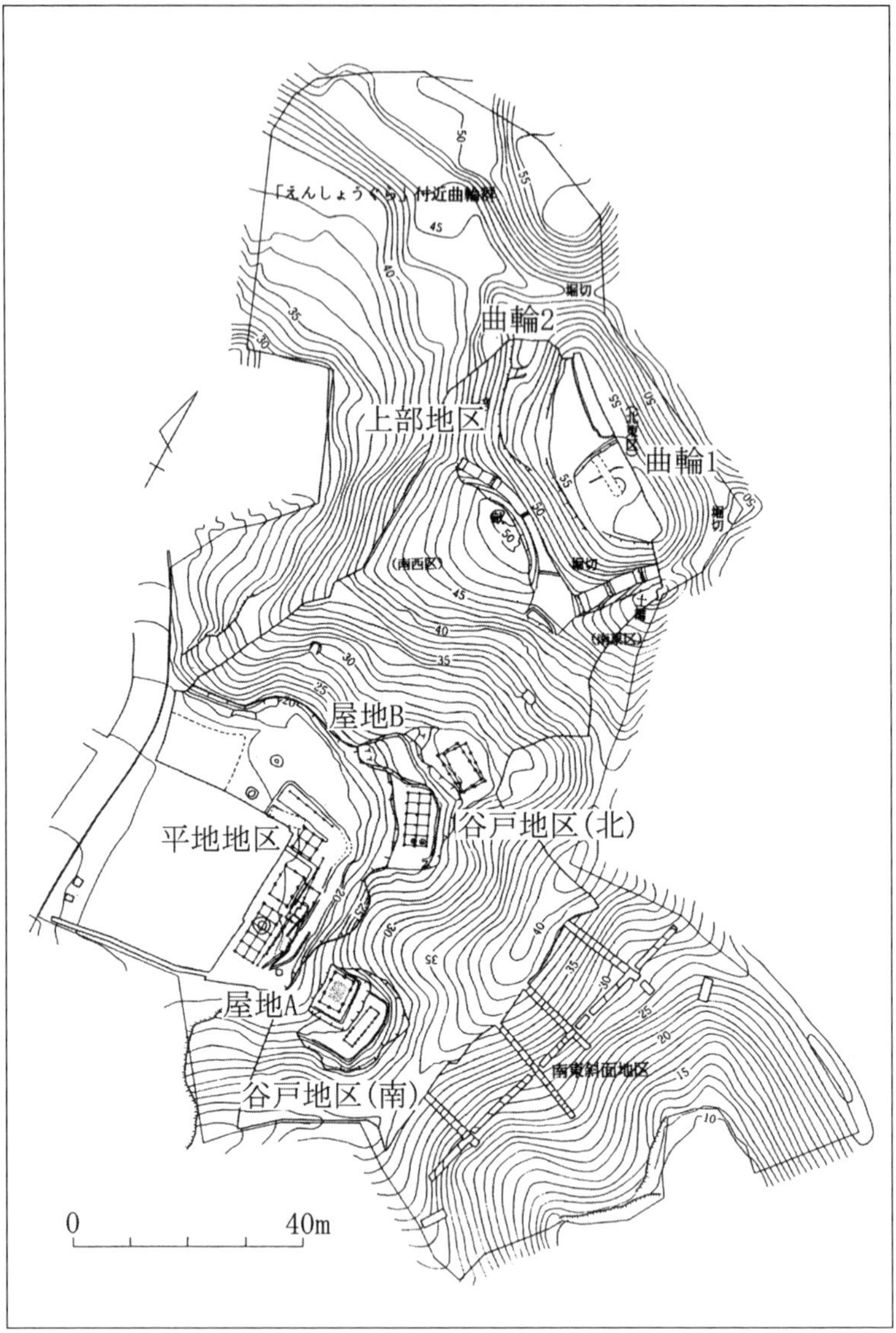

図3 植木字相模陣374他地点主要遺構 配置図

次に外郭部の調査を見てみることにする。「えんしょうぐら」の南東に位置する植木字相模陣三七四番地他地点（図2-⑤・図3　前掲大河内ほか）では、地形により上部地区・谷戸地区・平地地区の三地区に分けられ調査が行われており、上部地区では新旧二時期の遺構面が確認されている。これらの遺構面は斜面を削平し平地を造り出している。平地の東と南の二方には底面に畝を持つ堀を廻らせていることから、この平地は腰曲輪のような防御施設であったと考えられる。谷戸地区・平地地区は前述した主郭の南側に拡がる支谷の中で最も広い小谷戸の北東隅に位置しているが、調査の結果、玉縄北条氏時代に谷戸内の緩斜面を造成し、平地を造成していたことが出土遺物から確認されている。この平地地区からは玉縄北条氏時代と考えられる五棟の掘立柱建物跡と一棟の礎石建物跡、竈《かまど》付方形竪穴遺構、井戸などが検出されており、このうち建物群については少なくとも二度の建て直しが行われたことが建物の配置状況から確認できる。また特徴的な遺構として挙げられるのが、竈付方形竪穴遺構である（図4）。この遺構は岩盤面を掘り込んでおり、竈部分は内部に砂岩の切石を組み造られている。このような遺構の検出事例がないため、用途としては判然としないものの、建物配置との関係から、報告書が指摘するように厨房と関連する施設と考えられる。

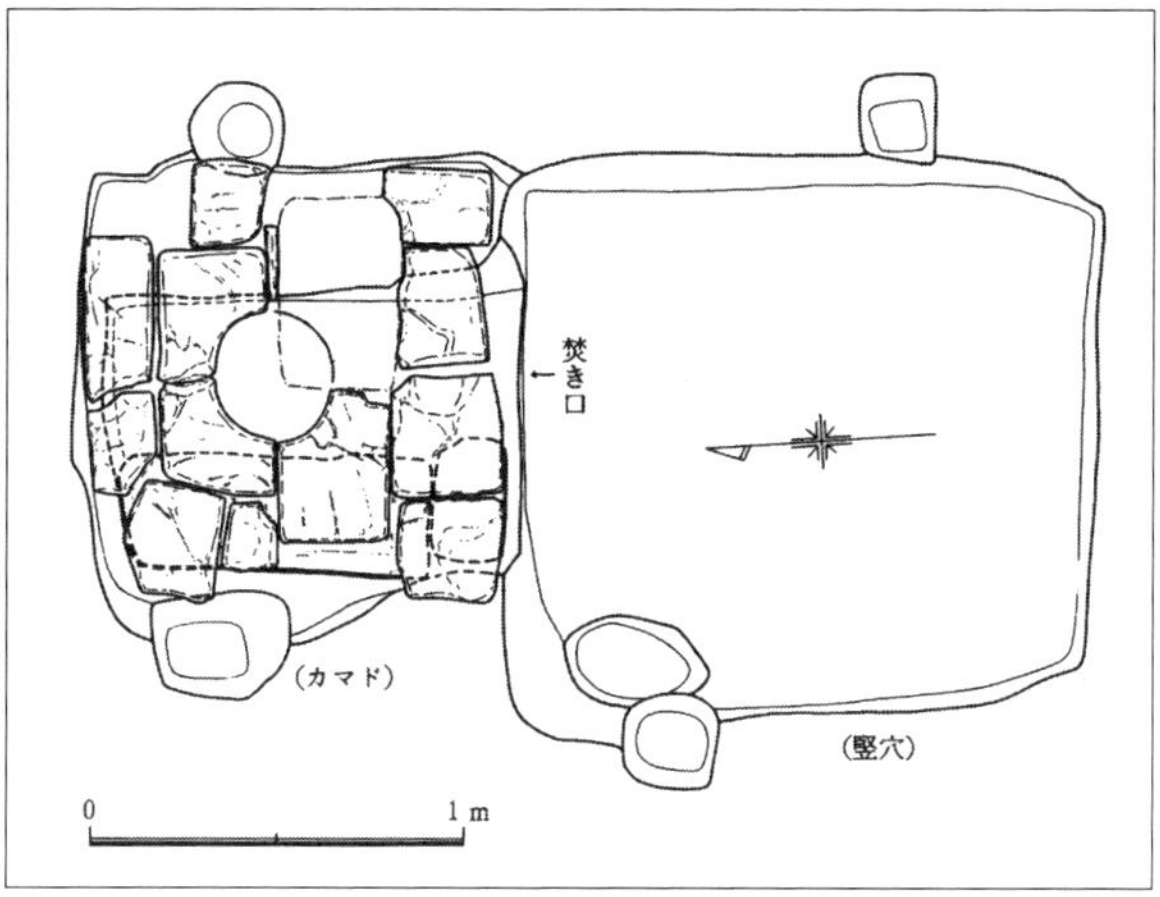

図4 植木字相模陣374他地点検出竈付方形竪穴遺構

　谷戸地区は平地地区より五〜九メートル標高の高い斜面を造成し平地を設け、そこに掘立柱建物が建てられている。谷戸地は大きく平地地区の建物群裏手の東側斜面と同建物群の北東隅斜面の二箇所に設けられ、それをさらに高低差により上段と下段の二つの平地に分けている。平地は建物一棟分の広さで造成されており、周辺には平場を防御する堀などの施設もみられな

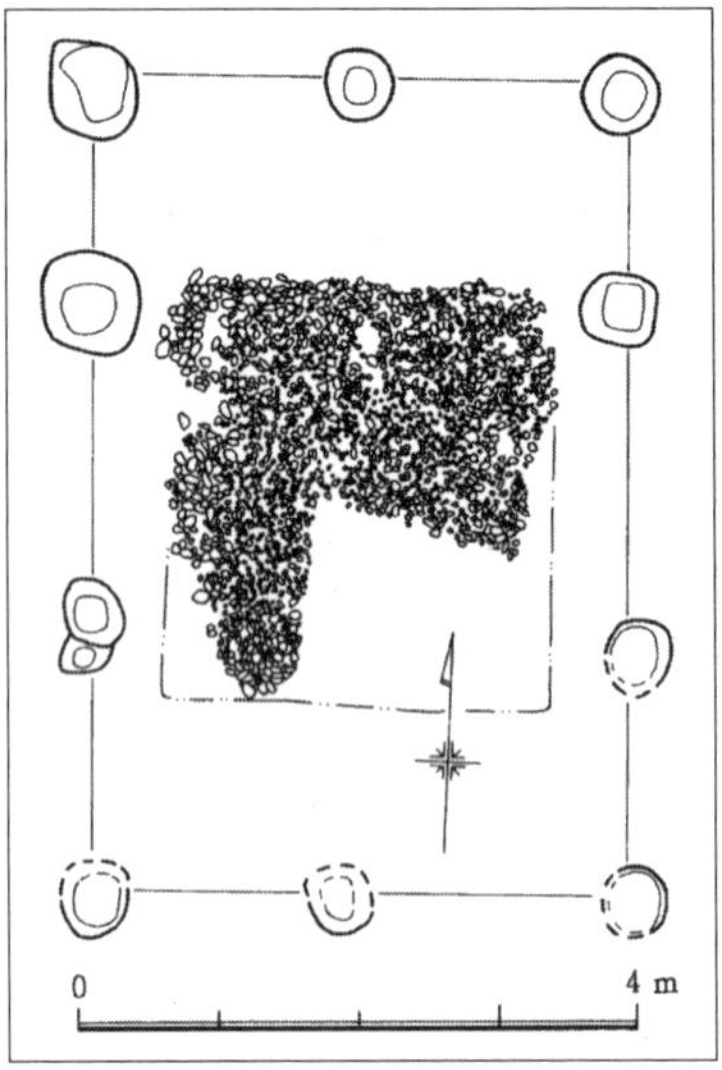

図5 植木字相模陣374他地点
谷戸地区検出掘立柱建物

いことから、上部地区で検出された防御施設のような性格ではなく、平場地区の建物群と関連した建物であったことが考えられる。報告書では建物群裏手に設けられた平地について、他の掘立柱建物と構造が異なる特殊な掘立柱建物（図5）が検出されたことから宗教的空間もしくは作業場として使用された可能性を指摘している。これら平地地区と谷戸地区で検出された遺構群は、出土した船載磁器や瀬戸窯製品の年代から十六世紀前半～中葉頃までに使われ始め、玉縄城開城後もしばらく使用されていたと考えられている。『風土記稿』には近世初頭に松平正綱が城跡の南麓に陣屋を構えたとの記述があることから、検出された遺構のうち、玉縄城開城後の年代が考えられる遺構・遺物はこの陣屋との関係を視野に入れる必要があろう。

なおこの調査地点の西側に位置する相模陣三七〇番地点からは十六～十八世紀の年代が考えられる道路跡、池跡、建物跡などが検出されている（図2-⑥ 前掲鎌倉市教育委員会）。未報告であるため詳細は不明だが、特に注目される遺構は底面に玉砂利の敷かれた池跡である。この池の年代については正式な報告を待たなければならないが、仮に松平氏の時代に造られたものであったとしても、植木字相模陣三七四番地他地点の平地地区の遺構の検出事例と併せて考えると、苑池を伴う空間が玉縄北条氏時代にすでに形成されていた可能性は捨てきれない。

次に城郭を取り巻く尾根の状況を見てみる。城廻字打越一六五地点は諏訪壇の北東部に位置する尾根上の調査であるが、調査前から調査地点周辺には九条の竪堀が等高線の変化により確認されていた（馬淵一九八六)。調査の結果、これらの竪堀は幅約一〇〜二〇メートル、傾斜角はおおよそ三〇〜四〇度であり、複数回の掘り直しの痕跡が確認されている。尾根の頂上部は自然地形のままだが、尾根筋を切るように堀切が設けられている。尾根上の調査はこの一地点のみだが、おそらくは多くの尾根にこのような竪堀と堀切を設けていたものと思われる。

おわりに

玉縄城の時代区分は大きく扇谷上杉氏による玉縄要害の時代(十五世紀後半)、小田原北条氏の領国経営を支えた玉縄北条氏による玉縄城の時代(十六世紀初頭〜十六世紀末)、城跡南麓に松平氏により陣屋が築かれた時代(十七世紀〜十八世紀初頭)に大別することができる。このうち玉縄要害の時代に関する記録は極めて少なく、その実態を窺い知ることはできない。ただ前述したように玉縄周辺は交通の要衝であり、このような地理的な関係から玉縄に要害が築かれたことは想像に難くない。ではいつこの玉縄要害がいつ伊勢盛時により攻め落とされ、玉縄城へと変貌していったのであろうか。

『北条記』や『風土記稿』によれば、伊勢盛時は永正九年(一五一二)八月に三浦義同の岡崎城を攻め落とし、十月に玉縄城の築城を開始したとある。また月日は不明であるが、同年中に大庭城を攻略していることも記されている。地理的なことを踏まえ、この三つのできごとを時系列に並べると、①岡崎城落城、②大庭城落城、③玉縄城築城開始、となる。

しかし『快元僧都記』を見ると八月十三日に盛時は鎌倉入りを果たしているものの、翌年の正月に義同と

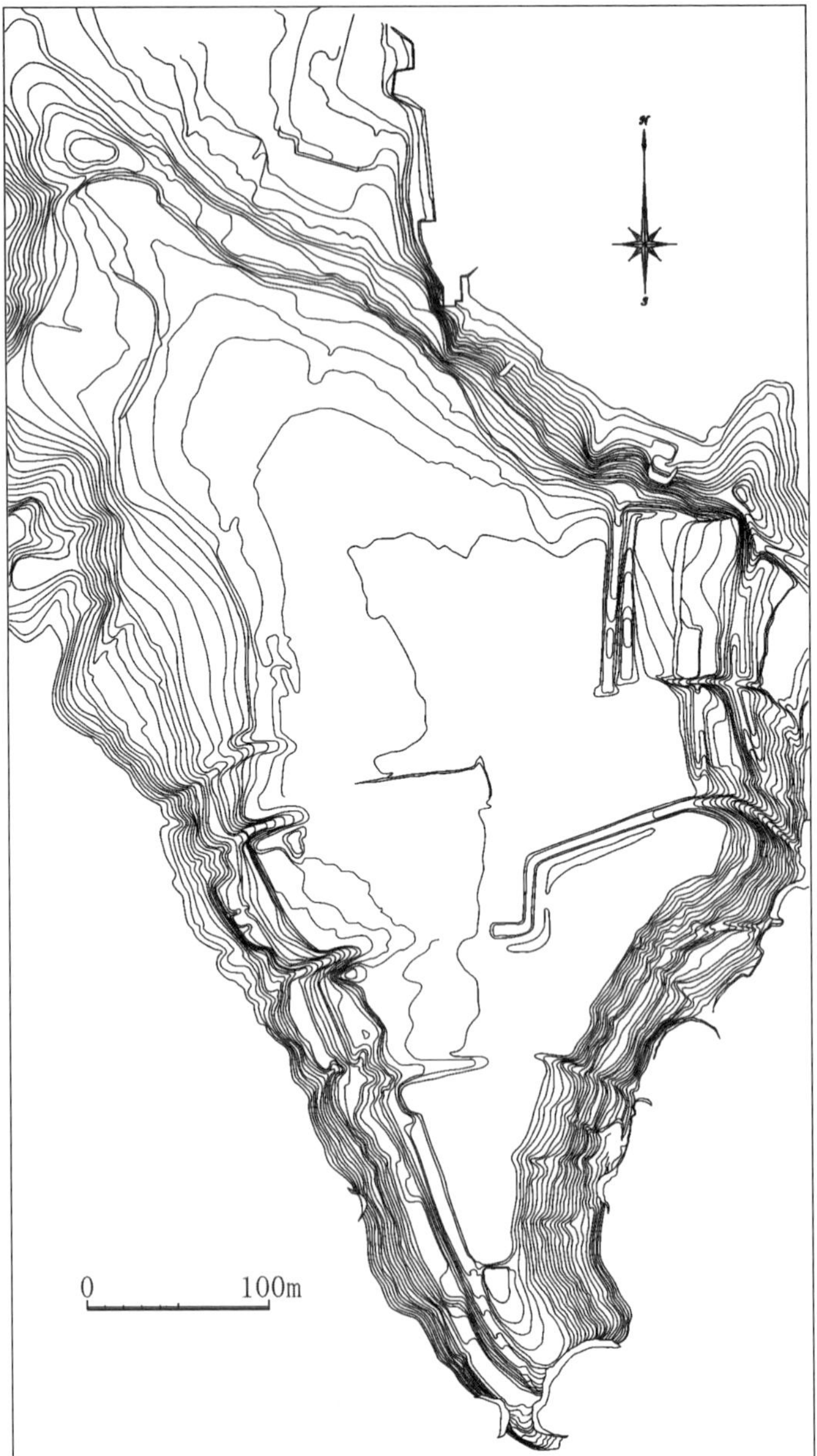

図6　大庭城（宇都2015）

玉縄城の西方約二・五キロメートルに位置する清浄光寺（藤沢市）付近で合戦し、寺を消失させている。この記事を見る限りでは永正九年十月段階で盛時が玉縄周辺を安定的に掌握していたとは考えづらい。永正九年十月に玉縄城の築城が開始されたとしても、この段階で確実に盛時が掌握し、東相模進出の最前線の拠点としていたのは大庭城であった可能性があるのではなかろうか。

大庭城は玉縄城の西方約六キロメートルに位置し、周辺の砦跡と比較しても非常に大規模な城郭であり、城の周囲には竪堀が廻らされていたことが等高線から窺い知れる（図6）。昭和四十年代に複数回の発掘調査が行われ、主郭と考えられる最南端の場所から四棟の掘立柱建物群や、城郭を区画する堀跡が検出されている（概報のみ。未報告）。伊藤正義氏は大庭城と玉縄城は当初互いの改修時期を補完し合う「親子城」の関係であったと推定し、玉縄城の城郭整備が充実した段階で、大庭城は廃城となったと推定している（伊藤二〇一二）。非常に興味深い説ではあるが、玉縄周辺が安定し東相模の支配拠点としての機能が大庭城から玉縄城に移った後も大庭城は全ての機能を失ったわけではなく、玉縄城と小田原城をつなぐ防衛施設の一つとして機能していた可能性も考えてよいのではなかろうか。どちらにせよ今後玉縄城の研究を進めていく上で、この大庭城を中心とした周辺の防衛施設との関係を視野に入れていく必要があろう。

玉縄城は小田原北条氏の領国支配における東相模最大の拠点であるが、その実態を解明する前に開発により遺構のほとんどが失われ「幻の城」となってしまった。このことは玉縄北条氏の研究が著しい発展を遂げているにもかかわらず、玉縄城自体の研究が進んでいないという点で端的に表れている。本来ならば発掘調査の成果が失われた情報を補う役割を果たすのだが、主要部分の調査地点が未報告のため、その成果を活用することができない。玉縄城周辺はすでに住宅地となっているため、これからも建て替えに伴う個人住宅の発掘調査は行われると思われるが、城郭の様相をある程度垣間見ることができるような大規模な調査が行われる可能性は低い。今後考古学の立場から玉縄城を考える時、過去に報告された地点の精査とともに、小規模調査の成果を集成し、考える必要があろう。

〈参考文献〉

伊藤正義「玉縄城」（『関東の名城を歩く』南関東編　吉川弘文館　二〇一一）

宇都洋平「大庭城―地元伝承と発掘調査の成果から―」(『シンポジウム歴史に埋もれた山城を考える―大庭城・早川城・深見城・真田城―資料集』藤沢市 二〇一五)
大河内 勉ほか『神奈川県・鎌倉市 玉縄城跡発掘調査報告書』(玉縄城発掘調査団 一九九四)
鎌倉市教育委員会『鎌倉の埋蔵文化財』一六(鎌倉市教育委員会 二〇一三)
佐々木健策「小田原本城にみる築城技術」(『小田原北条氏の城郭―発掘調査からみるその築城技術―』東国中世考古学会 二〇一〇)
下山治久「『玉縄城関係文書集』」(『藤沢市史研究』二二 藤沢市文書館 一九八九)
下山治久『北条早雲と家臣団』(有隣堂 一九九九)
継　実ほか「玉縄城跡」(『鎌倉市埋蔵文化財緊急調査報告書』二一―二 鎌倉市教育委員会 二〇〇五)
福田　誠「玉縄城跡」(『鎌倉市埋蔵文化財緊急調査報告書』三〇 鎌倉市教育委員会 二〇一四)
松葉　崇「相模国所在の城館跡に見る築城技術」(『小田原北条氏の城郭―発掘調査からみるその築城技術―』東国中世考古学会 二〇一〇)
馬淵和雄『相模玉縄城　城廻字打越一六五地点の発掘調査』(鎌倉考古学研究所 一九八六)
『鎌倉市史』考古編(鎌倉市 一九五九)
『新編相模国風土記稿』(『大日本地誌大系』雄山閣 一九七二)
『北条記』(続群書類従完成会 一九七九)
『快元僧都記』(続群書類従完成会 一九八〇)
「明叔録」(玉村竹二ほか『円覚寺史』春秋社 一九六四)

付録

北条氏康関係系図

＊太字は当主および本書で論考した氏康の子女。
＊ここより派生する系図の一部は、左記の略系図参照。
「瑞渓院殿関係系図」（31ページ）「氏忠・氏光関係系図」（32ページ）
「黄梅院殿関係系図」（39ページ）

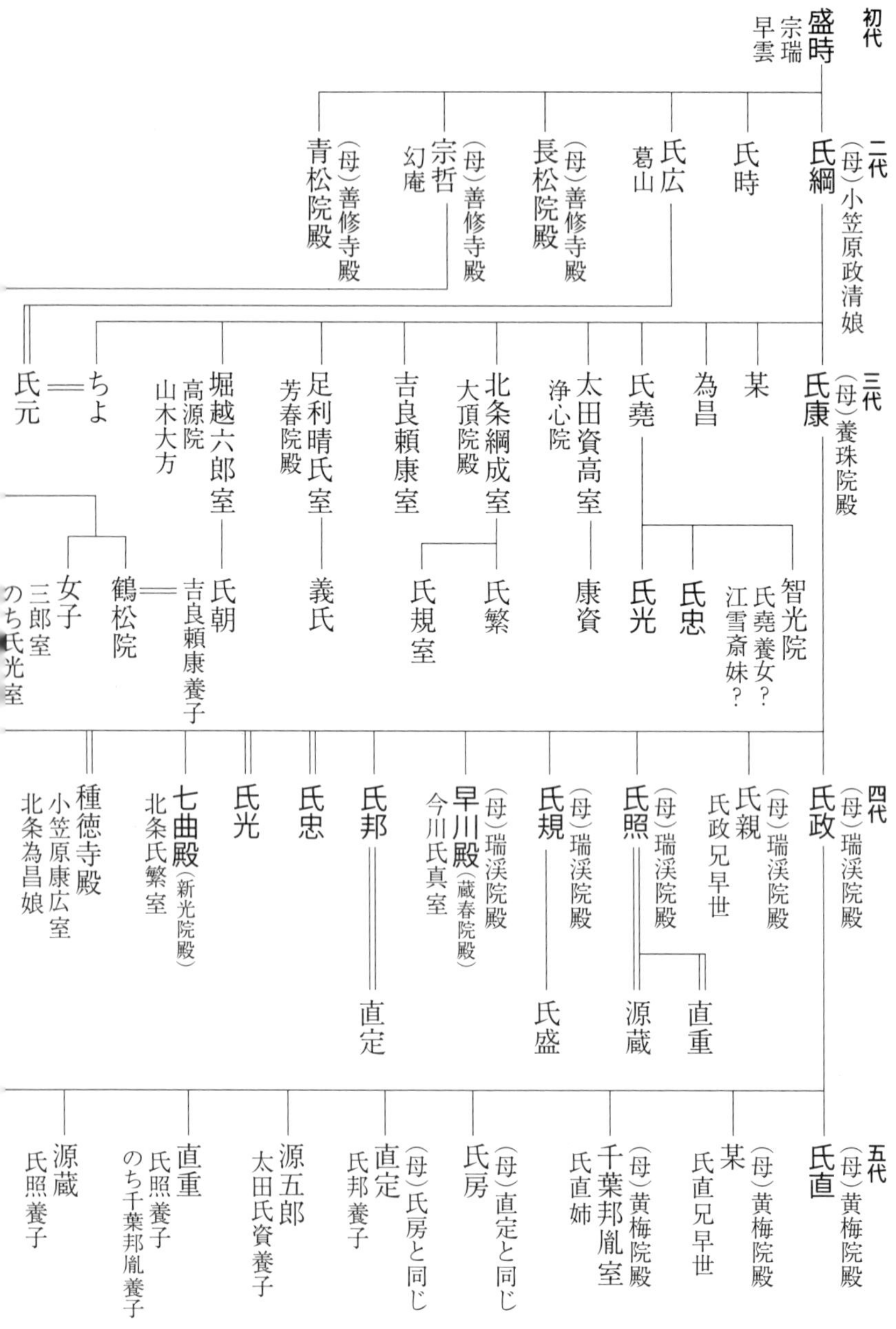

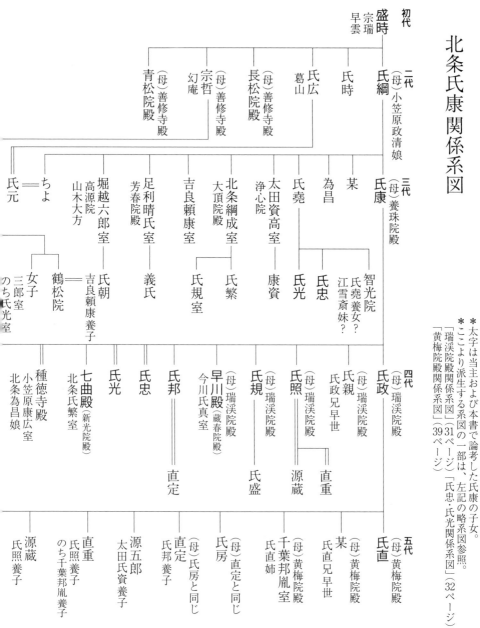

千葉親胤室

長林院
太田氏資室

浄光院殿
足利義氏室

桂林院殿
武田勝頼室

円妙院殿

法性院
太田康資室
遠山綱景娘

三郎
(母)遠山康光室妹
上杉景虎

勝千代

里見義頼室

庭田重定室

皆川広照室
中御門宣綱娘

北条氏康と子供年譜

※年齢は、北条氏康の年齢

作成　小川　雄

和暦(西暦)	年齢	関係事項	一般事項
永正十二年(一五一五)	1	伊勢氏綱の長男として氏康が誕生する。	十月、武田信虎が甲斐国西郡の大井氏に敗れる。
永正十三年(一五一六)	2	七月、氏康の祖父宗瑞(早雲)が三浦氏を滅亡させ、相模国の平定を完了する。	九月、武田信虎が甲斐国万力で今川氏に敗れる。
永正十五年(一五一八)	4	十月、伊勢氏が虎印判の初見文書を発給する。この年、宗瑞が氏綱に家督を譲り、代替わりに伴って、伊勢氏は本拠を伊豆韮山城から相模小田原城に移転させる。	七月、足利義明が下総国小弓に入る。
永正十六年(一五一九)	5	八月十五日、宗瑞が韮山城で死去する。	この年、今川義元が誕生する。
大永三年(一五二三)	9	伊勢氏が名字を「北条」に改称する。	この年、山内上杉憲政が誕生するか。
大永四年(一五二四)	10	正月、北条氏が扇谷上杉氏から武蔵江戸城を奪取する。	この年、山内・扇谷上杉氏と武田氏が同盟を結ぶ。
享禄四年(一五三一)	17	八月十八日、相模玉縄城主の氏時(氏綱弟)が死去し、為昌(氏康弟)が城主となる。	九月、山内上杉憲政が家督を継ぐ。
天文元年(一五三二)	18	五月、北条氏が鶴岡八幡宮の再建に着手する。	
天文二年(一五三三)	19	二月、武蔵国・上野国の諸氏が鶴岡八幡宮造営の奉加に応じる。七月、安房里見氏の家中で内訌が起こり、北条氏は上総百首城に籠もった義堯を支援する。	
天文三年(一五三四)	20	四月、里見義堯が当主の義豊を討ち取り、首級を小田原に届ける。	この年、織田信長が誕生する。

天文四年（一五三五）	21	八月、北条軍が甲斐国郡内に侵攻し、山中で武田方の小山田氏・勝沼氏を大敗させる。	七月、武田信虎が駿河国に侵攻する。
天文五年（一五三六）	22	二月、今川氏輝が小田原城を訪問する。この頃に氏康と今川氏親息女が結婚する。六月、氏輝没後の今川氏の家中で内訌があり、北条氏は義元を支持して駿河国に出兵する。	三月十七日、今川氏輝が死去する。
天文六年（一五三七）	23	三月、北条氏が今川氏と断交し、駿河国に出兵して河東地域を制圧する。七月、北条氏が扇谷上杉氏から武蔵河越城を奪取する。同月、氏康が氏綱と連署して、鶴岡八幡宮院家中宛てに初見文書を発給する。氏康の長男氏親が誕生する。	二月、今川義元が武田信虎の息女と結婚する。
天文七年（一五三八）	24	十月七日、北条軍が下総国府台の合戦で小弓公方足利義明を討滅する。	この年、今川氏真・武田義信が誕生する。
天文八年（一五三九）	25	八月、芳春院殿（氏綱女子）が古河公方足利晴氏と婚約する。氏康の次男氏政が誕生する。	
天文九年（一五四〇）	26	十一月二十一日、鶴岡八幡宮上宮の正殿遷宮が執行される。	
天文十年（一五四一）	27	七月十七日、氏綱が死去して、氏康が北条氏の家督を継承する。十月、扇谷上杉氏が武蔵河越城を攻めて撃退される。この年から天文十二年まで北条氏領国で代替わり検地が施行される。	六月、武田晴信が父信虎を追放して家督を継ぐ。
天文十一年（一五四二）	28	五月三日、相模玉縄城主の北条為昌が死去し、北条綱成（氏繁父）が玉縄城主となる。六月、上杉憲政が鹿島大明神に氏康追討の願文を捧げる。氏康の三男氏照が誕生する。	十二月二十四日、長尾為景が死去する。
天文十二年（一五四三）	29	三月二十六日、下総古河城で足利晴氏と芳春院殿（氏康妹）の間に梅千代王丸（のち義氏）が誕生する。	
天文十三年（一五四四）	30	正月、北条氏・武田氏の和睦が成立する。春、北条氏と扇谷上杉氏の軍勢が荒川端・小用で交戦する。六月、鶴岡八幡宮の造営が完了する。氏康の四男氏邦が誕生する。	この年、宗牧が東海各地で連歌を興行する。

和暦(西暦)	年齢	関係事項	一般事項
天文十四年(一五四五)	31	七月、今川義元が河東地域の奪回戦を開始する。九月末、山内・扇谷上杉氏や古河公方が武蔵河越城を包囲する。十月下旬、武田氏の調停で、北条氏・今川氏の和睦が成立する。氏康の五男氏規が誕生する。	
天文十五年(一五四六)	32	四月、氏康が河越城の近辺で山内・扇谷上杉氏を撃破し、扇谷上杉氏は滅亡する。九月、北条軍が里見氏本拠の上総佐貫城を攻撃する。	この年、武田勝頼が誕生する。
天文十六年(一五四七)	33	閏七月、里見氏の下総国侵攻に対応して、氏康も同国に出陣する。十二月、太田資正が武蔵岩付城を奪取するが、北条方に包囲される。	二月十六日、佐竹義重が誕生する。
天文十七年(一五四八)	34	正月、太田資正が北条氏に帰順する。十二月、北条氏に従属した国峰小幡氏が山内上杉氏本拠の上野平井城を攻撃する。	十二月、長尾晴景が弟景虎に家督を譲る。
天文十八年(一五四九)	35	七月頃、武蔵国衆の藤田氏が山内上杉氏から離反して北条氏に従属する。	四月十四日、甲斐国で大地震が発生する。
天文十九年(一五五〇)	36	四月、氏康が領国全域の郷村に公事赦免の朱印状を発給し、百姓の負担軽減と還住をはかる。十一月、北条軍が山内上杉氏の本拠である上野平井城を攻撃する。	九月晦日、簗田高助が死去する。
天文二十年(一五五一)	37	十二月、氏康が古河公方重臣の簗田晴助と起請文を交換し、足利晴氏と和解する。	三月、織田信秀が死去し、信長・信勝が後継となる。
天文二十一年(一五五二)	38	二月、北条軍が上野御嶽城を攻略し、上杉憲政の嫡子竜若丸を捕虜とする。三月二十一日、氏康の長男氏親が死去する。五月、憲政が長尾景虎を頼って越後国に入国する。七月、景虎が初めて上野国に出陣する。九月、氏康が上野国に出陣して、十二月まで景虎と対峙する。十二月、北条氏が梅千代王丸(のち義氏)を古河公方として擁立する。	
天文二十二年(一五五三)	39	四月、綱成が海路から安房国に出陣する。六月、内房正木氏が北条氏に従属する。	九月、武田氏・長尾氏が川中島で対陣する。

天文二十三年（一五五四）	40	六月、氏康が足利将軍家に嫡子氏政の相伴衆就任を請願する。七月、氏康の娘早河殿が今川義元の嫡子氏真に嫁ぐ。同月、足利晴氏が反北条方に転じる。十一月、北条氏が足利晴氏を相模国秦野に幽閉する。十二月、氏政が武田晴信の娘黄梅院と結婚する。氏康の六男三郎（景虎）が誕生する。	
弘治元年（一五五五）	41	九月、氏邦が武蔵国衆藤田氏の家督を継ぐ。十一月、足利梅千代王丸が下総葛西城で元服して義氏を称する。	四月、武田氏・長尾氏が川中島で対陣する。
弘治二年（一五五六）	42	正月二十日、氏康・氏政が下野那須氏に足利義氏への起請文提出を求める。四月五日、北条軍が常陸海老ヶ島の合戦で小田氏治を撃破する。	
弘治三年（一五五七）	43	十二月、宇都宮広綱が北条氏の支援を得て宇都宮城に復帰する。	八月二十九日、武田氏・長尾氏が川中島で合戦する。
永禄元年（一五五八）	44	四月十日、足利義氏が鶴岡八幡宮を参詣する。五月、北条氏が撰銭の規定を定める。八月、義氏が関宿城に入る。九月十日、綱成室の大頂院（氏康妹）が死去する。	十一月、足利義輝が京都に復帰する。
永禄二年（一五五九）	45	二月、「小田原衆所領役帳」が作成される。十一月、武蔵大石氏を継承していた氏照が由井領支配を開始する。十二月二十三日、氏康が氏政に家督を譲って隠居する。この年から榛原枡が北条氏領国でも公定枡として認定される。	六月、長尾景虎が足利義輝から上杉憲政の進退を委任される。
永禄三年（一五六〇）	46	二月、氏政の執政開始に伴い、北条氏領国全域で徳政が施行されていく。五月二十七日、足利晴氏が死去する。七月二十日、小机城主の北条三郎（宗哲長男）が死去する。九月、長尾景虎が越山して上野沼田城を攻略し、氏康は迎撃のために武蔵河越城に入るが、十二月に小田原城に後退する。	五月十九日、今川義元が桶狭間合戦で討死する。
永禄四年（一五六一）	47	三月、長尾景虎が小田原城に迫り、閏三月に鎌倉で山内上杉氏の名跡を継ぐ。五月、箱根権現社別当の融山が氏康に天道に適う政治を勧める。六月、北条方が勝沼三田氏を攻撃し、九月までに滅亡させてその領国を氏照の支配下に入れる。十二月、氏邦が自領の花園領の離反勢力を平定する。	九月十日、武田氏・上杉氏が川中島で合戦する。
永禄五年（一五六二）	48	四月、北条氏が里見氏から下総葛西城を奪回する。五月一日、氏康が今川氏真・松平元康の和睦をはかり、松平方の水野信元・酒井忠次に尽力を要請する。十一月、北条・武田連合軍が武蔵松山城を包囲する。氏政の嫡子氏直が誕生する。	十月、上杉輝虎が越中国の神保長職を従属させる。

和暦（西暦）	年齢	関係事項	一般事項
永禄六年（一五六三）	49	二月、北条・武田連合軍が武蔵松山城を開城させる。同月、上杉輝虎が下野国に出陣し、四月までに小山秀綱・佐野直綱などを北条方から転向させる。	十二月、遠江国衆が相次いで今川氏から離反する。
永禄七年（一五六四）	50	正月八日、北条軍が下総国府台の合戦で里見軍に勝利する。七月、太田資正が嫡子氏資（氏康女婿）によって岩付城から追放される。氏康の娘桂林院殿（のち武田勝頼妻）が誕生する。	八月、武田氏・上杉氏が川中島で対陣する。
永禄八年（一五六五）	51	三月、北条氏が下総関宿城を攻撃する。同月、将軍足利義輝が北条・上杉両氏に和睦を求める。九月、北条氏が武蔵忍城を攻撃する。	五月十九日、足利義輝が三好氏に殺害される。
永禄九年（一五六六）	52	三月、上杉輝虎が下総原城の戦いで北条方に大敗する。五月、氏康が「武栄」朱印の使用を開始する。十二月、上杉方の上野厩橋城将の北条高広が北条氏に従属する。	九月、武田信玄が西上野の箕輪長野氏を滅ぼす。
永禄十年（一五六七）	53	二月、氏規が三浦郡の支配を開始する。四月、北条氏が足利義氏に簗田晴助・持助父子を赦免させる。八月二十三日、上総三船台の合戦で北条軍が里見軍に敗退し、太田氏資が討死する。十月、下野国の佐野昌綱が上杉方から北条方に転じる。十一月、北条氏の仲介によって、武田義信の寡婦が実家の今川氏に引き取られる。	十月十九日、武田信玄が嫡子義信を自害させる。
永禄十一年（一五六八）	54	二月、この頃までに氏邦が武蔵鉢形城に本拠を移す。九月、北条氏が簗田氏の離反に対応して、野田氏から下総栗橋城を接収し、関宿城攻撃の拠点とする。十二月、武田信玄が駿河国に侵攻し、氏真は遠江懸河城に退避するが、徳川家康に包囲される。同月、北条氏は今川氏救援のために駿河国に出兵し、越後上杉氏との同盟交渉を開始する。	十月、足利義昭が将軍職に就任する。
永禄十二年（一五六九）	55	正月、氏康が上杉方から提示された同盟締結の条件に同意する。五月、今川氏真が遠江懸河城から退去して駿河蒲原城に入り、氏政の嫡子氏直を養子とする。閏五月十五日、氏真が駿河大平城に入る。六月、氏康・氏政が上杉輝虎と起請文を交換する。同月十七日、氏政から離縁されていた黄梅院殿（武田信玄長女）が死去する。九月、武田信玄が武蔵国に侵攻して滝山城・鉢形城などを攻撃する。十月、信玄が小田原城に迫り、六日に氏照・氏邦と相模国三増峠で交戦する。十二月六日、駿河蒲原城が落城し、守将の氏信（宗哲子息）も戦死し、その家督を氏康の六男三郎が継ぐ。	七月、武田氏・上杉氏が和睦する。

元亀元年（一五七〇）	56	四月、氏康の六男三郎が上杉輝虎の養子となり、景虎を名乗る。八月、宗哲が今川氏真に代わって駿河大平城に入る。	七月、上杉氏が武田氏と断交する。
元亀二年（一五七一）	57	正月、綱成が駿河深沢城を武田方に明け渡して退却する。四月十五日、氏康が上杉輝虎に対し、武田氏との和睦を否定する。十月三日、氏康が死去する。十一月、北条氏・武田氏の同盟が復活する。十二月、北条氏・上杉氏の同盟が解消する。	十一月、小田氏治が上杉氏に従属して佐竹氏に対抗する。
元亀三年（一五七二）		正月、北条氏が代替わりに伴う軍役の改定を施行する。六月、下総結城氏・下野那須氏が北条氏から離反する。十二月、氏政が下野多功原の合戦で佐竹方に敗退する。	十二月二十二日、武田信玄が三方ヶ原で織田・徳川連合軍に勝利する。
天正元年（一五七三）		七月、氏政が武田勝頼に誓詞の交換を求める。この年、今川氏真が北条氏のもとから離れて徳川家康の庇護下に入る。	四月十二日、武田信玄が死去する。
天正二年（一五七四）		閏十一月十日、下総結城氏が北条氏に従属する。同月十六日、北条軍が下総関宿城を開城させる。十二月十六日、足利義氏が簗田氏を赦免する。	六月一日、里見義堯が死去する。
天正三年（一五七五）		十二月、氏照が下野小山城を占拠する。	五月二十一日、武田氏が長篠で織田氏に大敗する。
天正四年（一五七六）		正月、氏政の妹桂林院殿が武田勝頼と結婚する。八月、氏政が将軍足利義昭から求められた北条・武田・上杉三氏の和睦に同意する。	六月、上杉謙信が織田信長と断交する。
天正五年（一五七七）		六月、下総結城氏が北条氏から離反して佐竹氏と結ぶ。十一月、北条氏・里見氏が和睦する。	九月二十五日、上杉謙信が手取川で織田軍を破る。
天正六年（一五七八）		五月、北条氏が常陸小河原に布陣する佐竹氏・結城氏などと対峙する。同月、上杉景虎が越後府中の御館に入り、春日山城の景勝に対抗する。六月十三日、氏繁（氏政妹婿）が下総飯沼城で死去する。	三月十三日、上杉謙信が死去する。八月、武田勝頼・上杉景勝が和睦する。
天正七年（一五七九）		三月、景虎が御館から鮫ヶ尾城に逃れて二十四日に自害する。九月、北条氏・徳川氏が対武田氏同盟を成立させる。	九月十七日、徳川家康が嫡子信康を自害させる。
天正八年（一五八〇）		三月、北条氏が織田信長に従属の意思を示す。八月十九日、氏政が氏直に家督を譲る。同月、上野沼田城が武田方に攻略される。氏政の次男源五郎が岩付太田氏を再興する。	この年、里見義頼が家督の地位を確立する。

和暦(西暦)	年齢	関係事項	一般事項
天正九年(一五八一)		二月、この頃までに氏照が八王子城に築城して本拠とする。四月、北条方の津久井衆・滝山衆が甲斐国群内に侵攻する。十月、伊豆戸倉城将の笠原政晴が武田方に転じる。	三月二十二日、徳川家康が遠江高天神城を攻略する。
天正十年(一五八二)		三月、武田氏が織田氏に滅ぼされ、氏政の妹で勝頼夫人の桂林院殿も死亡する。六月、北条氏が本能寺の変に乗じて甲信に出兵し、十月下旬まで徳川家康と対峙する。七月八日、太田源五郎が死去する。	六月二日、織田信長が本能寺で明智光秀に討滅される。
天正十一年(一五八三)		正月六日、足利義氏が死去する。八月、氏直が徳川家康の次女督姫と結婚し、北条氏・徳川氏の同盟が成立する。十一月十五日、徳川家康が北条氏に関東惣無事に関する羽柴秀吉の要求を伝達する。	四月、織田信雄・羽柴秀吉が織田信孝・柴田勝家に勝利する。
天正十二年(一五八四)		五月、北条軍が下野国藤岡に進出し、沼尻に在陣する反北条連合軍(佐竹氏・宇都宮氏など)と七月まで対陣する。	この年、織田信雄・徳川家康が羽柴秀吉と対戦する。
天正十三年(一五八五)		九月、徳川軍の信濃上田城攻撃に呼応し、北条軍も上野沼田城を攻撃する。	七月、羽柴秀吉が関白に任官する。
天正十四年(一五八六)		三月、氏政が伊豆・駿河国境で徳川家康と会見する。八月、氏直が下野佐野城を攻略し、氏忠を佐野領に入部させる。	十月、徳川家康が羽柴秀吉に従属する。
天正十五年(一五八七)		五月六日、綱成が死去する。七月晦日、北条氏が本国内の各郷村に人改め令を発令する。	十月十五日、里見義頼が死去する。
天正十六年(一五八八)		八月、氏規が上洛して、聚楽第で羽柴秀吉に謁見する。	六月、佐竹氏・蘆名氏が郡山で伊達氏と対陣する。
天正十七年(一五八九)		八月、羽柴秀吉の裁定で、沼田城が真田氏から北条氏に引き渡される。十一月、氏邦家臣の猪俣邦憲が真田方の上野名胡桃城を奪取する。同月二十四日、秀吉が氏直宛条書で武力制裁を通知する。	六月、伊達氏が蘆名氏を没落させる。
天正十八年(一五九〇)		四月、羽柴方の軍勢が小田原城を包囲する。七月五日、氏直が小田原城から羽柴方の陣営に投降する。同月十一日に氏政・氏照は切腹し、二十一日に氏直・氏規などは助命されて高野山に追放される。	六月、羽柴秀吉が徳川氏に関東への転封を通達する。

花押・印章リスト

北条氏康とその息子七人の花押と印章を、関連文書より抜き出したものです。（ご協力いただいた所蔵者、関連機関については358頁参照）

〈花押〉

北条氏政 花押①
（〔年欠〕3月14日　猪俣文書）

北条氏康 花押
（〔天文23カ〕10月5日　神奈川県立歴史博物館所蔵北条文書）

北条氏照 花押②
（〔年欠〕正月17日　猪俣文書）

北条氏照 花押①
（〔永禄9〕閏8月25日　早稲田大学荻野研究室収集文書）

北条氏政 花押②
（〔年欠〕正月16日　猪俣文書）

北条氏規 花押①
（年未詳9月23日　神奈川県立歴史博物館所蔵北条文書）

北条氏邦 花押②
（年未詳3月12日　上田市立博物館所蔵正村文書）

北条氏邦 花押①
（永禄9年6月13日　埼玉県立歴史と民俗の博物館所蔵文書）

北条氏忠 花押
（天正14年11月10日　小曽戸文書）

北条氏規 花押③
（天正15年3月21日　朝比奈文書）

北条氏規 花押②
（年未詳正月13日　相承院文書）

上杉景虎 花押②
（〔天正6〕10月10日　鶴岡八幡宮文書）

上杉景虎 花押①
（〔元亀3〕閏正月24日　早稲田大学荻野研究室収集文書）

北条氏光 花押
（〔年欠〕12月12日　東京大学史料編纂所所蔵文書）

〈印章〉

北条氏政 印章
（酉〔天正13〕8月23日　清田文書）

北条氏康 印章
（巳〔永禄12〕3月20日　清田文書）

北条家 印章
（〔天正18〕6月朔日　神奈川県立公文書館所蔵小幡文書）

北条氏邦 印章①
（永禄9年9月26日　逸見文書）

北条氏照 印章②
（〔天正8〕3月6日　星谷寺文書）

北条氏照 印章①
（丑〔永禄8〕4月26日　星谷寺文書）

北条氏規 印章
（〔永禄10〕10月12日　神奈川県立歴史博物館所蔵 本光寺文書）

北条氏邦 印章③
（申〔天正12〕11月15日　国立国会図書館所蔵 在印古文書）

北条氏邦 印章②
（元亀元年極月11日　長谷部文書）

上杉景虎 印章
（天正6年10月28日　専称寺文書）

北条氏光 印章
（丙子〔天正4〕3月16日　雲松院文書）

北条氏忠 印章
（子〔天正16〕正月17日　神奈川県立公文書館所蔵 山崎文書）

著者略歴

第一章

黒田 基樹（くろだ もとき）
一九六五年、東京都生まれ。駒澤大学大学院人文科学研究科博士後期課程満期退学、博士（駒澤大学、日本史学）。現在、駿河台大学法学部教授。北条氏や武田氏を中心に室町時代から江戸時代初期の政治史・社会経済史の研究を専門とする。著書に『戦国大名　政策・統治・戦争』（平凡社新書）、『百姓から見た戦国大名』（ちくま新書）、『戦国大名の危機管理』、『戦国北条氏五代』、『小田原合戦と北条氏』などがある。

則竹 雄一（のりたけ ゆういち）
一九五九年、東京都生まれ。一橋大学大学院社会学研究科博士後期課程単位取得退学。博士（社会学）。獨協中学高等学校教諭、明星大学非常勤講師。小田原北条氏を中心に関東戦国史の研究を専門とする。著書に『戦国大名領国の権力構造』、『動乱の東国史6　古河公方と伊勢宗瑞』などがある。

浅倉 直美（あさくら なおみ）
一九六〇年、東京都生まれ。駒澤大学大学院人文科学研究科博士課程満期退学、博士（日本史学）。清瀬市史編纂委員・埼玉県文化財保護審議会委員。戦国大名北条氏を研究の専門とする。著書に『後北条領国の地域的展開』（岩田書院　一九九七年）、編著に『北条氏邦と猪俣邦憲』（同　二〇一〇年）、『玉縄北条氏』（同　二〇一二年）、共著に『北条氏年表』（高志書院　二〇一三年）などがある。

石渡 洋平（いしわた ようへい）
一九八六年、千葉県生まれ。駒澤大学大学院人文科学研究科歴史学専攻修士課程修了。現在、千葉県文書館県史・古文書課嘱託。房総を中心に戦国時代の政治・交通史を専門とする。論文に「『家忠日記』にみる下総国の水陸交通」（『千葉史学』

六二、二〇一三年)、「戦国期下総国香取社大禰宜職の継承と動向」(『戦国史研究』六八、二〇一四年)などがある。

竹井 英文(たけい ひでふみ)

一九八二年、東京都生まれ。一橋大学大学院経済学研究科博士後期課程修了、博士(経済学)。日本学術振興会特別研究員を経て、二〇一四年四月より東北学院大学文学部専任講師。東国を中心とした戦国・織豊期の政治史・城郭史の研究を専門とする。著書に『織豊政権と東国社会』(吉川弘文館　二〇一二年)などがある。

小川　雄(おがわ ゆう)

一九七九年、神奈川県生まれ。日本大学大学院文学研究科日本史専攻博士課程満期退学。逗子市教育委員会非常勤事務嘱託を経て、現在は清瀬市史専門調査員・新編西尾市史執筆員。東国を中心に、戦国時代から江戸時代の水軍の研究を専門とする。編著に『戦国史研究会史料編二　徳川水軍関係文書』(戦国史研究会　二〇一五年)などがある。

片桐 昭彦(かたぎり あきひこ)

一九七三年、長野県生まれ。新潟大学人文学部卒業、中央大学大学院文学研究科博士後期課程修了、博士(史学)。中央大学文学部非常勤講師等を経て、現在は練馬区郷土資料調査員。主要な著書・論文に『戦国期発給文書の研究―印判・感状・制札と権力―』(高志書院　二〇〇五年)、「明応四年の地震と『鎌倉大日記』」(『新潟史学』七二号、二〇一四年)、「戦国期武家領主の書札礼と権力―判物・奉書の書止文言を中心に―」(『信濃』六六巻一二号、二〇一四年)などがある。

第二章

長谷川 幸一(はせがわ ゆきかず)

一九八一年、東京都生まれ。駒澤大学人文科学研究科歴史学専攻博士後期課程単位取得退学。現在、駒澤大学非常勤講師・大本山永平寺史料全書編纂室調査研究員。中世から近世にかけて、地域社会と宗教の関わりについての研究を専門とする。共著に『戦国大名武田氏と地域社会』(岩田書院　二〇一四年)などがある。

小笠原 春香（おがさわら はるか）
一九八〇年、神奈川県生まれ。駒澤大学大学院人文科学研究科歴史学専攻博士後期課程修了。博士（歴史学）。座間市教育委員会市史編さん編集員、駒澤大学非常勤講師。戦国期武田氏の外交・戦争に関する研究を専門とする。共著に『戦国大名武田氏と地域社会』（岩田書院　二〇一四年）などがある。

新井 浩文（あらい ひろぶみ）
一九六二年、埼玉県生まれ。駒澤大学文学部歴史学科卒業。埼玉県立博物館（現埼玉県立歴史と民俗の博物館）学芸員、埼玉県教育局生涯学習文化財課主査等を経て、二〇一四年四月より、埼玉県立文書館学芸主幹。岩付太田氏や幸手一色氏を中心とした関東の戦国期領主に関する研究のほか、戦国時代の利根川水運についての研究も専門とする。著書に『関東の戦国期領主と流通』（岩田書院　二〇一一年）、『さきたま文庫五　慈恩寺』（さきたま出版会　一九八九年）などがある。

長塚　孝（ながつか たかし）
一九五九年、東京都生まれ。駒澤大学大学院人文科学研究科博士課程満期退学。江東区教育委員会文化財係・同総務部区史編纂室を経て、一九九四年馬事文化財団へ勤務。馬の博物館へ配属、二〇一五年より学芸部長。古河公方をはじめとする関東・東海地方の政治史および中世の馬産と流通等について研究する。著書に『日本の古式競馬』（神奈川新聞社　二〇〇二年）などがある。

丸島 和洋（まるしま かずひろ）
一九七七年、大阪府生まれ。慶應義塾大学大学院文学研究科後期博士課程単位取得退学。現在、国文学研究資料館研究部特任助教。武田氏を中心に、戦国大名同士の「外交」と大名の従属国衆に関する研究を専門とする他、記録史料データベースの構築研究も手がける。主要著書に、『戦国大名武田氏の権力構造』（思文閣出版　二〇一一年）、『戦国大名の「外交」』（講談社選書メチエ　二〇一三年）、『郡内小山田氏—武田二十四将の系譜—』（戎光祥出版　二〇一三年）、『図説真田一族』（戎光祥出版　二〇一五年）、『真田四代と信繁』（平凡社新書　二〇一五年）などがある。

第三章

佐々木 健策（ささき けんさく）

一九七四年、埼玉県生まれ。國學院大学文学部史学科卒業。埼玉県埋蔵文化財調査事業団、熊谷市教育委員会を経て、現在は小田原市文化部文化財課史跡整備係主査。考古学の成果を主体に、歴史地理学の見地から都市小田原の研究を進める。また出土遺物の分析から、小田原北条氏の文化や技術について探究している。

池谷 初恵（いけや はつえ）

一九六〇年、東京都生まれ。明治大学文学部史学地理学科卒業。伊豆の国市文化振興課文化財調査員。専門は中世考古学。おもに伊豆地域の城館跡や寺院跡を研究対象とする。著書に『鎌倉幕府草創の地─伊豆韮山の中世遺跡群』（新泉社　二〇一〇年）などがある。

石塚 三夫（いしづか みつお）

一九六二年、埼玉県生まれ。明治大学文学部史学地理学科卒業。平成九年度から史跡鉢形城跡の保存整備を担当し、現在、鉢形城歴史館長。共著に『戦国の城』（高志書院　二〇〇五年）などがある。

出居　博（いでい ひろし）

一九五九年、栃木県生まれ。慶應義塾大学文学部史学科民族学・考古学専攻卒業。佐野市郷土博物館・学芸員を経て、佐野市教育委員会事務局へ移り、二〇一四年より文化財課長。旧石器時代、特に環状集落を専門とするが、中近世の下野佐野についても探究を進めている。

宇都 洋平（うつ ようへい）

一九七九年、神奈川県生まれ。鶴見大学文化財学科卒業。二〇一二年四月より藤沢市学芸員。中世都市鎌倉の区画および周辺地域の中世的様相を研究の対象とする。論文に「枘穴付土台角材を使用する構造物について─都市鎌倉を事例として─」、「木組み側溝からみた鎌倉遺跡群の区画」などがある。

〈謝辞〉

花押・印章リスト(351〜353頁)の写真掲載にあたっては、各所蔵者および寄託機関、写真提供者よりご高配を賜りました。ここに記して感謝いたします。

神奈川県立歴史博物館(氏康花押、氏規花押①、氏規印章)/東京大学史料編纂所(氏政花押①、氏政花押②、氏照花押②、氏規花押③、氏光花押)/早稲田大学図書館(氏照花押①、景虎花押①)/埼玉県立歴史と民俗の博物館(氏邦花押①)/上田市立博物館(氏邦花押②)/鶴岡八幡宮(氏規花押②、景虎花押②)/佐野市郷土博物館(氏忠花押)/神奈川県立公文書館(北条家印章、氏忠印章)/平田市博物館(氏康印章、氏政印章)/座間市教育委員会(氏照印章①、氏照印章②)/埼玉県立文書館(氏邦印章①、氏邦印章②)/馬の博物館(氏光印章)/上越市公文書センター(景虎印章)/清田恒顕氏(氏康印章、氏政印章)/星谷寺(氏照印章①、氏照印章②)/逸見明弘氏(氏邦印章①)/長谷部照代氏(氏邦印章②)/雲松院(氏光印章)

北条氏康生誕五百年記念論文集
北条氏康の子供たち

2015年12月25日 第1刷発行

編　者 黒田基樹・浅倉直美
発行者 宮下玄覇
発行所 株式会社宮帯出版社
京都本社 〒602-8488
京都市上京区寺之内通下ル真倉町739-1
営業 (075)441-7747　編集 (075)441-7722
東京支社 〒102-0083
東京都千代田区麴町6-2 麴町6丁目ビル2階
電話 (03)3265-5999
http://www.miyaobi.com/publishing/
振替口座 00960-7-279886
印刷所 モリモト印刷株式会社
定価はカバーに表示してあります。落丁・乱丁本はお取替えいたします。
 ISBN978-4-8016-0017-1 C3021

宮帯出版社の本

のぼうの姫—秀吉の妻となった甲斐姫の実像—

三池純正 著　四六判　並製　180頁　定価 1,300円+税

小田原征伐に際して、北条方であった忍城は豊臣秀吉の攻撃にさらされた。この時城に籠り戦ったのが、城主の娘で武芸に秀でた甲斐姫。様々な伝説に彩られた、彼女の数奇な生涯を辿る。

義に生きた もう一人の武将 石田三成

三池純正 著　四六判　並製　284頁　定価 1,300円+税

近年明らかになった石田三成の容姿、石田村の謎、絢爛豪華な佐和山城の姿を解明。関ヶ原での決戦のために周到に準備されていた三成の作戦を現地取材に基づき詳細に分析。忍城攻めなど、豊臣秀吉の重要な作戦に携った知将の実像に迫る。

千 利休

桑田忠親 著　小和田哲男 監修　四六判　並製　248頁　定価 1,500円+税

不巧の書、桑田忠親博士「千利休」待望の復刊。信長との関係、秀吉との因縁から、利休処罰の原因と動機に迫る。著者は、五十年余にわたる利休関係文献批判に基づいて、利休七十年の生涯を究明する。

利休随一の弟子 三斎 細川忠興

矢部誠一郎 著　四六判　並製　208頁　定価 1,800円+税

54万石の大大名である一方、千利休の教えを忠実に受け継ぎ、古田織部亡き後、武家茶の湯を確立。茶人としてのもうひとつの側面を解き明かす。

黒田官兵衛と二十四騎

本山一城 著　A5判　並製　394頁（カラー口絵24頁）　定価 1,800円+税

57戦不敗！ 黒田官兵衛と軍団の武装の全貌が明らかに！黒田官兵衛孝高・長政父子はもとより、その家臣たちの伝記・武装までを細部にわたって紹介。甲冑武具を主に200余点の写真と図を収載。

上杉謙信・景勝と家中の武装

竹村雅夫 著　A5判　並製　426頁（カラー口絵160頁）　定価 4,700円+税

各地に点在する上杉氏と家臣団の武具・甲冑を網羅。カラー図版700点以上、初出資料30点、実戦期（大坂の陣以前）110点。上杉氏関係の甲冑・刀剣・武具の集大成！

武田信玄・勝頼の甲冑と刀剣

三浦一郎 著　A5判　並製　352頁（カラー口絵48頁）　定価 3,800円+税

信玄・勝頼と家臣の甲冑・武具を徹底調査。甲斐武田氏甲冑武具研究の第一人者が贈る新発見・未公開写真を多数収録したファン・研究家衝撃の書。

織田信長・豊臣秀吉の刀剣と甲冑

飯田意天（一雄） 著　A5判　並製　364頁（カラー口絵92頁）　定価 3,800円+税

信長・秀吉の刀剣・甲冑・武具の集大成！天下人 信長・秀吉が、戦装束や刀剣にいかなる美意識を込めたかを検証するとともに、桃山美術の精華を紹介。国宝9点、重文16点、カラー口絵92頁。